새로운 어휘학습의 길라잡이

신경향어휘학습

이 효 근 · 박 정 래 공저

$E = MC^2$

[Master Chunks]

English

||

Master

Chunk and Chunk

☆ CHUNK에 의한 상세한 어휘설명
☆ 풍부한 예문을 통한 핵심 어휘 정리
☆ WRESL 능력배양을 위한 기본 어휘서

청목출판사

머리말

살아 숨 쉬는 현대영어의 CHUNK를 대표적 예문과 더불어 유형별로 분석하여 제시함으로써 새로운 어휘학습의 비법을 제시하고자 하였다. 하나의 관념적 어휘가 아닌 의미 덩어리(Semantic Unit)로 습득함으로써 실제 WRESL PROGRAM [Writing, Reading, Explaining, Speaking, Listening] 학습의 기본이 되도록 노력하였다. 자세한 해설과 실생활에서 사용된 예문들을 하나의 CHUNK 단위로 학습한다면 위 5가지의 능력이 놀라울 정도로 배가되어 영어실력의 향상을 가져올 수 있으리라 확신한다.

2010년 3월

저자 씀

집필 이유

시중에 수많은 어휘서들이 존재하며 나름대로의 장점을 갖고 있지만, 글로벌 시대에 요구되는 효율적인 의사소통에 필요한 어휘 책의 필요성을 절감하게 되었다. 어휘는 살아있는 문장 속에서 하나의 의미 덩어리로 이루어져 살아 숨쉰다. 그러나 대부분의 사람들은 실제 의사소통에서 사용되지 않고 관념 속에만 존재하는 단어, 즉 Lexicon만을 외우는 데 여념이 없다보니 영어에 대한 직관이 없는 우리는 실생활에서 항상 영어로 읽고, 듣고, 표현하는데 어려움과 고통을 호소하게 된다. 이러한 이유 중의 가장 커다란 원인은 어휘 학습에 대한 잘못된 습관 때문이라 생각한다.

문장은 단어의 결합으로 주부와 술부로 이루어지며, 각 주부와 술부에서 사용되는 최소한의 의미단위는 단어(word)이며, 보다 큰 의미 덩어리는 구(phrase)와 절(clause)이 있다. 그러므로 우리는 이러한 의미 덩어리를 CHUNK[Collocation, Fixed/Semi-Fixed Expression]단위로 어휘를 습득해야 듣기, 말하기, 읽기, 쓰기, 토론의 5가지 영역[WRESL]을 동시에 숙달할 수 있다고 생각한다. 언어의 5개 영역은 서로 분리되어 있는 것이 아니라 상호 유기적 관계를 가지고 있기 때문에 우리는 영어 어휘를 언어적 직관과 사고로 생각하고 표현하는 능력을 배양하는 것이 영어정복의 지름길이라 생각한다.

이 책을 통하여 CHUNK 개념의 어휘 학습을 한다면 여러분은 영어로 WRESL[Writing, Reading, Explaining, Speaking, Listening]능력이 배가된 자신을 발견할 수 있게 되리라 확신한다. 아무튼 주어진 예문과 어휘들을 습득하여 영어학습의 기본적 토대와 자신감을 갖는 계기가 되기를 기원한다.

CONTENTS

PART Ⅰ. COLLOCATIONS

A. Common Phrases

☐ **abide by**(=stick to, be faithful to) ⇒ -을 지키다, 준수하다

ex) He will abide by his promise if he gives it. 그는 약속을 하면 지킨다.

☐ **above all**(= first of all, more than anything else, of all others, first of all, in the first place, to begin[start] with, before anything else)

⇒ 무엇보다도, 특히, 주로

ex) Above all, don't mention this to Harry.

특히, 해리에게는 이것을 말하지 마세요.

☐ **above one's expectations** ⇒ 기대 이상인

ex) Product sales last month were above our expectations.

지난달의 제품 판매액은 우리의 기대 이상이었다.

☐ **abstain[keep, refrain] from** ⇒ -을 삼가다

ex) We must abstain from speaking ill of others.

우리는 다른 사람들을 헐뜯는 것을 삼가야한다.

☐ **accede to +N**(=agree[ascent] to +N) ⇒ 동의하다, 따르다

ex) He cannot accede to the terms. 그는 그 조건에 동의할 수 없다.

☐ **access to +N**(=be able to approach +N) ⇒ -에 접근할 수 있는

ex) Only two men in the company have access to the secret records.

그 회사에서 오직 두 사람만이 비밀 기록장부에 접근할 수 있다.

☐ **according to +N**(=according as +s+v])

⇒-에 따라서(in conformity to), -에 비례하여(in proportion to)

ex) According to the news, it will rain tomorrow.

뉴스에 따르면, 내일은 비가 올 것이다.

☐ **account for(= explain, put) +N** ⇒ 설명하다, -의 비율을 차지하다

ex) The old theory cannot account for this phenomenon.

그 케케묵은 이론은 이 현상을 설명할 수 없다.

ex) Could you put it more clearly for me?

좀더 명쾌하게 설명해 주시겠습니까?

ex) African American people accounts for 70% of the population of the district. 흑인이 그 지역 인구의 70%를 차지한다.

ex) For many families, health care spending accounts for 25% of the family budget. 많은 가정에서 의료비가 생활비의 25%를 차지하고 있습니다.

☐ **accuse A of B** ⇒ A를 B로 고소[비난]하다
(=A be accused of B, A be charged with B)
ex) You have no business to accuse me of that.
나를 그것에 대해 고소할 권리가 너한테 없다

☐ **across the board(=** on every items) ⇒ 전면적으로, 일괄적으로
ex) The store will give the discount across the board.
그 상점은 전 상품에 걸쳐 할인을 해줄 것이다.
Ref. give[allow, make] the discount ⇒ 할인하다

☐ **add to(=increase)** something ⇒ -을 증가시키다
ex) This adds to our difficulties. 이것은 우리의 어려움을 가중시킨다.

☐ **add up** ⇒ 합계하다, 계산이 맞다
ex) He added up the transportation expenses. 그는 교통비를 합산했다.

☐ **adhere[stick, cling, hold on] to +N** : to continue to behave according to a particular rule, agreement, or belief ⇒ -을 고수하다, -에 집착하다
ex) He adhered to the party to the end.
끝까지 그는 그 정당을 고수했다.

☐ **adjust to** something : to gradually get used to a new situation by making small changes ⇒ -에 순응하다
ex) Adjusting to the tropical heat was more difficult than I had expected.
열대의 무더위 환경에 순응한다는 것은 내가 생각했던 것보다 힘들었다.

☐ **administer a shot** : to inject ⇒ 주사를 놓다
ex) The nurse administered a shot to a patient.
간호사는 환자에게 주사를 놓았다.

☐ **after all** : a) at last[length]; last of all; in the end; in the long run ⇒ 마침내 b) in spite of; despite; with[for] all; nevertheless; notwithstanding ⇒ -에도 불구하고
ex) The company made a huge profit after all.
그 회사는 결국 엄청난 이익을 보았다.
ex) After all his wealth, he is not happy.

부자임에도 불구하고 그는 불행하다.

☐ **after a while** ⇒ 잠시 후에

ex) After a while, you won't feel that way. 좀 지나면 괜찮을 거야.

☐ **again and again** : repeatedly; over and over again ⇒ 반복해서

ex) He makes the same mistake again and again.

☐ **a great[good] deal of**: 많은, 상당한(양에 쓰임)

ex) He expanded a great deal of time and energy in doing the work.
그는 그 일을 하는 데 시간과 정력을 소비했다.

☐ **a large[good, great] number of** ⇒ 많은, 상당한(수에 쓰임)

ex) This year the company turned out a large number of products for sale.
올 해 그 회사는 판매를 위한 많은 제품들을 생산했다.

☐ **agree with** someone[**to** something]: to assent someone ⇒ 동의하다

ex) I can't agree with you. 나는 네 의견에 동의할 수 없다.
We can't agree to his proposal. 우리는 그의 제안에 동의할 수 없다.

☐ **ahead of** someone: before someone ⇒ 앞서서, 먼저

ex) I'm on the waiting list for a ticket, but there are ten people ahead of me.
나는 차례를 기다리고 있지만 내 앞에 10명의 사람이 있다.

Ref. waiting list : 후보자 명단, 보결인 명부

ex) He is on the waiting list. 그는 차례를 기다리고 있다.

ex) This class is too far ahead of me. 이 수업은 저에게 너무 벅차요.

☐ **all across** ⇒ -의 전역에서

ex) We're looking a chilly and wet start to the day all across the city.
오늘은 시 전역이 쌀쌀하고 습기 찬 날씨로 하루를 시작할 것 같습니다.

☐ **all along**(= all the time, throughout) ⇒ 내내, 처음부터

ex) Yesterday I was going to go to the park, but it rained all along.
나는 어제 공원에 가려고 했었는데 하루 종일 비가 내렸다.

☐ **all at once**(=suddenly; all of a sudden; on a sudden; unexpectedly)
⇒ 갑자기, 모두 한꺼번에

ex) All at once, the sky became dark and it started to rain.
갑자기 하늘이 캄캄해지고 비가 내리기 시작했다.

☐ **all but**(=almost) ⇒ 거의

ex) It took me all but 30 minutes to solve this problem.
내가 이 문제를 푸는 데 거의 30분이 걸렸다.

□ **all day long** ⇒ 하루 종일

ex) She shopped all day long looking for a new dress.
그녀는 새 드레스를 사러 하루 종일 쇼핑을 했다.

□ **all in all** : a) altogether ⇒ 모두 합해 b) in general ⇒ 대체로

ex) My car broke down while I was driving home; but all in all, it was a pretty good day. 집으로 오는 동안에 내 차가 고장이 나긴 했지만, 대체로 기분 좋은 하루였다.

ex) I know he has a little trouble pronouncing his Ls and Rs; but all in all, he speaks English very well. 나는 그가 L과 R을 발음하는데 약간 문제가 있다는 걸 알지만 전반적으로 그는 영어를 매우 잘한다.

□ **all of a sudden** : at once; suddenly ⇒ 갑자기, 돌연

ex) All of a sudden John appeared at the door.
갑자기 존이 문가에 나타났다.

□ **all over** : a) finished; done ⇒ 다 끝나서, 완전히 b) in every respect ⇒ 온 -에, 도처에

ex) The baby got food all over its bib.
그 아이는 턱받이를 하고 음식을 먹었다.

ex) She is my mother all over. 그녀는 나의 어머니가 틀림없다.

□ **all right** : a) okay; in satisfactory condition ⇒ a) (만족스러운 상황일 때) 괜찮은 b) an expression of reluctant agreement ⇒ 마지못해 동의하는 표현 c) an expression of enthusiasm ⇒ 열광과 감격의 표현 d) so-so; not very good, but not bad either ⇒ 좋지도 나쁘지도 않은, 그저 그런

ex) He said that it would be all right to wait in this office for him.
그는 사무실에서 그를 기다려도 괜찮다고 말하였다.

ex) You need me to work on Christmas Day? All right. I don't want to, but I will if you need me. 성탄절에 내가 일해야 한다고? 좋아. 하고 싶진 않지만, 네가 나를 필요로 한다면 할게.

ex) You got a new job, with a much higher salary? All right!
훨씬 더 높은 월급을 주는 새 직장을 구했다고? 정말 잘됐다!

ex) That new movie was all right, but I've seen better.
저 새 영화는 그저 그랬어. 하지만 더 재미있는 영화를 본 적이 있어.

□ **all the time**(=always) ⇒ 내내, 항상, 언제나

ex) Examinations weigh on my mind all the time. 시험은 언제나 마음에 걸린다.

□ **all[just] the same** : nevertheless; anyhow; anyway; well
⇒ 그래도, 역시, 똑같은, 그럼에도 불구하고, 어쨌든

ex) It's all the same to me whether we go or stay.
우리가 가든, 머무르든 나와 상관없어요.

ex) I think I'll take an umbrella just the same. It might rain later.
내 생각엔 그래도 우산을 가져가야겠어. 늦게라도 비가 올지 모르니까.

☐ **all told** : in all; altogether ⇒ 전부 합하여, 모두

ex) All told, we collected $50 from our co-workers to buy a present for Jim. 짐의 선물을 사기위해 동료직원들로부터 모두 50달러를 모았다.

☐ **all walks of life(=every walk of life)** ⇒ 각계각층

ex) Every day millions of people from all walks of life call the institute to get advice. 조언을 구하기 위해 매일 매일 다양한 계층의 수백만 사람들이 그 기관에 전화를 했다.

☐ **and so forth[on]** : and what not; etc.; and the like; and things; and all that ⇒ 기타 등등

ex) For refreshments we'll need coffee, soda, beer and the like.
다과용으로 커피, 소다, 맥주, 기타 등등이 필요할 거야.

☐ **answer for** something : be responsible[accountable] for something; be to blame for something; be in charge of something; take charge [responsibility] of something ⇒ -을 책임지다

ex) You will answer for your wrongdoing someday.
언젠가 너 자신의 비행에 책임을 져야 할 거야.

☐ **anything but** : never; by no means; on no account; in no way ⇒ 결코 -이 아니다

ex) His English is anything but correct. 그의 영어는 결코 정확하지 않다.

☐ **apart[aside] from** someone(or something) : not including someone or something ⇒ -은 별도로 하고, -은 제쳐두고

ex) Apart from joking, what do you mean to do?
농담하지 말고, 너는 무엇을 하겠다는 거야?

☐ **appeal to +N** ⇒ -에 호소하다

ex) Your speech had little appeal to them. No one became interested.
네 연설은 그들에게 호소력이 약했다. 아무도 관심을 갖지 않았다.

☐ **apply for** something ⇒ -에 지원하다

cf. **apply to** something ⇒ -에 적용하다

ex) Can I apply for a credit? 신용카드로 구입할 수 있나요?

ex) I applied for membership in the club. 나는 클럽회원에 지원했다.

ex) The way does not apply to the case.

그 방법은 이 경우에는 들어맞지 않는다.

☐ **apply oneself to** something : to be absorbed in something
⇒ -에 전념하다[몰두하다]
ex) We apply ourselves to learning English. 우리는 영어에 전념하고 있다.

☐ **argue against** ⇒ -에 반대하다
ex) There are many controversial topics that my father and I argue about.
아버지와 내가 토론하는 논쟁거리가 여러 가지 있다.

☐ **arrive at[in](=reach, get to)** ⇒ -에 도착하다
ex) What time will we arrive in Australia? 우린 호주에 몇 시에 도착할 건가요?

☐ **as a whole** ⇒ 전체로서, 하나로서
ex) The rich benefited from the reforms, not the country as a whole.
그 개혁으로 부자들은 혜택을 보았지만 국민 전체가 그런 것은 아니었다.

☐ **as a matter of fact** : in fact[reality]; actually; really ⇒ 사실
ex) As a matter of fact, I prefer the Barbados Islands to Florida.
사실, 나는 플로리다보다 바르바로도 섬을 더 좋아한다.
ex) A: You seem upset. Is anything wrong? B: As a matter of fact, yes.
기분이 안 좋아 보이는데, 무슨 안 좋은 일이라도 있어? 사실은, 그래.

☐ **as a rule[whole]** : generally; usually; on the whole ⇒ 대개, 일반적으로
ex) As a rule, I get up at 6 in the morning.
대개 나는 아침 6시에 일어난다.

☐ **as a result** ⇒ 그 결과, 결론적으로
ex) As a result, concludes the study's author, productivity is being wasted.
이번 조사의 실시자는 이로 인해 생산성이 떨어지고 있다는 결론을 내리고 있다.

☐ **as a result of(=as a consequence of)** ⇒ -의 결과로
ex) As a result of his own carelessness, he broke his leg.
자신의 부주의로 다리가 부러졌다.

☐ **ascribe[attribute, impute] A to B(N)** ⇒ A를 B의 탓으로 돌리다
ex) The police ascribed the automobile accident to fast driving.
경찰은 자동차 사고의 원인을 과속 운전으로 보았다.

☐ **as[so] far as someone is concerned** : according to someone's opinion; if someone's decision is needed ⇒ -에 관한 한
ex) As far as I'm concerned, this pie is the best I've ever tasted.
내 의견을 묻는다면 말이지, 이 파이는 내가 먹어본 것 중 최고야.

☐ **as for someone(or something)** : regarding someone or something

⇒ -에 관한 한

ex) As for money, we will simply have to borrow some from the bank.
돈에 있어서 우리는 은행으로부터 얼마간 빌려야 할 거야.

☐ **as follows** : used to introduce a list of names, things, instructions etc.
⇒ 다음과 같이
ex) They are as follows. 그것들은 다음과 같다.

☐ **as good as** : all but; no better[less] than; nearly; almost
⇒ -과거의 같은, 거의
ex) He is as good as dead. 그는 죽은 거나 마찬가지다.

☐ **as if[thought] +s+v** ⇒ 마치 -처럼
ex) It seems as if he's angling for a higher position on the corporate ladder.
그 사람은 승진 단계에서 좀 더 높은 직위로 올라가기 위해 갖가지 수를 다 쓰는 것 같다.

☐ **as it were** : so to speak; in a way; in other words ⇒ 말하자면
ex) He is, as it were, a bookworm. 말하자면, 그는 책벌레다.

☐ **as likely as not** : probably; maybe; perhaps ⇒ 아마
ex) He will fail as likely as not. 그는 아마 실패할 것이다.

☐ **as of** : as from ⇒ -로부터, 현재로
ex) As of last week, I had a thousand dollars in my saving account.
지난주까지만 해도 제 계좌에 천 달러가 들어 있었습니다.

☐ **as soon as**[=the minute/moment, immediately] +s+v(=on/upon +ing)
⇒ -하자마자
ex) As soon as the designer watched that movie, he had an inspiration.
그 디자이너는 그 영화를 보자마자 영감이 떠올랐다

☐ **as usual** : in the way that happens or exists most of the time
⇒ 여느 때처럼
ex) George is late for class again as usual.
여느 때처럼 조지는 다시 지각을 한다.

☐ **as well** : a) all the same ⇒ 역시 b) in addition, besides, into the bargain
⇒ 게다가
ex) He gave me food and money as well.
그는 나에게 음식과 또한 돈까지 주었다.

☐ **B as well as A : not only[simply, merely] A but (also) B**
⇒ A뿐만 아니라 B도

ex) Because the sale of bonds is a convenient means of raising capital, corporations often issue bonds as well as stocks.
채권을 매각하는 것이 자본을 끌어 모으는 편리한 방법이기 때문에 기업들은 주식과 더불어 채권을 발행하곤 한다.

☐ **as yet** : before now ⇒ 아직
ex) As yet, we have not had an answer from him.
아직 우리는 그로부터 답을 받지 못했습니다.

☐ **ask after** someone : to inquire after someone; to ask for information about someone ⇒ 안부를 묻다, -에 관해 요구하다, -에 대한 정보를 묻다
cf. **give my regards to** - ⇒ -에게 안부를 전하다
ex) I asked after my friend in hospital.
나는 입원해 있는 친구의 안부를 물었다.
ex) If anyone asks after me, tell them I've moved.
만일 누가 나에 대해 물으면, 이사 갔다고 해.

☐ **ask for** something**[trouble]** : to do or say something that will result in punishment or trouble ⇒ 자업자득이다, 자초하다, 경솔하게 굴다
ex) If she goes out without coat, she is asking for it.
그녀가 코트 없이 지낸다면, 그것은 자업자득이다.
ex) You'd better shut up. You're asking for trouble.
너 입을 다무는 게 좋을 걸. 너는 말썽을 자초하고 있는 거야.

☐ **ask** someone **in** : to invite someone ⇒ -을 불러들이다, 초대하다
ex) Don't keep Mrs. Bell standing at the door, ask her in.
벨 여사를 현관에서 기다리게 하지 말고 안으로 들어오시라고 해라.

☐ **ask** someone **out[ask out** someone**]** : to ask someone for a date ⇒ 데이트를 신청하다
ex) Do not ask out my sister. I don't want you dating my sister.
내 여동생에게 데이트 신청하지 마. 네가 내 여동생과 데이트 하는 게 난 싫으니까.

☐ **at all** : in the least ⇒ 전혀, 조금도
ex) He said that he did not have any money at all.
그는 전혀 돈이 없다고 말했다.

☐ **at all costs[at any cost]** : a) at all events; in any way[case] ⇒ 어떤 일이 있어도, 꼭
b) at any rate; at all costs ⇒ 어쨌든, 하여튼
ex) At any costs, you must deliver one hundred cakes by Friday.
무슨 일이 있어도 금요일까지 백 개의 케이크를 배달해야 한다.

☐ **at all times** : always ⇒ 항상

ex) He goes on a picnic at all times. 그는 항상 야유회를 간다.

☐ **at any rate** ⇒ 어쨌든

ex) I may be away on business next week but at any rate I'll be back by Friday.
내가 다음 주에는 출장을 갈지도 몰라. 하지만 어쨌든 금요일까지는 돌아올 걸세.

☐ **at (the) least** : no less than; minimum ⇒ 적어도

ex) She has at least 500$. 그녀는 적어도 500달러를 가지고 있다.

☐ **at the moment** : right now ⇒ 지금 당장은

ex) Sorry, I can't think of it at the moment. 미안, 지금은 생각이 안 나.

☐ **at best[at (the) most]** : considering the most favorable point of view
⇒ 기껏해야, 잘해야, 최상의 경우라도

ex) Sandra and I were never lovers. At best, we dated a few times.
산드라와 나는 결코 애인은 아니었어. 기껏해야 우리는 두세 번 데이트를 했을 뿐인걸.

☐ **at every turn** : everywhere one looks ⇒ 모든 곳에, 아무데나, 가는 곳마다

ex) He had no tact and insulted people at every turn.
그는 재치가 없어서 언제나 사람들을 무례하게 대했다.

☐ **at gunpoint** : while threatening people with a gun, or while being threatened with a gun ⇒ 권총으로 들이대고, 총으로 위협하는

Ref. gunpoint *n.* ⇒ 권총의 총부리

ex) The storekeeper was robbed at gunpoint.
가게주인은 총으로 위협하는 강도에게 털렸다.

☐ **at ease** : at home; comfortable; relaxed ⇒ 마음 편하게, 안심하고

ex) I feel at ease now that the exam is over.
시험이 끝나서 나는 지금 편하다.

☐ **at first** ⇒ 처음에(는)

ex) The atmosphere was rather strange and awkward at first.
처음에는 분위기가 썰렁했다

☐ **at first glance** : when first observed; seen for the first time
⇒ 처음 보기에, 언뜻보기에

ex) She looked pretty at first glance; but as I got closer to her, I discovered she had a mustache. 그녀는 언뜻보기에 예뻐 보였어. 그런데 가까이 가서 보니 콧수염이 있다는 것을 발견했지 뭐니.

☐ **at first hand** : directly; personally; in person ⇒ 직접적으로

ex) I have heard the news at first hand. 나는 직접 그 소식을 들었다.

☐ **at second hand** : indirectly ⇒ 간접적으로

ex) I got the news at second hand. 나는 간접적으로 그 소식을 접했다.

☐ **at hand** : near; soon; close by; handy ⇒ 가까이에, 머지않아

ex) The examination is at hand. 시험이 가까이 다가왔다.

☐ **at home** : a) in the house ⇒ 집에 b) in the country ⇒ 본국에 c) comfortable; at ease ⇒ 안락한, 편안한 d) be well-versed in; be good at ⇒ -에 정통한, -을 잘한

ex) Please make yourself at home. 편히 하세요.

☐ **at least** : no les than; to say the least of it ⇒ 적어도

ex) It will cost at least ten dollars. 적어도 10달러의 비용이 들 것이다.

☐ **at most** ⇒ 많아야, 기껏해야

ex) There were three or four at most who gathered up for meeting.
모임에 모인 사람들은 기껏해야 3~4명밖에 안 되었다.

☐ **at once**(=immediately, in no time, in less than no time, instantly, right away, right now ⇒ 즉시, 한번에

ex) I want you to send this telegram at once.
나는 네가 즉시 이 전보를 치기를 원한다.

☐ **at once A and B** : both[alike] A and B ⇒ A, B 둘 다

ex) My father is at once stern and tender.
나의 아버지는 엄격하기도 하고 온화하기도 하시다.

☐ **at one's disposal** : available for someone to use
⇒ -의 마음대로 쓸 수 있는

ex) His library was at my disposal. 난 그의 서재를 마음대로 쓸 수 있었다.

☐ **at one's finger's end** : be well-versed in ⇒ -에 정통한

ex) He has Shakespeare at his finger's end. 그는 셰익스피어에 정통하다.

☐ **at one's leisure**(=in one's spare time) ⇒ 한가할 때에

ex) There's no need to hurry so do it at leisure.
서두를 필요가 없으니 천천히 하게.

☐ **at one's earliest convenience** ⇒ 형편 닿는 대로 빨리

ex) I look forward to meeting you at your earliest convenience.
형편 닿는 대로 빠른 시일 내에 당신을 만나고 싶습니다.

☐ **at other times** ⇒ 다른 때에

ex) At other times, someone may not feel sick until several days later.
다른 때는, 어떤 사람은 며칠이 지나서야 아프기 시작할 수도 있어요.

☐ **at present** : currently; right now ⇒ 요즈음, 오늘날에는, 현재로서는, 지금

ex) I can't show you the painting at present. Come back next week.
지금은 당신에게 그 그림을 보여드릴 수 없습니다. 다음 주에 다시 오십시오.

☐ **at random** : without order, sequence, and planning, etc.
⇒ 되는 대로, 닥치는 대로, 무작위로, 임의적으로

ex) The answer I checked at random turned out to be right.
그냥 찍었는데 맞았어요.

ex) Omnivorous readers read books at random.
남독가(濫讀家)들은 닥치는 대로 책을 읽는다.

☐ **at stake** : at risk; in a risky position ⇒ 위태로운, 문제가 되어서

ex) Her reputation is at stake. 그녀의 명성이 위태롭다.

☐ **at the behest of** : at the request of ⇒ -의 명령[요청]에 따라

ex) The budget proposal was adopted at the behest of the president.
그 예산 계획은 대통령의 요청에 따라 채택되었다.

Ref. behest *n.* : 명령, 요망, 요청

☐ **at the cost[price, expense] of someone(or something) = at someone's cost[price, expense]** : to someone else's disadvantage; at someone else's detriment
⇒ -을 희생하여, -가 희생한 덕분에

ex) We can enjoy a cool summer at my neighbor's expense!
우리는 이웃 덕분에 시원한 여름을 보낼 수 있게 됐어!

☐ **at the eleventh hour** : at the last moment ⇒ 마지막 기회에, 막판에

ex) War, which seemed certain, was prevented at the eleventh hour.
불가피하게 여겨졌던 전쟁을 막판에 피할 수 있었다.

☐ **at the mercy of** someone[at someone's mercy] : at the control of someone; in power of someone; under the control of someone
⇒ -에 좌우되어

ex) Never before in this century has the nation been so much at the mercy of the weather.
금세기 들어 그 나라가 날씨에 그렇게 많이 좌우 됐던 적이 없었다.

☐ **at the earliest** ⇒ 빨라도

ex) No developments were expected before the second half of August, at the earliest. 빨라도 8월 중순 이전에는 진척이 없을 것으로 예상되었다.

☐ **at the latest** ⇒ 늦어도

ex) My computer shows that the order has been shipped and should arrive at your house by tomorrow at the latest. 제가 컴퓨터로 조회해 본 결과 나머지 주문은 늦

어도 내일까지 귀댁으로 발송될 것입니다.

☐ **at the same time(=simultaneously)** ⇒ 동시에

ex) You can communicate with many people at the same time.
여러 사람들과 동시에 연락을 할 수 있습니다.

☐ **at table** : while eating a meal ⇒ 식사중인

ex) When I came home, the family were at table.
내가 집에 왔을 때, 가족들은 식사 중이었다.

☐ **at the (very) moment** : presently ⇒ 당장에는, 현재

ex) Get out of here at the very moment! 당장 여기서 나가세요!

☐ **at this rate** : if something continues in the current manner
⇒ 이런 상태로는, 이런 식으로, 지금 방식으로는

ex) We are working too slowly. At this rate, we won't be able to make the deadline.
우리는 너무 천천히 일하고 있어. 이런 식으로는 마감일에 맞출 수 없을 거야.

☐ **attend to[pay/give attention to, pay heed to, be attentive to** someone(or something) : a) to pay attention to something ⇒ -에 주의하다 b) to take care of someone, especially because they are sick ⇒ 돌보다

ex) We must attend to our duty. 우리는 우리 의무에 관심을 가져야 한다.

ex) A nurse went to attend to the baby. 간호사는 아이를 돌보러 갔다.

☐ **attend[wait] on** someone : to serve someone ⇒ 시중들다

ex) They thought it a great honour to attend on the queen.
그들은 여왕의 시중을 드는 것이 대단한 영예라고 생각했다.

☐ **attribute A to B(=** ascribe[impute] A to B) ⇒ A를 B의 탓으로 돌리다

ex) He ascribes his success to good luck.
그는 그의 성공을 행운으로 돌린다.

☐ **at times** : occasionally, now and then, sometimes, more often than not, from time to time ⇒ 때때로

ex) At times he does much better work than on other occasions.
때때로 그는 다른 때보다 훨씬 더 열심히 일을 한다.

☐ **attribute A to B** ⇒ A를 B의 덕분으로 돌리다

ex) Analysts attribute last week's stock-buying spree in part to increasing optimism about the nation's economic health. 분석가들은 지난 주의 주식 매입 열풍은 전국적인 호경기에 관한 희망적인 관측이 점차 증가한 것도 그 이유 중의 하나라고 여긴다.

☐ **avail oneself of A(someone or something)(=** take advantage of A, make use of A, use A, put A to use, turn A to account, utilize A)

⇒ -을 이용하다, -을 속이다

ex) You must avail yourself of the chance.
너는 기회를 활용할 줄 알아야 한다.

ex) She took advantage of me. 그녀는 나를 속였다.

☐ **a variety of(=various)**~⇒ 다양한~

ex) Washington Bank offers a variety of free and low-cost services.
워싱턴 은행은 다양한 서비스를 무료 또는 싼 요금으로 제공하고 있다.

☐ **a wide range of**~⇒ 광범위한~

ex) We have a wide range of selections now.
저희는 현재 다양한 제품을 갖추고 있습니다.

☐ **back and forth** : frequently; to and fro ⇒ 앞뒤로, 이리저리, 오락가락하며

ex) Maria travels back and forth(= frequently) between Miami and New York. 마리아는 마이애미와 뉴욕 사이를 오가며 여행한다.

☐ **back out (on/of)** something : to withdraw from something
⇒ (약속, 계획, 싸움 등에서)취소하다, -에서 손을 때다

ex) Are you backing out on your word? I'm afraid I have no choice.
당신이 한 말을 지키지 않을 건가요? 그럴 수밖에 없을 것 같군요.

ex) At the last minute John backed out and refused to go with us.
마지막 순간에 존은 손을 떼고 우리와 함께 가기를 거부했다.

☐ **back up** someone(or something) : to support or agree with someone or something; to cause a vehicle (such as a car, a boat, etc.) to move backwards ⇒ 후원하다, (컴퓨터, 파일 등을)복사하다, (차를)후진시키다, 뒤로 물러나다

ex) We should back one another up in the sales meeting.
우리는 영업 회의 때에 서로를 지지해 주어야 한다.

ex) Back up a few more feet and then you can get out.
몇 피트만 좀더 무르면 너는 나갈 수 있다.

☐ **bank on[upon] something** : to depend[count] on something
⇒ 을 믿다, 에게 의지하다

ex) I wouldn't bank on anything Parker says, that liar.
나는 저 거짓말쟁이 파커 씨가 말하는 건 믿지 않아.

ex) If Helen says it'll be ready, you can bank on it.
헬렌이 그것이 준비될 거라고 말한다면, 당신은 그 말에 기대를 걸어볼 수 있겠죠.

☐ **bear[have, keep] someone(or something) in mind** : to remember and think about someone or something ⇒ -을 명심하다, -을 염두에 두다

ex) Keep in mind that the traffic is pretty bad at that time, so leave a little early.
그 시간에는 교통량이 많다는 것을 염두에 두고 조금 일찍 떠나라.

ex) Bear these proverbs in mind. 이 속담들을 명심해.

☐ **bear out** something : to testify or support something ⇒ 증명하다, 입증하다

ex) The prisoner's story was borne out by his wife.
그 죄수의 이야기는 그의 아내에 의해 입증되었다.

ex) This report bears out my theory. 이 보고서는 나의 이론을 입증해 준다.

☐ **beat around the bush** : to talk around the point
⇒ 완곡하게 말하다, 빙 둘러 말하다[치다]

ex) She tried to hide her lack of knowledge by beating around the bush.
그는 이리저리 둘러대면서 부족한 지식을 감추려 했다.

☐ **be a steal** : to be very cheap ⇒ 헐값으로 손에 넣다, 횡재하다

ex) What a steal that Wedgewood jar we bought at a church fair was.
우리가 교회 바자회에서 샀던 웨지우드의 단지는 횡재한 거야.

☐ **be about to +root** : be on the point of + 동명사; be just going to +root; be almost ready to + root ⇒ 막 -하려고 하다, -할 준비가 되다

ex) Hey, everyone come to my office! We're about to try out the new computer. 자, 모두들 제 사무실로 오세요. 새 컴퓨터를 시험 가동할 준비가 되었습니다.

ex) Turn on the TV. My favorite show is about to come on!
텔레비전을 켜. 내가 제일 좋아하는 쇼를 막 시작하려고 한단 말이야!

☐ **be absorbed[engrossed, immersed] in** something : to be lost in something
⇒ -에 열중하다, -에 몰두하다

ex) He was absorbed in his conversation, and not paying much attention to the road.
그는 대화에 열중에 주변 도로에 전혀 관심을 갖지 않았다.

☐ **be absent from** something : to be without something ⇒ -이 없는

ex) Any sign of remorse was completely absent from her face.
어떤 후회[양심의 가책]의 표정도 그의 얼굴에는 없었다.

☐ **be absorbed in**(=apply oneself to, devote oneself to) something : to give oneself to something ⇒ -에 몰두하다, 전념하다

ex) He applied himself to the study of English.
그는 영어공부에 전념했다.

☐ **be[get] accustomed[used] to +N** ⇒ -에 익숙하다, -에 길들다

ex) I'm accustomed to speaking in public.
나는 대중들 앞에서 연설하는 데 익숙하다.

☐ **be accused of**(=be indicted for/be charged with/be booked with)
-로 고소[기소/입건]되다
ex) They are accused of being involved in venal practices.
그들은 뇌물을 받고 매수되는 관행에 연루된 혐의로 기소된 상태이다.

☐ **be acquainted with** someone(or something) : to be familiar with someone or something, but not knowing the person or thing well
⇒ -을 알고 있다, -에 친숙하지만 잘 알지 못하다
ex) I'm not acquainted with this piece of music.
나는 이 곡을 잘 알지 못한다.
ex) I'm acquainted with Bill Gates, but I've never met him.
나는 빌 게이츠를 알긴 알지만, 그를 만나본 적이 없다.

☐ **be addicted to** something : to like to have or do something, especially something that is not good or healthy ⇒ 에 탐닉하다, -에 몰두하다
ex) My kids are addicted to video games.
우리 아이들은 비디오 게임에 빠져있다.

☐ **be adequate for[to]** someone(or something) : to be enough to do something ⇒ -에 적합하다[충분하다]
ex) This food is adequate for 50 people.
이 음식은 50명을 위한 충분한 음식이다.
ex) They are data adequate to prove an argument.
그것들은 주장을 입증하기에 적절한 자료들이다.

☐ **be advised to +V** ⇒ -하도록 조언을 받다, -해야 한다.
ex) Customers are advised to be as specific as possible when describing the problem they have with a product. 고객들은 자신이 가지고 있는 제품의 문제점을 설명할 때는 가능한 한 자세히 기재해 주도록 당부받고 있다.

☐ **be against** something : to be opposed to something; to object to something ⇒ -에 반대하다
ex) Are you for it or against it? 너는 그것에 찬성하니, 반대하니?

☐ **be aimed at** ⇒ -을 겨냥한 것이다
ex) Their latest product is aimed at the mass market.
그들의 최신 상품은 대중을 대상으로 하는 시장을 겨냥한 것이다

☐ **be allergic to** something : to be always trying to avoid an activity or thing that you do not like ⇒ -에 질색이다
ex) He is allergic to pizza. 그는 피자는 질색이다.

☐ **be all the blame on (someone)** ⇒ -의 책임이다

ex) Why is all the blame on me? = Why do I get blamed?

왜 그게 제 탓이죠?

☐ **be allowed to +V[N]** ⇒ -해도 좋다, -할 수 있다, -에게 허용되다(N이 올 때)

ex) Our competitors must not be allowed to get wind of our plans.

경쟁업자들이 우리 계획을 눈치채게 해서는 안 된다

☐ **be amazed at** ⇒ -에 놀라다

ex) He amazed at the sight. 그는 그 광경에 놀랐다.

☐ **be anxious for + 동명사(= to 부정사)**(= be eager[keen, long] for + 동명사 (= to 부정사); be dying[zealous, yearn] for + 동명사)

⇒ -을 바라다, 갈망하다

ex) I am anxious to be a lawyer. 나는 변호사가 되고 싶다.

☐ **be apt to +부정사** : a) be likely[liable] to +root ⇒ -하기 쉽다

b) tend[be inclined] to + root ⇒ -하는 경향이 있다.

ex) We are apt to be wasteful of time. 우리는 시간을 낭비하기 쉽다.

☐ **be ashamed of** ⇒ -을 부끄러워하다

ex) He doesn`t seem to be ashamed of his cheeky behavior.

그는 그의 경솔한 행동에 대하여 부끄러워하는 것 같지 않다.

☐ **be associated with** ⇒ -과 관련되다, -이 연상되다

ex) Homeowners should be careful to read the fine print on any financing-related contract associated with their home. 주택 소유자들은 자신들의 주택과 관련된 융자 관계 계약서의 세부 사항들을 모두 주의 깊게 읽어야 한다.

☐ **be at a loss** : be at sea[fault]; be at the crossroad; be at one's wit's end; be confused[puzzled, perplexed, embarrassed, bewildered]; be upset

⇒ 어찌할 바를 몰라서, 당황하여

ex) I'm at a loss for words. 나는 도저히 말로 표현할 수 없다.

☐ **be at liberty[free] to +root** : to do something freely

⇒ 마음대로 -해도 좋은

ex) You are not at liberty to use the information.

너는 그 정보를 마음대로 사용해서는 안 된다.

☐ **be at odds with** : a) be on bad terms with ⇒ -와 사이가 나쁜 b) in disagreement with ⇒ 다투어

ex) They are at odds with one another. 그들은 서로 사이가 나쁘다.

ex) Finance specialists are at odds over the proposals.

재정 전문가들은 그 제안에 대해 서로 의견을 달리한다.

☐ **be at variance with** someone(or something) : if two people or things ar at variance with each other, they do not agree or are very different
⇒ 반목하다, 사이가 나쁘다(with), 일치되지 않다, 모순되다
ex) They are at variance among themselves. 그들은 서로 반목하고 있다.
ex) Before Tom antagonized John at the party, they had never been at variance. 그 파티에서 톰이 존을 적대시하기 전까지는 사이가 좋았다.
ex) Her current statement is at variance with what she said July 10.
그녀의 현재 진술은 7월 10일에 했던 말과 일치하지 않는다.
Ref. antagonize *v.* : -에게 적대하다 set variance at : 이간질하다, 소원하게 만들다.
variance *n.* ; a) 변화, 변동, 변천 b) 불일치, 불화, 알력, 적대

☐ **be averse to[from]** (doing something) : to be unwilling to do something or to dislike something ⇒ -에 반대하다, -하는 것을 싫어하다
ex) I am averse to going[to go] there. 그리로 가는 것은 싫다.

☐ **be aware[conscious] of** ⇒ -을 인식하다, 알다.
ex) Even though he tried to declare his hand to me, I couldn't be aware of his intentions. 그는 자신의 의도를 알리려고 노력했지만 나는 그의 의도를 알 수 없었다.

☐ **be bad for** ⇒ -에 안 좋다
ex) She thought drinking too much would be bad for his health.
그녀는 과음은 그의 건강에 좋지 않을 것이라고 생각했다.

☐ **be badly off** : be poor ⇒ 가난하다 cf. be well off : be rich ⇒ 유복하다
ex) He is badly off. 그는 가난하다.

☐ **be based on** something : to be ground on something
⇒ 에 근거[기초]를 두다
ex) His view of life is based on his long experience.
그의 인생관은 그의 오랜 경험에 의거해 있다.
ex) Discrimination based on race and sex is forbidden by law.
인종과 성에 근거한 차별은 법률로 금지되어 있다.

☐ **be becoming** (to someone) : to look good on someone or be appropriate for them ⇒ -에 어울리다
ex) That pearl necklace is very becoming to you.
그 진주 목걸이가 너에게 매우 잘 어울린다.

☐ **be[fall] behind in** something : to be less successful than other people

⇒ -에 밀려 있다, -에 뒤쳐지다

ex) The Bruins fell behind in the first quarter, but dominated the game after that.
브루인즈는 제 1 쿼터에서 뒤져 있었지만 그 후로는 게임을 지배했다.

☐ **be bent on doing** something : to be determined to accomplish or do something
⇒ -하기로 결심하다,

ex) Jane was bent on getting all A's for the semester.
제인은 그 학기에 전 과목 A학점을 받기로 결심했다.

☐ **be black and blue** : to be a skin that is black and blue as a result of being hit
⇒ 시퍼렇게 멍들다

ex) How come you are black and blue all over?
어째서 온몸이 온통 멍투성이죠?

☐ **be booked up** : if someone is booked up, they are extremely busy and do not have time to do anything new ⇒ 일정이 꽉 차다, 예약되어 있다

ex) I'm sorry, Dr. Hull is all booked up on Tuesday.
죄송합니다. 화요일에는 헐 박사님의 일정이 꽉 차 있습니다.

☐ **be bound for** somewhere : in transit, on the way to somewhere; having plans to go somewhere ⇒ -로 향하다, -행이다, -로 가다

ex) The lady sitting next to me in the airplane said she was bound for New York City. 비행기에서 내 옆에 앉은 숙녀가 자기는 뉴욕으로 간다고 말했다.

☐ **be bound to +root** : a) be certain to +root ⇒ 반드시 -하다 b) be obliged to + root ⇒ -하지 않을 수 없다.

ex) We are bound to be late if you don't hurry.
서두르지 않으면 우리는 늦을 거야.

☐ **be busy with** something : someone who is busy at a particular time is working and is not available ⇒ -로 바쁘다

ex) I've just been busy with work. That's all.
일 때문에 바빠서요. 그래서 그런 거예요.

☐ **be capable of + ing**(=be able to +V) -할 수 있다, -할 능력이 있다

ex) Tuesday, in Baghdad, President Bush promised to stand by Iraq's new government until it is capable of defending itself. 부시 대통령은 화요일 이라크를 전격방문한 자리에서 이라크의 새 정부가 자체 방위 능력을 갖출 때까지 이라크를 지원할 것이라고 다짐했습니다.

☐ **be[get] caught in traffic** ⇒ 교통체증에 시달리다

ex) Sorry, I'm late. I got caught in traffic.

늦어서 미안합니다. 차가 막혀서요.

☐ **be caught in a shower** ⇒ 소나기를 만나다.

ex) She was caught in a shower on her way home.
그녀는 집으로 가는 도중에 소나기를 만났다.

☐ **be caught off guard** ⇒ 불시에 기습을 당하다, 허를 찔리다

Ref. off guard ; 방심하는, 경계를 게을리한

ex) Everybody was caught off guard.
모두가 방심하다가 한 방 먹은 거지.

☐ **because of** : on account of, owing[due] to ⇒ -때문에

ex) Because of typhoon, this year's crop is poor.
태풍으로 올해 농사는 형편없다.

☐ **be a whiz at** something : be well-versed in something
⇒ -의 명수이다

cf. whiz *n.* ⇒ a) 윙 b) (Am. sl.) 명수, 명인

ex) He is a whiz at water skiing. = He is very good at water skiing.
= He is an expert at water skiing. 그는 수상 스키의 명수입니다.

☐ **be charged[crammed, filled, flooded] with** ⇒ -로 가득차다

ex) This wire is charged with electricity. 이 전선에는 전기가 통해 있다.

☐ **be comparable to + N** ⇒ -에 상응하다[필적하다], -에 비길만하다

ex) They turn out goods comparable to those of foreign nations in both quality and quantity. 그들은 질적으로나 양적으로 외국의 상품에 뒤지지 않는 물품을 제조했다.

☐ **be compatible with**(=work well together) ⇒ -와 호환성이 있다, -와 양립하다

ex) The new system will be compatible with existing equipment.
새 시스템은 기존 장비와 호환이 될 것이다.

☐ **be compelled[forced, pressed] to + V**
⇒ -하도록 강요하다, 부득이하게 -해야 한다

ex) The Vietnamese negotiators were compelled during the negotiations to cancel the program.
베트남 협상대표들은 이 계획을 취소하도록 강요당했습니다.

☐ **be composed[comprised, formed, made up] of** something
⇒ -로 이루어지다

ex) The troop was composed entirely of American soldiers.
그 부대는 전부 미국 병사로 구성되어 있었다.

☐ **be concerned[connected, related] with** ⇒ -과 관련되어 있다

ex) Many people are concerned with the safety of using a cell phone behind the wheel. 많은 이들이 운전 중 휴대폰 사용의 안전성에 대해 관심을 갖고 있다.

☐ **be concerned[anxious, worried] about** ⇒ -에 대해 걱정하다

ex) I am not concerned with that matter. 나는 그 일과는 관계없다.

ex) I am concerned about his health. 그의 건강이 걱정이다.

☐ **be content[gratified, satisfied] with** ⇒ -에 만족하다

ex) Today a man can't be content with just earning a living.
오늘날 사람들은 생계비를 버는 것만으로는 만족하지 않는다.

☐ **be covered with** ⇒ -로 덮여있다

ex) He was covered with dust while walking along the road.
그는 길을 걸어가다가 먼지를 뒤덮어 썼다.

☐ **be critical of** ⇒ -에 대해 비판적이다

ex) The report is critical of the department's waste of resources.
그 보고서는 그 부서의 자원 낭비를 비판하고 있다

☐ **derive[come] from** something : to arise from something ⇒ 에서 유래하다

ex) This slang word derives from a foreign word.
이 속어는 어떤 외국말에서 유래한다.

☐ **be destined[doomed] to +V** ⇒ -할 운명이다

ex) They were destined never to meet again. 그들은 다시 만날 수 없는 운명이었다.

☐ **be devoted[dedicated] to +N(**=devote oneself to +N**)** ⇒ -에 헌신하다[바치다]

ex) She was devoted to her children. 그녀는 자식들에게 헌신했다.

☐ **be different from(=differ from)** ⇒ -과 다르다

ex) I suppose it'd be interesting, but I like to go where the language and culture are different from what I'm used to. 신나는 경험이 되겠네요, 하지만 난 언어나 문화가 낯선 곳에 가고 싶어요.

☐ **(be) due to +N** : owing to; because of⇒ -에 기인하다, - 때문이다

ex) The failure is due to his ignorance. 그 실패는 그의 무지의 탓이다.

☐ **(be) due to +V** : be going to + root ⇒ -할 예정이다

ex) They are due to arrive here soon. 그들은 곧 여기에 오기로 되어 있다.

☐ **be eager[anxious, keen](=long)for +N[to +V)** ⇒ -을 바라다/갈망하다

ex) Clients may be eager to discuss ways to improve products and services. 고객들은 제품과 서비스를 개선시킬 방법에 대해 논의하길 간절히 바란다.

☐ **be engaged in** something : be occupied in something ⇒ -에 종사하다

ex) She was engaged in knitting. 그녀는 부지런히 뜨개질을 하기 시작했다.

☐ **be engaged to** someone : to betroth someone ⇒ -와 약혼하다

ex) My daughter is engaged to a lawyer. 내 딸은 변호사와 약혼했다.

☐ **be enmeshed in** something : to be involved in something
⇒ -에 걸려들다, -에 말려들다

ex) Americans have become enmeshed in a vast and growing data web that is constantly being examined by a legion of Internet-era software snoops. 미국인들은 인터넷 시대의 많은 소프트웨어 감시자들이 끊임없이 조사하는, 점점 커가는 엄청나게 거대한 데이터 망에 걸려들었다.

☐ **be embroiled in** something ⇒ -에 연루되다

ex) After being embroiled in acrid debates over six years, they found new material evidence. 6년간의 격렬한 논란에 휩싸인 뒤에 그들은 새롭고도 중요한 증거를 발견했다.

☐ **be equal to + N** ⇒ 와 같다, 에 필적하다[동등하다]

ex) With[In spite of] all his experience, he will not be equal to this task.
그가 아무리 경험이 많아도 이 일을 감당하지 못할 것이다.

☐ **be expected to + V** ⇒ -할 것으로 예측되다,
-할 예정이다(=be scheduled to + V)

ex) How many people are said to be expected to attend the meeting?
회의에 몇 사람이 참석할 것으로 예상된다고 하는가?

☐ **be fit[be cut out] for** ⇒ -에 적합하다

ex) She is fit for the job. 그녀는 그 일에 적합하다.

☐ **be familiar with**+something[**to**+someone] ⇒ -에 대해 잘 알다, 친하다

ex) Benson and Associates' security department requested that all staff be familiar with the new office security regulations. Benson and Associates사의 경비실은 모든 직원들이 새로운 사무실 안전규칙에 대해 더 잘 알기를 요구했다.

☐ **be fond of(=like, have a liking for, have a fancy for)** ⇒ -을 좋아하다

ex) I am fond of drinking milk. 나는 우유 마시기를 좋아한다.

☐ **before long** : soon; shortly; It will not be long before- ⇒ 곧, 머지않아

ex) He will come back before long. 그는 곧 돌아올 것입니다.

☐ **be free from[of]** something : be exempted from something
⇒ -가 없다, -을 면하다

ex) It's free of taxes. 그것은 면세다.

ex) It's a day free from wind. 오늘은 바람 없는 날이다.

☐ **(be) fresh from[out of]** something : be newly made from something

⇒ -에서 갓 만들어지다

ex) She is a girl fresh from the country.

그녀는 시골에서 갓 올라온 소녀다.

☐ **be good at** ⇒ -에 능숙하다, -을 잘 하다

ex) You should be good at math to study computers.

컴퓨터를 배우려면 수학을 잘 해야 돼요.

☐ **be good for** ⇒ -에 이롭다, 좋다

ex) It'll be good for his career since it's a large company.

큰 회사니까 그의 경력에 도움이 되겠지.

☐ **be harmful to[for, of]** something ⇒ -에 해롭다

ex) Some pesticides are harmful to the environment.

어떤 살충제는 환경에 해롭다.

☐ **behind the times** : old-fashioned ⇒ 시대에 뛰 떨어진

ex) He was behind the times. 그는 시대에 뒤 떨어져 있다.

cf. behind time : late ⇒ 늦은

☐ **be ignorant[unaware] of(=dont know, have no idea of)** ⇒ -에 대해 모르다

ex) He is ignorant of the ways of the world. 그는 세상 물정에 눈이 어둡다.

☐ **be in control of** ⇒ -을 관리하고 있다

ex) I like to be in control of what I do. 내 일은 내가 관리하고 싶어.

☐ **be under the control of** ⇒ -의 관리 하에 있다.

ex) The country is under the control of the evil queen.

그 나라는 사악한 여왕의 지배하에 있다.

☐ **be inclined to +V(=feel like -ing)** ⇒ -하고 싶어 하다

ex) He is by nature inclined to be rather lazy.

그는 천성적으로 좀 게으른 편이다

☐ **be indifferent to** someone(or something) : to make no difference in someone or something ⇒ -와 무관하다

ex) She was indifferent to him. 그에게 무관심했다.

ex) How can you be so indifferent to the sufferings of the children.

어찌하여 이 아이들의 고통에 그토록 냉담할 수가 있는가.

☐ **be infatuated with** someone(or something) : to be inspired with unreasoning love or attachment ⇒ -에 매료되다

ex) Once I dated a famous movie star and later I realized that I was just infatuated with his fame rather than himself. 한때 나는 유명한 영화배우와 사귀었는데, 후에

내가 그 사람 자체보다는 단지 그의 명성에 매료되었다는 것을 깨달았다.

☐ **be interested in** ⇒ -에 관심이 있다

ex) Would you be interested in starting a romantic relationship with me?
나랑 연애할 생각 있어?

☐ **be involved in** ⇒ -에 관련되다

ex) He was rumoured to be involved in the crime.
그가 그 범행에 연루되었다는 소문이 있었다.

☐ **be liable to+V** ⇒ -하는 경향이 있다

ex) He is liable to shout when he gets angry.
그는 화나면 고함을 지르는 경향이 있다.

☐ **be liable for +N** ⇒ -에 대해 책임지다

ex) He is liable for damages. 그는 손해배사의 책임이 있다.

☐ **be likely to(=tend to)** + V ⇒ -하는 경향이 있다, 하기 쉽다

ex) African-Americans are about twice as likely to be unemployed compared to the general population. 미국 내 흑인 실업자 수가 전체 평균의 약 2배에 가까운 것으로 나타났습니다.

☐ **be made up of(=be composed of, consist of)** ⇒ -로 구성되다

ex) An ecosystem is made up of living things and the environment they live in. 생태계는 생물과 그것들이 살고 있는 환경으로 구성된다.

☐ **be known to** someone ⇒ -에 알려져 있다

ex) She is known to everybody. 그녀는 모든 이에게 알려져 있다.

☐ **be known as** ⇒ -로서 알려져 있다

ex) In his hometown, he was known as a businessman and not a writer.
그의 고향에서, 그는 작가가 아닌 사업가로 알려져 있었다.

☐ **be known for(=be famous for)** ⇒ -로 유명하다

ex) The hotel is known for its excellent cuisine. 이 호텔의 요리는 유명하다.

☐ **be know by** ⇒ -을 보면 알 수 있다

ex) The true condition of affairs is not to be known by external appearances.
사건의 진상은 결코 표면만 보고는 모르는 것이다.

☐ **be nervous about** something : be anxious[concerned] about something ⇒ -을 걱정하다

ex) I'm pretty nervous about it. 정말 걱정이 돼서 죽겠어요.

☐ **be noted[famous, well-known] for** ⇒ -로 유명하다

ex) The company is noted for the quality of its furniture.
그 회사는 가구의 품질로 유명하다.

☐ **be obliged[forced, compelled, impelled] to + V** 해야 한다

ex) We will be obliged to take effective self-defense measures.
우리는 효과적인 자위 조치를 취하지 않을 수 없을 것이다.

☐ **be obliged to + N(=be thankful for)** ⇒ -에 감사하다

ex) I'm obliged to your help. 귀하의 도움에 감사드립니다.

☐ **be obsessed with[by]** someone(or something) : if someone or something obsesses you. you think about them all the time and you cannot think of anything else. ⇒ -에 사로잡히다, 얽매이다

ex) She was obsessed by[with] jealousy. 그녀는 질투심에 사로잡혔다.

☐ **be open to** someone(or something) : available to everyone ⇒ -에 개방되어 있다, -을 받기 쉽다

ex) He was open to advice. 그는 충고를 순순히 받아들였다.

ex) The library is open to all. 도서관 출입 개방.

☐ **be particular about[over]** something : to be very careful about choosing exactly what you like and not easily satisfied ⇒ -에 대해 까다롭다

ex) Mr Gabbert is very particular about how his business run.
가버트 씨는 회사를 경영하는 방법에 대해 매우 까다롭다.

☐ **be pleased with** ⇒ -에 만족하다

ex) I'm sure she'll be very pleased with the present.
나는 그녀가 이 선물을 받고 기뻐할 것이라고 확신한다.

☐ **be poor at** ⇒ -에 서툴다

ex) He was self-educated and read widely in Shakespeare and the ancient classics, but he was poor at mathematics. 그는 독학으로 Shakespare의 작품과 고전을 폭넓게 읽었으나, 수학은 잘하지 못 하였다.

☐ **be reflective of** ⇒ -을 반영하다

ex) Market conditions are often reflective of the current political state.
시장 상황은 종종 현재의 정치 상황을 반영한다.

☐ **be responsible[liable, answerable] for** ⇒ -에 책임이 있다

ex) Mr. Johnson will be responsible for all of our worldwide marketing, sales, service and administrative work. 존슨 씨는 우리 회사의 전세계 마케팅, 영업, 서비스 및 관리 업무를 총괄할 것입니다.

☐ **be responsive to**(=respond to) ⇒ -에 대해 빠르게 반응하다, 대응하다

ex) In addition, a well-implemented CRM helps a business be more responsive to customer needs, which can lead to long-term marketing benefits by increasing customer value. 게다가 잘 시행된 CRM은 고객들의 요구에 더 잘 반응할 수 있도록 해 주는데, 이는 고객 가치를 증대하여 장기적으로는 마케팅에 도움이 될 수 있습니다.

☐ **be reliant on(**=rely on**)** ⇒ -에 의존하다

ex) Felicity Clothing is increasingly reliant on manufacutres of textiles and printed fabrics from Southeast Asia. Felicity Clothing사는 동남아시아의 섬유와 날염직물 제조업자에 더욱 더 의존하고 있다.

☐ **be scared[afraid] of[at]** someone(or something) : to fear someone or something ⇒ -을 겁내다

ex) I'm afraid of snakes. 뱀이 무섭다.

☐ **be short of** + N : not to have enough something ⇒ -이 부족하다

ex) Can you lend me a couple of dollars? I'm still a little short. 나에게 몇 달러 빌려줄 수 있니? 나 약간 돈이 부족한데.

☐ **be similar[akin] to(=be like)** ⇒ -와 유사하다

ex) This is similar to obligate intracellular parasites, however these parasites are considered to be alive. 이것은 진정 세포 내 기생충과 비슷하지만, 이 기생충들은 살아 있는 것으로 간주된다.

☐ **be stocked[full, crammed, filled] with** ⇒ -로 가득차다

ex) The frozen food machine in the cafeteria vending area will be stocked this afternoon with a small selection of dinners. 오늘 오후에 구내식당의 자판기 구역에 있는 냉동 음식 기계에 간단한 저녁 먹거리를 구비해 놓을 것입니다.

☐ **be subject to** +N : be open to something ⇒ 을 받기 쉽다, -당하기 쉽다

ex) This treaty is subject to ratification. 이 조약은 비준을 받아야 한다.

☐ **be suitable for** someone(or something) : be proper for someone(or something) ⇒ -에 적합하다

ex) The show is not suitable for young children. 그 쇼는 유아들에게는 적합하지 않다.

☐ **be sure[bound, certain] to + V** ⇒ 틀림없이 -하다

ex) Yes, just be sure to fasten your seat belt. 네, 안전벨트를 맸는지 꼭 확인하세요.

☐ **be through (with)** someone : to finish with someone ⇒ -와 관계를 끝내다

ex) I'm through with you. 난 너와 절교야.

☐ **be tied to + N** ⇒ -로 묶여 있다.

ex) He is tied to his wife's apron-strings. 그는 완전히 공처가이다.

☐ **be to blame for(=be held responsible for, be responsible for)**

⇒ -에 책임이 있다

ex) Who is to blame for this mess? 누가 이 난장판을 만든 겁니까?

☐ **be tied up (with)** ; be very busy with ⇒ -로 매우 바쁘다

ex) If I'm too tied up tomorrow, I'll call you.

= I'll let you know if I can't make it tomorrow.

제가 내일 너무 바쁘면 전화를 드리겠습니다.

☐ **be up for** something : available or intended for a particular purpose

⇒ -의 준비가 되다, (팔려고) 내놓다, -의 후보로 올라 있다

ex) The house was up for sale[auction]. 그 집은 팔려고[경매에] 내놓았다.

ex) His name is up for election. 선거의 후보로서 그의 이름이 나와 있다.

☐ **be up to** someone : be liable for someone ⇒ -의 책임[의무]이다

ex) It's up to you. 그건 너에게 달려 있다.

☐ **bear on[upon]** something : be relevant to something

⇒ -와 관계가[영향이] 있다

ex) That is a question that bears on the welfare of the country.

그것은 국가의 복지와 관계되는 문제다.

☐ **bear[take, suffer] the brunt of** something : to receive the worst part of an attack, criticism etc. ⇒ (공격에)정면으로 맞서다

ex) Schools will be bearing the brunt of the recent state staff cuts.

학교들은 최근 주 직원감축에 정면으로 맞설 것이다.

☐ **be cognizant of** ⇒ 알고 있다, -을 인식하고 있다.

ex) Physicians must be cognizant of medical regulations in the stat where they practice. 의사들은 그들이 일하고 있는 주의 의료 규정을 알고 있어야 한다.

☐ **become of** something : to happen to something (주로 what을 주어로 하여)

⇒ (보통 나쁜 일이) -에게 일어나다, -이 어떻게 되다

ex) What has become of my pencil? I had it ten minutes ago.

내 연필이 어떻게 된 거야? 10분 전에 내가 분명 가지고 있었는데.

ex) What has become of him? 그는 어떻게 되었을까?

☐ **be consistent with** something : to say the same thing or follow the same principle as something else ⇒ 일치하다, 조화하다

ex) The politician's actions are not consistent with the promises in his speeches.

그 정치가의 행동들은 그의 연설에서 했던 약속과는 일치하지 않는다.

☐ **be content with** ⇒ -에 만족하다

ex) I'm content with my current job. 나는 지금의 일자리에 만족합니다.

☐ **be cooped up in** somewhere : to make someone stay indoors
⇒ -에 처박혀 있다, -에 가두다
ex) I'm sick and tired of being cooped up in this house.
이런 좁은 집에 하루 종일 처박혀 있으니 지겨워요.
Ref. coop *n.* ; 닭장, 우리 *v.* 가두다

☐ **be contingent on** ⇒ -에 의존하는, -을 조건으로 하는
ex) Funding for the project is contingent on the Board of Directors' decision.
프로젝트 자금 지원은 이사회의 결정에 달려있다.

☐ **because of(**=on account of, owing to, due to**)** ⇒ -때문에
ex) The complication went whole hog because of the constant antagonism between employers and employees. 고용주와 고용인 사이의 끊임없는 대립 때문에 사건은 극단으로 치달았다.

☐ **be divided into** ⇒ -로 나뉘다
ex) The report can be conveniently divided into three main sections.
이 보고서는 편의상 세 가지 주요 부분으로 나눌 수 있다.

☐ **be done with** something : to be finished ⇒ 다 하다, 끝내다
ex) Are you done with your assignment? 숙제 다 끝냈어?
Ref. [거의 다 했어.] ⇒ I'm almost done[finished]. = I'm almost through.
= I'm almost there. = I'm getting there.

☐ **be cut out for[to be]** something : to have the qualities that you need for a particular job or activity ⇒ (보통 부정문) -에[되기에] 적임이다[어울리다]
ex) John is certainly not cut out to be a lawyer.
그는 분명 변호사로서는 적임자가 못된다.

☐ **be eligible for** ⇒ -의 자격이 있다
ex) His pay and employee welfare are to remain as they are now, however he will be eligible for a merit pay increase after a 90-day probationary period. 그의 급여와 복리 후생 혜택은 전과 동일하지만, 90일 간의 수습 기간을 마친 후에는 실적에 따른 급여 인상을 받을 수 있게 됩니다.

☐ **be equal to + 동명사(**= be able[competent] to + root; be capable of + 동명사**)** : to have an ability to do something ⇒ -을 감당할 능력이 있다.
ex) I think he is equal to the task. 그가 그 일을 감당할 수 있을 거야.

☐ **be equal to the needs of** something : to have an ability to do something
⇒ -에 능력이 있다
ex) He is equal to the needs of the task. 그는 그 일을 해낼 능력이 있다.

☐ **be exempt from** ⇒ -을 하지 않아도 된다, -을 면하다

ex) Foreigners married to local citizens will be exempt from the new levy.
내국인과 결혼한 외국인들은 신설된 세금에서 면제된다.

☐ **be faced with** ⇒ -에 직면하다

ex) They are faced with difficult choices about how much time to spend at work and at home. 그래서 직장과 집에서 보내는 시간을 각각 얼마나 배분해야 할지 어려운 선택을 해야 할 처지에 놓여 있습니다.

☐ **be for** something : to approve of[agree with/to, assent to] something
⇒ -에 찬성하다

ex) She was for my opinion. 그는 내 의견에 찬성했다.

☐ **before everything else(**=above all, first of all**)** ⇒ 무엇보다도

ex) You ought to correct that habit before everything else.
너는 무엇보다도 먼저 그 버릇을 고쳐야 한다.

☐ **behind time(**=late**)** ⇒ 늦은

ex) He is half an hour behind time today. 그는 오늘 정각보다 30분 늦었다.

☐ **behind the times** ⇒ 시대에 뒤떨어진

ex) Compared to other areas, this area is behind the times.
이 지역은 다른 지역에 비해 낙후되어 있다

☐ **be in charge of** something : to be liable for something
⇒ 책임을 지다, 관리하다

ex) Excuse me, who is the person in charge of this department?
실례합니다만, 이 부서의 책임자가 누구죠?

ex) Henry is in charge of the office while Mr. Smith is away.
스미스 씨가 없을 때는 헨리가 사무실 책임자다.

Ref. [charge와 관련된 표현들]

a) press[file] a charge ⇒ 고소하다 b) face a charge ⇒ 혐의를 받다

c) plead guilty ⇒ 유죄임을 인정하다

d) plead not guilty ⇒ 무죄를 주장하다

☐ **be in no mood for + (동)명사[to 부정사]** : to have no mind to do ⇒ -할 마음이 없다

cf. be in the mood for + (동)명사[to 부정사] : to intend to do something⇒ -할 마음이 있다

ex) I'm not in the mood. = I don't feel up to it. 그것을 해낼 것 같지가 않네요.

☐ **be in one's shoes** : to be in someone else's situation, especially a bad one ⇒ 남의 입장이 되다, 남을 대신하다

ex) I wouldn't be in Frank's shoes right now. How's he going to get the money?
나는 프랭크의 입장이 대고 싶지 않아. 그가 어떻게 그 돈을 마련할 수 있겠어?
Ref. fill one's shoes : -을 대신하다
put oneself in[into] shoes : 남의 입장이 되어보다

☐ **be in the[one's] way** : if someone or something is in your way, you cannot pass them or can pass them only with difficulty ⇒ 방해가 되다
ex) John tried to help us, but he was simply in the way.
존은 우리를 도우려 했지만 단지 방해만 되었다.

☐ **be inferior to** ⇒ -보다 열등하다
ex) His work is inferior to mine. 그의 작품은 내 것보다 못하다.

☐ **be involved in** something : to take part in an activity or event ⇒ 끌어 들이다, -와 관련되어 있다
ex) He was involved in drugs and crime before he quit street life.
그가 부랑아 생활을 그만두기 전 그는 마약과 범죄에 물들어 있었다.

☐ **beef up** something : to strengthen something ⇒ 강화하다
ex) Airport security has been beefed up. 공항 보안이 강화되었다.

☐ **before long** : soon ⇒ 곧, 이내
ex) Before long she will be back. 곧 그녀는 돌아올 거야.

☐ **believe in** someone(or something) ⇒ (-의 존재를)사실로 받아들이다
ex) I really think that she believes in ghosts.
내 생각엔 그녀가 귀신의 존재를 믿고 있는 것 같다.

☐ **belong to + N** ⇒ 에 속하다
ex) Businesses belong to the producer sector of the economy known as producers in economics. 기업은 경제학에서 생산자로 정의된 경제의 생산 부문을 담당한다.

☐ **be looking up** ⇒ (경기 따위가) 호전되다, 좋아지다
ex) Prospects for building that new library are looking up.
저 새로운 도서관을 건립할 전망이 좋아지고 있다.

☐ **be made up of** something : be composed[formed] of something; consist of something ⇒ -로 구성되다
ex) The board of directors is made up of experienced men and woman.
이사회는 경력 있는 남녀로 구성되어 있다.

☐ **be named after** someone ⇒ -의 이름을 따서 이름 짓다
ex) Helen is named after her aunt.
헬렌은 백모의 이름을 본떠 이름을 지었다.

☐ **be native to** ⇒ -출신이다

ex) The company is searching for a sales staff that is native to the local community.
회사는 그 지역 출신의 영업직원을 구하고 있다.

☐ **be out** : to go out ⇒ 외출하다

ex) Mr. Taylor will be out in the field this afternoon.
테일러 씨는 오후에 현지 조사차 외출하실 겁니다.

☐ **be out of** somewhere ⇒ -에서 나가다, 퇴원하다

ex) Dr. Lee, when do you think I'll be out of here?
이 박사님, 전 언제쯤 퇴원하게 될까요?

☐ **be out of the question** : be impossible ⇒ 불가능하다

ex) The chances of the prisoner leaving is out of the question.
죄수가 풀려날 가망성은 거의 없다.

☐ **be over** ; be finished ⇒ 끝나다

ex) After the dance was over, we all went to a restaurant.
댄스가 끝난 후, 우리 모두는 식당으로 갔다.

☐ **be rained out** : to be stopped because of the rain
⇒ 비 때문에 중지[연기]되다

ex) That baseball game that we had planned to watch on TV was rained out.
TV로 시청할 예정이었던 야구 경기가 비 때문에 연기되었다.

☐ **be ready[set] to do (something)** ⇒ -할 준비가 되어 있다

ex) I'm ready to cook! How do you like your steak?
요리할 준비가 됐어요! 스테이크는 어느 정도로 익힐까요?

ex) We were all set to leave when it started to rain.
비가 내리기 시작했을 때, 우리는 떠날 준비가 되어 있었다.

☐ **be short of**(=be low on; be lack of; be want of) something : be deficient⇒ 부족하다, -에 못 미치다

ex) Guys like you are always short of money.
너 같은 애들은 항상 돈이 부족하다.

ex) A: We are low on gas. 연료가 조금밖에 없어.
B: Oh, no. I should've filled it up last night.
아니 이런! 지난밤에 채워 놓았어야 했는데.

☐ **beside the point** : irrelevant ⇒ 상관없는, 요점을 벗어난, 부적절한

ex) I know you're tired, but that's beside the point.
나는 네가 피곤한 것을 알지만, 그것은 요점을 벗어난 것이야.

☐ **be stuck** : to be deceived ⇒ 속다

ex) If you pay more than three hundred dollars for that old car, you are stuck. 만일 네가 그 낡은 차에 3백 달러 이상을 지불해야 한다면, 너는 속은 것이다.

Ref. be in[out of] stuck ⇒ (sp.) 곤경에 빠져[벗어나]있다

☐ **be subject to** something : be open to something ⇒ -을 받기 쉽다

ex) You could be subject to many dangers by traveling alone in that area. 네가 혼자서 그 지역을 여행한다면 많은 위험에 처할 수 있다.

☐ **be submitted to** ⇒ -에 제출되다

ex) If both are necessary, then a written request may be submitted to the Personnel Department for approval. 만약 둘 다 필요한 경우에는 인사부에 서면 신청서를 제출하여 승인을 받아야 합니다.

☐ **be superior to** ⇒ -보다 뛰어나다

ex) The survey indicates that consumers believe product A is superior to product B. 조사 결과 소비자들은 A제품이 B제품보다 우수하다고 생각하는 것으로 나타났다.

☐ **be supposed to + root** : be expected to + root ⇒ -하기로 되어 있다, -해야 한다

ex) I think it's supposed to rain this weekend. 이번 주말에는 비가 올 것 같은데요.

☐ **be taken aback** ⇒ 깜짝 놀라다, 허를 찔리다

ex) I was taken aback by the strength of her feelings on the matter. 나는 그 문제에 대한 그녀의 감정의 강도에 깜짝 놀랐다.

☐ **be taken in** ; be deceived ⇒ 속다

ex) Were you really taken in by an old trick like that? 너는 그와 같은 낡은 수법에 정말 속아 넘어갔니?

☐ **be the in-thing** : to be in fashion ⇒ 유행하고 있다

ex) Campaigning against air pollution is the in-thing today. 대기오염에 반대하는 운동이 요즘 유행이다.

Ref. in-thing *n.* : 유행하는 것

☐ **be through with** someone(or something) : to finish or wind up something⇒ 끝내다

ex) When you're through with this book, will you lend it to me? 네가 이 책을 끝내면, 나에게 빌려주겠니?

☐ **be up** ⇒(시간이) 다 되다

ex) Your chance is up. 당신의 기회는 끝났어요.

ex) We will have to stop practicing the piano. Our time is up. 피아노 연습을 그만 해야 할 것 같다. 시간이 다 되었다.

☐ **be up to** someone ⇒ 의 결정에 따르다

ex) It's up to you whether we go to the reception or not.
연회에 가느냐 가지 않느냐 하는 것은 너한테 달려있다.

☐ **be up to** something ⇒ 계략을 꾸미다

ex) Are you up to something? = What are you up to?
무슨 일이 있는 겁니까?

ex) What are those two boys up to?
저 두 소년들은 무슨 계략을 꾸미고 있니?

☐ **be used to + -ing** : be accustomed to + -ing ⇒ -에 익숙하다

ex) He is used to this climate, so the changes in temperature do not affect him.
그는 이 기후에 익숙해서 온도 변화는 그에게 영향을 미치지 못한다.

☐ **be acclimated to** something : to become accustomed to a new environment or situation; adapt ⇒ -에 적응하다, -에 순응하다

ex) It's not surprising that after so many years in the Marine Corps, he has found it difficult to become acclimated to civilian life. 해병대에서 그렇게 오랜 세월을 보낸 후에, 그가 일반인의 생활에 순응하는 것이 어려운 것은 당연하다.

☐ **be well-off** : be rich ⇒ 부유하다

ex) His parents were once well-off, but they lost all their money.
그의 부모는 한때 부자였지만 모든 돈을 잃었다.

☐ **be well-known[known, famous, noted, renowned] for** <: -로 유명하다>

ex) This place is well known for its different kinds of beautiful scenery in each season. 그 곳은 계절마다 각기 다른 종류의 아름다운 경치를 갖는 것으로 유명하다.

☐ **be willing to + root** : be ready to + root ⇒ 기꺼이 -하다

ex) They were willing to undertake the job.
그들은 기꺼이 그 일을 떠맡았다.

☐ **be with** someone ⇒ -의 말이나 생각을 이해하다, 알아차리다

ex) Will you please repeat that last statement? I'm not with you.
마지막 했던 말을 다시 한 번 해주겠니? 너의 말을 못 알아들었어.

☐ **be worth (동)명사[= be worth while to+root]** : to be worthy of something
⇒ -할 만한 가치가 있다.

ex) It's worth the money. 비싼 만큼 그 값을 하는 군요.

ex) It's really worth visit. 정말 방문할 가치가 있군요.

ex) It was worth coming here. 온 보람이 있었어요.

ex) This is worth investing in. 이것은 투자할 만해요.

☐ **beyond one's control** ⇒ 통제할 수 없는

ex) This child is beyond my control. 이 아이는 내가 다루기에는 힘에 겹다.

☐ **bits and pieces** ⇒ (sp.) 남은 것, 부스러기, 잡동사니

ex) I keep my sewing bits and pieces in that cupboard.

☐ **bitch about (sp.)** : complain of ⇒ -을 불평하다

ex) You're always bitching about something. = There you go, complaining again. 또 불평이군.

☐ **black out**: taint; to lose consciousness ⇒ 기절하다, 의식을 잃다

ex) After the accident he blacked out and couldn't remember what happened. 사고로 의식을 잃어 일어났던 일들을 기억할 수 없었다.

☐ **better off** : in better circumstances ⇒ 사는 형편이 더욱 좋아진

ex) He is better off. 그는 형편이 더 좋아지고 있다.

☐ **beyond one's expectations** ⇒ 예상외로

ex) Product sales last month increased beyond our expectations. 지난달의 제품 판매액은 예상외로 증가했다.

☐ **beyond (all) question** : without any doubt ⇒ 틀림없이

ex) Beyond question he will succeed. 틀림없이 그는 성공할 것이다.

☐ **beyond disput**e ⇒ 논쟁의 여지가 없이

ex) It is beyond dispute that we have to boost our economy this year. 올해 우리 경제를 부양해야 한다는 것은 논쟁의 여지가 없다.

☐ **blow away** 날려버리다, 날리다

ex) Gusts of wind blew away everything. 돌풍이 모든 것을 날려버렸다.

☐ **blow in** ⇒ (Am. sl.) (돈을) 다 써버리다, (음식물을) 다 먹어 치우다

ex) She blew it all in less than a week. 그녀는 일주일도 안 돼서 돈을 다 써버렸습니다.

☐ **blow one's horn[trumpet]** : boast about oneself⇒ 자화자찬하다, 허풍을 떨다

ex) He wishes to blow his horn. 그는 자화자찬하고 싶어 한다.

☐ **blow out** a) to explode ⇒ 파열하다, 터지다 b) to put out ⇒불어 끄다 c) (Am. sl) kill ⇒ 없애 버리다

ex) The tire blew out as I was driving to work. 직장으로 차를 몰고 가는 데 타이어가 터졌다.

ex) On our trip to Chicago our tires blew out. 시카고로 가는 여행길에 차 타이어가 펑크 났다.

☐ **blow down** something ⇒ 불어 넘어뜨리다

ex) The wind blew down the fence. 바람이 불어 울타리가 넘어졌다.

☐ **blow one's top[stack, lid]** : to get angry furiously ⇒ 불같이 노하다, 미치다

ex) Now, boss, don't blow your top, until after I have explained why I missed that important conference. 자, 사장님, 화내지 마세요. 제가 중요한 회의에 참석하지 못한 이유를 설명할게요.

☐ **blow up** something : to explode something ⇒ 폭파하다

ex) Did they have to blow them all up? 그들이 그것들 모두를 폭파해야 했나요?

☐ **boil down to** something : be reduced to[amount to] something⇒ 결국 -로 되다

ex) The whole problem boils down to a power struggle between management and labor. 그 문제는 경영진과 노동자 사이의 무력 투쟁으로 비화되었다.

☐ **bone of contention** : a subject of quarrel ⇒ 논쟁점, 분쟁의 원인, 논쟁, 말다툼

ex) Trade unions are a bone of contention in our family.
노동조합이 우리가족의 쟁점이다.

ex) The new schedule became a bone of contention in the discussion.
새로운 일정이 그 논의의 핵심사항이 되었다.

☐ **bone up something** : to research or study something thoroughly⇒ 부지런히 공부하다, 벼락공부하다

ex) I must bone up on Shakespeare's language if I am to take the test next week.
내가 다음 주에 시험을 치려면 셰익스피어의 언어에 대해 열심히 공부해야 해.

Ref. bone *vi.* ⇒ (sp.) a) 벼락공부하다(up) b) (Am. sl.) 빚을 갚다(up)
bone *ad.* (sp.) 철저히, 몹시
ex) I'm bone tired[hungry]. 나는 굉장히 피곤하다[배고프다].

☐ **be booked up** ⇒ 예매표가 매진되다, 선약이 있다, 조금도 틈이 없다

ex) The singer is booked up for a full year ahead.
그 가수는 미리 일년 간의 예매표가 매진되었다.

☐ **border on** something : to be like something ⇒ 유사하다, 비슷하다

ex) In fact, the admiration they have for him borders on worship.
사실 그에 대한 그들의 감탄은 숭배와 다름없다.

ex) Your remark border on rudeness. 너의 말은 거만하게 느껴진다.

Ref. border *vi.* ⇒ a) 인접하다(on/upon)
b) 근사하다, 가깝다, 마치 -같다 (on/upon)

cf. on the border of ⇒ ~의 가[접경]에

☐ **boss (someone) around[about]** ; to dominate someone ⇒ 지배하다, 쥐고 흔들다, 부려먹다

ex) Don't boss me around. 이래라 저래라 하지 마세요.

ex) His wife bosses him around. 그는 아내에게 꼼짝 못한다.

☐ **bother + 부정사[동명사]** ⇒ 일부러 -하다, -하도록 애쓰다

ex) Why should I bother trying? 왜 내가 이렇게 힘들어해야 하지?

ex) Don't bother to fix[fixing] a lunch for me.
나 때문에 일부러 도시락을 만들 것은 없습니다.

ex) Don't bother to come in this rain. 비가 오는데 일부러 오진 마세요.

☐ **bound for** ⇒ -행의, -에 가려고 하는

ex) She was on a plane bound for Moscow. 그녀는 모스크바행 비행기에 있었다.

☐ **bound to + root** : certain[sure] to + root ⇒ 반드시 -하게 되어 있는

ex) It's a plan bound to succeed. 틀림없이 성공할 계획이다.

ex) He's bound to go. 기어코 갈 작정이다.

☐ **bottle up** something[**bottle** something **up**] : to keep one's feelings within; to keep from saying something which one wishes to express
⇒ (감정을) 꾹 억누르다

ex) My dad never said what he thought and just bottled up all his emotions. 나의 아빠는 자신이 생각했던 것을 결코 말하지 않으셨으며, 단지 모든 감정을 꾹 참고 있었다.

☐ **brace oneself** : be ready ⇒ 재빨리 준비하다, 분발하다, 마음을 다잡다

ex) When the subway train was slowing down, people sere bracing themselves automatically for the stop. 지하철이 속도를 줄이자 사람들은 정거장에 내릴 준비를 하고 있다.

☐ **break away from** something : to escape from something⇒ 벗어나다, 이탈하다

ex) The criminal broke away from the policeman.
범인은 경찰의 추적으로부터 벗어났다.

☐ **branch out (into** something**)** : to expand in other directions; to develop in new directions ⇒ (사업을) 확장하다, 뻗어나가다

ex) The boss knew that the company would have to branch out into computers to be successful. 그 사장은 회사가 성공하려면 컴퓨터 쪽으로 뻗어나가야 한다는 것을 알았다.

☐ **break down(=be out of order)** ⇒ 고장 나다

ex) Our car broke down, and they had to tow it to a garage.
우리의 차가 고장이나 그들은 차고로 견인해야만 했었다.

☐ **break ground** : to start in on something; undertake something⇒ 착공하다, 착수하다

ex) The builders expect to break ground next week.
건축가들은 다음 주에 공사를 착공할 수 있기를 바라고 있다.

☐ **break in[into]** something : to enter into a place by using force, usually illegally ⇒ (불법으로) 침입하다, 끼어들다(=cut in, interrupt)

ex) The thieves broke in and stole everything in the house.
강도들이 침입해서 그 집에 있는 것들을 모조리 훔쳐갔다.

ex) Don't break into other people's conversation. 남의 이야기에 끼어들지 마라.

☐ **break in (on** someone or something) : to suddenly interrupt someone or something, often by coming in from somewhere else ⇒ 침입하다, 가로막다, 끼어들다

Ref. break in : a) (구두, 자동차 등을) 길들이다 b) (말 등을) 길들이다
c) (사람을) 새로운 일에 길들이다, 익숙해지게 하다
d) (도둑이)침입하다 e) 말참견하다

ex) Joey likes to break in on his big sister and her boyfriend.
조이는 자기 큰 누나와 누나의 남자친구 사이에 끼기를 좋아한다.

☐ **break into pieces** ⇒ 산산조각 나다

ex) When she dropped the glass, it broke into pieces.
그녀가 유리컵을 떨어뜨리자 유리컵은 산산조각이 났다.

☐ **break loose[free] from** someone(or something) : to get away or escape from someone or something ⇒ 탈출하다, 도망치다, 빠져나오다

ex) He broke loose from the police and ran away.
그는 경찰로부터 탈출하여 도망쳤다.

ex) Most children break loose from their parents by the time they reach college. 대부분의 자녀들은 대학에 갈 즈음이면 부모로부터 벗어나게 된다.

☐ **break off with** someone : to end a relationship with someone⇒ (관계를)단절하다, 끊다, 헤어지다

ex) Look at you. You're miserable. The best thing you can do is break off with that woman. 너를 봐. 비참하잖아. 네가 할 수 있는 최선은 그 여자와 헤어지는 거야.

☐ **break out** : to happen ⇒ 발발하다

ex) He was living in France when the war broke out.
전쟁이 발발했을 때, 그녀는 프랑스에서 살고 있었다.

☐ **break out in a cold sweater = have a cold sweat** ⇒ 식은땀을 흘리다

ex) I was so frightened I broke out in a cold sweat.
몹시 무서워서 식은땀이 났다.

☐ **break the ice** ; to put an end to an awkward situation ⇒서먹서먹한 침묵을 깨다, 대화

를 시작하다

ex) Molly is usually the one who breaks the ice during blind dates.
몰리는 선을 보는 동안 대체로 먼저 말을 걸어.

ex) Someone suggested that we play a party game to break the ice.
서먹서먹한 분위기를 깨기 위해 누군가가 파티게임을 하자고 제안했다.

Ref. ice *n.* (태도 등의)차가움, 쌀쌀함
be on thin ice ⇒ (sp.) 위험한(불안한) 상태에 있다
have one's brains on ice ⇒ (sl.) 냉정을 지키다, 침착하다

☐ **break the news (to)** : to tell someone some vital news, especially some bad news ⇒ (나쁜)소식을 전하다

ex) Break the news quietly. We don't want the entire neighborhood to know. 그 소식을 조용히 전해라. 우리는 이웃사람 모두가 알게 되길 원하지 않으니까.

Ref. make news ⇒ 신문에 날 일을 하다

☐ **break through** something : to deal successfully with something ⇒ ~을 헤치고 나아가다, 극복하다

ex) Somehow we managed to break through the racial prejudice.
어쨌든 우리는 어렵게 인종적 편견을 극복했다.

☐ **break up** : a) separate; split up ⇒ 헤어지다 b) scatter; disperse ⇒ 부수다

ex) My boyfriend and I broke up. 남자 친구와 헤어졌어요.

☐ **bring about** something : to cause something; to give rise to something ⇒ 가져오다, 일어나게 하다

ex) He is the one responsible for bringing about chaos in this peaceful town. 그야말로 이 평화로운 도시에 혼란을 일으킨 데 대하여 책임을 져야 한다.

☐ **bring[take] back** : a) return ⇒ 되돌리다 b) fetch; go and bring ⇒ 데리고 돌아오다

ex) I brought you back something. 당신에게 주려고 뭐를 좀 사왔어요.

ex) If you don't like the dress you bought, you can always bring it back when you get home. 네가 산 드레스가 마음에 들지 않으면 집에 가지고 왔어도 다시 되돌려줄 수 있는 거야.

☐ **bring forward** something : to submit something ⇒ 제출하다, 제시하다

ex) Can the accused bring forward some proof of his story?
피고인은 자신에 대한 어떤 증거를 제출할 수 있나요?

☐ **bring** something **home (to** someone**)[bring home** something **(to** someone**)** : to make someone realize something; to cause someone to see the truth about something
⇒ -에게 분명히 자각시키다, -에게 진실을 알게 하다

ex) The importance of being on time was brought home to the new employee when he was fired for being late three days in a row.
새로 온 직원은 자신이 3일 연속 지각한 것 때문에 해고되었을 때 정시출근의 중요성을 분명히 알게 되었다.

☐ **bring out** something : to print or produce something⇒ 나타내다, 출판하다, 생산하다
ex) They try to bring out one new book each month.
그들은 매 달 한 권의 새로운 책을 출판하려 한다.

☐ **bring** someone **to** : to bring someone to consciousness⇒ 의식을 회복시키다
ex) The doctor brought the rugby player to after he'd been knocked out.
그 럭비선수가 녹 아웃된 후에 의사가 그의 정신을 되돌아오게 했다.

☐ **bring** something **to light** : to make something known; to explain something so it is known ⇒ 백일하에 드러내다, 폭로하다
ex) Fresh evidence which suggests that he didn't commit the murder has recently been brought to light. 그가 살인을 저지르지 않았다는 것을 말해주는 신선한 증거가 최근에 백일하에 드러났다.

☐ **bring up** someone(or something) : a) to raise or support someone ⇒ 기르다, 양육하다 b) to mention someone or something in conversation ⇒ (문제를) 꺼내다, -에 대한 언급을 시작하다
ex) His mother died when he was young, but his grandmother brought him up.
그의 어머니가 어려서 돌아가셔서 그의 할머니가 그를 키웠다.
ex) Please don't bring up that situation. I thought we agreed not to mention it again.
제발 그 상황에 대해서는 말도 꺼내지 마세요. 그 일을 다시는 언급하지 않기로 동의했다고 생각하는데요.

☐ **brood over** something : to think moodily or anxiously about something⇒ 숙고하다
ex) They brooded over the problem. 그들은 그 문제를 숙고했다.

☐ **brush up (on)** something : review[study, practice] something ⇒ -을 복습하다, 공부를 다시하다
ex) I must brush up (on) my French before I go to Paris.
파리에 가기 전에 프랑스어를 공부해야 해.

☐ **bug** *n.* 벌레 *v.* 식물의 해충을 잡다, (sp.) ⇒ -을 귀찮게 따라 다니다, 괴롭히다
ex) She's always bugging[nagging] me. 그녀는 늘 내게 바가지만 긁는다.

☐ **bug** someone(or something) **(sp.)** : a) to annoy, irritate or bother someone ⇒ -을 괴롭히다[귀찮게 하다] b) to plant a listening device to secretly hear other's conversation ⇒ 도청장치를 설치하다

ex) Our neighbors complained that our late night parties were bugging them. 우리 이웃들은 심야파티가 그들을 화나게 한다고 불평했다.

ex) The secret agent bugged the telephone in the spy's hotel room.
그 비밀요원은 간첩의 호텔방 전화에 도청장치를 설치했다.

☐ **build up** someone(or something) : to praise something or someone; to advertise or promote something or someone ⇒ (재물, 인격, 명성 등을)쌓아올리다, (건강을) 증진시키다, 증강하다, 칭찬하다, 판매촉진을 위해 광고를 하다

ex) That campaign manager can build up a candidate to win any election.
그 캠페인 관리자는 후보자가 어떤 선거에서든 이기도록 만들어줄 수 있다.

ex) The company built up their product, and now, it is the top selling soda in the industry. 그 회사는 자사의 제품을 광고했고 현재 그 회사는 소다수업계에서 1등으로 팔리고 있다.

ex) They build up their health by walking. 그들은 산보로 건강을 증진시킨다.

☐ **bump into** someone : happen to meet someone; meet someone by chance; run into someone ⇒ -을 우연히 만나다

ex) I bumped into an old friend while I was grocery shopping last night.
어젯밤 나는 식료품을 사러 갔다가 우연히 옛 친구를 만났다.

☐ **burn down** : to be destroyed by fire ⇒ 다 타버리다

ex) Their home burned down and they had to build a new one.
그들의 집은 다 타버려 새 집을 지어야만 했다.

☐ **burn out** something : to remove something by burning it ⇒ (불타서) 기능을 잃어버리다, 쓸모없게 되다

ex) If you overload that fuse, you will burn it out.
만일 네가 그 퓨즈가 과부하 되면 완전히 못쓰게 될 것이다.

☐ **burn up** something : to stop burning because there is no wood or fuel ⇒ 완전히 불태우다

ex) He burned up the letter and threw the ashes into the fireplace.
그는 편지를 완전히 불태운 후 난로 속에 재를 버렸다.

☐ **burst out[into] + 동명사** : to start to do something suddenly ⇒ 갑자기 -하기 시작하다

ex) Everyone was quiet when John suddenly burst out laughing.
존이 갑자기 웃기 시작했을 때 모든 사람들은 조용히 있었다.

☐ **butt in[into] on** someone(or something) : to impolitely interrupt someone or something ⇒ 간섭하다, (남의 말에)끼어들다

ex) Excuse me for butting in, but there's someone at the door for you.

끼어들어서 죄송합니다만, 문에서 누군가가 당신을 기다리고 있습니다.

☐ **buy out** someone(or something) : to buy everything someone has ⇒ (남의 권리 등을) 돈을 주고 사다, 매수하다

ex) He has been trying for some time to buy out his partner.

그는 그의 파트너를 얼마동안 매수하려고 해 왔다.

☐ **buy** something v. (sp.) : to be all for; to be in favor of something ⇒ (아무의 의견 따위를) 채택하다, 받아들이다, 찬성하다

ex) I'll buy that. = I'm all for it. = I'm in favor it. 찬성입니다.

ex) That's a good idea. I'll buy it.

그것 참 좋은 생각이군요. 채택하겠습니다.

cf. sell *v.* (sp.) ; -에게 -를 받아들이게 하다 「납득시키다」(on)

ex) I sold him on the idea that ,,,

나는 그에게 -에 대한 생각을 납득시켰다.

☐ **buy up** something : to purchase a lot of something ⇒ 대량구매하다

ex) The townspeople bought up a lot of supplies because of the coming storm. 그 도시 사람들은 폭풍이 온다고 해서 생활필수품을 대량으로 사들였다.

☐ **by all means** : certainly; at any cost; without fail ⇒ 반드시, 정말, 확실히

ex) Sure. You can borrow my car, by all means.

좋아. 물론 넌 내 차를 빌려갈 수 있어.

☐ **by and by** : soon; before long ⇒ 머지않아, 곧

ex) By and by the cold winter will be over.

머지않아 차가운 겨울이 끝날 거야.

☐ **by and large** : on the whole; usually; in general ⇒ 전반적으로, 대체로

ex) By and large, dogs should be bathed once a month or less frequently. 대체로 개들은 한 달에 한 번 이하로 목욕을 시켜주어야 한다.

☐ **by chance[accident]** : accidentally ⇒ 우연히

ex) We met by chance, on a rainy night in November, and we've been dating ever since. 우리는 11월 비오는 어느 날 밤 우연히 만났고 그 후로 데이트를 해왔다.

☐ **by degree** : gradually ⇒ 점차로

ex) Their friendship by degrees grew into love.

그들의 우정은 점차 사랑으로 변했다.

☐ **by far** : a) much; far; a lot; still; by a great deal ⇒ 훨씬

b) obviously ⇒ 분명히

ex) This is by far the better of the two. 이것이 그 둘 중에서 훨씬 더 낫다.

☐ **by God** : used for emphasis when you are expressing determination or surprise ⇒ 맹세코, 반드시

ex) By God, that's good money! 오, 그 돈이면 충분해!

☐ **by heart** : by memory ⇒ 외워서

cf. know[learn] something by heart = remember[memorize] something

ex) He knew the records of the major league teams by heart.

그는 메이저 리그 팀들의 기록을 외워서 알고 있다.

☐ **by means of** ; by dint of ⇒ -에 의하여

ex) By means of wealth, he could accomplish his end.

부자여서 그는 그의 목적을 이룰 수 있었다.

ex) Terry got promoted by dint of his father's influence in the company.

테리는 그 회상에서 아버지가 가진 영향력 덕에 승진했다.

☐ **by much** ⇒ 많은 차이로, 아주 수월하게

ex) Well, I passed, but not by much. 글쎄, 통과는 했는데 턱걸이야.

☐ **by nature** : naturally; innately ⇒ 날 때부터, 본래, 선천적으로

ex) Motor-racing is a dangerous sport by nature.

자동차 경주는 본래 위험하다.

☐ **by no means(=never, anything but**, in no way, not - at all) ⇒ 결코 -않는

ex) He is by no means asking her out on a date.

그는 결코 그녀에게 데이트를 신청하지 않을 거야.

☐ **by oneself** : alone ⇒ 홀로, 혼자서

ex) She likes to walk by herself through the woods.

그녀는 혼자서 숲 속을 산책하길 좋아한다.

☐ **by the book** : exactly according to rules or instructions ⇒ 규칙대로

cf. **go by the book** ⇒ 규칙대로 하다

ex) A: What's your new boss like? 새로 온 상사는 어때?

B: He seems very conservative. He goes by the book.

매우 보수적인 것 같아. 규칙대로만 해.

☐ **by the skin of one's teeth** : by a very small margin; barely; just in time ⇒ 가까스로, 간신히

ex) I caught the train by the skin of my teeth.

나는 가까스로 기차를 잡았다.

He escaped by the skin of his teeth. 그는 가까스로 도망쳤다.

cf. change one's skin ⇒ (딴 사람이 되듯) 성격이 딴 판이 되다

☐ **by the way** : incidentally ⇒ 그런데, 일어난 김에

ex) By the way, did you complete the work assigned?
그런데, 내가 과제로 준 일은 다했니?

☐ **by turn** : in rotation; one after the other; alternately ⇒ 차례로, 교대로, 번갈아

ex) Each of us collects the mail by turn.
우리는 각자 교대로 우편을 모은다.

☐ **by way of** : passing through; via ⇒ -을 경유하여

ex) I am going to Europe by way of America.
나는 미국을 경유하여 유럽에 갈 것이다.

☐ **call a spade a spade** : speaks plainly ⇒ 까놓고 말하다, 사실대로 말하다

ex) He is the kind of person who always calls a spade a spade.
그는 항상 솔직히 말하는 사람이다

☐ **call down** someone : to scold[reproach, reprimand or rebuke] someone ⇒ -을 꾸짖다, 나무라다

ex) John was called down by his boss for coming late to work.
직장에 늦게 왔다고 존은 사장에게 꾸지람을 들었다.

☐ **call for** someone(or something) : to demand, require, request or claim something; to visit someone ⇒ 요구하다, 방문하다, 데리러 가다

ex) He promised to call for me at home at seven o'clock.
그는 7시에 우리 집을 방문하겠다고 약속했다.

☐ **call** someone **(bad) names** : to abuse someone ⇒ 험담하다, 욕하다

ex) After that failure, people called him names.
그 실패 이후 사람들은 그를 매도했다.

☐ **call off** someone(or something) : a) take away ⇒ (주의를)딴 곳으로 돌리다
b) cancel ⇒ 취소하다

ex) We're never going to agree on anything. Let's call the whole thing off. 우리는 결코 합의에 도달할 것 같지 않군요. 모든 걸 없었던 일로 하지요.

☐ **call on** someone**[at** somewhere**]** : to visit someone or something ⇒ 방문하다

ex) Last night several friends called on us.
지난 밤 몇 명의 친구들이 우리를 방문했다.

☐ **call out** someone(or something) : to say something loudly ⇒ 큰 소리로 부르다

ex) We'll call out your name when your order is ready.
주문하신 것이 다 되면 이름을 부르겠습니다.

☐ **call[ring] up**(=telephone) someone ⇒ 전화를 걸다

ex) Did anyone call me up while I was out?
내가 없는 동안 누구 전화 온 것 있니?

☐ **calm down(**=cool down, come down**)** : to become quiet and relaxed
⇒ (마음을)진정시키다, 잠잠해지다

ex) I waited until I'd calmed down a little, then went to talk to her.
약간 마음이 진정될 때까지 기다린 후 나는 그녀에게 말을 걸었다.

☐ **can afford to + V** ⇒ 할 여유가 있다

ex) Do you think we can afford to get it? 그걸 살 수 있을까요?

☐ **care for + (동)명사/care to +root** : a) take care of, look after ⇒ 돌보다
b) like ⇒ (부정문, 의문문에서) 좋아하다

ex) A new mother should care for her child in every way.
엄마가 된 사람은 모든 면에서 자기 아이를 돌보아야 한다.

ex) Let's have something other than spaghetti for dinner; I don't care for Italian food.
저녁식사로 스파게티 말고 다른 걸 먹자. 난 이탈리아 음식을 좋아하지 않아.

☐ **carry on** : a) to continue something that one was doing before ⇒ (어려움 속에서도) 계속해서 하다, 경영하다 b) to behave badly ⇒ 하지 말라는 짓을 하다

ex) I'm sorry I interrupted your conversation. Carry on.
대화하시는데 끼워 들어서 미안합니다. 계속하지지요.

ex) My children have been carrying on all day! I'm exhausted.
내 아이들은 하루 종일 하지 말라는 짓을 해요! 아주 진이 빠져.

☐ **carry on (with** someone**)** : to have a love affair with someone ⇒ -와 연애를 하다

ex) Mrs. Lewis, who lives next door, is carrying on with the mailman.
옆집 루이스 부인은 우편배달부와 목하 연해 중이다.

☐ **carry out(=perform)** something : to practice, execute or perform something
⇒ 실행하다

ex) They carried out their plan without difficulty.
그들은 어려움 없이 그들의 계획을 실행했다.

☐ **cash in (on** something**)** : to make a lot of money on something ⇒ 돈을 많이 벌다

ex) Rebecca cashed in on that old painting she found in her attic. An art dealer bought it for $500,000! 레베카는 다락방에서 발견한 옛 그림으로 많은 돈을 벌었어. 한 미술상이 50만 달러에 그걸 샀다니까!

☐ **cast aside** : to get rid of someone or something because you do not like them or they are not useful anymore ⇒ 버리다

ex) They cast it aside. 그들은 그것을 버렸다.

☐ **(be) cast away** : be wrecked ⇒ 난파하다, 표류하다

ex) The sailors were cast away on a desert island.

선원들은 버려진 섬에 난파되었다.

ex) On a small island I found myself cast away.

내가 작은 섬에서 표류하고 있다는 걸 깨달았다.

☐ **catch[have, get, come down] (a) cold** ⇒ 감기에 걸리다

ex) If you go out in this rain, you will surely catch cold.

이 비 속에 외출하면, 너는 분명히 감기에 걸릴 거야.

☐ **catch fire** ⇒ 불붙다, 흥분하다, 열광적으로 환영하다

ex) No one seems to know how the building caught fire.

건물에 어떻게 불이 났는지 아는 사람은 아무도 없는 것 같다.

☐ **catch[get] a glimpse of** someone : to glance at someone ⇒ -을 힐끗 보다

ex) Dad only caught a glimpse of the guy who stole our car.

아빠는 단지 우리 차를 훔친 사람을 힐끗 쳐다보기만 했다.

☐ **catch on** : a) make[figure] out, understand ⇒ 이해하다 b) be popular, be in vouge ⇒ 인기를 얻다, 유행하다

ex) Did you catch on to what John said? 존이 말한 것을 이해했니?

ex) The hair style has caught on with the girl students.

그 헤어스타일은 여학생들 사이에서 유행했다.

☐ **catch one's breath** ⇒ 숨을 죽이다

ex) Let me catch my breath. 숨 좀 돌리구요.

☐ **catch sight of** someone(or something) : to glance at someone or something ⇒ -을 살짝 보다

ex) I caught sight of the boy who was trying to hide behind the hedge.

나는 헤지 뒤에 숨으려하고 있는 소년을 살짝 보았다.

☐ **catch up with[to]**(=keep abreast of, keep up with, overtake) someone(or something) : to overtake someone or something ⇒ 따라잡다, 뒤진 것을 만회하다

ex) I had to run to catch up with her.

나는 그녀를 따라잡기 위해 열심히 뛰어야만 했다.

☐ **cease to exist[be]** ⇒ 없어지다, 만료되다, 죽다, 멸망하다

ex) The rules will cease to exist next month.

그 규칙들은 다음 달에 없어질 것이다.

☐ **charge for the better** (날씨, 병세 등이)좋아지다, 좋은 변화, 개선

ex) The weather is changing for the better. 날씨가 차차 좋아지고 있다.

☐ **change for the worse** (날씨, 병세 등이)나빠지다, 나쁜 변화, 악화

ex) His new appointment is a change for the worse.
그의 이번 발령은 좌천이다.

☐ **charge+물품+to+청구 처** ⇒ (물품대금을 청구 처)앞으로 달아놓다

ex) Please charge the repairs to my credit card.
수리비용을 제 신용카드 앞으로 청구해 주세요.

☐ **charge+액수+to+물품** 물품대금으로 액수를 청구하다

ex) The company charged 1,000dollars to the items.
회사는 상품가격으로 1,000달러를 청구했다.

☐ **check into[out]** someone(or something) : to investigate or look into someone or something ⇒ -을 조사하다

ex) Check out the pretty waitress. 그 예쁜 웨이트리스에 대해 알아봐.

☐ **check out** something : a) to sign out of or leave a hotel or another place ⇒계산하다, 셈을 치르고 나오다 b) to loan something ⇒ 대출하다

ex) You can't check out periodicals. 정기간행물은 대출이 안 됩니다.

☐ **check over** something : to examine something
⇒ 틀림없는지 자세히 조사하다

ex) The journalist checked over the information given by the witness to the crime.
그 기자는 그 범죄에 대해 목격자가 제공한 정보에 대해 조사했다.

☐ **check up on** someone(or something) : to examine or investigate someone or something, usually to make certain everything is satisfactory ⇒ 검사하다, 확인하다, 조사하다 cf. checkup n. ; 검진

ex) They are checking up on that information right now.
그들은 지금 그 정보를 확인하고 있습니다.

ex) I'd like a general checkup. 종합 건강검진을 받고 싶습니다.

ex) You should get a thorough medical checkup.
정밀 진단을 받으셔야 합니다.

☐ **check with**: -와 상담하다, -에게 문의[조회]하다, 일치[합치]하다

ex) You should check with a travel agency.(넌 여행사에 문의했어야 해.)

☐ **cheer up** someone : to encourage someone ⇒ 격려하다, 기분 좋게 해주다

ex) Tim looks depressed. Why don't we go and cheer him up?
팀이 우울해 보인다. 가서 그를 기분 좋게 해줄까?

☐ **chew out** someone : to scold someone severely ⇒ -을 호되게 꾸짖다

ex) My mom chewed out my brother. 엄마는 동생을 호되게 꾸짖었다.

□ **chip in (on[for])** : to help in a situation; to contribute money or help for something ⇒ 돕다, 돈을 추렴하다

ex) Why don't we all chip in and get dad a new car for his birthday?
돈을 모아서 아빠 생일에 새 차를 사드리는 게 어때?

□ **clean-cut** ⇒ 뚜렷한, 명확한, 선명한

ex) I like the clean-cut shapes of classical architecture.
나는 고전적인 건축의 선명한 형상을 좋아한다.

□ **clean out** something : a) to clean something ⇒ 청소하다, 깨끗하게 하다
b) to use[eat] all of something ⇒ (먹어)치우다

ex) I want you to clean out that closet.
나는 네가 화장실을 청소하기를 바란다.

ex) George was so hungry, he cleaned out all the food in the refrigerator. 조지는 너무 배가 고파서 냉장고에 있는 모든 음식을 먹어 치웠다.

□ **clean up** : a) to clean something ⇒ 깨끗이 청소하다, 말끔해지다, 정화하다
b) to make a lot of money ⇒ 돈을 크게 벌다, 이익을 올리다

ex) Sometimes I help my wife clean the house up.
가끔 나는 아내를 도와 집안청소를 한다.

ex) My company cleaned up this year.
우리 회사는 올해 크게 이익을 보았다.

□ **clear away** something : to remove something ⇒ 제거하다, 치우다

ex) She cleared away the leftovers. 그녀는 먹다 남은 것을 치웠다.

□ **clear up** something : a) become nice and sunny ⇒ (날씨가)개다 b) solve something that is mysterious ⇒ 명백히 하다, 해결하다

ex) As soon as Henry arrives he will clear up this problem.
헨리가 도착하면 이 문제를 해결할 것이다.

□ **clog up** ⇒ (기름, 먼지 등이 기계의)움직임을 방해하다(나쁘게 하다), (파이프 등을) 막히게 하다

ex) The toilet is clogged up again. 변기가 또 막혔어.

□ **close at hand** : near ⇒ 매우 가까운, 쉽게 얻을 수 있는

ex) The examination is close at hand. 시험이 가까이 다가왔다.

□ **close down** something : to put something out of business; to stop something from operating ⇒ -을 폐쇄하다

ex) Many restaurants have been closed down recently.
많은 식당들이 최근에 문을 닫았다.

☐ **close in (on** someone or something**)** : to draw nearer to someone or something
⇒ -로 다가가다, 가까이 둘러싸다
ex) The police closed in on the burglar. 경찰이 그 강도를 가까이 둘러쌌다.

☐ **close up shop** : to stop working or close a business for the day or forever ⇒ 가게를 닫다
ex) My dad closed up shop early today so he could go fishing.
우리 아빠는 낚시를 가기 위해 오늘은 가게를 일찍 닫으셨다.

☐ **coincide with** something : to happen simultaneously
⇒ 동시에 일어나다, 일치하다
ex) The opening ceremony coincided with the worst storm of this century. 개회식은 금세기 최악의 폭풍우 속에서 열렸다.

☐ **collaborate on** +something ⇒ -에 대해 협력하다
ex) We need to find a better way for people to collaborate on projects, no matter where they are in the world. 사람들이 전 세계 어디에 있든 상관없이 프로젝트를 같이 할 수 있도록 더 좋은 방법을 찾아야 해요.

☐ **come** : to happen, occur ⇒ (일이) 생기다, 일어나다.
ex) I knew it was coming. 언젠가는 그런 일이 있을 줄 알았어.

☐ **come about** : to happen, occur ⇒ 일어나다, 발생하다
ex) How did the accident come about? 그 사고는 어떻게 일어났나요?

☐ **come[run] across**(=dump into, happen to meet, meet by chance, meet with) someone(or something) ⇒ 우연히 찾아내다
ex) I came across several interesting fact about Mexico in that book.
나는 그 책에서 멕시코에 관한 몇 개의 재미있는 사실을 우연히 발견했다.

☐ **come a long way** ⇒ 진보하다, 성공을 거두다
ex) We have come a logn way because of technology.
우리는 기술 덕에 성공을 거두었다.

☐ **come along** : a) accompany ⇒ 동행하다 b) proceed successfully ⇒ (일 등이)잘 되어가다
ex) How are things coming along? = How are you making out?
일은 순조롭게 진행되고 있나요?
ex) I'm going to see a movie. Do you want to come along?
나 영화 보러 갈 건데, 같이 갈래?

☐ **come before** something ⇒ -의 의제가 되다 -앞에 오다[나타나다] -에 앞서다, -보다 중요하다

ex) The complaint will come before the United Nations assembly next week. 다음 주 유엔 총회에 앞서 불평이 터져 나올 것이다.

☐ **come by** something : a) obtain, acquire ⇒ 입수하다

b) pay a visit ⇒ 들리다

ex) How did you come by that beautiful picture?

너는 어떻게 그 아름다운 사진을 얻었니?

ex) He came by data from the various sources.

그는 여러 경로로 자료를 수집했다.

ex) Maybe I will come by and check it. 한번 들러서 볼게요.

☐ **come (down) to** something : a) boil down to something ⇒ -에 귀착이 되다, 결국 -가 되다 b) total something ⇒ 합계 -이 되다 c) regain consciousness ⇒ 의식을 되찾다, 정신이 들다

ex) It comes down to this: if we don't start making money, by next year our company will be bankrupt. 결론은 이렇습니다. 우리가 돈을 벌기 시작하지 않으면 내년 봄에 우리 회사는 파산할 겁니다.

ex) Pat was distraught waiting for her mother to come to last night.

팻은 어머니가 소생하기를 기다리느라 어젯밤 제정신이 아니었다.

cf. distraught *a.* : 심란한, 미친

☐ **come complete with** ⇒ -을 완비하다

ex) The furniture comes complete with tools and instructions for assembly.

그 가구는 조립용 도구와 안내서까지 다 포함되어 나온다

☐ **come down with** something : to become ill with something; to aggravate something ⇒ -병에 걸리다

ex) He came down with the measles. 그는 홍역에 걸렸다.

☐ **come from** somewhere : be[arise, derive] from somewhere⇒ -출신이다, -에서 생겨나다

ex) What part of South America does she come from?

그녀는 남아메리카 어느 지역 출신이야?

☐ **come in effect** ⇒ 발효되다, 시행되다

ex) The new law will come into effect next month.

새 법률은 다음 달에 시행될 것이다.

☐ **come of age** ⇒ 성년이 되다

ex) She has come of age. 그녀는 성년이 되었다.

☐ **come off** : to succeed ⇒ -이 되다, 성공하다

ex) The plan which attempted to assassinate the president finally came off. 대통령

암살계획은 결국 성공하였다.

☐ **come out** : a) appear, emerge ⇒ (사실 등이)알려지다, 나타나다 b) 지워지다

ex) When does the next issue of *Time* comes out?
타임지 다음 호가 언제 나오죠?

ex) These ink stains won't come out. 이 잉크 자국은 지워지지 않을 거야.

ex) This picture cam out well. 이 사진이 잘 나왔다.

☐ **come out with** something ; a) confess, reveal ⇒ -을 누설하다 b) bring out ⇒ 발매하다

ex) The band came out with a new album. 그 밴드는 새 앨범을 발표했다.

ex) Jed came out with the fact that the family was moving to Beverly Hills. 제드는 가족이 베버리 힐즈로 이사를 간다는 사실을 발표했다.

☐ **come to an agreement** ⇒ 합의점에 도달하다

ex) Reports in Manila say the Philippines and the United States have come to an agreement on a new security arrangement that would boost cooperation in fighting terrorism and other threats. 미국과 필리핀은 테러를 비롯한 각종 위협에 대처하는데 협력을 강화하기 위한 새로운 안보협정을 체결하기로 합의했다고 마닐라 발 보도들이 전하고 있습니다.

☐ **come[get, learn] to + V** ⇒ -하게 되다(=become)

ex) I couldn't get to sleep because of the noise.
시끄러운 소리에 잠이 들지 못했다

☐ **come to an end** : to end ⇒ 끝나다

ex) The meeting finally came to an end at ten o'clock.
그 회합은 마침내 10시에 끝났다.

ex) Everyone expected the project to come to a bad end, but it turned out to be a profitable venture. 모든 사람이 그 프로젝트가 안 될 거라고 예상했지만 그것은 수지가 맞는 사업인 것으로 판명되었다.

☐ **come to blows (over** something) : to fight about something physically, with punches thrown and/or abusive language ⇒ -을 두고 주먹질을 하다, 심한 말을 하다

ex) Go and stop the argument. I've seen many such situation come to blows. 가서 저 싸움을 말려. 난 저러다가 주먹질하는 꼴을 많이 봤어.

☐ **come to grief** : to have bad results ⇒ 재난[불행]을 당하다, 슬퍼하게 되다, 나쁜 결과가 나타나다

ex) If you don't stop drinking, you'll come to grief.
술을 끊지 않으면 결과가 좋지 않을 것이다.

☐ **come to light** : to become known or understood ⇒ 알려지다, 드러나다

ex) Has any new information come to light? 새로운 정보라도 나왔습니까?

☐ **come to one's senses** : a) to begin thinking clearly or sharply ⇒ 정신을 차리다, 명확하게 생각하기 시작하다 b) to become conscious ⇒ 의식을 되찾다

ex) My father said, "So you're going to college after all. I'm glad you've come to your senses." 아버지가 말씀하셨다. "그래서 어쨌거나 대학에 가겠다고 정신을 차렸다니 기쁘구나."

ex) The boxer got knocked out, but he came to his senses after a few minutes. 그 권투선수는 녹 아웃되어 쓰러졌지만 몇 분 후에 의식을 되찾았다.

☐ **come to terms[grips] with** something : to deal with or cope with something ; to emotionally or mentally accept something⇒ 타협이 이루어지다, 받아들이다, -을 대면하다

ex) John is still shocked. He hasn't come to terms with losing his job.
존은 아직도 충격에 빠져 있다. 그는 아직도 자신이 직장을 잃었다는 사실을 받아들이지 못했다.

☐ **come to the phone** : to answer the phone ⇒ 전화를 받다

ex) She can't comet to the phone. 전화를 받을 수 없습니다.

☐ **come to think of it** : a saying meaning "I just remembered" or "It just occurred to me." ⇒ 생각이 나다, 떠오르다

ex) Come to think of it, we haven't eaten dinner, yet.
생각해 보니까 우리는 아직 저녁도 안 먹었잖아.

☐ **come true** : to be realized ⇒ 실현되다

ex) Everything he predicted has come true.
그가 행했던 모든 것이 실현되었다.

☐ **come up** : a) approach, come close ⇒ 다가오다 b) happen, arise ⇒ 갑자기 일이 일어나다

ex) Linda came up to me and gave me a kiss for no reason!
린다가 다가오더니 아무 이유도 없이 내게 키스를 했어!

ex) I called my wife and told her I'd be late because something came up at work. 나는 아내에게 전화해서 갑작스런 일이 생겨서 늦을 거라고 말했다.

☐ **come upon** someone(or something) : happen to meet ⇒ 우연히 마주치다, 문득 -을 생각해내다

ex) I came upon this old photograph in the back of the drawer.
나는 서랍장 뒤에서 이 오랜 사진을 우연히 발견했다.

☐ **come up to(=come near, approach) + N** 이르다, 다가오다

ex) Can you organize an attendant to come up to my room?
벨보이를 제 방으로 올려보내 주시겠어요?

☐ **come up with** : a) suggest, think of ⇒ 제안하다, -을 생각해내다 b) supply ⇒ 공급하다 c) overtake ⇒ 따라잡다

ex) He came up with a great idea at the meeting.
그는 회합에서 기발한 생각을 해냈다.

ex) I wish some of those guys would come up with a bright idea.
나는 그들 중 누군가가 명쾌한 아이디어를 제안했으면 한다.

ex) Can you come up with some money? 돈 좀 마련할 수 있으세요?

☐ **come what may[will]** : no matter what happens ⇒ 어떤 일이 일어나더라도

ex) I'm sure your father will be home soon, come what may.
나는 무슨 일이 있어도 너의 아버지가 집에 곧 돌아오실 거라고 확신해.

☐ **commit oneself to** ⇒ -에 전념하다, -을 떠맡다

ex) We have committed ourselves to maintaining a high level of customer service within the hospitality industry. 우리는 서비스업계에서 높은 수준의 고객 서비스를 유지하는 일에 전념해 왔다.

☐ **compared with** ⇒ -와 비교해 볼 때(=compared to)

ex) Compared with other products, ours is easier to operate.
타사 제품과 비교해 볼 때 우리 제품은 조작하기가 더 쉽습니다.

☐ **compare A to[with] B** ⇒ A를 B에 비유하다[B와 비교하다]

ex) They compared Seoul with other large cities.
그들은 서울을 딴 대도시와 비교했다.

ex) Life is compared to a voyage. 인생은 항해에 비유된다.

☐ **compensate A for B** ⇒ A에게 B에 대해 보상하다

ex) The broadcaster compensated Dr. Bland for the damage caused by the report. 그 방송인은 Dr. Bland에게 기사로 입은 피해에 대해 보상했다.

☐ **compete with** ⇒ -와 경쟁하다

ex) And your independent wholesalers have failed to compete with your competitors' marketing networks? 또한 귀사의 개별 도매업체들이 경쟁사들의 영업망에 대응하는데 실패했다는 말씀이신가요?

☐ **comply with** something ⇒ 따르다

ex) If you join the club, you must comply with its rules.
너는 클럽에 가입하면, 규칙을 따라야 한다.

☐ **concentrate[focus] on/upon** ⇒ 집중하다

ex) According to the announcement, what is Seeoil going to concentrate on? 이 발표에 의하면, 씨오일 사는 어떤 사업에 주력하려 하는가?

☐ **concur in** something ⇒ 일치하다

ex) All the members of the committee concurred in the chairman's decision. 위원회의 모든 위원들은 회장의 결정을 따랐다.

☐ **congratulate A**(someone) **on B**(something) B에 대해 A를 축하하다

ex) We want to congratulate Mr. Grant on his recent promotion.
우리는 Mr. Grant의 최근 승진을 축하드리고 싶습니다.

☐ **consist of** something : be composed[formed, made up] of something ⇒ -로 구성되다

ex) The cricket team consists of eleven players.
크리켓 팀은 일곱 명으로 구성된다.

☐ **consist in** : be in, lie in ⇒ -에 있다

ex) Happiness consists in trying to do one's duty.
행복은 자기 본분을 다하는 데 있다.

☐ **consist with** : coincide with ⇒ 양립하다, 일치하다

ex) Your views exactly correspond to[coincide with] mine.
당신의 견해는 나와 딱 들어맞는다.

☐ **contain oneself** : to hold back; keep under control or within limits ⇒ 감정을 억누르다, 자제하다

ex) A: Karl pleased about making the honor roll?
칼이 우등을 해서 좋아했어?
B: Why, he couldn't contain himself.
물론이지. 기뻐서 어쩔 줄을 모르더라.

☐ **content with** ⇒ -에 대처하다, -와 싸우다

ex) Bakery companies have to content with a decreasing demand for baked products. 제과회사들은 빵 제품의 수요 감소에 대처하고 있다.

☐ **contribute to** ⇒ -에 기여하다, 공헌하다, 기부하다, 기고하다

ex) Extreme doses can also harden the kidneys and contribute to the formation of kidney stones. 또한 과도한 복용량은 신장을 경화시키고 신장에 결석이 생기게 할 수 있다.

☐ **cool** : *adj.* someone or something that is fashionable, interesting, attractive, or relaxed ⇒ (sp.) 근사한, 훌륭한, 멋진

ex) That's really cool. = That's awesome. 그거 정말 좋죠.

ex) Did you meet Nancy? "Yeah, she's pretty cool."

냔시 만났니? 응, 정말 근사한 애야.

☐ **cool off** ⇒ 서늘하게 하다, 가라앉다

ex) I heard that it's going to cool off next week.
다음 주면 날씨가 시원해질 거라고 들었어요.

☐ **cope with** something : to meet something ⇒ 대처하다, 이겨내다, 극복하다

ex) Lisa seems to be coping with the stress of her new position.
리사는 새 직책으로 인한 스트레스를 잘 이겨내는 것 같아요.

☐ **could[can] use** (something) ⇒ (sp.) -하고 싶다, -이 있으면 좋겠다.

ex) I could use a good meal. 맛있는 식사를 하고 싶어요.

ex) Can you use some extra money? 여분으로 돈이 필요하니?

ex) I could use a break. Do you want to join me for a cigarette?
좀 쉬었으면 좋겠어요. 같이 담배나 한 대 피우시겠어요?

☐ **count for much** : be very important ⇒ 아주 중요하다, 가치가 있다

ex) Money counts for too much in our society.

ex) Language proficiency counts for much in the entrance examination for Korean Air. 유창한 언어구사는 대한항공 입사시험에서 아주 중요하다.

☐ **count on** someone : depend[rely, rest, fall back] on someone; look to someone ⇒ 믿다, 의존하다

ex) Jimmy is so unreliable; you can never count on him.
지미는 결코 신뢰할 수 없다. 결코 그를 믿을 수 없다.

☐ **count in** something : to include someone in or for something ⇒ -을 셈에 넣다, 한 패에 끼워주다

ex) The ski trip is this weekend? You can count us in!
스키여행이 이번 주말이라고? 너희들 우리도 끼워줄 거지!

☐ **count** someone **out (for** something**)[count out** someone **(for** something**)]** : to eliminate or exclude someone from something ⇒ -을 제외하다, (세어서)빼다

ex) Jessica said to count her out for dinner. She has to work. 제시카는 저녁식사에서 자신을 빼달라고 하더라. 그녀는 일을 해야만 하거든.

ex) I'm sure he'll arrive in time to play in the game. Don't count him out.
난 그가 경기를 위해 제시간에 도착할 거라고 확신하고 있어. 그러니까 그를 제외시키지 마.

☐ **cover a lot of[much] ground** : a) to examine or investigate a lot of information or many facts ⇒ -에 관한 정보나 사실을 많이 검토하고 조사하다, -에 관하여 많은 일을 하다

b) to travel a great distance ⇒ 멀리 여행하다, 많은 곳을 돌아다니다

ex) The supervisor said, "Good work. We covered a lot of ground today."
감독관이 말했다. "잘했어요. 오늘 우리는 아주 많은 일을 했습니다."

ex) The hikers covered a lot of ground and were very tired.
그 도보여행자는 많은 곳을 돌아다녀서 매우 피곤했다.

☐ **cover for** someone : a) to make excuses for someone; to conceal or hide someone else's mistakes ⇒ -을 위해 변명해주다, -의 실수를 덮어주거나 감추어주다

b) to do someone else's work ⇒ (다른 사람의 책임을) 대신해 주다, 대신일 하다

ex) Please don't be late again. I can't continue to cover for you because I feel like a liar. 제발 다시는 늦지 마. 내가 거짓말쟁이처럼 느껴져서 이제 더 이상 네 실수를 덮어줄 수가 없어.

ex) Go on and take your coffee break. I'll cover for you until you return.
가서 잠시 쉬자. 네가 돌아올 때까지 네 대신 일을 해줄 게.

☐ **crack a book** : to study hard; to open the book ⇒ 책을 펼치다, 맹렬히 공부하다

ex) What is the difference between cracking a book and cracking a nut?
책을 펼치는 것과 견과를 깨는 것은 무슨 차이가 있는가?

☐ **crack down (on** something or someone**)** : to pressure someone or something to be tough on someone or something; to be more forceful or strenuous ⇒ (sp.) -을 엄하게 다스리다[단속하다], 엄벌에 처하다, 강력한 조처를 취하다

ex) The police began to crack down on drunk drivers.
경찰은 음주운전자들에 대해서 강력한 조처를 취하기 시작했다.

ex) The government should crack down on dirty politicians.
정부는 부정한 정치가들을 엄벌에 처해야 한다.

☐ **crack (up)** : a) to break out in laughter (sp.) ⇒ 갑자기 웃기[울기]시작하다, (사람을) 웃기다 b) to go crazy ⇒ 미치다, 정신이 나가다

ex) I cracked up when I heard that joke.
그 농담을 듣는 순간 웃음이 터져 나왔어요.

ex) I heard that Milly's father has cracked. He's in an asylum now.
밀리의 아버지께서 정신이 이상해졌다고 들었어. 그분은 지금 정신병원에 계셔.

☐ **cram for** something : to prepare yourself for a test by learning a lot information very quickly ⇒ 벼락치기 공부하다

ex) I need to cram for a final. 기말고사 때문에 벼락치기해야 해.

☐ **crop up** : to appear suddenly ⇒ (갑자기)나타나다, 떠오르다, (문제 등이) 일어나다[제

기되다]

ex) The programmer fixed the error that cropped up in the software program. 그 프로그래머는 갑작스레 소프트웨어 프로그램에 발생한 오류를 고쳤다.

☐ **cross one's mind** : to occur to me ⇒ (생각이) 머리에 떠오르다[스쳐가다]

ex) It crossed my mind yesterday that you might want to accompany us.
네가 우리와 동행하기를 원할지도 모른다는 생각이 어제 갑자기 떠올랐다.

☐ **cross out** someone(or something) : to draw a line through the name of someone or something ⇒ (x표를 하여) -을 지워버리다, 빼다

ex) We can't afford everything on the grocery list. Cross the kiwis out.
우린 식료품 목록에 있는 걸 전부 다 살 수는 없어. 키위는 빼.

☐ **cut a fine figure** : to be shapely; to look elegant ⇒ 두각을 나타내다, 이채를 띠다

ex) My dad cut a fine figure when he was young man.
우리 아버지께서는 젊었을 때 두각을 나타낼 정도로 아주 멋진 분이셨다.

☐ **cut back[down] (on something)** : to reduce or use less of something ⇒ -을 줄이다, 삭감하다

ex) During the energy crisis, the mayor asked for everyone to cut back on electricity. 에너지 위기 동안 그 시장은 모든 사람에게 전기사용을 줄일 것을 요청했다.

ex) You should cut down on sweets[smoking]. 단 음식[담배]을 줄이세요.

☐ **cut in (on** someone or something**)** : to interrupt or interfere someone or something ⇒ 간섭하다, 이야기에 끼어들다, (자동차가)새치기 하다

ex) We were talking quietly when she cut in.
우리가 조용히 얘기하고 있는 데, 그녀가 끼워들었다.

ex) I hate it when someone tries to cut in on my wife and me when we are dancing.
내 아내랑 춤을 출 때 누가 우리 사이에 끼어들려고 하는 게 나는 정말 싫어.

☐ **cut it (rather/too) fine[close]** ; to leave very little time, money, etc. for something ⇒ (돈, 시간 따위를) 바싹[최소한도로」 줄이다, (돈, 시간 등이) 얼마 남지 않다

ex) We're cutting it too fine. We barely have enough time to get dressed before the party. 시간이 빠듯해. 파티 전에 옷을 차려입을 시간이 거의 없어.

☐ **cut no ice** : to have no effect or influence; to make no sense ⇒ (sl.) 아무런 효과도 없다, 아무 도움도 되지 않다

ex) This sort of thing will cut no ice on the international market.
이런 종류의 상품은 국제 시장에 내놔도 별 효과가 없을 것이다.

ex) All her talk about her rich friends cut no ice with me.

그녀의 부자 친구에 관한 이야기는 나에게 전혀 도움이 되지 않는다.

☐ **cut off** someone(or something) : a) to sever ⇒ 베어내다 b) to stop any kind of communication with someone or something ⇒ 차단하다, 말을 자르며 듣지 않다, 말을 못하게 하다

ex) They are cutting off the lower branches of the tree.
그들은 나무 아래 가지들을 자르고 있다.

ex) Hey, the phone company cut me off right in the middle of my conversation! 이봐, 전화회사에서 내가 통화 중인데도 내 전화를 끊어 버렸어.

☐ **cut out** someone(or something) : to eliminate or remove someone or something ⇒ 오려내다, 잘라내다, 생략하다, 그만두다, 제거하다, 빼다

ex) The child likes to cut out pictures from the newspaper.
아이는 신문에서 사진들을 오려내는 것을 좋아했다.

ex) My aunt us upset because my grandmother cut her out of her will.
내 숙모는 할머니가 당신의 뜻을 좌절시켜서 화가 나 있다.

☐ **cut out for[to be]** something : having an aptitude for something; qualified for something ⇒ -의 자질을 갖춘, -에 적합한, -에 잘 어울리는

ex) Tom and Dan proved that they are cut out to be successful businessmen.
톰과 댄은 성공적인 사업가가 될 적임자라는 것을 입증했다.

☐ **cut** someone **short** : to suddenly stop someone⇒ 줄이다, 짧게 하다, 간단히 말하다, (말을 하는 중에) 가로막다

ex) Our trip was cut short by bad news from home.
집에서 온 안 좋은 소식으로 우리는 여행 일정을 줄였다.

ex) Nate is so rude. He always cuts people off short when they are speaking. 네이트는 너무나 무례해. 그는 항상 사람들의 말을 막은 다니까.

☐ **cut up** something : a) to cut something ⇒ 자르다, 분할하다 b) to play jokes; to fool around; to show off ⇒ 까불다, 장난치다

ex) The butcher cut up the meat and then weighed it.
그 푸줏간 주인은 고기를 썰어 무게를 달았다.

ex) Soren got sent home from school for cutting up in class.
소렌은 수업 중에 까불어서 집으로 보내졌다.

☐ **date back to** something : to have a history back to some time ⇒ -의 시대로 거슬러 올라가다

ex) Monica's interest in politics dates back to last summer.
모니카의 정치에 대한 관심은 지난여름으로 거슬러 올라간다.

☐ **dawn on** someone : to realize something; to suddenly think of something ⇒ (생각이) 떠오르다, 갑자기 무언가를 생각해 내다[알아차리다]

ex) It suddenly dawned on me that the reason the car wouldn't start was that it was out of gas! 나는 차가 출발하지 않은 이유가 휘발유가 떨어졌다는 걸 갑자기 깨달았다.

☐ **day in and day out** : everyday ⇒ 날마다

ex) Day in day out he gave the same excuse for the laziness.
날마다 그는 나태함에 대해 똑 같은 변명을 한다.

☐ **deal in** something : to do business ⇒ 장사하다

ex) He deals in coffee and teas. 그는 음료장사를 한다.

☐ **deal with** something : to treat something ⇒ 다루다

ex) Russian President Vladimir Putin said that he believes the IAEA should deal with Iran. 블라드미르 푸틴 러시아 대통령은 IAEA가 이란 문제를 잘 해결할 것으로 믿는다고 전했습니다.

☐ **depend on** someone(or something) : rely[rest, count] on ⇒ -에 달려 있다

ex) A: Dr. Kim, when do you think I'll be out of here?
김 박사님, 제가 언제쯤 퇴원하게 될까요?
B: It depends on the test results. 검진 결과를 두고 봐야 압니다.

☐ **deprive[rob] A of B** : plunder[relieve] A of B ⇒ A에게서 B를 빼앗다

ex) They deprived her of her only son.
그들은 그녀에게서 그녀의 외아들을 빼앗아 갔다.

☐ **die away** : to fade away; to die down ⇒ (바람, 소리 등이) 점차 약해지다

ex) The sound of the horn on the excursion boat slowly died away.
유람선의 고동소리가 점차 서서히 사라져 갔다.

☐ **die down** : a) become less severe; quiet down ⇒ 사라져 버리다, 차차 진정되다, (흥분 따위가) 누그러지다, 꺼져가다

ex) After John left, the party died down.

☐ **die out[away, off, out]** : to disappear slowly with time ⇒ 소멸하다, 죽어 없어지다, 천천히 사라지다

ex) The fire died down after we ran out of wood.
나무가 다 떨어지자 불은 사그라졌다.

☐ **disagree with** : to be different from one's opinion ⇒ 의견을 달리하다

ex) I disagree with your father; I think it would be quite safe to do as you planned.
나는 네 아버지와 의견이 달라; 네가 계획한 대로 하는 것이 아주 안전할 것 같아.

☐ **(be) disappointed in[with]** ⇒ -에 실망하다

ex) They are disappointed with each other.
그들은 서로에게 실망을 느끼고 있다.

☐ **discourage A from B** ⇒ A가 B하는 것을 권장하지 않다

ex) The government imposed new regulations to discourage children from taking up smoking. 정부는 아이들의 흡연을 억제하기 위해 새로운 규제 조치를 취했다.

☐ **dispense with** something : to do[go, manage] without something ⇒ -없이 지내다

ex) The firm will have to dispense with your services.
그 회사는 귀하의 용역이 없이 지내야 할 것입니다.

☐ **dispose of** something : get rid of something; discard something ⇒ -을 처치하다

ex) We have too much furnitures; let's dispose of these old chairs.
우리는 가구가 너무 많아, 오래된 의자는 처분하자.

☐ **dissent from** something : to have a different opinion with someone⇒ 의견을 달리하다

ex) Many good men have dissented from the opinion of the church.
수많은 착한 신도들은 교회의 의견과 달랐다.

☐ **distinguish A from B[between A and B][= discriminate/discern/tell/know A from B]** ⇒ A와 B를 구별하다

ex) He can not distinguish the good from the bad.
그는 선과 악을 구별할 수 없다.

☐ **do a snow job** : to deceive[take in] someone ⇒ 속이다

cf. a snow job *n.* (Am. sl.) (감언이설에 의한) 설득, 속임, 교묘한 거짓말

ex) He did a snow job on her to give a surprise party.
그는 깜짝 파티를 하기 위해 그녀를 속였다.

☐ **do a double major in** something ⇒ -를 복수 전공하다

ex) I'm doing a double major in political science and economics.
나는 정치학과 경제학을 복수 전공할 거야.

☐ **do away with** something : to abolish[get rid of, eliminate] something ⇒ -을 없애다, 폐지하다

ex) It's time to do away with some of the laws.
그 법의 몇 가지를 폐지해야 할 시기다.

☐ **do much on** something ⇒ -이 많이 진척되다

ex) I haven't done much on my thesis, but at least I have the proposal finished. 나도 논문 진도가 많이 나간 건 아냐. 그렇지만 제안서는 끝냈으니까.

☐ **do** someone **goo**d : to benefit or help someone or something ⇒ -에게 도움이 되다

ex) A breath of fresh air will do you good.

신선한 공기를 들어 마시면 건강에 좋을 거야.

☐ **do** someone **harm to** : to hurt or damage someone ⇒ -에게 해를 끼치다

ex) They did me harm. 그들은 나에게 해를 끼쳤다.

☐ **do** (someone or something) **in** : a) to ruin someone or something; to kill someone ⇒ -를 죽이다, 파멸시키다, -을 기절하게 만들다

b) to make someone very tired; to exhaust someone ⇒ -을 매우 피곤하게 하다, 지치게 하다

ex) It is no wonder that natural disasters can do us in.
자연재해가 우리를 파멸시킬 수 있다는 것은 놀랄 일이 아니다.

ex) The work really did me in. 그 일은 정말 나를 녹초로 만들었다.

☐ **do[try] one's best** : to do something very hard ⇒ 최선을 다하다

ex) If you are to succeed in your life, do your best.
인생에서 성공하고 싶으면, 최선을 다 해라.

☐ **do one's part** ⇒ 본분을 다하다

ex) We must always do our part. 우리는 항상 본분을 다 해야 한다.

☐ **do over** : to repeat something ⇒ -을 반복하다

ex) The violinist did that difficult passage over and over.
그 바이올리니스트는 어려운 부분을 몇 번이고 반복했다.

☐ **do[wash] the dishes** ⇒ 설거지 하다

ex) Well, now that we've finished dinner, who's going to do the dishes?
자, 이제 저녁을 다 먹었으니까, 설거지는 누가 하죠?

☐ **do up** someone ⇒ 손질하다

ex) Mary has done herself up for the party.
메리는 파티를 위해 자신의 옷매무새를 다듬었다.

☐ **do well to + root** : had better[would rather, would sooner] + root ⇒ -하는 게 더 낫다

ex) Young man do well to study very hard.
젊은이는 매우 열심히 공부해야 한다.

☐ **do with** something : a) to treat something ⇒ 다루다 b) to endure[stand, tolerate, bear] something ⇒ 참다

ex) I don't know what to do with her.
나는 그녀를 어떻게 상대해야 할지 모르겠다.

ex) I can not do with his insolent ways.
나는 그의 무례한 언행에 대해 참을 수가 없다.

☐ **do[go] without** something : dispense with something ⇒ -없이 지내다

ex) I just don't have any money to give you right now. You're going to have to do without. 지금 당장 너에게 줄 돈이 없다. 그냥 그럭저럭 지내야 할 것 같다.

☐ **dodge into** somewhere : to enter somewhere quickly ⇒ 빨리 들어가다

ex) To avoid him you dodge into the nearest cafe.
그를 피하려면 가까운 카페로 빨리 들어가라.

☐ **draw a blank** : to get now answer; to be unable to recall some information ⇒ (제비에서) 꽝을 뽑다, 실패하다, 생각나지 않다

ex) I should know that girl's name, since I met her last week. But I'm drawing a blank right now. 지난주에 그녀를 만났을 때 그녀의 이름을 알아 놨어야 하는데 말야. 계속 허탕치고 있어.

ex) I keep drawing a blank. = I can't think of a thing.
영 생각이 나질 않아요.

☐ **draw back** ⇒ 물러서다, 후퇴하다, -의 결정을 못하다(from)

ex) The crowd drew back to let the police through.
군중들은 경찰이 지나갈 수 있도록 물러섰다.

ex) The company drew back from its initial agreement of a 3% pay raise. 그 회사는 올 초 3%의 봉급인상 협정에서 결정을 못했다.

☐ **draw forth** something : to elicit something ⇒ 끌어내다

ex) The army interpreter tried to draw forth information from the captured soldier. 군 통역관은 그 포로로부터 정보를 알아내려 애썼다.

ex) Trouble can draw forth a person's best qualities.
고통을 겪음으로써 사람은 최고의 인격을 완성해 갈 수 있다.

☐ **draw in** someone[**draw** someone **into** something] : to attract someone or involve them in something ⇒ 꾀어 들이다, 끌어들이다

ex) Keith refused to get drawn into the argument.
케이스는 그 논쟁 속에 말려들어 가기를 거부했다.

ex) We hope our lower prices will draw in more first-time Internet users. 우리는 우리의 낮은 가격이 처음으로 인터넷을 사용하는 사람들을 더 많이 끌어들이기를 바란다.

☐ **draw** something **off** : to remove some liquid from a larger supply ⇒ (액체를) 빼다

ex) Some of the river water will be drawn off into a network of canals.
강물의 일부가 운하망으로 빠져나갈 것이다.

☐ **draw on[upon]** something : to use supplies, experiences etc. for a particular purpose ⇒ (특별한 목적을 위하여) 경비나 경험을 사용하다

ex) As an actor, you have to draw upon your experience to create believable characters. 배우로서 너는 믿을 수 있는 인물을 창조하기 위하여 너의 경험을 사용하여야 한다.

☐ **draw up something** : to write something down; to make a written document; to write a plan on paper ⇒ (문서를) 작성하다, 고안하다

ex) Our lawyer will draw up the contract today.
변호사가 오늘 계약서를 작성할거야.

ex) The salesman drew a proposal up for his boss to approve.
그 판매원은 사장이 승인할 수 있도록 제안을 문서로 작성했다.

☐ **dress** (someone) **down** : to scold or reproach ⇒ 호되게 꾸짖다, 때리다

ex) If you neglect what you are to do, you will be dressed down.
할 일을 게을리 한다면 너는 꾸지람을 들을 것이다.

☐ **dress up[dress (up) to the nines]** : to be dressed in one's best clothes; to be dressed up ⇒ 정장하다, 잘 차려 입다

ex) You are dressed to the nines! Where are you going?
아주 잘 차려입었네! 어디 가니?

☐ **drive back** someone : to expel someone ⇒ 되몰아 내다, 물리치다

ex) They drove back the enemies who had invaded their territory.
그들은 그들의 영토를 침범했던 적들을 물리쳤다.

☐ **drive** something **home[drive home** something] : to make sure that something is clearly understood ⇒ -을 수긍시키다[납득 · 이해시키다]

ex) The person who wins an argument is the one who drives home his point. 논쟁에서 이기는 사람은 자신의 요지를 이해시키는 사람이다.

ex) He speaks very well. He usually drives his argument home.
그는 말을 참 잘한다. 그는 대개 자신의 주장을 납득시킨다.

☐ **drive** someone(or something) **out** : to force someone or something to leave the area ⇒ 추방하다, 배격하다, 드라이브하다

ex) We had to use cats to drive the rats out.
우리는 쥐를 퇴치하기 위하여 고양이를 사용해야 했다.

☐ **drive** someone **crazy[mad, up the wall]** : to annoy or irritate someone ⇒ -을 미치게 하다, 괴롭히다, 짜증나게 하다

ex) His talking is driving me crazy! 그 사람 얘기 들으면 미치겠어!

ex) Stop making all that noise! You're driving me crazy.
제발 떠들지 좀 마! 아주 미치겠다고.

☐ **drop A in the mail** ⇒ A를 우편으로 부치다

ex) I'll drop it in the mail. 내가 이것을 우편으로 부치겠다.

☐ **drive up to** somewhere : to approach somewhere ⇒ -에 근접하다

ex) We finally drove up to a gas station and inquired about the correct route. 우리는 마침내 주유소에 다가가 정확한 길을 물었다.

☐ **drop** someone **a line** : to communicate with someone; to write someone a note or a letter ⇒ -와 연락하다, 편지를 쓰다

ex) As soon as I get to Florida, I'll drop you a line.
내가 플로리다에 도착하자마자 너에게 편지를 할게.

☐ **drop by[drop in (for** something**)]** : to go someplace for a short period of time ⇒ -에 잠깐 들르다, 불쑥 들르다

ex) Are you going to drop by this afternoon? 오늘 오후에 들를래?

cf. **drop in on** + someone(사람)**[at** + place(장소)**]** ⇒ -을 잠깐 들리다

ex) Some old friends dropped in on us last night.
몇 명의 옛 친구들이 지난 밤 우리 집을 찾아왔다.

☐ **drop off** : a) to decline or decrease ⇒ 줄다, (차츰)없어지다, (단추 등이) 떨어지다, 쇠약해지다, 죽다 b) to deliver something ⇒ -을 배달하다, 나르다
c) to fall asleep ⇒ 잠들다

ex) Students numbers have been dropping off recently.
학생 수가 최근에 계속 감소 추세에 있다.

ex) The mailman drops off the mail at two o'clock every day.
그 우편배달부는 매일 두 시에 우편물을 배달한다.

ex) Mandy often drops off to sleep at work.
맨디는 종종 일하다 잠이 든다.

☐ **drop** someone(or something) **off** : to let someone out of one's vehicle after giving them a ride somewhere; to deliver something ⇒ 차에서 하차시키다, 내리게 하다, 차를 -까지 태워주다, -을 나르다

ex) The school bus drops the children off at school every morning.
스쿨버스는 아침마다 아이들을 학교에 내려준다.

ex) The mailman dropped off the mail at two o'clock.
그 우체부는 두 시에 우편물을 배달한다.

☐ **drop the ball** : to make an error or a mistake; to fail ⇒ 실수[실패]하다

ex) I'm giving you one more chance. Don't drop the ball this time.
한 번의 기회를 더 주겠어. 이번에는 실패하지 마.

☐ **drop out of** something : to quit or stop being a member of some group of association ⇒ (학교에서) 중퇴하다, (집단 등에서) 떠나다, 낙오하다

ex) Many students have dropped out of our school on account of the economic depression. 경기침체로 인해 많은 학생들이 학교를 중퇴했다.

ex) Are you dropping out of our club? 우리 동아리를 탈퇴하려고?

☐ **dry out** : a) to dry something ⇒ -을 말리다, 건조시키다 b) to stop drinking alcohol ⇒ 술이나 마약을 끊게 하다

ex) If you don't cover the bread, it will soon dry out.
네가 빵을 덮어놓지 않으면, 곧 말라버릴 거야.

ex) If you don't dry out, I'm leaving you!
술을 끊지 않으면 당신과 헤어질 거야.

☐ **dry up** : a) to shrivel or wither; to evaporate ⇒ -이 말라버리다, 말라붙다
b) to become silent; to stop talking ⇒ 이야기를 멈추다, 조용해지다
c) to run out of something, such as supplies, money, etc. ⇒ (물품이나 돈 등이) 모자라게 되다, 떨어지다

ex) The well has dried up because it hasn't rained for months.
수개월 비가 오지 않아서 그 우물은 말라버렸다.

ex) She didn't get the job. she dried up during her interview.
그녀는 직장을 얻지 못했어. 인터뷰할 때 말을 하지 못했거든.

ex) The campers' supplies dried up within a week, so they had to begin hunting for food. 캠프의 물품들이 일주일 만에 떨어져서 그들은 음식을 찾으려 다녀야 했다.

☐ **dwell (up)on** something : brood over, ponder on, think over, consider ⇒ 상세히 말하다, 숙고하다

ex) Dwelling on your problems won't make them go away.
네 문제를 계속 생각한다고 해서 없어지지는 않는다.

☐ **earn[make] a[one's] living** : to earn enough money to live on ⇒ 생계비를 벌다, 밥벌이를 하다, 생계를 유지하다

ex) For years I earned a living as a secretary, but then I decided to go to medical school. 몇 년간 나는 비서로 일했지만 이젠 의대에 가기로 결심했다.

☐ **eat (away) at** something : to corrode; to cause to deteriorate ⇒ -을 좀먹다, 부식시키다

ex) While I was changing a flat tire, I noticed that rust was eating away at my car.
펑크 난 타이어를 끼우는 동안에 난 차에 녹이 슨 것을 발견했다.

☐ **eat in** : to eat in the house ⇒ 집에서 먹다

ex) We ate in last night but tonight we are going to eat out.

우리가 외식하려던 밤을 제외하고 지난 밤 우리는 집에서 식사했다.

☐ **eat one's heart out** : to be jealous of someone or something (usually said to the person who is jealous) ⇒ 남몰래 고민하다, 마음을 푹푹 썩이다, -을 부러워하다

ex) It's been eating her heart out since she lost her husband.
그녀는 남편을 잃은 후로 비탄에 잠겨 있어요.

ex) Do you like my new sports car? Eat your heart out, man!
새로 산 내 스포츠카가 맘에 드니? 야, 부럽지!

☐ **eat out** : to have a meal in a restaurant ⇒ 다 먹어 버리다, 외식하다

ex) When you eat out, what restaurant do you generally go to?
외식하실 때, 주로 어느 식당에 가시나요?

cf. eat like bird ⇒ 소식하다, 작게 먹다

cf. eat like horse ⇒ 많이 먹다, 대식하다

☐ **(be) eligible for +[동명사][= be eligible to +root]** : be suitable for something ⇒ -할 자격이 있다, -에 적임이다

ex) If you're over 65, you're eligible for a discount.
만일 귀하가 65세가 되면 할인 받을 자격이 있습니다.

ex) You're eligible to vote when you turn 18.
네가 18세가 되면 투표권이 생긴다.

☐ **end in** something : to result in something; to end up with something⇒ 결국 -이 되다

ex) Papp's marriage ended in divorce. 팹의 결혼은 이혼으로 끝났다.

☐ **end up with** someone(or something)[**=wind up with** someone(or something)] : to result in being with someone or something; to result in doing something ⇒ -로 끝내다, 마침내 -이 되다, -결과를 얻다

ex) Dan couldn't find a date for the school dance, so he ended up with his cousin. 댄은 교태 댄스파티에 같이 갈 파트너를 구하지 못해서 사촌과 같이 갔다.

ex) Take this medicine, or you'll end up sick in bed.
이 약 먹어. 그렇지 않으면 아파서 들어 누을 거야.

☐ **enter into** something : a) to start something ⇒ 시작하다 b) to feel sympathy ⇒ 공감하다, 동정하다

ex) He entered into the business. 그는 사업을 시작했다.

ex) When you read the book, you really enter into the character's feelings. 너는 책을 읽을 때, 너는 정말로 주인공의 감정에 공감한다.

ex) Try to remain capable of entering into other people's states of mind.
다른 사람들의 마음 상태를 헤아릴 수 있도록 노력해라.

☐ **every now and then[again]** : from time to time; sometimes; every one's in a while
⇒ 때때로, 이따금, 가끔씩

ex) We see each other every once in a while, but not as often as we used to. 우린 가끔씩 서로 만나지만 종종 예전과 같지는 않다.

☐ **every other** : a) every alternate ⇒ 그 밖의 모든 b) every second ⇒ 하나 걸러

ex) She would visit me in every other day high school days .
그녀는 고교시절 하루건너 나를 찾아오곤 했었다.

☐ **ever since** ⇒ 그 이후로 줄곧, -이래 죽

ex) I have lived here ever since. 나는 그 후 줄곧 여기서 살아왔다.

☐ **every so often** : at times, occasionally ⇒ 때때로

ex) Every so often he and I go to a ball game together.
때때로 그와 나는 구장에 함께 간다.

☐ **excel in** something : to be superior to something ⇒ -에 뛰어나다, 탁월하다

ex) David excels in history. 데이비드는 역사에 탁월하다.

☐ **except for** -을 제외하고(=aside from)

ex) The classrooms were silent, except for the busy scratching of pens on paper. 종이에 부산하게 써 내려가는 펜 소리를 제외하면 교실들은 조용했다.

☐ **exert oneself** : to make an effort; to endeavor; to take pains ⇒ 노력하다, 애쓰다

ex) I hope you will exert yourself in the work.
나는 네가 그 일에 노력하기를 바란다.

☐ **explain** something **in detail** : to expound upon something ⇒ 상세히 설명하다

ex) I haven't yet had a chance to explain the matter in detail.
나는 아직 그 문제에 대해 상세하게 설명할 기회를 갖지 못했다.

☐ **express oneself** : to say what one thinks or feels ⇒ 의견을 나타내다

ex) He is still unable to express himself to in English.
그는 아직도 영어로 자신의 의견을 표현할 수 없다.

☐ **extension** : n. an additional period of time given one to meet an obligation ⇒ (날짜의) 연기, 연장

ex) Extension 896, please. ⇒ 내선 896번 부탁합니다.

ex) I planned an extension of my holiday.
나는 휴가 기간을 연장하기로 계획했다.

ex) I'd like to apply for a visa extension. 비자연장을 신청하고 싶은데요.

☐ **eyeball to eyeball** : in person; person to person ⇒ 얼굴을 맞대고

ex) I talked to him eyeball to eyeball. 나는 그와 얼굴을 맞대고 얘기했다.

□ **face to face** : up close; in person ⇒ 대면하여, 얼굴을 맞대고

ex) We came face to face at a street corner.

우리는 거리 모퉁이에서 마주쳤다.

Ref. [face와 관련된 표현들]

a) straight face ⇒ (웃음을 참은) 무표정한 얼굴

b) long face ⇒ 시무룩한[심각한] 얼굴

c) smiley face ⇒ (주로 노란 바탕에 검은 색의) 만화식 웃는 얼굴 그림

d) poker face ⇒ 무표정한 얼굴

□ **fail in** something : to be unsuccessful in something ⇒ -에 실패하다

ex) I failed in persuading him. 나는 그를 설득시키지 못했다.

□ **fall (a) victim[prey] to** something : to get a very serious illness ⇒ -의 희생이 되다, -의 포로가 되다

ex) He fell a victim to his own ambition.

그는 자신의 야망의 희생물이 되었다.

□ **fall off** ⇒ -에서 떨어지다

ex) Don't be such a wimp, of course you won't fall off!

겁내지 마. 넌 절대 안 떨어져!

□ **fall on** someone : to attack[assail, assault] someone ⇒ -을 공격하다

ex) The enemy fell on us as we slept. 적은 우리가 잠을 잘 때 공격했다.

□ **fail to** +root : cannot + root ⇒ -하지 못하다, -할 수 없다

ex) He failed to appear. 끝내 그는 모습을 나타내지 않았다.

□ **fall apart[= fall to pieces]** : a) to break apart; to collapse into pieces ⇒ 산산 조각나다, 못쓰게 되다 b) too become too emotional; to begin crying ⇒ 안절부절 못하다, 울음을 터뜨리다

ex) Clark's computer is falling apart, but he's too cheap to buy a new one. 클라크의 컴퓨터가 못쓰게 됐는데 그는 너무 인색해서 새 걸 살 수는 없어.

ex) Karen fall to pieces when she heard the bad news.

카렌은 나쁜 소식을 듣자 울음을 터뜨렸다.

ex) When you buy cheap things, they end up falling apart.

= You're penny-wise and pound-foolish.

싼 게 비지떡이죠.

□ **fall back on** someone (or something) : to rely[rest, count] on someone or something; to look[resort] to someone or something ⇒ -에 의지하다

ex) In an emergency we can always fall back on our savings.

비상시에 우리는 항상 저축에 의존할 수 있다.

☐ **fall[get] behind** (with something) : to do something more solwly than planned; to move more slowly than others ⇒ -에 뒤떨어지다, 일이 늦어지다

ex) I fell behind with my writing, so I finished the book a month late.
내 글쓰기가 늦어지는 바람에 나는 한 달 늦게 책을 끝냈다.

ex) As the group was hiking along the trail, Bob and Carol fell behind.
단체로 오솔길을 따라 도보여행을 하고 있었는데 밥과 캐롤이 뒤쳐졌거든.

☐ **fall in(to) place** : to become complete; to come together ⇒ (사실, 이야기, 일 따위가) 제 대로 맞다, 앞뒤가 들어맞다

ex) Isn't it great how everything just fell into place?
모든 일이 꼭 들어맞다니 대단하지 않아요?

ex) All of my plans fell into place gradually, and I was able to start my own company. 내 모든 계획이 점차적으로 자리를 잡아갔기 때문에 나는 내 회사를 차릴 수 있었다.

☐ **fall out (with** someone) **(over or about** something)**[= have a falling out with** someone**]** : to have an argument or fight with someone (over or about something) ⇒ -에 관하여 -와 논쟁하다, 싸우다, 사이가 나쁘다[틀어지다](with)

ex) Years ago her father had a falling out with them over the estate of the old lady.
수년전 그녀의 아버지는 그 노파의 재산을 둘러싸고 그들과 싸웠다.

☐ **fall short of** something**[= fall short of the mark]** : to be short of something; be not enough; be insufficient ⇒ -이 부족하다[미달이다]

ex) The media always seems to fall short of telling the truth.
매스컴은 언제나 진실을 말하지 못하는 것 같다.

ex) The arrow fell short of the mark. 화살이 부족했다.

☐ **fall through** : to come to nothing; to fail to occur; to go awry ⇒ 실패하다, 수포로 들어가다

ex) After all his efforts, the deal fell through.
그가 무척 애를 썼지만 그 거래는 수포로 돌아갔다.

cf. come to nothing ⇒ 실패로 끝나다

☐ **fall to** something : to burst into something ⇒ 갑자기 -하기 시작하다

ex) They fell to crying at the news.
그들은 그 소식을 듣고 갑자기 울기 시작했다.

☐ **fall (up)on** someone(or something) : a) to attack someone or something ⇒ -을 공격하다, -에 덤벼들다 b) to become someone's duty or responsibility ⇒ (부담이) -에게

떨어지다[돌려지다], -의 의무[책임]이다

ex) The lions fell upon the helpless gazelle.
그 사자들은 무력한 기젤 영양을 공격했다.

ex) After my father died, it fell on my brother to pay his debt.
아버지가 돌아가신 후 그분의 빚을 갚는 일은 내 형의 책임이 되었다.

☐ **be familiar with** someone : have a good knowledge ⇒ -을 잘 알다

cf. **be familiar to** something : be well-known to ⇒ -에 잘 알려져 있다

ex) We are familiar with this proverb. 우리는 이 속담을 잘 안다.
This proverb is familiar to us. 이 속담은 우리에게 잘 알려져 있다.

☐ **feed on** ⇒ -을 먹고 살다

ex) After the rain, millions of birds come to feed on the fish in the stream.
비가 그치면, 수백만 마리의 새들이 그 개울의 물고기를 잡아먹기 위해 날아온다.

☐ **feed** someone **up** : to give someone a lot of food to make them more healthy ⇒ 맛있는 것을 실컷 먹이다, 살찌우다

ex) She fed her children up. 그녀는 자녀들에게 맛있는 것을 많이 먹였다.

☐ **be fed up with** someone(or something) : not able to endure someone or something any longer ⇒ -에 진절머리가 나다, 물리다

ex) I'm really fed up with[on] your complaints.
당신 불평에는 넌더리가 나요.

Ref. 그거 지루해[지겨워, 지긋지긋해]. ⇒ It's boring[tedious]. = It's a drag.
= I am sick and tired of it. = I am fed up with it.

☐ **feel like + (동)명사** : to feel inclined to +root ⇒ -하고 싶은 생각이 들다

ex) I felt like getting you something. 뭔가 사다주고 싶었어요.

ex) I feel like a nice juicy steak.
난 육즙이 많고 맛좋은 스테이크가 먹고 싶다.

☐ **feel like a rag** : to feel very tired ⇒ 몹시 지치다

ex) After school I felt like a wet rag. 방과 후 나는 무척 피곤했다.

☐ **feel sorry for** someone : to feel pity or sympathy for someone because something bad has happened to them ⇒ -을 가엾게 여기다, 동정하다

ex) For a minute, she felt sorry for the girl.
잠시 그녀는 그 소녀에게 동정심이 일어났다.

☐ **feel stressed** ⇒ 스트레스를 받다

ex) When do you feel stressed on your job?
일할 때에 있어서 언제 스트레스를 받는가?

☐ **feel up to** something : to want to do something; to be prepared to do something; to feel healthy enough to do something (usually used in the negative) ⇒ (보통 부정문, 의문문, 조건문에서) -을 견디어 내다, 감당하다, -을 해낼 수 있을 것 같은 마음이 들다, -할 준비가 되어 있다, -하고 싶다

ex) I don't feel up to the task. 일을 감당해낼 수 있을 것 같지가 않다.

ex) Boris and Natasha asked me to go out drinking with them, but I didn't feel up to it. 보리스와 나타샤는 나에게 함께 나가서 술을 마시자고 했지만 난 별로 그러고 싶은 마음이 없었다.

☐ **figure on** something : to plan something ⇒ -을 꾀하다, 궁리[계획]하다

ex) I figure on going abroad. 외국에 갈 계획을 하고 있다.

☐ **figure out** something : a) to understand something; to make head or tails of it ⇒ 이해하다, 알아내다 b) to solve a problem ⇒ 해결하다 c) to calculate something 계산하다

ex) I thought about it all weekend, and then suddenly I figured out why my boyfriend is mad at me! 난 주말 내내 왜 내 남자친구가 나에게 화가 나 있는지에 대해 생각했고 마침내 그 이유를 알아냈다.

ex) I can't figure out what he means. 나는 그의 말뜻을 이해할 수 없다.

ex) I can't make heads or tails of it. = I can't figure it out.
그것을 전혀 이해할 수 없군요.

Ref. That figures. = That explains it. 그럼 그렇지.

☐ **fill** (someone) **in on** : to tell someone about something ⇒ -에 대해 (최신/자세한 정보를) 주다/알려주다

ex) Let me fill you in on what you missed.
당신이 늦어서 빼먹은 부분은 제가 알려 드리죠.

ex) Fill me in on it. 그것에 관해 자세히 알려주시오.

☐ **fill out[in]** : to grow fatter; to reach the greatest development ⇒ 서류를 작성하다, 채우다, 기입하다, 살찌다, 불룩해지다

ex) I lost a lot of my hair in an accident with a lighter and a can of hairspray, but my hair began to fill out again after a month. 나는 라이터와 한 통의 헤어스프레이 때문에 일어난 사고로 머리카락을 많이 잃었지만 한 달이 지나자 다시 머리가 자라기 시작했다.

ex) Zoe was always a very thin little girl, gut she began to fill out at age sixteen and boys began to notice her. 조는 언제나 바삭 마른 작은 소년이었지만 16살이 되어 살이 붙게 되자 남자아이들이 그녀를 주목하기 시작했다.

☐ **fill up** ⇒ 가득 채우다

ex) Fill it up with supreme, please. 고급으로 꽉 채워 주십시오.

☐ **find fault with** someone (or something) : to criticize[speak ill of, blame] someone or something ⇒ -의 흠을 잡다, 비난하다

ex) He is always looking for something to find fault with.
그는 항상 흠잡을 일을 찾는다.

☐ **find** (someone) **out** : to learn something bad about someone ⇒ (-의 잘못, 비밀 등을) 찾아내다, 알아내다

ex) Carlos hid his past, and hoped that no one would find him out. He had been in prison. 칼로스는 자신의 과거를 숨겼고 아무도 그것을 알지 못하기를 바랐다. 그는 전과자였던 것이다.

☐ **firsthand** : direct ⇒ 직접(적으로)

ex) I heard the news firsthand from her. 그 소식을 그녀에게 직접 들었다.

☐ **first of all**(=avove all, most of all, more than anything else, to begin with) ⇒ 무엇보다도, 우선, 첫째로

ex) Surviving a heart attack depends, first of all, on quick medical action.
심장 마비를 일으켰을 때 목숨을 부지하기 위해서는 무엇보다도 신속한 의료 조치가 필요합니다.

☐ **be fit for+ing[= to+root]** : be suitable for something ⇒ -에 적합하다, -에 적임이다

ex) He is fit for nothing. 그는 쓸모가 없다.

ex) Is he fit for to do the job? 그는 그 일에 적임인가?

☐ **fix** someone **up with** someone[**fix up** someone **with** someone] : to arrange a meeting or a date for someone ⇒ -을 위해 회의나 데이트 등의) 약속 · 날짜 등을 정하다

ex) My little sister fixed me up with one of her friends, but she was too immature for me. 내 여동생은 자기 친구 중 한 사람을 나와 만나게 해주었지만 그녀는 나한테 너무나 어리고 미숙했다.

☐ **fix** someone(or something) **up with** something[**fix up** someone(or something) **with** something] : to make arrangements to provide someone or something with something ⇒ -에게 -을 마련해주다, 지정해주다, 수선하다, 설치하다

ex) I need a new computer, so I went to the computer sotre and asked the salesman to fix me up with one. 나는 새 컴퓨터가 필요해서 컴퓨터 상점에 가서 판매원에게 하나 골라달라고 부탁했다.

ex) Greg fixed my computer up with a new soundcard.
그레그는 내 컴퓨터에 새 사운드카드를 장착해주었다.

☐ **fool around** ⇒ 만지작거리다, 장난치다, 빈둥빈둥 지내다

ex) Don't fool around with the watch. 시계를 가지고 만지작거리지 마라.

☐ **for an age[ages]** : in ages ⇒ 오랫동안

ex) I haven't seen you in ages. = Long time, no see. 참 오랜만이군요.

☐ **for all I know** : probably; maybe; perhaps ⇒ 아마

ex) He may be a good man for all I know.
그는 아마 좋은 사람일지도 모른다.

☐ **for all the world** : a) precisely. exactly ⇒ 확실히, 정확히, 정말로
b) everything in existence, on any account ⇒ 세상의 모든 것, 결코, 절대로, 어떤 일이 있어도

ex) Keep your word for all the world. 확실히 너의 약속을 지켜라.

ex) I wouldn't give up my car for all the world!
세상의 모든 것을 다 주어도 난 절대로 내 차를 포기하지 않을 거야.

☐ **fool around[about] (with** someone or something) ⇒ a) to play (with someone or something); to waste time ⇒ 빈둥거리다, 빈들빈들 지내다, 시간을 낭비하다 b) to do something of a sexual nature with someone ⇒ -와 성적으로 관련된 짓을 하다

ex) Stop fooling around and get back to work! 빈둥거리지 말고 일 좀 해!

ex) Dan wanted to fool around with his girlfriend, but she wasn't in the mood. 댄은 여자친구와 뒹굴고 싶었지만 그럴 기분이 아니었다.

☐ **for convenience's sake** ⇒ 편의상

ex) I did it so for convenience's sake. 나는 편의상 그렇게 그것을 했다.

☐ **for example** : for instance; by way of illustration ⇒ 예를 들면

ex) For example, New York is a busy seaport.
예를 들면, 뉴욕은 번화한 항구다.

☐ **for good** : eternally; permanently ⇒ 영원히

ex) After World War Ⅱ he decided to leave China for good.
이차대전 이후 그는 영원히 중국을 떠나기로 결심했다.

☐ **for God's sake** : for goodness'[heaven's] sake ⇒ 제발

ex) For God's sake, come and help me. 제발 와서 나를 도와 줘!

☐ **for one's (own) part** : from one's opinion or point of view; according to what one thinks ⇒ -의 의견으로는, 견해로는, -의 생각에 따라

ex) The mayor, for his own part, vetoed the plan to build a factory in the middle of downtown. 시장은 자신의 생각에 따라, 시내 한복판에 공장을 짓는 계획을 거부했다.

☐ **for nothing** a) without reason[cause] ⇒ 이유 없이, 까닭 없이 b) without payment;

free of charge ⇒ 공짜로 c) in vain; uselessly ⇒ 헛되이

ex) They quarreled for nothing. 그들은 이유 없이 싸웠다.

ex) I got it for nothing. 나는 공짜로 그것을 얻었다.

ex) We had all over trouble for nothing.
그들은 모든 노력을 다 했으나 허사였다.

☐ **for one thing** ⇒ 우선 첫째로

ex) There are lots of expenditures for one thing or another.
이래저래 돈 나갈 데가 많다

☐ **for one's age** : considering one's age; contrast one's age ⇒ 나이에 비해서

ex) He looks younger for his age. 그는 나이에 비해 젊게 보인다.

☐ **for one's[deer] life** : desperately ⇒ 필사적으로, 죽을힘을 다하여

ex) As soon as he saw me, he ran away for his life.
그는 나를 보자 필사적으로 도망갔다.

☐ **for the first time** ⇒ 처음으로

ex) For the first time, North Korea has acknowledged an outbreak of bird flu. 북한이 처음으로 조류독감 발생 사실을 인정했습니다.

☐ **for the life of** someone : for the world; even if one were willing to pay with one's life ⇒ 도저히, 아무리 해도, 절대로 (부정문에서 쓰임)

ex) I can not do without this car for the life of me.
나는 이 차 없이는 도저히 지낼 수 없다.

ex) For the life of me, I can't remember the name of that song.
아무리 해도 그 노래제목이 생각나지 않아.

☐ **for the present[time being]** : temporarily ⇒ 현재로서는, 당분간, 현재는

cf. **for the last time** ⇒ 마지막으로

ex) We don't have a new house yet, so for the time being we are staying in a hotel.
우리는 아직 새 집이 없어서 당분간 호텔에서 지내고 있다.

☐ **for the purpose of** : for the sake[good, benefit, favour] of ⇒ -을 위하여

ex) He went to Italy for the purpose of studying music.
그는 음악공부를 하기 위하여 이탈리아로 갔다.

☐ **for this purpose** ⇒ 이 같은 목적으로

ex) The rule was introduced expressly for this purpose.
그 법률은 특별히 이런 목적을 위해 도입되었다.

☐ **force[compel, impel] A to B[V]** ⇒ A로 하여금 B하게 하다

ex) Western governments are pursuing a Security Council resolution that would compel Iran to stop all work related to uranium enrichment, or face sanctions. 서방 정부들은 이란이 의무적으로 우라늄 농축 활동을 전면 중단하게 하거나 또는 제재를 가할 유엔 안보리 결의안을 모색하고 있습니다.

☐ **for want of** something : for the lack of something ⇒ -이 부족하여

ex) Plants are dying for want of rain. 식물이 비 부족으로 말라가고 있다.

☐ **fraught with** something : charged[filled] with something ⇒ -로 가득 찬

ex) Art Nouveau painters chose themes fraught with symbolism.
아르누보 화가들은 상징으로 가득 찬 주제들을 선정했다.

☐ **be free from** something : be without something ⇒ -이 없는

ex) The streets are free from dust. 거리엔 먼지들이 없다.

☐ **fret about** someone(or something) : to worry about someone(or something) ⇒ (-에 대해) 고민하다, 걱정하다

cf. **fret oneself to death** 죽도록[몹시] 속 태우다

ex) Relaxation therapy teaches one not to fret about small problems.
이완요법에선 사소한 일로 고민하지 말라고 가르친다.

☐ **from A to B** ⇒ A부터 B까지

ex) Draw the line from A, through B, to C.
점 A에서 점 B를 통하고 점 C까지 선을 그리시오

☐ **from hour to hour** ⇒ 순간순간, 시시각각(=from moment to moment)

ex) The weather varies from hour to hour. 시시각각으로 날씨가 바뀐다.

☐ **from morning to[till] night** ⇒ 하루 종일

ex) It rained yesterday from morning till night. 어제는 종일 비가 왔다

☐ **from bad to worse** : to make the matter worse ⇒ 설상가상으로

ex) The state of affairs went from bad to worse.
일의 상황이 점점 악화되어 갔다.

☐ **furnish[provide, supply, present] A**(someone) **with B**(something) ⇒ A에게 B를 공급하다

ex) He furnished the hungry with food.
그는 굶주린 사람들에게 음식을 제공해 주었다.

☐ **gain weight** ⇒ 살이 찌다 cf. **lose weight** ⇒ -살이 빠지다, 체중이 줄다

ex) A: You look great. It looks like you've lost weight.
아주 좋아 보이는군요. 살이 빠진 것 같네요.
B: How nice of you to notice. 알아봐주니 정말 고마워요.

☐ **get + 동명사** ⇒ -하기 시작하다.

ex) Do you think we should get going soon, or do you want to stay longer? 우리 곧

떠날까요, 아니면 더 있고 싶으세요?

ex) The business got going. 사업의 수지가 맞기 시작했다.

☐ **gain on** someone(or something) : to get closer and closer to someone or something (often in a contest, or to a goal) ⇒ 따라잡다, 다가가다

ex) If you don't drive faster, they're going to gain on us.
더 빨리 운전하지 않으면 그들이 우리를 따라잡을 거야.

☐ **get about[around]** : a) to move from place to place; to move around ⇒ 돌아다니다, (소문 따위가) 퍼지다 b) to have a lot of experience about life ⇒ 경험이 많다, 널리 세상을 알다

ex) Stories have been getting about concerning the government's secret intentions. 정부의 비밀스런 의도에 관한 이야기들이 퍼지고 있다.

ex) Even in her old age, my grandmother still gets around very well.
우리 할머니는 연로하신 데도 여전히 잘 돌아다니신다.

ex) Mrs. White knows a lot about life. She used to get around a lot.
화이트 부인은 인생에 대해서 아는 것이 많다. 그녀는 경험을 많이 했던 것이다.

☐ **get a haircut** ⇒ 머리를 깎다

ex) The man is getting a haircut. 남자가 머리를 깎고 있다.

☐ **get** something **across (to** someone) : to explain something to someone; to convey information to someone ⇒ -에게 설명하다, 이해[납득]시키다

ex) I can't seem to get my message across.
나는 내 메시지를 밝힐 수 없을 것 같다.

ex) Sheila tried to explain her idea, but she couldn't get her point across. 셰일라는 자기 생각을 설명하려고 했지만 요점을 알아듣게 할 수가 없었다.

☐ **get[give, have] a head start (on** someone or something) : to begin something earlier than someone else ⇒ 다른 사람보다 더 일찍 시작하다, 선수를 치다

ex) I was able to get a head start on my reading during the holidays.
휴일동안 나는 일찌감치 독서를 시작할 수 있었다.

☐ **get a suntan** ⇒ 피부를 그을리다

ex) They have got a suntan. 그들은 선탠을 한다.

☐ **get[stay] ahead of** someone(or something) : to advance; to move in front of someone or something ⇒ -의 앞으로 나서다, 앞쪽을 가다, (경쟁상대 등을) 능가하다

ex) I'm getting ahead of myself. 계획보다 앞서가고 있습니다.

ex) He refused to let anyone get ahead of him in business.
그는 사업에 있어서는 그 누구에게도 뒤지지 않으려고 했다.

☐ **get (all) dolled up** : to apply make-up and wear nice clothes; usually applies to females ⇒ 화장하고 곱게 차려입다, 멋 내다

ex) Mary Anne got dolled up for the big party.
메리 앤은 중요한 파티 때문에 화려하게 차려입었다.

ex) Why are you all dolled up? Do you have a date?
너 왜 그렇게 차려입은 거야? 데이트해?

☐ **get along (with)** : a) to have a good relationship with ⇒ 잘 지내다, 사이좋게 지내다, 살아가다, 해내다 b) to move along; to go ⇒ 이동하다, 가다

ex) Why are you so hard to get along with?
= Why are you so unreasonable? 왜 그렇게 못마땅하세요?

ex) My son gets along well with other children.
내 아들은 다른 아이들과 잘 지낸다.

ex) We'd better get along now. It's getting late.
지금 움직이는 게 좋겠다. 늦겠어.

☐ **get along without** someone(or something) : to be able to manage without someone or something ⇒ -없이 지내다

ex) I've been poor before. I can get along without much money.
나는 전에 가난했었어. 돈이 많이 없어도 난 지낼 수 있어.

☐ **get[have] ants in one's pants** : to be so excited or full of energy that you stay still ⇒ 안절부절 못하다, 좀이 쑤시다

ex) I've got ants in my pants since I won't trip to France.
나는 프랑스로 여행을 가지 못할 까봐 몹시 조바심이 났다.

☐ **get a rise out of** (someone) : to get a reaction from someone ⇒ 반응을 끌어내다, 약올리다, 짜증나게 하다

ex) You can kid that fellow all night, but you'll never get a rise out of him. 너는 밤새 그 사람을 놀릴 수 있지만 결코 그를 화나게 하지는 못할 거야.

ex) I can always get a rise out of my girlfriend by tickling her.
나는 내 여자 친구를 간지럽혀서 항상 바라는 걸 이끌어낼 수 있어.

☐ **get around to** something : to find the time or occasion ⇒ -할 기회[시간]를 찾아내다, -에 손이 미치다, -에 착수하다

ex) Did you ever get around to cashing the refund check from the bookstore? 서점에서 받은 환불 수표를 현금으로 바꾸었어?

ex) A: Did you tell your mom that you want to move out?
너의 어머니께 집에서 나가 살고 싶다고 말씀드렸어?

B: It's been so hectic that I haven't gotten around to it.
너무 바빠서 말씀드릴 시간이 없었어.

☐ **get (back) at** someone(or something) : a) to give a hint to something; to try to explain something ⇒ 암시하다, 의미하다, 말하고자 하다 b) to begin to do something (also get to something) ⇒ 시작하다 c) to apply pressure or nag someone ⇒ 공격하다, 들볶다 d) to eat something ⇒ 먹다

ex) Although I followed carefully all he said, I could not see what he was getting at.
나는 그가 말하는 것을 주의 깊게 들었지만, 그가 의도하는 바를 이해할 수 없었다.

ex) I won't be able to get at my homework until after dinner.
나는 저녁을 먹고 나서야 숙제를 시작할 수 있을 거야.

ex) If you get at him long enough, he'll eventually buy you a wedding ring. 네가 그를 오랫동안 충분히 들볶으면 그는 결국 너한테 결혼반지를 사줄 거야.

ex) I'm starving! Let me get at that steak!
배고파 죽겠다! 우리 그 스테이크 먹자!

☐ **get[stay] away (from** someone or something) : to run away from someone or something ⇒ 떠나다, 도망치다

ex) No one knows how the suspect managed to get away from the police. 용의자가 어떻게 경찰로부터 도망을 칠 수 있었는가에 대해 아는 사람은 아무도 없다.

☐ **get away with** something**[get away with murder]** : to escape punishment or retribution after doing something bade or evil ⇒ 처벌을 모면하다

ex) Many dishonest students get away with cheating.
부정직한 많은 학생들이 부정행위를 하고도 처벌받지 않는다.

ex) My little sister never gets in trouble. She gets away with murder.
내 여동생은 곤란에 빠진 적이 없어. 그녀는 용케 빠져나가지.

☐ **get back** : to come back ⇒ 돌아오다, 나중에 연락하다

ex) Mr. Harris got back from Chicago last night.
해리스 씨는 지난 밤 시카고에서 돌아왔다.

ex) Can you get back to me a little later?
= Would you call me back a little bit later?
잠시 후에 다시 전화해 주시겠어요?

☐ **get back at** someone ; to get revenge on someone ⇒ 복수하다

ex) She got back at her rival. 그녀는 라이벌에게 앙갚음을 했어요.

☐ **get better** : to improve; to get healthier ⇒ 나아지다, 건강해지다

ex) John has been sick for a month, but now he is getting better.

존은 한 달 동안 아파 누었지만 지금 점점 더 나아지고 있다.

☐ **get by** ⇒ 옆을 빠져나가다

ex) I can't believe he let that grounder get by him.
그가 저런 땅볼을 놓치다니 믿을 수 없다.

☐ **get caught up in** ⇒ -에 휘말려들다, 열중하다, 몰두하다

ex) You get caught up in the moment. 당신은 그 순간에 푹 빠져든다.

☐ **get down to** something : to begin working in earnest ⇒ 진지하게 본격적으로 일을 시작하다

ex) There's no time left. Let's get down to the subject.
시간이 별로 없다. 주제에 관심을 기울이자.

ex) No I don't have time to play. I have to get down to my report.
안 돼. 놀 시간 없어. 보고서 쓰기 시작해야 한단 말이야.

☐ **get down[come] to business** : to begin working; to begin working in earnest; to begin conducting business ⇒ 일을 시작하다, (이야기의)본론으로 돌아가다

ex) The salesman got down to business after finishing his coffee.
그 판매원은 커피를 마시고 나서 일을 시작했다.

ex) Get right down to business. 요점을 말해봐.
= Don't beat around the bush, and get to the point.

☐ **get even with** someone : to get revenge on someone ⇒ 보복하다, 앙갚음하다

ex) I'll get even with Jimmy for cheating me.
나를 속인 것에 대하여 지미에게 보복할 것이다.

Ref. [even과 관련된 표현들]

a) We're even. ⇒ 우리는 비겼다.
b) break even ⇒ 득실[손득]이 없게 되다
c) even number; 짝수 odd number; 홀수

☐ **get + -ing** ⇒ 출발하다, (일을)시작하다

ex) Do you think we should get going soon, or do you want to stay longer?
우리 곧 떠날까요, 아니면 더 있고 싶으세요?

ex) Let's get going. 슬슬 가보자

☐ **get in the way of** ⇒ -하는 버릇이 있다, 방해하다

ex) I got in the way of not locking the door.
나는 문을 잠그지 않는 버릇이 있었다.

☐ **get in one's way** : to block someone's path; to interfere with someone's progress ⇒ -의 방해가 되다

ex) I really have to finish this report, and you're getting in my way. 나는 정말로 이 보고서를 마쳐야 한단 말이야. 그런데 네가 훼방 놓고 있잖아.

☐ **get[keep, stay] in touch[contact] with** someone : to remain in communication with a person over a long period of time ⇒ -와 접촉하다, 연락하다

ex) Get in touch with me as soon as you arrive. 도착하자마자 알려 줘.

☐ **bring - into contact with** ⇒ -와 접촉하게 되다

ex) Greg still keeps in touch with his first wife, even though they divorced 20 years ago. 20년 전에 이혼하긴 했지만 그레그는 아직도 첫 아내와 연락을 한다.

☐ **get into** something : a) to enjoy or get involved in something ⇒ 즐기다, 관련되다 b) to join something ⇒ 들어가다, -의 일원이 되다 c) to talk about or discuss something ⇒ 의논하다

ex) Tim is getting into baking only because he wants to impress women. 팀은 단지 여자들에게 인상 깊게 보이고 싶다는 이유로 빵을 굽는 걸 즐긴다.

ex) I want to get into that country club, but they won't just accept anybody. 그 컨트리클럽에 들어가도 싶은데 그들은 아무나 받아들이려 하지 않아.

ex) Let's not get into that topic, because we'll be here all night. 오늘밤 여기 있을 거니까 그 이야기는 하지 맙시다.

☐ **get into mischief** ⇒ 장난을 치다

ex) He's always getting into mischief. 그는 항상 장난을 친다.

☐ **get into the swing of things** ; to get into a routine; to join some activity ⇒ 새 환경에 적응하다, 일상적인 활동을 시작하다, 활동에 참여하다

ex) It didn't take that American student very long to get into the swing of things at Oxford. 미국 학생들이 옥스퍼드 생활에 적응하는 데는 많은 시간이 걸리지 않았다.

ex) Now that Janice is back from her vacation, she wants to get into the swing of things. 제니스는 휴가에서 돌아왔으니 일상적인 활동을 시작하고 싶어 해.

ex) Even though you're new here, I know you'll get into the swing of things before long. 네가 여기는 처음이지만, 곧 활동에 참여하게 될 거라는 걸 난 알아.

☐ **get into trouble** : to be scolded; to be punished ⇒ 곤란해지다, 곤경에 빠지다, 꾸지람을 듣다, 벌 받다

ex) You'll get into deep trouble if you continue being late fo work. 직장에 계속 늦으면 너는 크게 곤란해질 것이다.

ex) I hope you won't get into trouble because of what I said to your father. 내가 네 아빠에게 했던 말 때문에 꾸지람을 듣지 않기를 바래.

☐ **get lost(**=lose one's way**)** ⇒ 길을 잃다

ex) While driving to Boston, we got lost and drove many miles out of our way. 차를 몰고 보스턴으로 가는 동안 우리는 길을 잃어 몇 마일을 우회해서 가야 했다.

☐ **get off** : to disembark or come down, usually from a vehicle ⇒ 내리다
b) to escape or be spared from punishment ⇒ 면하다, 무죄방면하다

ex) All passengers must get off the bus at the last stop.
종점에서는 승객 모두 내리셔야 합니다.

ex) She was charged with fraud, but her lawyer managed to get her off.
그녀는 사기죄로 기소되었지만 그녀의 변호사가 애를 써서 무죄방면되었다.

☐ **get on** ⇒ a) to go abroad something, usually a vehicle ⇒ 타다 b) to live or manage one's life satisfactorily; to make progress ⇒ 삶을 잘 꾸려나가다, 잘되다

ex) I always get on the bus at 34the Street.
나는 항상 34번 가에서 버스를 탄다.

ex) I'll get on it right away. 당장 처리하도록 하겠습니다.

☐ **get on one's nerves** : to annoy or irritate someone ⇒ 신경을 건드리다, 화나게 하다

ex) She talks so much that she gets on my nerves.
그녀는 하도 말을 많이 해서 나는 화가 났다.

ex) Stop that whining. You're getting on my nerves.
우는 소리 그만 좀 해. 너 나를 아주 짜증나게 하는구나.

☐ **get on (with)** someone(or something) : a) be on good terms with ⇒ -와 사이좋게 지내다 b) to make progress with something ⇒ 나아가다, 전진하다

ex) My son gets on well with other children.
내 아들은 다른 아이들이랑 사이좋게 지낸다.

ex) How are you getting on your job? 하는 일 잘 돼가?

☐ **get out** : a) to leave a location (often rude, if used as a command) ⇒ 나가다 b) (slang) I don't believe you!; You must be joking! ⇒ (속어) 난 너 못 믿어, 거짓말이야!

ex) Willy told his neighbor to get out of his yard.
윌리는 자기 이웃에게 마당에서 나가달라고 말했다.

ex) You wond the lottery last night? Get out! How much money did you win? 네가 어제 복권에 당첨됐다고? 너 농담하는 거지! 얼마나 탔는데?

☐ **get out of a habit** ⇒ 버릇이 없어지다, -하던 감각을 잃다

ex) If you take a year off, you'll get out of the habit of school and not want to go back. 1년을 쉬고 나면, 공부하는 습관이 없어져서 다시 공부하고 싶은 생각이 나지 않을 거야.

☐ **get over** someone(or something) : a) to physically move over someone or something ⇒ 넘어가다 b) to recover from the influence of someone or something; to forget some emotion or situation (usually implies someone or something bad) ⇒ -의 영향으로부터 회복되다, 잊어버리다 c) (slang) to accept a person or situation as it is ⇒ (속어) 받아들이다, 이해하다

ex) The pilot of the airplane announced. "As soon as we get over the Rocky Mountains, we'll begin our decent into Los Angeles.
비행기 조종사는 "로키산맥을 넘어가자마자 LA로 하강을 시작하겠습니다."라고 발표했다.

ex) It took me more than a month to get over my cold.
감기로부터 회복하는 데 한 달 이상이 걸렸다.

ex) After I got my heart broken, it took me 2years to really get over my ex-girlfriend. 여자친구에게 차이고 나서 내가 그녀를 정말로 잊는 데 2년이 걸렸다.

ex) Yes, I know that you don't like the color of the walls in our office. Get over it! We can't afford to re-paint the office now. 그래. 네가 우리 사무실 벽 색깔을 안 좋아한다는 걸 알아. 그냥 받아들이라고! 지금 사무실을 다시 칠할 여유는 없으니까.

☐ **get paid** ⇒ 보수를 받다

ex) Do you get paid on an hourly basis? 급료는 시간당으로 받으시나요?

☐ **get rescheduled** ⇒ 일정이 다시 정해지다

ex) A baseball game will get rescheduled because of rain.
우천으로 야구 경기 일정이 다시 정해질 것이다.

☐ **get rid of(= remove, eliminate)** someone(or something) : to be free from someone or something; to make someone leave; to throw something away ⇒ -을 제거하다, 내보내다, 없애다

ex) We can't seem to get rid of the mice in our apartment.
아파트 쥐들을 제거할 수는 없을 것 같다.

ex) Someone is at the door, but don't worry. I'll get rid of them.
누군가가 문에 있지만 걱정할 건 없어. 내가 쫓아낼게.

☐ **get sick** : a) to become ill ⇒ 아프다, 병들다 b) to vomit, especially after consuming alcohol ⇒ (특히 술을 마시고 나서) 토하다

ex) John got sick last January and has been in bed since then.
존은 지난 1월에 병이 나서 그 후로 지금까지 누워있다.

ex) Jane drank too much. She just got sick in the bathroom.
제안은 술을 너무 많이 마셨어. 화장실로 가서 막 토했다니까.

☐ **get sore** : get angry ⇒ 화내다

ex) I am afraid that she will get sore and move away if she catches me watching her. 내가 그녀를 감시한 것을 알아차리고 그녀가 화가 나서 떠나 버릴까봐 걱정이다.

☐ **get the better[best] of** someone : to win over someone; to defeat someone ⇒ -를 이기다, 물리치다

ex) He easily got the better of her in that argument.
그는 그 논쟁에서 그녀를 쉽게 이겼다.

☐ **get through** something : a) to complete something ⇒ 완성하다, 끝내다
b) to persevere or survive something ⇒ 견디다

ex) I can get through a lot more work when I'm on my own.
나는 혼자서 일을 할 때, 더 많은 일을 해낼 수 있다.

ex) What a boring meeting! I barely got through it without falling asleep.
지겹기만 한 회의였어! 졸지 않고서 도저히 견딜 수가 없다니까.

☐ **get through to** someone(or something) : a) to reach someone or something ⇒ 도달하다 b) to succeed in communication with someone ⇒ 연락이 닿다 c) to make someone understand something ⇒ 이해시키다

ex) The line was long, yet we got through to the ticket window to purchase our tickets. 줄이 길긴 했지만 우리는 창구에 도달해서 표를 샀다.

ex) The storm knocked down the phone lines, so we couldn't get through to the head office. 폭풍 때문에 전화선이 끊겨서 우리는 본사에 연락을 할 수가 없었다.

ex) The professor made sure he got through to his students.
교수는 학생들이 그의 강의를 이해했는지 확인했다.

☐ **get to[at]** something : to reach somewhere; to arrive in/at somewhere ⇒ 도착하다

ex) Can you tell me how to get to the nearest subway station?
여기서 가장 가까운 지하철역에 어떻게 갈 수 있는지 알려주시겠습니까?

ex) I missed the bus and didn't get to the office until ten o'clock.
나는 버스를 놓쳐 10시까지 사무실에 도착하지 못했다.

☐ **get to know** ⇒ 알게 되다

ex) It takes me to really get to know a person.
사람을 아는 데는 시간이 걸린다.

☐ **get under one's skin** ; to annoy or bother someone ⇒ 화나게 하다, 약을 올리다, 성질을 돋구다

ex) I wish he would stop calling me every night. He's getting under my skin. 그가 매일 밤 전화좀 안 했으면 좋겠어. 그는 날 짜증나게 한다니까.

☐ **get under the belt** : (sl.) 손에 넣다, 몰래 입수하다

ex) That comment was below the belt. How could you say such a thing to me? 그 말은 부당해요. 당신이 어떻게 그런 말을 내게 할 수가 있죠?

cf. **hit[strike] below the belt**

⇒ (권투) 허리띠 아래를 치다, (sp.) 비겁한 짓을 하다.

☐ **get used to** someone(or something) : to become accustomed to someone or something ⇒ -에 익숙해지다, -에 적응하다

ex) It takes some time to get used to wearing glasses.

안경에 익숙해지는 데는 시간이 좀 결려.

☐ **get very far** : to succeed ⇒ 성공하다

ex) No businessman will get very far if he chokes up.

침착성을 잃으면 어떤 사업가도 성공하지 못할 것이다.

cf. **chock up** ⇒ 실수하다, 긴장하다

☐ **get well** : to become healthy ⇒ 건강해지다

ex) It didn't take much time for him to get well after the operation.

그가 수술을 받고 건강해지기까지 시간이 그다지 많이 걸리지 않았다.

☐ **get worse and worse** ⇒ 더욱 악화되다

ex) His unruly conduct is getting worse and worse. 그의 난행이 점점 더 한다.

☐ **give a lecture** ⇒ 강의하다

ex) She will give a lecture. 그는 영어로 강의를 할 것이다.

☐ **give[take] a rain check on** something : (Spoken) to say that you would like to accept an invitation or offer later, but you cannot right now ⇒ 후일에 다시 초대하기로 약속하다

ex) I'm sorry, but I'm busy on Saturday. Can I take a rain check?

미안합니다만 토요일은 바빠요. 다음 기회에 할까요?

ex) Can you give me a rain check? = Can you make it another time?

다음 기회에 할까요?

☐ **give a speech** ⇒ 연설하다

ex) I have to give a speech about the economy to my class tomorrow.

난 내일 수업에서 경제에 관한 연설을 해야 한다.

☐ **give forth** something : to emit or send out something ⇒ 발산하다

ex) The diamond give forth all colors of the rainbows.

☐ **give** someone **a hand** : to lend a hand; to help person ⇒ 돕다, 박수갈채하다

ex) A: I can't manage all this work in my own.

이 모든 일들을 나 혼자서 해낼 수가 없어.

B: Don't worry. I will give you a hand. 걱정하지 마. 내가 도와줄게.

☐ **give** someone **a ring[buzz]** : to call someone using telephone ⇒ 전화하다

ex) I'll give you a ring as soon as I get there.
도착하는 대로 전화를 하겠습니다.

☐ **give someone a lift** ⇒ -를 차에 태워주다

ex) I can give you a lift if you need one.(필요하시다면 차에 태워줄 수 있어요.)

☐ **give** someone **a treat** : to tell someone that you will pay for something such as a meal for them ⇒ 한턱내다

ex) Mother decided to give Nancy a treat so she took her to the circus.
어머니는 낸시에게 한 턱 내기로 마음먹었다. 그래서 그녀를 서커스에 데려갔다.

☐ **give a wide berth to** someone(or something) : to avoid coming into contact with someone or something ⇒ (남을)피하다, 거리를 두다

ex) He resolved to give a wide berth to this lady.
그는 그 여인을 멀리하기로 결심했다.

cf. come into contact with ⇒ -와 접촉하다

☐ **give birth to** someone(or something) : a) to bear a child; to bear a baby animal ⇒ (아이를) 낳다 b) to create or make something, especially something new ⇒ 새로운 것을 탄생시키다, 창조하다

ex) Jane's mother has just given birth to twins.
제인의 어머니가 방금 쌍둥이를 낳으셨다.

ex) Does anyone know who gave birth do rock and roll?
누가 로큰롤을 탄생시켰는지 아는 사람?

Ref. **She gave birth to a baby boy[girl].** ⇒ 그녀는 아들[딸]을 낳았다.
She is in labor. ⇒ 그녀는 아이를 낳고 있다.
She is expecting. ⇒ 그녀는 임신 중이다.

☐ **give in (to)** someone(or something) : to yield to someone or something; to surrender or someone or something ⇒ 항복하다, 굴복하다, 양보하다

ex) Although her father was at first reluctant to let her go abroad alone, he finally gave in. 아버지는 처음에 그녀가 외국에 나가는 걸 꺼려하셨지만 결국은 허락했다.

cf. be reluctant to ⇒ -하기를 거려하다

☐ **give** something **a try** : to try using doing, tasting etc.⇒ 시험해 보다, 써보다, 시도하다

ex) If you like rice, I recommend you give this dish a try.

쌀을 좋아하면 제가 이 음식을 한 번 드시길 권합니다.

ex) Maybe you should give it a try. 한번 시도해보는 것도 괜찮겠군요.

☐ **give it to** someone **straight** ⇒ -에게 솔직히 털어 놓다

ex) Just give ti to me straight. 솔직하게 말씀해주세요.

☐ **give off** something : to discharge or emit a light, odor or sound ⇒ (냄새 등을) 내다, 발하다

ex) The automobile's exhaust system gave off foul-smelling fumes.
자동차 배기장치는 불쾌한 냄새가 나는 연기를 내보낸다.

cf. exhaust system ; 배기장치

☐ **give out** : a) to stop from exhaustion ⇒ 지쳐 나가떨어지다 b) to become worn and useless ⇒ 수명이 다하다, 닳다

ex) Some of the marathon runners gave out an hour into the race.
마라톤 선수들 중 일부는 한 시간 내에 지쳐서 나가떨어졌다.

ex) I'll need a new set of tires. These are about to give out.
새 타이어로 갈아야겠어. 이 타이어들은 다 닳았어.

☐ **give out** something[= **give** something **out**] ; to distribute something to hand out something; to report or tell people something ⇒ 분배하다, 나눠주다, 발표하다

ex) They gave out free shampoo samples at the supermarket.
슈퍼마켓에서 공짜 샴푸 샘플을 나누어 주었다.

ex) The police won't give out the names of the suspects until the trial.
경찰은 재판 때까지 혐의자들의 이름을 밝히려 하지 않을 거야.

☐ **give place to** ⇒ -와 교대하다

ex) Now that the examination is at hand, play must give place to work.
시험이 가까이 다가왔으니 놀지 말고 열심히 공부해야 한다.

☐ **give rise to** something : to bring about[cause] something ⇒ 일으키다, 야기하다

ex) Your suggestion at the meeting gave rise to a great discussion.
그 회의에서 당신의 제안은 엄청난 논란을 일으켰어요.

☐ **give** someone **a hand** : to help someone ⇒ -를 도와주다

ex) Could you give me a hand this weekend?
이 번 주말에 저 좀 도와줄 수 있어요?

☐ **give** someone **a lift** ⇒ -를 차에 태워주다

ex) I can give you a lift if you need one. 필요하면 내가 태워다 줄게.

☐ **give** someone **a raise** ⇒ -에게 월급을 인상해 주다

ex) Our company is financially unstable. So we can't give you a raise now. 회사가 재

정적으로 불안정합니다. 따라서 지금은 임금을 인상해 줄 수가 없습니다.

☐ **give up** : a) surrender ⇒ 항복하다 b) abandon ⇒ 포기하다, 그만두다

ex) The enemy gave up without any resistance.
적들은 저항 없이 항복했다.

☐ **give up** someone(or something)[= **give** someone(or something) **up**] : a) to release or relinquish someone or something ⇒ 포기하다 b) to refrain from doing something as in a habit ⇒ 삼가다, 그만두다

ex) I had to give up my membership to the club when I moved to another city. 나는 다른 도시로 이사 갈 때 그 클럽회원권을 포기해야만 했다.

ex) I will give up smoking one of these days.
나는 조만간 담배를 끊을 거야.

☐ **give vent to** something : to express anger, frustration, irritation, etc. ⇒ 감정을 폭발하다, 화내다

ex) She rushed out of the room to give vent to her feelings.
그녀는 화를 내면서 방에서 뛰쳐나갔다.

☐ **give way (to)** someone(or something) : a) to get out of the way of someone or something ⇒ 비키다 b) to succumb or yield to someone or something ⇒ 굴복하다

ex) The small sedan gave way to the school bus.
그 작은 세단차가 학교차에게 길을 비켜주었다.

ex) The horse and buggy gave way to the faster and more convenient automobile. 일과 마차가 더 바르고 편안한 자동차에게 굴복하고 말았다.

☐ **go** : *v.* to be customarily located; belong ⇒ 놓이다, 들어가다, 속하다

ex) Where did you want this table to go?
이 탁자를 어디에 놓고 싶다고 하셨죠?

ex) This book goes on this shelf. 이 책은 이 선반에 놓인다.

☐ **go against** ⇒ 에 어긋나다

ex) The food goes against my stomach. 그 음식은 내 비위에 맞지 않는다.

☐ **go around** ⇒ 모두에게 차례가 돌아가다

ex) If there aren't enough chairs to go around, I can bring some from the other room. 모두가 앉을 충분한 의자가 없으면, 다른 방에서 몇 개 가져올 수 있다.

☐ **go astray** : a) to become lost ⇒ 길을 잃다 b) to leave the proper path in life ⇒ 엇나가다

ex) The cat went astray last year, and it never returned.
그 고양이는 작년에 길을 잃었고, 결코 돌아오지 않았다.

ex) Tina had a bright future, but she went astray as a teenager. Now she's a prostitute. 티나에게는 밝은 미래가 있었지만 10대 때 엇나가 버렸다. 지금 그녀는 창녀다.

☐ **go back** ⇒ -로 돌아가다

ex) I go back home at a quarter to 6. 나는 6시 15분 전에 집에 간다.

☐ **go broke** ⇒ 무일푼이 되다, 빈털터리가 되다

ex) That kid isn't dry behind the ears. He'll go broke in a month.
그 아이는 아직 풋내기야. 그는 한 달만 있으면 파산할 것이다.

☐ **go co-ed** ⇒ (학교가) 남녀 공학이 되다

ex) Is this dorm co-ed? 이 기숙사는 남녀 공용입니까?

cf. co-ed[koued] a. 남녀공학의 *n.* (남녀공학의) 여학생

☐ **go down** : a) to stop operating; to break down ⇒ 내려가다, 망가지다 b) to lose; to be defeated ⇒ 지다, 삼켜지다

ex) Look at these figures. Our kitchen appliance sales have gone way down. 이 수치들 좀 보십시오. 저희 주방용품 판매고가 많이 떨어졌습니다.

Ref. way(훨씬, 아득히)는 부사, 전치사의 정도를 강조하는 부사.

ex) The champ taunted his opponent, "You're going down, sucka!"
챔피언이 상대방에게 비아냥거렸다. "너는 질거야, 이 풋내기야!"

☐ **go fifty-fifty** : to go halves ⇒ 절반으로 하다, 반반씩 나누다

ex) Let's go fifty-fifty. = Let's go halves. = I'll meet you halfway.
타협합시다.

☐ **go for a ride** : to go out for a drive ⇒ 승마[드라이브]하러 나가다

ex) We went for a ride in her car last night.
우리는 지난 밤 그녀의 승용차로 드라이브하러 나갔다.

☐ **go for broke** ⇒ 모든 것을 걸고 최선을 다하다, 이판사판 해보다

ex) I'd go for broke. 나는 모든 것을 걸었다.

☐ **go for it** : to try to accomplish something; to try to obtain something; to try something ⇒ (sp.) (무언가를 위해) 노력을 하다, 시도하다, 활동하다

ex) Maybe you should just go for it. = Maybe you should give it a try.
한 번 시도해보는 것도 괜찮겠군요.

☐ **go in for** something : to take part in something; to enjoy doing something ⇒ (취미로) -을 즐기다, -에 참가하다

ex) That was a form of amusement that was never gone in for by the working class.
그것은 노동자 계층은 즐기지 않았던 오락이었다.

ex) I used to go in for rowing, but that was when I was younger.
나는 노 저으며 배타는 것을 좋아했는데 그것도 젊을 때 얘기야.

☐ **go into** something : a) to begin discussing or talking about something ⇒ 말을 시작하다 b) to become involved in or to begin doing something, especially an occupation ⇒ 일을 시작하다, -와 관련되다

ex) I won't go into the details, but I think the boss is having an affair with his assistant. 자세히 말하지 않겠지만 내 생각에 사장님이 비서하고 바람이 난 것 같아.

ex) After medical school, Terence decided to go into gynecology.
의과대학을 마치고 테렌스는 부인과를 전공하기로 결정했다.

☐ **go off** : a) to go away; to leave ⇒ 떠나다 b) to go bad ⇒ 나빠지다, 상하다 c) to explode ⇒ 폭발하다 d) to suddenly lose one's temper ⇒ 갑자기 화를 내다

ex) Has anyone see Vickie? Where has she gone off to?
비키를 본 사람 있어? 그녀가 어디로 갔을까?

ex) Meat and fish go off quickly in hot weather.
육류와 생선은 날씨가 더우면 쉽게 상한다.

ex) The bomb went off just as the last person left the building.
마지막 사람이 건물을 떠나자마자 그 폭탄이 터졌다.

ex) What made him so angry? Why did he go off like that?
그가 왜 저렇게 화를 내는 거야? 왜 저렇게 성질을 부리냐니까?

☐ **go off the deep end** : to lose one's temper; to become hysterical ⇒ 화를 내다, (자제력을 잃고) 욱하다, 미치다

ex) When a person goes off the deep end, he acts rashly.
사람이 자제력을 잃으면 경솔하게 행동한다.

☐ **go on** : a) to keep[hold] on; to continue ⇒ 계속하다 b) I don't believe you!; You're kidding! ⇒ 믿을 수 없어!, 농담하는 거지!

ex) Stop playing around. Go on doing your homework.
그만 놀고 숙제 계속해라.

ex) Go on! She hit her teacher?
믿을 수 없어! 그녀가 자기 선생님을 때렸단 말야?

☐ **go on (doing or with** something) : to continue doing something ⇒ 계속 -하다

ex) Let's get something to drink. Then we can go on with our discussion. 뭘 좀 마십시다. 그러고 나서 토론을 계속하시지요.

ex) They didn't let the noise disturb them but went on doing their work.
그들은 그 소음이 자기들을 괴롭히지 못하게 하고서 일을 계속했다.

☐ **go on a diet** ⇒ 다이어트에 돌입하다

ex) I'm thinking of going on a diet. 다이어트 할까 생각중이예요.

☐ **go out of** something : to fail in something ⇒ -에서 나가다, -하지 않게 되다

ex) Before the time of our coming to the city, they had gone out of business. 우리가 이 도시에 오기 전에 그들의 사업은 망했다.

cf. **go out of business = go bankruptcy** ⇒ 도산하다

☐ **go over** something : to explain or review something ⇒ 세밀히 조사하다, 검토하다

ex) Why don't we go over it together? 면밀히 조사해 봅시다.

ex) Please go over that part again. 그 부분 다시 설명해 주세요.

☐ **go steady with** ⇒ -와 계속해서 사귀다

ex) Jane goes steady with him. 제인은 그와 계속 사귄다.

☐ **go through** something : a) to pass through ⇒ 통과하다 b) to examine something ⇒ 검토하다 c) to experience something ⇒ 겪다, 경험하다

ex) Thanks for going through the bother.
= Thanks for your trouble. 정말 수고하셨습니다.

ex) Let's go through the details now. 면밀히 조사해 봅시다.

ex) I'll bet you go through a ton of tissues a day.
정말 하루에 휴지를 엄청나게 쓰겠구나.

ex) You'll never get anywhere in this film unless you go through the right channels.
올바른 통로를 통하지 않으면 너는 이와 같은 영화를 결코 얻지 못할 것이다.

☐ **go through with** something : to do something; to complete something ⇒ 끝마치다

ex) Please don't make me lie to her. I can't go through with it.
제발 내가 그녀에게 거짓말하게 만들지 마. 그럴 수 없어.

☐ **go to town** : (slang) to work or do something enthusiastically ⇒ (속어) 활기 있게, 열정적으로 활동하다, 철저히[성공적으로] -하다

ex) Larry went to town on that real-estate deal and made a large commission. 래리는 철저히 부동산 거래를 해 커다란 임무를 완수했다.

ex) The children went to town on the birthday cake, didn't they?
아이들이 생일 케이크를 아주 열심히 만들었지, 그렇지 않니?

☐ **go under** : a) to go bankrupt; to fail ⇒ 파산하다, 지다 b) to move under something, such as a bridge or a table ⇒ 아래로 가다 c) to sink or go underwater ⇒ 가라앉다

ex) His company struggled to get out of the financial crunch. But, it finally went under.
그의 회사는 재정위기에서 벗어나려고 애썼지만 결국 파산했다.

ex) They decided to go under the bridge since it was raining.
비가 오고 있어서 그들은 다리 아래로 내려가기로 결정했다.

ex) Many big businesses went under after the stock market crashed.
많은 대기업들이 증권시장이 붕괴한 후에 파산했다.

☐ **go under the knife** : to have surgery; to have an operation ⇒ 수술을 받다

ex) My dad went under the knife twice for hemorrhoids.
우리 아빠는 치질로 두 번이나 수술을 받으셨다.

☐ **go up** : to promote ⇒ 올라가다, 승진하다

ex) But you told me you were going up. 그러나 승진할거라고 말했잖아요.

☐ **go with something** : to be harmonious or suitable together; to compliment each other well; to match ⇒ 어울리다, 동행하다, 사귀다, -을 택하다

ex) Your tie does not go with your suit. 넥타이가 양복과 어울리지 않는다.

ex) You should probably gi with the one where you will be the happiest.
그럼 가장 신나게 일할 수 있는 곳을 선택해야 할 거예요.

☐ **go without** something : to manage or survive without something ⇒ -없이 지내다

ex) The survivors of the wreck went without food and water for three weeks. 그 난파 생존자들은 3주 동안 음식과 물 없이 버텼다.

☐ **It goes without saying that +절** : to be so obvious that explanation is unnecessary ⇒ -은 말할 필요도 없다

ex) It goes without saying that Congressman is very sincere in his wish to help the needy. 국회의원은 곤궁한 자들을 돕고자 하는 바람에서 매우 성실해야 한다는 것은 말할 필요도 없다.

☐ **go wrong** : to occur badly or erroneously; for something bad to happen ⇒ 잘못되다

ex) Call me if anything goes wrong. 혹시 뭔가 잘못되면 나에게 전화해.

☐ **good name** : fame ⇒ 명성

ex) If you say that he has a good name, you mean that he has a good reputation. 그가 명성이 있다고 말하는 것은 그가 평판이 좋다는 의미죠.

☐ **goof off[around]** : to slack off ⇒ 게으름 피우다, 빈둥거리다

Ref. goof *n.*; 바보, 멍청이, 실수 make a good; 실수하다
slack off ; 약해지다, 쇠하다, 느려지다

ex) He's always goofing off on the job. 그는 항상 농땡이 치고 있다.

ex) She's slacking off. = She's goofing off on the job.
그녀는 빈둥거리고 있어요.

☐ **good-sized** : very large ⇒ 꽤 큰

ex) The woman standing over there has a good-sized garden.
저기 서있는 부인은 꽤 큰 정원을 가지고 있다.

☐ **Gordian knot** : difficult problems ⇒ 해결하기 어려운 일

ex) Churchill had the habit of blithely cutting Gordian knots in a manner which often upsets experts, but he was not a frivolous man.
처칠은 전문가들을 당혹스럽게 만드는 태도로 어려운 문제들을 분별없이 처리하는 습관을 가지고 있었지만 경솔한 사람은 아니었다.

cf. blithely 분별없이, 부주의하게 frivolous 경솔한

☐ **grow out of** something : a) to abandon or not participate in something as time goes by ⇒ (습관 따위를) 그만두다, 포기하다 b) to become, or grow, too big for something ⇒ 자라다

ex) I used to be in love with Carol, but I grew out of it when I realized she wasn't good for me. 나는 캐롤과 사랑하는 사이였지만 그녀가 나한테 어울리지 않는다는 것을 깨닫고 나서 그만두었다.

ex) My son has grown out of all of his clothes in less than a year.
내 아들은 1년도 채 안 된 옷들이 작아질 정도로 자랐다.

☐ **grow up** : to become an adult; to become mature ⇒ 자라다, 어른이 되다

ex) I told my son I'd teach him to drive when he grows up.
나는 내 아들이 어른이 되면 운전을 가르쳐주겠다고 말했다.

☐ **had better[best] + root[do well to + root]** : to need to do something ⇒ -하는 것이 더[가장] 좋다

ex) The doctor told his patient that he'd better go home and rest for a few days. 의사는 환자에게 집에 가서 며칠 쉬는 것이 좋다고 말했다.

ex) If you want to do well on your history test, you had best study!
너 역사시험 잘 보고 싶으면 열심히 공부해야 해!

☐ **hand down** something : to make and pronounce (an official decision, especially a court verdict) ⇒ 내리다, 언도하다

Ref. verdict; *n.* the finding of a jury in a trial ⇒ (배심원이 재판장에게 제출하는) 평결, 답신

ex) Judge Carlo Dixon handed down a three-year sentence, including treatment for mental illness and sex crimes. 카를로 딕슨 판사는 정신질환과 성범죄에 대한 치료를 포함하여 3년의 징역형을 선고하였다.

☐ **hand** something **down (to** someone**)[hand down** something **(to** someone**)]** ⇒ (후세에) 전하다, 남기다, 쓰던 것 · 헌 것을 물려주다

ex) This ring has been handed down in my family for generations.
이 반지는 몇 세대 동안 가족에게 전해졌다.

ex) When I die, I plan to hand down my book collection to my nephew.
내가 죽으면 내 책들은 조카에게 물려줄 작정이다.

ex) You would do well to say nothing about it.
그 일에 관해 침묵하는 것이 좋다.

☐ **hand in** something : to submit something ⇒ 제출하다(리포트나 과제물 등의 경우에 쓰임)

ex) My teacher said we have to hand this homework in by tomorrow.
우리 선생님께서는 이 과제물을 내일까지 제출해야 한다고 말씀하셨다.

☐ **hand in hand with** someone ⇒ 손을 맞잡고

ex) They walked away hand in hand with each other.
그들은 서로 손을 맞잡고 걸었다.

☐ **hands-on** : applied and not theoretical ⇒ 실제적인, 실용적인

ex) The program gives students hands-on experience in a hospital.
그 프로그램은 병원에서 학생들에게 실제적인 경험을 제공해 준다.

☐ **hand out** something : to give something to some people; to dispense something to some people ⇒ -에게 -을 나누어 주다

ex) The Red Cross handed out medicine and tents to the homeless people. 적십자는 집 없는 사람들에게 약과 텐트를 나누어 주었다.

☐ **hand over** something : to give something to someone; to transfer ⇒ 인도하다, 넘겨주다(마지못해 넘겨준다는 의미가 있음)

ex) When the teacher caught Rickie reading a comic book in class, she said, "Hand it over, young man!" 선생님이 리키가 수업시간에 만화책을 읽고 있는 걸 발견했을 때 이렇게 말씀하셨다. "이리 내 놔. 이 녀석아!"

☐ **hang back** : to stay behind other people; to wait for something to happen ⇒ 주저하다, 망설이다, -뒤에 서다, -가 일어나기를 기다리다

ex) The smaller boys hung back while the older boys jumped into the lake. 키가 작은 남자아이들은 나이가 많은 아이들이 호수로 뛰어드는 동안 뒤에 있었다.

ex) You go ahead. I'll just hang back here until the movie starts.
너 먼저 들어가. 난 영화가 시작될 때까지 여기서 기다릴게.

☐ **hang out with** -와 어울리다, 함께 시간을 보내다

ex) She hangs out with her coworkers. 그녀는 직장동료들과 어울려 다닌다.

☐ **hang up** (on someone) : to stop a telephone conversation (with someone) by placing the receiver on the telephone ⇒ 전화를 끊다

ex) Cindy got so mad at her husband that she hung up on him.
신디는 남편에게 너무 화가 나서 전화를 끊어버렸다.

ex) Please don't hang up on me. I don't have any more change for the telephone. 제발 내 전화를 끊지 마. 전화 걸 만한 잔돈이 더 이상 없단 말야.

☐ **hard-headed** : stubborn, unwilling to charge ⇒ 완고한

ex) He is a hard-headed manager. 그는 완고한 부장이다.

☐ **hard of hearing** : not to hear something ⇒ 난청인, 귀가 어두운

ex) Please don't shout. I'm not hard of hearing.
소리치지마세요. 난 귀가 어둡지 않아요.

☐ **have[get, catch, come down] a cold** ⇒ 감기에 걸리다

ex) Can I be excused from swimming today? I have a cold.
오늘 수영 가기로 한 거 빠져도 될까? 감기가 들어서 말이야.

☐ **have a bone to pick with** someone : to have something to argue about with someone; to have something to talk to someone about ⇒ -에게 불만[할 말]이 있다, -와 -에 대하여 다투다

ex) Do you have a bone to pick with me?
= Do you have something against me? 나한테 불만 있어요?

ex) Hey Stuart! I have a bone to pick with you! Why did you tell my wife that we played poker last weekend? 슈트어트, 너한테 할 말 있어!
왜 집사람에게 지난 주말에 우리가 포커 했다고 말했나?

☐ **have a chip on one's shoulder** : to be bitter or resentful; to angry over small things ⇒ 걸핏하면 남에게 시비를 걸다, 사소한 일에 화를 내다

ex) Why do you always have a chip on your shoulder? You should really learn to relax. 왜 항상 사소한 일에 화를 내니? 넌 정말 마음을 진정시키는 법을 배워야겠다.

Ref. [싸움과 관련된 표현들] : a) pick a fight ⇒ 사움을 걸다
b) have quarrel ⇒ 싸우다 c) wage a war ⇒ 전쟁하다

☐ **have a good time** : to enjoy oneself ⇒ 즐거운 시간을 보내다

ex) We all had a good time at the party last night.
우리 모두는 지난 밤 즐거운 시간을 보냈다.

☐ **have a good opinion of** someone(or something) : to value highly someone(or something) ⇒ -을 높이 평가하다

ex) I have a good opinion of him. 나는 그를 높이 평가한다.

☐ **have an ax(e) to grind** (with someone) : to have a selfish end to gain ⇒ 딴 속셈이

있다, -에 대해서 불만이 많다, 불만이 많아서 할 말이 많다

ex) Does the fellow have an ax to grind?
그 사람이 다른 속셈을 가지고 있나요?

ex) My sister always has an ax to grind with someone. She gets offended far too easily. 우리 누나는 항상 누군가에게 불만이 많아. 너무 쉽게 감정을 다친다니까.

☐ **have a black eye** ⇒ 눈이 멍들다

ex) She had a black eye. 그녀는 눈이 멍들었다.

☐ **have a passion for** something : to like something very much ⇒ -을 아주 좋아하다

ex) I have a consuming passion for romantic fiction.
나는 로맨틱한 소설을 매우 좋아한다.

☐ **have a head on one's shoulder** : to be discreet ⇒ 빈틈없다, 분별이 있다

ex) The boy has a good head on his shoulder. = The boy's really smart.
그 아이는 정말 영리해요.

☐ **have a mind to + root[= feel like + 동명사; feel inclined to + root]** ⇒ -하고 싶은 기분이다

ex) I have a mind to take a short walk along the street.
거리를 따라 잠시 산책을 하고 싶다.

☐ **have[get] a long way to go** ⇒ 갈 길이 멀다, 아직 많이 남아 있다.

ex) Wouldn't you agree that we've got a wrong way to go?
아직도 갈 길이 멀다고 생각하지 않니?

☐ **have an ear for** ⇒ -을 감상할 능력이 있다

ex) She has an ear for music. 그녀는 음악을 감상할 능력이 있다.

☐ **have a talent for** ⇒ -할 재능이 있다

ex) He has a talent for fine arts. 그는 미술에 대한 재능이 있다.

☐ **have an effect[impact, influence] on[upon]** someone(or something) = **affect[influence, impact, tell on]** someone(or something) : to affect or change how someone or something develops, behaves or thinks ⇒ -에 영향을 미치다

ex) Both humans and animals learn by experience, and what is learned influences the planning and carrying out simple actions. 인간과 동물은 모두 경험을 통해 배우고, 배운 것은 단순한 행동을 계획하고 실천하는 데 영향을 끼친다.

☐ **have an eye for** someone(or something) : a) to be fond of someone or something; to be interested in someone or something ⇒ -을 좋아하다, -에 흥미를 느끼다 b) to be an expert at something; to excel at something ⇒ -에 전문가이다, -에 뛰어나다

ex) Dan has an eye for women. He's always watching pretty girls.

댄은 여자들에게 관심이 많아. 항상 예쁜 여자들을 쳐다본다니까.

ex) You should let Tom take a look at your computer. He has an eye for software programs. 톰에게 네 컴퓨터를 보게 해라. 톰은 소프트웨어 프로그램 전문가거든.

□ **have an idea (of)** : know, be aware of ⇒ -을 알다

cf. **have no idea (of)** : don't know, be unaware[ignorant] of ⇒ -을 모르다

cf. **have the idea (of)** : understand ⇒ 이해하다

ex) He has some idea of chemistry. 그는 화학을 좀 알고 있다.

ex) He had no idea (that) he was there.
나는 그가 거기에 있다는 걸 전혀 몰랐다.

Ref. 나도 몰라. ⇒ You got me. = Beats me. = Your guess is as good as mine. = I don't have the foggiest idea.

□ **have[take] a (great) liking for[to]** ⇒ -이 마음에 들다

ex) Seems she's taken a great liking to me.
아무래도 그녀는 내가 아주 마음에 드나봐.

□ **have a sharp mind (as) keen as a razor** ⇒ 머리가 아주 예리하다

ex) I've got a very sharp mind.(나는 머리가 아주 예리해요.)

□ **have (a) hard time[trouble, difficulty] -ing** ⇒ -하는 데 어려움을 겪다

ex) I had difficulty[trouble; a hard time] managing the child.
나는 그 아이를 다루는 데 애를 먹었다

□ **have a sense of** ⇒ -을 알다

ex) I have a sense of shame. 나는 부끄러움을 안다.

□ **have[take, get] a seat** ⇒ 앉다, 착석하다

ex) You should have a seat.(넌 앉아야 해.)

□ **have a tendency to[=tend to] + V** ⇒ -하려는 경향이 있다

ex) Koreans have a tendency to overstudy.
한국 사람들은 너무 많이 알려고 한다.

□ **have been to** ⇒ -에 가본 적이 있다

ex) I have been to the US on business for a month.
사업상 일이 있어서 미국에 한 달간 출장 갔다 왔어.

□ **have gone to** ⇒ -에 가버리고 없다

ex) A great numbers of firms have gone to the wall in the past recession.
수많은 회사들이 지난 불경기에 쓰러졌다.

□ **have a consideration for A**(=take A into consideration/account) ⇒ 고려하다

ex) I have consideration for that woman and I want to be like her.

나는 그 여자를 존경하고 그녀처럼 되고 싶다.

☐ **have contact with(=**come[get] in contact with, get in touch with**)** ⇒ -와 접촉하다

ex) I have lost contact with him. 그와 연락이 끊어졌다

☐ **have got to(=have to) + V** ⇒ -해야 한다

ex) I have got to be in school by 8:20 at the latest.

나는 늦어도 8시 20분까지 학교에 도착해야 한다.

☐ **have A in common** ⇒ A를 공유하고 있다

ex) We two have many things in common. 우리 둘은 공통점이 있다.

☐ **have a valid point** : to get to the point ⇒ 핵심을 찌르다

ex) I suppose you've got a valid point. 네가 핵심을 찌르고 있다고 생각해.

☐ **have a voice[say] in** something : to be part of a decision-making process; to be able to give one's opinion in some discussion ⇒ 의사결정 과정에 관여하다, -에 발언권이 있다

ex) I didn't have a say in the company's new marketing plan, so don't blame me if it doesn't work. 난 회사의 새 마케팅 계획에 대한 의사결정권에 참여할 수가 없습니다. 그러니 일이 안 되더라도 나를 탓하지 마세요.

ex) To have a voice in something means to have a say in.

어떤 것에 발언권이 있다는 것은 말할 권리가 있다는 의미이다.

☐ **have a way with** someone(or something) : to manage, control, or deal with someone or something very well ⇒ -을 잘 다루다.

ex) He has a way with horses[the electronics].

그는 말[전자제품]을 잘 다룬다.

☐ **have done with** something : to finish; to wind up ⇒ 끝내다

ex) I will go out when I have done with my homework.

숙제를 끝내면 외출할거야.

☐ **have got to + root** : must + root ⇒ -해야 한다

ex) I've got to be back by two o'clock.

나는 2시 까지 돌아와야 한다.

☐ **have** something **in mind** : to be thinking of something specific for a particular situation ⇒ -을 고려하다[명심하다]

ex) Do you have anyone in mind? 누구 찍어둔 사람 있나요?

☐ **have it coming to** someone ⇒ -해 마땅하다

ex) He has it coming to him. = He asked for it. = You deserves it.

자승자박이다.

☐ **have it in for** someone(or something) : to wait for revenge on him ⇒ 화를 내다, -에게 원한을 품다

ex) Harry has it in for you. He's been looking for you saying that you tried to seduce his girlfriend. 해리는 네게 화났어. 그는 네가 자기 여자친구를 희롱하려 했다고 너를 찾아다녔어.

ex) Mary has had it in for him for a long time.
메리는 오랫동안 그에게 원한을 품어왔다.

☐ **have it out with** someone ⇒ 싸워서 결판을 내다, -와 터놓고[거리낌 없이] 말하다

ex) I had it out with Charlie last night. 어젯밤에 찰리와 한바탕 했어.

ex) Don't keep complaining, just have it out with him.
불평만 하지 말고 그와 터놓고 얘기하세요.

ex) Why don't you just have it out with him?
= Why don't you just let it all out? 그에게 툭 까놓고 말하세요.

☐ **have nothing to do with** something : to have no dealings with; to be not concerned with; to have no relation with ⇒ -와 상관이 없다

ex) He likes to read books and articles which have nothing to do with his major. 그는 그의 전공과 상관없는 책과 기사들을 읽는 걸 좋아한다.

☐ **have noting to do but to + root(**= have no choice but to + root; can not help + 동명사; can not but + root; there is nothing for it but to + root; can not keep/abstain/refrain from + 동명사; be bound[forced, obliged, compelled, impelled, constrained] to + root) ⇒ -하지 않을 수 없다

ex) I had nothing to do but accept the offer.
나는 그의 제안을 받아들이지 않을 수 없다.

☐ **have no control over** ⇒ -을 관리[제어]하지 못하다

ex) She had no control over her emotions.
그녀에게는 감정을 제어할 능력이 없었다.

☐ **have no sense[idea] of** ⇒ -을 모르다

ex) They have sense of hygiene. 그들은 위생 관념이 없다.

☐ **have on** something : to put on something; wear something ⇒ (모자를) 쓰다, (옷을) 입다

ex) When I went into the room, he had nothing on except a pair of shirts. 내가 방에 들어갔을 때, 그는 한 벌의 셔츠 외에는 아무것도 입고 있지 않았다.

☐ **have** something **on** : a) to have something turned on ⇒ -을 켜두다
b) to have arrangements or plans to do something ⇒ -을 계획하다

ex) Do you have the television on? 텔레비전 좀 켜 둘래?

ex) I don't have anything on for Monday afternoon.
난 월요일 저녁에 계획이 없어.

☐ **have one's heart set on** something ⇒ -에 희망을 걸다

ex) She has her heart set on taking a trip abroad.
그녀는 해외여행에 희망을 걸고 있다.

☐ **have[get] one's (own) way** ⇒ 마음대로 하다

ex) If Henry doesn't have his won way, he gets very angry.
헨리는 제멋대로 하지 못하면 매우 화를 낸다.

☐ **have** someone(or something) **over** ⇒ a) to invite someone ⇒ (-을 집에) 손님으로 맞다 b) to turn over ⇒ -을 전복시키다

ex) I'd like to invite to have lunch with us.
= I'd like to have you over for lunch.
점심시간에 당신을 초대하고 싶습니다.

ex) You'll have the sailboat over if you are not careful.
조심하지 않으면 요트는 뒤집힌다.

☐ **have** something **going** : a) to be in the middle of doing something ⇒ 한참 -하고 있는 중이다, -하느라고 바쁘다 b) to be in the process of consuming some food or drink ⇒ 음식이나 음료를 먹고 있는 중이다

ex) Our company has a big deal going. It should be very lucrative!
우리 회사는 큰 거래를 진행시키고 있는 중이야. 돈 좀 벌 거야!

ex) No, thanks. I don't need a beer. I have one going now.
아냐, 고마워. 맥주는 됐어. 지금 한 잔 마시고 있는 중이야.

☐ **have something going for** someone ⇒ 유리한 입장이다

ex) With her brains and beauty, Alma certainly has something going for her. 두뇌와 미를 가지고 있어서 알마는 그녀에 비해 유리한 입장이다.

☐ **have[get] time off** : to receive some time off from one's job; to receive some time for rest ⇒ 틈을 내다, 시간을 내다

ex) Sharon got some time off to take care of her sick father.
샤론은 편찮으신 아버지를 돌볼 짬을 얻었다.

☐ **have to do with** something : to be concerned with something⇒ -와 관계가 있다

ex) What does that information have to do with me?
그 정보가 나와 무슨 상관이 있나요?

☐ **have two strikes against** someone ⇒ 불리한 입장에 있다

ex) A typist who has two unexcused absences from this office has two strikes against her. 두 번이나 변명의 여지없이 직장에 결근한 타이피스트는 그녀에 비해 불리한 입장이다.

☐ **have what it takes** : to have the means, ability, or courage to do something ⇒ -할 능력, 자질, 용기를 가지고 있다, 능률적으로 일할 수 있다.

ex) To be a good administrator you have to have what it takes.
훌륭한 행정가가 되려면 능률적으로 일할 수 있어야 한다.

ex) Tammy doesn't have what it takes to be a police officer. She's too timid. 태미는 좋은 경찰관이 될 자질이 없어. 너무 소심해.

☐ **have words with** someone : to quarrel with someone ⇒ -와 언쟁이다

ex) I had words with Aunt Alice. I felt terrible about it later.
나는 앨리스 아줌마와 언쟁을 했다. 나중에 기분이 무척 찜찜했다.

☐ **head for(=make for)** somewhere : to move towards someplace ⇒ -로 향하다

ex) Where are you heading for? 너 어디로 가고 있는 거야?

ex) Thank you for dinner, but it's getting late. I think I'd better head home. 저녁 식사 감사합니다. 그런데 늦었네요. 이제 집에 가야 할 것 같아요.

☐ **head off** someone(or something) : to block someone or something ⇒ 가로막다, 저지하다

ex) To head off trouble, Carter invited Senator Jackson to a White House breakfast.
말썽을 예방하기 위해 카터는 잭슨을 상원의원 백악관 조찬에 초대하였다.

☐ **head up** something : to be the leader of something ⇒ -의 우두머리[리더]가 되다, -을 이끌다

ex) I've asked Bob to head the personnel department up.
난 밥에게 인사부를 이끌어달라고 부탁했어.

☐ **hear (anything) from** someone : to receive communication from someone ⇒ (-로부터) 소식을 듣다

ex) Have you heard (anything) from John recently?
최근에 존의 소식을 들었니?

☐ **hear of** someone(or something) : a) to know about someone or something ⇒ -에 대해 알고 있다, -에 대해 들어본 적이 있다

ex) Have you ever heard of the English poet John Keats?
너는 영국의 시인 존 키츠에 대해 들어본 적이 있니?

☐ **help oneself to** something : to serve something to oneself; to take whatever one wants or needs ⇒ -을 마음대로 들다, 먹고 싶은 만큼 먹다

ex) Please help yourself to anything you like.
원하시는 것은 마음껏 드세요.

☐ **help out** someone(or something) : to help someone or something ⇒ -을 구출하다, -을 돕다

ex) To assist someone with something is to help him out.
누군가에게 조력을 주는 것은 그를 돕는 것이다.

☐ **high time** : good time ⇒ 꼭 알맞은 때

ex) It is high time he stopped running around and found himself a good wife. 그는 주변을 돌아다니는 것을 그만두고 좋은 아내를 구할 시기다.

☐ **hike** ⇒ *v.* (Am. sp.) (임금, 물가를) 갑자기 올리다, 인상하다
n. (Am. sl.) (임금, 가격)인상

ex) Maybe by hiking adult fares from $ 1.50 to $ 2.00, we'll be able to afford to add more buses to routes to provide more efficient service.
성인 요금을 1달러 50센트에서 2달러로 인상하면, 노선에 더 많은 버스를 추가할 수 있게 되어 보다 능률적인 서비스를 제공할 수 있을 것입니다.

☐ **hit on[upon]** something : to think of something; to invent or discover something ⇒ -을 갑자기 생각해 내다, 발견하다, -이 떠오르다

ex) How did you hit on the right answer so quickly?
그렇게 빨리 정답을 어떻게 생각해 낸 거야?

☐ **hit on** someone : to flirt with someone; to ask someone for sexual favors ⇒ -을 성적으로 희롱하다, 집적거리다, 유혹하다

ex) Brenda loves it when men hit on her in bars. That's why she goes out so often.
브렌다는 바에서 남자들이 자기한테 집적대는 걸 좋아해. 그 때문에 그렇게 자주 가는 거야.

ex) Dan was hitting on a sexy blond when she slapped him on the face.
댄은 섹시한 금발 아가씨에게 집적거리다가 따귀를 맞았다.

☐ **hit the bottle** : to begin drinking alcohol heavily (often because one is depressed, grieving, under stress, etc.) ⇒ (우울하거나 슬픈 일로 인해서) 곤드레만드레 취하도록 마시다

ex) After his wife died, Jack started hitting the bottle.
아내가 죽은 후에 잭은 곤드레만드레 취하도록 술을 마시기 시작했다.

☐ **hit the ceiling[roof]** : to become extremely angry ⇒ 분통을 터뜨리다, 발끈하다, 몹시 화내다, 격노하다

ex) When Tom came home late at night, his father hit the ceiling.

톰이 밤늦게 귀가하자 아버지가 꾸짖으셨다.

☐ **hit the nail (right) on the head** : what someone has said is to the point ⇒ 정곡을 찌르다, 적절한 말을 하다, 핵심을 찌르다

ex) I believe he has hit the nail on the head.
나는 그가 적절한 말을 했다고 생각한다.

☐ **hit[go to] the spot** : to be exactly what is wanted or needed; to be very refreshing; to be completely satisfying, often used with food or drink ⇒ 더할 나위 없이 좋다, 욕구[필요]를 만족시키다, 가슴이 후련하다, 상쾌하다

ex) This will hit th spot. 이런 때는 이게 제일이죠.

ex) Boy, am I thirsty! Some cold water would hit the spot.
야, 나 목이 너무 말라! 찬 물 좀 마셨으면 너무 좋겠어.

☐ **hit the high spots** : to tell only the highlights of a story ⇒ 요점만 말하다, 중요한 것만 말하다, 하이라이트만 말하다

ex) I don't have time to hear the whole story now, just hit the high spots. 지금 그 얘기 다 들을 시간 없거든. 그냥 중요한 것만 말해 줘.

☐ **hold[keep]** someone(or something) **back** : a) to prevent someone or something from moving forward ⇒ 앞으로 나오는 것을 막다, 저지하다 b) to set someone or something aside for later use ⇒ 나중에 쓰려고 밀어놓다, 대기시키다 c) to force a student to repeat a grade or a class ⇒ 같은 학년에 남아 있게 하다

ex) Police horses were used to hold back the crowd.
경찰 말들은 군중들을 저지하는 데 사용되었다.

ex) The coach decided to keep the star pitcher back, and he let the new pitcher into the game. 코치는 그 인기투수를 나중을 위해 대기시키기로 결정하고 새 투수를 경기에 투입하도록 했다.

ex) I just found out that my son is being kept back in the third grade! I thought that he was doing well in school. 나는 내 아들이 3학년에 남아 있게 되었다는 것을 막 알았다. 나는 그 애가 학교에서 잘 하는 줄 알았다.

☐ **hold fast to** something : to stick to something ⇒ 단단히 들러붙다, 고수하다

ex) The storm was so severe that even the sailors had to hold fast to the ropes. 폭풍우가 하도 세게 몰아쳐서 선원들조차도 로프를 단단히 붙잡고 있어야 했었다.

☐ **hold good** : to remain in effect[valid] ⇒ 유효하다

ex) How long does this offer hold good? 이 제안은 얼마나 유효하나요?

☐ **hold off** someone(or something) : to restrain someone or something; to repel someone or something ⇒ 늦추다, -을 저지하다, 저항하다

ex) The soldier held off the enemy until reinforcements arrived.
그 병사들은 지원군이 도착할 때까지 적을 저지했다.

☐ **hold off (doing** something) : to delay doing something until a later time ⇒ 나중까지 미루다

ex) Sabrina has no money. She has to hold off paying her bills until next month.
사브리나는 돈이 없어. 다음 달까지 청구서 지불을 미루어야 해.

☐ **hold[hang] on** : a) to wait for a short time ⇒ 잠깐만 기다리다 b) to persevere; to not give up ⇒ 버티다, 포기하지 않다, 견디다, 계속하다

ex) You go ahead, I'll hold on her until the others come.
먼저 가. 다른 사람이 올 때가지 그녀를 기다릴 거야.

ex) We held on our journey in spite of the storm.
우리는 폭풍우에도 불구하고 여행을 계속했다.

☐ **hold on to(=cling to, stick to, adhere to) + N** ⇒ 붙잡고 늘어지다, -에 매달리다, 고수하다

ex) He held on to my coat sleeve and refused to let go.
그는 내 코트 소맷자락을 붙잡고 가는 것을 거부했다.

☐ **hold one's breath** : to stop breathing for a few moments ⇒ 숨을 참다, (X선 사진을 위해) 숨을 멈추다

ex) The election was so close that I held my breath until the final results were in.
박빙의 선거여서 최종결과가 나올 때까지 숨을 죽여야 했다.

☐ **hold out** : to endure; to survive (also see hold up) ⇒ (보급이) 계속되다, 저항하다, 버티다, 살아남다, 견디다

ex) They won't hold out much longer under this sort of bombardment.
이런 종류의 폭격 하에서 그들은 더 이상 오래 버티지 못할 것이다.

☐ **hold over** : to postpone ⇒ 계속하다, 연기하다

ex) The regular Wednesday meeting will be held over until next week.
수요일 정규모임은 다음 주로 연기될 것이다.

☐ **hold[keep] still** : to not move ⇒ 움직이지 않고 가만히 있다

ex) Hold still a moment while I fix your tie.
네 타이를 수선하는 동안 잠깐만 가만히 있으세요.

☐ **hold up (under)** : to persist; to continue; to endure ⇒ 견디다, 인내하다, 버티다, 지속하다

ex) Do you think Randy can hold up under so much pressure?
넌 랜디가 그렇게 심한 압력을 견딜 거라고 생각하나?

ex) How does he hold up under such terrible work conditions?

☐ **hold up** someone(or something) : a) to delay someone or something; to make someone or something wait ⇒ -을 지연시키다, -을 기다리게 하다
b) to support the weight of someone or something ⇒ -을 받치다, 지탱하다, 편들다, 지지하다 c) to steal from someone suing a weapon ⇒ 무기를 사용하여 -로부터 -을 빼앗다, (무력이나 위험을 써서)멈추게 하다

ex) I wonder what 's holding them up. = I wonder what's keeping them.
그들이 왜 안 오는지 모르겠어요.

ex) They held up the owner and robbed him of everything.
그들은 주인을 위협하여 그의 모든 물건을 훔쳤다.

ex) I'll hold up your rights. 나는 너의 권리를 지지한다.

☐ **hold water** : to be true, correct, or reasonable; to be able to be proven⇒ (흔히 부정문에서 이론 따위가) 정연하다, 이치에 맞다, 옳다, 증명 가능하다

ex) Your argument doesn't hold water. 그의 주장은 터무니없어요.

ex) That accusation won't hold water. 그 비난은 조리가 닿지 않아요.

☐ **hold with** something : to agree with something ⇒ 찬성하다

ex) Do your parents hold with your smoking?
부모님이 네가 담배피우는 것에 찬성하니?

☐ **hook up** someone(or something) : a) to prepare a mechanical or electrical device for operation ⇒ (전기나 기계장치 등을) 설치하다, 조립하다
b) (slang) to introduce someone to another person ⇒ (속어) -을 -에게 소개하다 c) (slang) to meet someone ⇒ -을 만나다 d) (slang) to give or sell something to someone ⇒ (속어) -에게 -을 주다, 팔다

ex) The cooker has arrived, but it hasn't been hooked up to the gas supply yet. 요리사가 도착했지만 가스 공급을 위한 설치가 아직 안 되어 있다.

ex) Karen sure is pretty. Could you hook me up with her?
카렌은 진짜로 예뻐. 너 그 애랑 나랑 엮어줄래?

ex) Paul and I hooked up last night. We had a cup of coffee.
폴과 난 어젯밤 만났어. 우린 커피를 마셨지.

ex) Come in and sit down. Can I hook you up with a beer?
들어와서 앉아. 맥주 좀 줄까?

☐ **hot air** : (slang) exaggerated talk ⇒ 실없는 이야기, 허풍

ex) My boss looks down on a person who thinks very highly of his own opinion but is really full of hot air.

사장은 자기의 의견을 높이 평가하면서 허풍으로 가득찬 사람을 싫어한다.

cf. **look down on** = despise ⇒ 경멸하다

think highly of ⇒-을 높이 평가하다

□ **hurry up(=be in a hurry, be in a rush, be in haste)** : to make haste ⇒ 서두르다

ex) Hurry up. = Make it quick[fast]. 서둘러요.

□ **hush up** someone(or something) : a) to make someone stop talking or making noise ⇒ 입 다물게 하다, 조용히 시키다 b) to prevent information from spreading, especially some damaging information; to keep something a secret ⇒ 소문이 퍼지지 못하게 하다(특히 좋지 않거나 해가 되는 정보를 비밀로 하다)

ex) The teacher tried to hush her situation up, but they were very excited about the field trip. 선생님은 조용히 시키려고 했지만 아이들은 수학여행으로 너무나 들떠 있었다.

ex) The boss told us to hush up the news of the impending lawsuit. He didn't want to panic any of the employees. 사장은 우리에게 임박한 소송 소식에 대해 입을 다물라고 했다. 그는 직원들이 공포에 떠는 것은 원하지 않았던 것이다.

□ **ill at ease** : uncomfortable; uneasy or anxious ⇒ 안절부절 못하는

ex) He was obviously ill at ease. 그는 분명 안절부절 못하고 있었다.

□ **impose (up)on** someone : to take advantage of someone ⇒ 이용하다, 교묘히 속이다, 강요하다

ex) You should not impose upon Nancy's kindness.
너는 낸시의 친절을 이용해서는 안 된다.

ex) I ran out of sugar. May I impose on you for some sugar?
설탕이 떨어졌어요. 설탕 좀 달라고 해도 될까요?

□ **impose** something **on** someone : to make someone do or accept something ⇒ -에게 -을 강요하다[부과하다]

ex) My neighbor came over and imposed her opinion on me.
이웃집 여자가 와서 나에게 자기 의견을 강요했다.

Ref. **impose a ban on-** ; -에 대한 금지령을 내리다

lift the ban on - ; -에 대한 금지령을 해제하다

Ref. **[부담주기 싫어요.] ⇒ I don't want to impose (on you). = I don't want to bother[bug, burden] you.**

□ **in a degree** : in a measure; to some extent ⇒ 어느 정도

ex) I can help you with you money problems, in a degree, with a loan.
난 대출금으로 어느 정도 네 돈 문제를 도와줄 수 있어.

☐ **in a different direction** ⇒ 다른 방향으로

ex) Depending on your reference point, a moving object can be seen as moving in a different direction. 어디에 기준을 두느냐에 따라, 움직이고 있는 물체는 다른 방향으로 움직이고 있는 것처럼 보일 수 있습니다.

☐ **in a friendly manner** ⇒ 친절하게

ex) She smiled again in a friendly manner.
그녀는 친절하게 다시 미소 지어 주었다.

☐ **(be) in a hurry** : to hurry up ⇒ 서두르다

ex) John was in a hurry to catch his train.
존은 기차를 잡기 위해 서둘렀다.

☐ **in a little while** : soon; shortly; before long ⇒ 곧

ex) He will come back in a little while. 그는 곧 돌아올 것이다.

☐ **in a poor light** ⇒ 어두운 데에서

ex) Reading in a poor light taxes the eyes.
어두운 데에서 독서하면 눈이 지친다.

☐ **in a rage** : in great anger ⇒ 격노하여

ex) We were frightened because we had never seen him in such a rage before. 우리는 전에 그가 그렇게 화난 모습을 본 적이 없었기 때문에 깜짝 놀랐다.

☐ **in a straight line** ⇒ 직선으로

ex) The distance between them is 5miles in a straight line.
그 사이의 거리는 직선으로 5마일이다.

☐ **in a timely manner[fashion]** ⇒ 시기적절하게

ex) As the human resources department has received many resumes, all applicants will be contact in a timely manner. 인사부는 많은 이력서들을 받았으며, 모든 지원자들은 시기적절하게 연락을 받을 것이다.

☐ **in a word** : in short[brief]; to be brief ⇒ 한 마디로 말해서, 간단히 말해서

ex) In a word I am tired of everything. 한마디로 나는 모든 게 싫다.

☐ **(be) in accord with** something : to coincide with something⇒ -과 일치하다

cf. in accordance with ⇒ -에 따라서

Ref. be out of accord with ⇒ -과 일치하지[조화하지] 않다

ex) I am in full accord with your viewpoint.
당신 견해에 전적으로 찬동합니다.

☐ **in addition(**=besides, as well, into the bargain**)** ⇒ 또한, 게다가

ex) In addition, when you laugh, your brain works better.

게다가, 웃으면 두뇌 활동이 활발해진다.

☐ **in addition to + N** : as well as; besides ⇒ -에 부과하여, -뿐만 아니라

ex) In addition to that sum he still owes me 50 dollars.
그 금액 외에도 그는 아직도 나에게 50달러 빚지고 있다.

ex) The company hired a marketing assistant in addition to a salesman.
그 회사는 한 명의 영업사원 외에도 마케팅 보조자를 한 명 고용했다.

☐ **in advance** : beforehand ⇒ 미리

ex) Send your luggage in advance. 미리 너의 화물을 보내라.

☐ **in all** : all told; by the gross ⇒ 모두 합해서

ex) The guests numbered twenty in all. 손님들은 총 20명이었다.

☐ **in all cases** ⇒ 모든 경우에

ex) This illness in almost all cases is fatal.
이 질병은 거의 모든 경우에 치명적이다

☐ **in an effort to** ⇒ -하기 위한 노력으로

ex) In business news, Cottbus Chips announced it would lay off 1,000 managers in an effort to stabilize the company. 비즈니스 뉴스에서, 코트버스 칩스가 경영 안정화를 꾀하기 위해 1,000명의 과장급 직원들을 정리해고 할 것이라고 밝혔다.

☐ **in any case** ⇒ 어떠한 경우에도, 여하튼

ex) "In any case," he proceeded, "our course has been settled."
「어쨌든 우리의 방침은 정해졌다」 고 그는 말을 이었다.

☐ **in behalf of[in one's behalf]** ⇒ -을 위하여

ex) He spoke in her behalf. 그는 그녀를 위해 변호했다.

☐ **in brief[short]** ⇒ 간단히 말해서, 요컨대

ex) To be brief(= In brief/In short), she is an example of thoroughly successful business woman. 간단히 말하면, 그녀는 완벽하게 성공한 여성 실업가의 표본이다

☐ **in case of** something : in the event of; on the occasion of ⇒ -의 경우에

ex) In case of an emergency, everyone should leave through the fire exits. 비상의 경우에 모든 사람은 화재 비상구를 통해 나가야 한다.

☐ **inasmuch as** : because ⇒ - 때문에

ex) Your experience there cannot be valuable inasmuch as you don't speak the language. 너는 그 나라 말을 모르기 때문에 너의 경험은 가치가 없다.

☐ **in celebration of** -을 축하하여

ex) In celebration of its first anniversary, the hotel will offer special discounts on rooms and meals. 호텔은 개업 1주년 기념으로 객실 및 식사 요금을 특별 할인해 줄

것이다.

□ **in combination with** ⇒ -와 함께

ex) This tablet, when taken in combination with aspirin, will lower blood pressure and strengthen immunity to infections. 이 약은 아스피린과 함께 복용할 때 혈압을 낮춰주며 감염에 대한 면역력을 강화시킵니다.

□ **in consideration of** something : after careful thought; as a result of something ⇒ -을 고려하여

ex) In consideration of his previous good conduct, the boy was not punished severly. 그는 이전의 선행을 고려하여 심한 처벌은 받지 않았다.

□ **(be) in contact[touch] with** someone : to come in contact with someone ⇒ -와 접촉하다

ex) Our troops were in contact with the enemy.
우리 군대는 적과 조우했다.

□ **in course of** something : in process of; during; under ⇒ -하는 과정에

ex) The building is now in course of construction.
그 건물은 지금 공사 중이다.

cf. Under the construction : 공사 중

□ **in every sense of term[word]** ⇒ 모든 의미에서

ex) She's a lady in every sense of the word. = She's a real lady.
그녀가 바로 진짜 숙녀죠.

□ **in danger(**=at the risk) ⇒ 위험에 처한

ex) He sensed that his life was in danger. 그는 생명의 위험을 느꼈다

□ **in detail(**=at length) ⇒ 세부적으로, 자세히

ex) The incident is reported in detail in today's newspaper.
그 사건은 오늘 신문에 자세히 나와 있다.

□ **in different ways** ⇒ 여러 가지 방법으로

ex) Studies have found that soy can be good for the health in different ways. 콩이 여러 면에서 건강에 유익할 수 있다는 사실이 연구에 의해 밝혀지고 있다.

□ **in emergencies** ⇒ 위급할 때

ex) Is there somebody we can contact in an emergency?
위급할 때 우리가 연락할 사람이 있나요?

□ **in exchange for** ⇒ -대신으로, -에 대한 대가로

ex) In exchange for paying lower premiums, patients usually agree to a set of care guidelines that limit the services for which they may be reimbursed. 더 저렴한

보험료를 지불하는 대신 환자들은 대개 변상받을 수 있는 서비스를 제한하는 관리 지침에 동의합니다.

☐ **in fact(=as a matter of fact)** ⇒ 사실

ex) He takes dope; in fact he's high on dope now.

그는 마약을 복용한다. 사실 지금도 마약에 취해 있다.

☐ **(be) in favour of** someone(or something) : be for someone(or something) ⇒ -을 찬성하다

ex) The majority of the employees are in favor of wage increases.

대다수의 직원들이 임금 인상을 지불한다.

☐ **in fear** ⇒ 두려움에 차서

ex) In fear she seized him by the arm.

그녀는 무서워서 그녀의 팔을 꼭 붙잡았다.

☐ **in front of** ⇒ -앞에서

ex) The angry citizens massed in front of City Hall.

성난 시민들이 시청 앞에 결집하였다.

☐ **in general(=all in all)** ⇒ 일반적으로

ex) In general, men are twice as likely to have sleep apnea.

일반적으로 남성들이 수면성 무호흡증을 가질 가능성이 두 배 높다.

☐ **in half** ⇒ 반으로

ex) Cut the pie in half and enjoy it. 파이를 반으로 잘라서 맛있게 먹어라.

☐ **in harmony** ⇒ 조화로운, 화목한

ex) The result is bold, yet in harmony with the environment.

결과는 대담하지만 주위 환경과 조화를 이룬다.

☐ **in honour of** someone(or something) : in celebration of someone or something ⇒ -을 축하하여, -을 기념하여

ex) The luncheon was held in honor of the veterans' return form war.

그 만찬은 전쟁에서 돌아온 용사들을 기념하여 개최되었다.

☐ **in itself** : naturally ⇒ 본질적으로

ex) It is harmless in itself. 그건 원래 해가 없다.

☐ **in large measure** : considerably ⇒ 상당히, 꽤 많이

ex) His success was in large measure due to his endurance.

그의 성공의 상당부분은 그의 인내심 때문이다.

☐ **in lieu of** something : instead of; in place of ⇒ -대신에

ex) I would like to recommend that all employees consider contributing to the

company's 401K program which is offered in lies of a pension.
저는 전 직원들에게 연금제도를 대체한 회사의 401K 프로그램에 가입하는 문제를 고려하도록 권하고 싶습니다.

□ **in nine cases out of ten** ⇒ 십중팔구

ex) He will pass the entrance examination in nine cases out of ten.
그는 십중팔구 입학시험에 합격할 것이다.

□ **in no time (at all)** : immediately, at once ⇒ 즉시

ex) A salesman will be with you in no time at all.
영업사원이 즉시 당신을 모실 겁니다.

□ **in order to[so as to, with a view to] + V** ⇒ -하기 위하여

ex) He covers his beard with lather in order to shave it.
그 남자는 수염을 깎으려고 비누거품을 발랐다.

□ **in other words** ⇒ 즉, 다시 말하면

ex) In other words, they're treating the oil price increase as temporary.
다시 말해, 그들은 유가 상승을 일시적인 현상으로 간주하고 있는 것입니다.

□ **in one's absence** ⇒ -의 부재 시에

ex) The staff will hold a meeting in the director's absence.
직원들은 관리자 부재 시에 회의를 가질 것이다.

□ **in one's place** : in place of someone ⇒ -대신에

ex) I'll go in place of my friend. 친구 대신 내가 가겠다.

□ **in person** : personally ⇒ 본인이 직접, 몸소, 친히

ex) You had better go and speak to him in person.
그에게 가서 직접 말하는 게 좋겠다.

□ **in particular** : especially ⇒ 특히

ex) There is one book in particular that may help you.
당신에게 도움이 되리라고 생각되는 책 한권이 있습니다.

□ **in practice** : a) practically ⇒ 사실상 b) well practiced ⇒ 연습한

ex) Sure, it sounds easy when were just talking about it, but in practice it is much more difficult to do. 그래, 우리가 그것을 그저 말할 때는 쉽게 들리지만 실제로 하는 게 훨씬 더 어려워.

ex) The bing tournament is next month. Sandy has to keep in practice if she's going to win first place. 중요한 토너먼트가 다음 달에 있다. 샌디가 1등을 하려면 연습을 계속해야 할 거야.

□ **in praise of** someone(or something) ⇒ -을 칭찬하여

ex) The professor was in praise of his paper as highly original.
교수는 그의 논문을 아주 독창성이 많다고 칭찬했다.

☐ **in preparation for** ⇒ -에 대비하여

ex) In preparation for the session, please fill out the attached self-evaluation form and return it to your supervisor, Harry Frazier, before October 1.
회의를 위한 준비 자료로, 첨부된 자기 평가서를 작성한 뒤 10월 1일 전까지 상관이신 해리 프레지어 씨에게 제출해 주시기 바랍니다.

☐ **in preference to** something ⇒ -보다 우선하여

ex) He chose that picture in preference to any other.
그는 다른 어떤 것도 제쳐놓고 그 그림을 택했다.

☐ **in print** ⇒ 인쇄되어 있는, 발간되어 있는

ex) We mail any book currently in print to any address in the United States and Canada. 저희들은 현재 발간되어 있는 책은 어떤 책이라도 미국과 캐나다 어디든지 우송해 드립니다.

☐ **in private** : privately; between ourselves ⇒ 개인적으로, 은밀히

ex) I wish to speak to you in private. 은밀히 너에게 말하고 싶다.

☐ **in response to + N** ⇒ -에 반응하여

ex) An old woman opened the door in response to my ring.
내가 벨을 울렸더니 노파가 문을 열었다.

☐ **in return** ⇒ 회답으로, 답례로

ex) What shall I give him in return for his speech?
선물에 대한 답례로 그에게 무엇을 줄까요?

☐ **in reply** ⇒ -의 응답으로서, -에 답하여

ex) In spite of sending several e-mails of complaints to the customer service department, the customer still hasn't received a single message in reply. 고객 서비스 부서에 여러 번 항의성 메일을 보냈음에도 불구하고, 그 고객은 여전히 단 한 번의 응답메시지도 받지 못하고 있다.

☐ **in return for** someone(or something) : in exchange or trade for someone or something ⇒ -에 대한 답례로[보답으로]

ex) He gave us many things in return for our services.
그는 우리의 봉사에 대한 답례로 많은 것을 주었다.

☐ **be in search of** something : to search[look, seek] for something ⇒ -을 찾다

ex) He went up to Seoul in search of literary work.
그는 문학과 관련된 일을 찾아 서울로 상경했다.

☐ **in season** : a) available (as in for purchase), used especially for vegetables and meats ⇒ 제철이어서 이용 가능한 b) legally available for hunting or fishing ⇒ 사냥이나 낚시가 법적으로 가능한

ex) Strawberries are in season. = Strawberries are in. 딸기가 제철입니다.

ex) Ducks were in season, and Terence excitedly began cleaning his shotgun. 오리 사냥이 법적으로 가능한 때여서 테렌스는 흥분하며 총을 닦기 시작했다.

☐ **in short** ⇒ 간단히 말해서, 그러므로, 요컨대(=in brief, in a word, in summary, to make a long story short)

ex) In short, the only way out of this crisis is to monetize the debt.
요약하면, 이번 위기를 탈출하는 유일한 방법은 자금을 차입하는 것이다.

☐ **out of season** : a) not currently available, often used for fruits and vegetables or other seasonal items (such as clothing); available in very limited quantities ⇒ 철이 지난 b) currently illegal to hunt or capture something; not the appropriate season to hunt or capture something ⇒ 사냥이 금지된 시기인

ex) Strawberries are out of season in this region, but we sell imported strawberries which are a bit of expensive. 이 지역에서 딸기는 철이 지났지만 우리는 조금 비싼 수입 딸기를 판다.

ex) My father was arrested for hunting deer out season.
우리 아버지는 사냥 금지 철에 사슴을 잡아서 체포되었다.

☐ **in some degree** ⇒ 어느 정도

ex) Most will be affected in some degree by the new legislation.
대다수의 사람들은 새로운 입법에 어느 정도 영향을 받게 될 것이다.

☐ **in spite of** someone(or something) : regardless of someone or something; in defiance or against someone or something ⇒ -에도 불구하고

ex) In spite of his doctor's warnings, Jim continues to drink heavily.
의사의 경고에도 불구하고 존은 계속 과음을 한다.

☐ **in spite of oneself** : unconsciously ⇒ 무심코

ex) She started to laugh in spite of herself. 그녀는 무심코 웃기 시작했다.

☐ **in stock** : available, as in products or goods ⇒ 재고로, 쌓아 둔, 저장해둔

ex) They still have lots in stock. 그들은 아직도 재고품이 많아요.

☐ **in sum** ⇒ 요컨대, 결국(=in conclusion, to conclude)

ex) In sum, she granted permission for the project, but it was obvious that it was an sufferance. 결국 그녀는 그 기획을 추진해도 좋다는 허가를 받았으나, 그것은 묵인임에 분명했다.

☐ **in terms of** something : in view[point, viewpoint, respect] of something⇒ -의 견지[관점]에서

ex) In terms of population, Korea is larger than Australia.
인구관점에서 보면, 한국은 호주보다 더 크다.

☐ **interfere with** ⇒ -을 방해하다, 해치다

ex) Because an executive has to think about what's best for the business at large, and you can't let emotional attachments interfere with your decisions. 간부는 회사 전반에 걸쳐 가장 득이 되는 것을 생각해야 하는데, 이러한 결정에 사적인 감정이 개입되어서는 안 되기 때문입니다.

☐ **in the air** : a) all around; everywhere ⇒ 사방에 b) undetermined; undecided ⇒ 결정되지 않은

ex) Smell the flowers! Spring is in the air!
꽃 냄새를 맡아 봐! 온 천지가 봄이야!

ex) Rodney said that his wedding date is up in the air; he and his fiance are having a lot of arguments about it. 로드니는 그의 결혼 날짜가 결정되지 않았다고 말했다. 그와 그의 약혼자가 그것에 대해 많이 다투고 있다.

☐ **in the end**(=finally, eventually, after all, in the long run, in the final analysis, ultimately) ⇒ 결국, 마침내

ex) In the end, Oracle sweetened its all-cash offer to $10.3 billion or $26.50 a share. 최종적으로 오라클사는 현금 103억 달러 혹은 주당 26달러 50센트라는 매력적인 조건을 제시했습니다.

☐ **in the bag** : assured ⇒ 확실한, 손에 넣은

ex) The game will be in the bag if our pitcher doesn't hurt his arm again. 우리 투수가 다시 팔을 다치지만 않았다면 그 게임은 확실하다.

☐ **in the bargain** : as well ⇒ 게다가, 그 위에

ex) The new housekeeper proved to be a fine cook in the bargain.
새 가정부는 요리도 아주 잘했다.

☐ **in (the) face of** someone(or something) : a) in the teeth of ⇒ -에도 불구하고 b) in the presence[front] of ⇒ -의 면전에서

ex) She did so in the face of her mother's refusal.
그녀는 어머니의 거절에도 불구하고 그렇게 했다.

ex) She promised not to do such a thing in the face of her mother.
그녀는 어머니 앞에서 그러한 일은 하지 않겠다고 약속했다.

cf. **in the face of the world** ⇒ 체면 불구하고

in the face of day[the sun] ⇒ 공공연하게, 드러내 놓고

☐ **in the first place** ⇒ 우선, 먼저

ex) Why was he angry in the first place? 애초에 걔가 왜 화가 났는데?

☐ **in the long run** : at last; finally ⇒ 결국, 마침내

ex) This company is interested in making continuous profits in the long run. 이 회사는 장기적으로 지속적인 이익을 내는 데 관심이 있다.

☐ **in the short run** : concerning only the immediate future ⇒ 단기적으로

ex) We need to make a long-term marketing plan, but in the short run let's continue with what we've been doing. 우리는 장기적인 마케팅 계획이 필요하지만, 단기적으로 해오던 것을 계속 하자.

☐ **in the midst of** something(or someone) ⇒ -의 한가운데에, -하는 동안에

ex) In the midst of the endless coniferous forest stood a single group of oak trees. 끝없는 침엽수림의 한 가운데에 한 일단의 참나무들이 서 있었다.

☐ **in the name of** something : with the authority of something⇒ -의 이름으로

ex) A lot of crimes are committed in the name of justice.
수많은 범죄들이 정의라는 이름으로 행해진다.

☐ **in the neighborhood of** something : about something ⇒ 약, 대략

ex) We're hoping to get something in the neighborhood of $5,000 for our house. 우리 집에 필요한 대략 5천불 정도를 얻기를 바라고 있습니다.

☐ **in the wake of** something : following something; as a result of something ⇒ -을 따라서, -을 본떠서

ex) Famine came in the wake of disastrous floods.
극심한 홍수 뒤에 기아가 찾아왔다.

☐ **in the way of** someone(or something) : impeding or obstructing someone or something ⇒ 가로막는, 방해가 되는 b) kind or variety of something ⇒ -종류

ex) When Jordan left his house this morning, he found that someone had parked a car in the way of his car. 조단이 오늘 아침 집을 나설 때 그는 누군가가 그의 차를 가로막고 주차해 놓았다는 것을 발견했다.

ex) The restaurant had nothing in the way of pasta, so I got you a hot dog. Is that OK? 그 식당에는 파스타 같은 종류라곤 없어서 네게 핫도그를 줘야겠어. 괜찮니?

☐ **in time** : before a deadline; not late ⇒ 제 시간에, 제때에

cf. **on time** : punctually ⇒ 정각에

ex) I worked all night long and finished my essay in time for class the next day. 나는 밤새 공부해서 다음 날 수업시간에 낼 논문을 제때에 끝냈다.

☐ **in turmoil** ⇒ 혼란스러운

ex) Although my mind was in turmoil, I tried to calm down for the sake of my parents. 내 마음이 혼란스러웠지만 나는 부모님을 위하여 마음의 평정을 찾으려 노력했다.

☐ **in turn** : a) taking turns doing something; one at a time ⇒ 차례로 b) in exchange for something ⇒ 번갈아

ex) My friend and I agreed to play the video game in turn.
내 친구와 나는 차례로 비디오 게임을 하기로 했다.

ex) I'll let you have a bite of my sandwich, if you give me a bit of yours in turn. 네가 나한테 한 입 주면 나도 너에게 한 입 줄게.

☐ **in vain** : unsuccessfully; uselessly ⇒ 헛되이

ex) I tried in vain to understand Calculus. After all of my studying, I still got an F.
나는 미적분학을 이해하려고 노력했지만 허사가 되었다.
공부를 했는데도 불구하고 여전히 F학점을 받았다.

☐ **inside out** ⇒ 뒤집어

ex) The wind blew Mary's umbrella inside out and ruined it.
메리의 우산이 바람에 날려 뒤집어져서 못쓰게 되었다.

☐ **interfere with** someone(or something) : to hinder someone or something⇒ 방해하다

ex) Nothing must be allowed to interfere with our plans for the weekend.
어느 것도 주말동안의 우리 계획에 대해 어느 것도 방해하게 해서는 안 된다.

☐ **intervene in** something : to do something to try and stop an argument, war etc. ⇒ 중재하다, 간섭하다

ex) The chairman felt that it was his place to intervene in the disagreement between two of his committee members. 의장은 자신의 위원 두 명의 의견불일치에 대해 중재할 사람은 바로 자신의 위치라고 생각했다.

☐ **in with** someone : friendly with someone; having favor with someone ⇒ -의 호의를 받는, -와 친한

ex) Kyle will find another job easily. He's in with the personnel director at several large companies. 카일은 다른 직장을 쉽게 구할 거야. 그는 몇몇 큰 회사의 인사부 이사들이랑 친하거든.

☐ **iron out** something : to work out a problem; to negotiate a solution to something ⇒ 문제를 해결하다, 원활하게 하다

ex) William ironed the contract issues out easily.
윌리암은 계약 문제를 쉽게 해결했다.

☐ **irrespective of** something : regardless of ⇒ -을 상관[고려]하지 않고

ex) They send information every week, irrespective of whether it is useful or not.
그들은 그것이 유용하든 말든 개의치 않고 매주 정보를 보낸다.

☐ **It figures** : I'm not surprised; it makes sense, often used when one os disappointed with the information being presented. ⇒ 놀라지 않아. 말 되네.

ex) Gorge won the election? It figures.
조지가 선거에서 이겼다며? 놀랄 것도 없지.

ex) It figures that they would cancel my favorite TV show.
그들이 내가 좋아하는 텔레비전 쇼를 취소할 거라는 것에 놀라지 않아.

☐ **jack up** something : a) to elevate something by means of a jack ⇒ (잭으로) 들어올리다, 밀어 올리다 b) to (maybe unfairly) raise the price of something ⇒ (공정하지 않게 값, 품삯 등을) 올리다

ex) You have to jack up the car to change a wheel.
휠을 바꾸기 위해 차를 들어 올려야 한다.

ex) When he realized that his store had the only supply of beer in the entire city, the manager decided to jack up the price of beer! 지배인은 도시 전체에서 가게에만 맥주가 있다는 것을 알고는 맥주가격을 올리기로 했다.

☐ **jerk** : *v.* to move with a quick sudden movement ⇒ 급히 흔들다[당기다]
n. a sudden quick pulling movement ⇒ 급격한 움직임
(sl.) someone, especially a man who is stupid ⇒ 바보, 얼간이 물정에 어둔 사람.

ex) He's such a jerk. = What an idiot! = That fool!
바보 같으니라고!

☐ **jot down** something : to write down something ⇒ 적어두다, 메모하다

ex) To jot down means to write something hurriedly.
메모하는 것은 어떤 것을 서둘러 적어둔다는 것이다.

☐ **judging from[by]** something : using evidence from something to judge something else; considering something ⇒ -로 판단컨대

ex) Judging by the look on your face, I'd say you are having a bad day.
얼굴표정을 보니 너 기분이 별로 좋지 않구나.

☐ **jump down one's throat[= jump on** someone] : to scold someone harshly; to suddenly react in anger with little provocation ⇒ 꼼짝 못하게 하다, 찍소리 못하게 하다

ex) She jumped down my throat. 그녀는 내 말에 찍소리도 못했다.

ex) After the company dinner, Bill went home drunk, and his wife really jumped on him! 회식을 마치고 빌은 술이 취해서 집에 들어갔는데, 아내는 그가 꼼짝도 못할 만큼 화를 냈다.

☐ **just in time** : almost, but not too late (for something) ⇒ 거의 제 시간에

ex) We were stuck in heavy traffic, but we arrived at the theater just in time to see the movie. 우리는 교통 혼잡에 붙잡혀 있었지만, 그 영화 시작 시간에 거의 맞게 극장에 도착했다.

☐ **just so** : perfectly arranged; in perfect order ⇒ 정확하게 제대로

ex) My fiancee is very careful about everything. She's planning our wedding, and everything has to be just so. 내 약혼녀는 모든 것에 주의가 깊다. 그녀가 우리 결혼식을 계획하고 있고, 모든 것이 정확히 제대로 될 것이다.

☐ **(be) keen on** someone(or something) : excited about someone or something; liking someone or something ⇒ 열심인, 매우 좋아하는

ex) I like most seafood, but I'm not too keen on shrimp.
나는 대부분의 해산물을 좋아하지만 새우는 그렇게 좋아하지 않는다.

☐ **keep a straight face** : to refrain from smiling or laughing, especially in a funny situation ⇒ 굳은 표정을 하다, 웃음을 참다

ex) Can you keep a straight face? 진지하게 받아들일 수 있어요?

ex) I knew that my girlfriend was the one who had played a prank on me, because she couldn't keep a straight face. 내 여자 친구가 웃음을 참지 못하는 걸로 봐서 나에게 장난을 친 사람이 바로 그녀였다는 것을 알았다.

☐ **keep abreast of[with]** someone(or something) : to keep up with someone or something; to keep pace with someone or something ⇒ -와 보조를 맞추다, -에 뒤떨어지지 않다

ex) I tried to keep abreast with the times.
나는 시대에 뒤떨어지지 않으려고 했다.

ex) She has so much energy! No one can keep up with her.
그녀는 에너지가 아주 많아! 그녀를 따라갈 수 없어.

ex) Slow down a little. I can't keep up.
조금 천천히 가. 내가 따라갈 수가 없잖아.

☐ **keep ahead of** someone(or something) : to remain in a forward or better position than someone or something; to remain in the lead (as in a race) ⇒ 앞서다

ex) Microsoft has been able to keep ahead of its competition for a long time now. 마이크로 소프트는 지금 오랫동안 경쟁에 앞설 수 있다.

☐ **keep[have] a (close) eye on** someone(or something) : to carefully watch over someone or something; to ensure that someone or something remains safe ⇒ -을 (주의 깊게) 지켜보다, -을 (예의) 주시하다

ex) For this reason, politicians in Washington keep a close eye on the California economy as it has a large effect on the U.S. economy as a whole. 이러한 이유에서 워싱턴의 정치인들은 캘리포니아의 경제에 촉각을 곤두세우고 있습니다. 이곳 경제가 미국 경제 전반에 걸쳐 큰 영향을 미치기 때문입니다.

ex) Keep an eye on my suitcase while I buy my ticket.
내가 표를 사는 동안 내 가방 좀 봐 줘.

☐ **keep an (one's) eye out (for** someone or something**)** : to watch for the arrival of someone or something; to look for someone or something ⇒ 도착하나 지켜보다, -을 찾다

ex) My wife asked me to keep an eye out for her car keys.
내 아내는 나에게 차 열쇠를 찾아달라고 했다.

ex) I'm expecting a package to come today. Will you keep your eye out for it? 오늘 소포가 하나 올 게 있는데, 도착하는지 지켜봐 주시겠어요?

☐ **keep someone(or something) at a distance[arm's length]** : to keep someone or something away; to avoid becoming familiar with someone or something ⇒ 멀리하다, 거리를 두다

ex) I don't like Sarah, so I'm going to try to keep her at a distance.
나는 사라가 좋지 않아서 그녀와 거리를 두려고 해.

☐ **keep away (from** someone or something**)** : to keep[stay] off someone or something ⇒ 피하다, 삼가다

ex) The doctor advised Jim to keep away from fatty foods.
의사는 짐에게 기름진 음식을 피하라고 충고했다.

☐ **keep back** something : to conceal something ⇒ 숨기다

ex) If you keep some information back, you do not tell everything that you know about something. 어떤 정보를 숨긴다면, 알고 있는 모든 것을 다 말하는 것은 아니다.

☐ **keep close tabs on** someone(or something) : to watch closely ⇒ -에 주의하다, 감시하다

ex) Young activitists were kept close tabs on by FBI agents. 젊은 행동주의자들은 FBI 요원들에 의해 감시를 당했다.

☐ **keep** (someone) **company** : to accompany someone ⇒ -와 동행하다, -의 말벗이 되다

ex) Mary asked Nancy to keep her company.

메리는 낸시에게 동행해 줄 것을 부탁했다.

☐ **keep company with** someone[= **hang on with** someone] : to spend time with someone ⇒ -와 사귀다, 어울리다

ex) When I was younger, I kept company with some pretty strange people. 더 젊었을 때 나는 꽤 이상한 사람들과 어울렸다.

ex) Don't hang on with such a mean fellow.
그런 야비한 녀석과는 사귀지 마라.

☐ **keep good time** : (used with clocks) to be accurate ⇒ (시계가) 잘 맞다

ex) Although it is cheap, this watch keep very good time.
값 싸지만 이 시계는 시간이 잘 맞는다.

☐ **keep down** someone(or something) : a) to repress someone or something ⇒ (소리나 빛 등을) 약하게 하다, 줄이다, 억누르다 b) to avoid vomiting something (often used with illness, or very unpleasant food) ⇒ 토하고 싶은 것을 참다

ex) Could you keep it down? I'm trying to study.
소리 좀 줄여줄래? 공부를 하려고 그러는데.

ex) Last weekend I was so sick that I couldn't keep anything down!
지난주에 나는 너무 아파서 토하고 싶은 걸 참을 수가 없었다!

☐ **keep house** : to take care of a household (cleaning, cooking, etc.) ⇒ 가사를 꾸려가다, 집안 일을 하다

ex) He said that he wanted his wife to keep house and not work in an office. 그는 그의 아내가 직장에 다니지 말고 집안일을 하기를 원한다고 말했다.

☐ **keep[bear]** someone(or something) **in mind** : to remember and think about someone or something ⇒ 기억하다, 잊지 않다, 염두에 두다

ex) Please keep in mind that you promised to call your patient at two o'clock. 두 시에 환자에게 전화하겠다던 약속을 잊지 마세요.

☐ **keep** something **intact** : to keep something unbroken, undamaged and un spoiled ⇒ 그대로 두다

ex) Keep my books and reports intact, please.
내 책과 보고서들은 그대로 놔두세요.

☐ **keep[get, stay] in touch with** someone : to remain in communication with a person over a long period of time ⇒ 연락하다, 접촉하다

ex) I'll definitely keep in touch. 앞으로 계속 연락할게요.

ex) He promised to keep in touch with us while he was abroad.
그는 해외에 나가 있는 동안 그는 우리와 연락하기로 약속했다.

☐ **keep on + 동명사**(doing something) : to continue doing something⇒ 계속하다

ex) I'm going to keep on studying French until I can speak it fluently.
나는 프랑스어를 유창하게 말할 수 있을 때까지 계속 공부할 거야.

☐ **keep one's composure** : to calm down ⇒ 마음의 평정을 유지하다

cf. lose one's composure 마음의 평정을 잃다
recover[regain] one's composure 평정을 되찾다

ex) She kept her composure after hearing the sad news.
= She kept her cool. = She remained calm.
그녀는 슬픈 소식을 듣고도 마음의 평정을 유지했다.

☐ **keep one's head[cool]** : to remain calm ⇒ 침착하다

ex) The man kept his head throughout all the excitement.
그 남자는 흥분했을 때에도 침착함을 잃지 않았다.

ex) Bertha kept her cool when she got into the car accident.
베르타는 차사고가 났을 때 침착했다.

☐ **keep out of** something : not to enter ⇒ -을 안에 들이지 않다

ex) Keep that dog out of this store! 개를 가게 안으로 들이지 마라.

☐ **keep up** someone(or something) : a) to continue doing something ⇒ 계속하다, 유지하다 b) to physically support or hold someone or something ⇒ 붙잡다 c_ to make someone stay awake ⇒ 잠을 못 자게 하다

ex) I hope this beautiful weather keeps up.
지금처럼 좋은 날씨가 계속됐으면 좋겠어.

ex) Keep it up! 일을 계속하자.

ex) Jerry had drunk so much, we had to keep him up so he wouldn't fall down. 제리는 너무 많이 마셔서 우리는 그가 넘어지지 않도록 그를 붙잡아야 했다.

ex) I didn't sleep a wink. The baby kep me up all night.
난 한 잠도 못 잤어. 아이가 밤새 못 자게 했거든.

☐ **keep[start] the ball rolling** : to keep a process or some action going ⇒ 계속하게 하다

ex) We are off to a great start, so let's keep the ball rolling.
출발이 좋으니 계속 잘하자.

☐ **keep up with** someone(or something) : to maintain pace with someone or something ⇒ 같은 보조를 취하다, 따라가다, 뒤처지지 않고 따라가다

ex) You'll have to walk more slowly. I can't keep up with you.
좀더 천천히 걸어. 내가 너를 따라갈 수 없잖아.

☐ **keep one's nose clean** ; to stay out of trouble ⇒ 골칫거리를 만들지 않다, 얌전하게 있

다, 분규에 말려들지 않도록 하다.

ex) You'd better keep your nose clean.

= You'd better stay out of trouble. 쓸데없이 참견하지 마세요.

☐ **keep one's head above water** : to survive; to continue to be profitable ⇒ 살아남다, 이익을 보다

ex) I think this company will do very well if it can keep its head above water for the next year or so. 이 회사가 내년쯤에 살아남을 수 있다면 매우 잘할 거라고 생각해.

☐ **kick a[the] habit** : to put an end to a habit; to stop an addiction, usually drugs or alcohol ⇒ 어떤 습관을 버리다(대개 마약이나 술)

ex) The patients in that hospital are trying to kick their drug habit of taking drug. 저 병원에 있는 환자들은 마약을 복용하는 습관을 버리려고 노력중이다.

☐ **kick off** : a) to get something started ⇒ 시작하다 b) to die ⇒ 죽다

ex) Let's kick off this party with some dance music.

몇 곡의 댄스음악으로 파티를 시작하도록 합시다.

ex) My old man kicked off before I could make him proud.

우리 아버지는 내가 그를 자랑스럽게 하기도 전에 돌아가셨다.

Ref. **kick the bucket** : to die ⇒ 죽다

ex) Old man kicked the bucket last year. 노인은 작년에 죽었다.

☐ **kick[boot]** someone(or something) **out** : to throw someone or something out ⇒ (발로 차서) 쫓아내다

ex) Ross was booted out of college for cheating on an exam.

로스는 시험을 보다가 부정행위를 해서 대학에서 쫓겨났다.

Ref. **get suspended**; 정학당하다 **get kicked out of school**; 퇴학당하다

drop out of school; 자퇴하다

☐ **kiss and make up** : to forgive someone and have good relation again⇒ 용서하고 화해하다

ex) Have you already kissed and made up with your wife?

벌써 아내와 화해한 거야?

☐ **knock** someone **out** : to make someone become unconscious; to stun someone ⇒ 기절시키다

ex) The boxer knocked his opponent out in the second round.

그 권투선수는 2회전에 상대방을 기절시켰다.

☐ **know better than to + root[= be not so foolish as to + root; too wise to + root]** ⇒

-할 만큼 바보는 아니다[어리석지 않다]

ex) He knows better than to do such a thing.
그는 그러한 일을 할 만큼 바보는 아니다.

Ref. a) You should know better. 그렇게 어리석으면 안 되지.
b) You should've known better.
그렇게 어리석으면 안 되었는데, 왜 그랬어.
c) We will know better next time.
다음에는 그렇게 어리석지 않을 거야.

☐ **know** someone **by sight** : to be able to recognize someone by looking at him/her usually used people one doesn't know personally ⇒ 보고 알다, 얼굴(만)은 알고 있다

ex) I have never met our new neighbors; I simply know them by sight.
나는 우리 이웃 사람들은 결코 만나본 적이 없고, 단지 얼굴만 알고 있다.

☐ **know[tell] which is which(or who is who)** : to be able to distinguish one person or thing from another person or thing ⇒ 구분할 줄 알다

ex) Being so drunk, his neighbor's house looked identical to his. He didn't know which was which. 너무나 취해서 그의 이웃집이 그의 집과 똑같아 보였다. 그는 뭐가 뭔지 구분하지 못했다.

ex) The twins looked so identical that even their mother couldn't tell who was who. 그 쌍둥이는 너무나 똑같아서 심지어 그들의 어머니도 누가 누구인지 구분할 수가 없었다.

☐ **lay[set] aside[by]** : to lay up ⇒ 저축하다

ex) He is laying aside money for his old age.
그는 노후를 대비해 저축하고 있다.

☐ **lay bare** : to expose ⇒ 폭로하다, 털어놓다

ex) In the book he lays bare his social relationship.
책에서 그는 자신의 사교계 관련 여부를 털어놓았다.

☐ **lay by** something : to save something ⇒ 따로 떼어놓다, 비축하다

ex) I have a little money laid by for a rainy day.
나는 어려울 때를 대비해 저축해 놓은 약간의 돈이 있다.

☐ **lay down** : a) prescribe ⇒ 단언하다, 규정하다 b) plan ⇒ 계획을 세우다

ex) The purpose of the United Nations, as laid down in its Charter, is to maintain world peace and security. 유엔의 목표는 헌장에 규정한 것처럼 세계의 평화와 안전을 유지하는 것이다.

ex) We laid down a plan for the coming a holidays.

우리는 다가올 휴일을 위해 계획을 세웠다.

☐ **lay[set] eyes on** someone(or something) : to see someone or something ⇒ 보다, 눈길을 주다

ex) Don't ask me where he is. I haven't laid eyes on him for weeks.
그가 어디 있는지 나에게 묻지 마세요. 나는 몇 주 동안 그를 보지 못했어요.

ex) I loved Vivianna the first moment that I set eyes on her.
나는 비비안나를 처음 봤을 때 그녀를 사랑했다.

☐ **lay into** someone(or something) : to scold or assault someone or something ⇒ 심하게 나무라다, 때려눕히다

ex) The old woman laid into me because I sat on her hat.
그 나이든 여자 분은 내가 그녀의 모자 위에 앉는 바람에 나를 심하게 나무랐다.

☐ **lay off** someone : to fire an employee temporarily, with the intention of re-hiring him/her at a later time ⇒ (-를) 일시 해고하다

ex) Any idea who will be laid off? 혹시 누가 해고될지 알고 있어요?

ex) Until the economy improves, we're going to have to lay off some of our employees. 경제가 향상될 때까지 우리는 직원을 해고해야만 한다.

Ref. [해고됐어.] ⇒ I got laid off. = I got let go. = I got fired.
= I got dismissed.

☐ **lay on** something : to provide food, entertainment etc. in a very generous way ⇒ (모임, 식사, 차 따위를) 준비하다. 제공하다

cf. **lay** something **on** someone : to give someone something such as a responsibility or problem that is hard to deal with ⇒ (힘든 일이나 책임을) 부과하다, (명령 따위를) 내리다

ex) Lola laid on a lovely spread for us.
로라는 우리를 위해 멋진 음식을 차렸다.

ex) Sorry to lay this on you now, but we really need the final report finished by Friday. 이렇게 힘들게 해서 미안합니다만, 우리는 금요일까지 최종 보고서를 끝내야 합니다.

☐ **lay out** someone(or something) : a) to make plans; to design ⇒ 설계하다, 진열하다 b) to spend money ⇒ 돈을 쓰다 c) to knock someone unconscious ⇒ 때려눕히다 d) to prepare a dead person for burial; to embalm a dead body; to bury a dead body ⇒ 시체에 염을 하다, 시체를 매장하다 e) (with something) to spread out ⇒ 펼치다

ex) The garden was well laid out. 그 정원은 잘 설계되었다.

ex) I will lay out 5,000 dollars on your traveling.

나는 네 여행에 5천 달러를 쓸 것이다.

ex) The undertaker laid out my uncle in his best suit for the funeral.
그 장의사는 장례식을 치르기 위해서 우리 삼촌을 염하고 가장 좋은 옷을 입혔다.

ex) The jeweler laid out some expensive diamond wedding rings for me, but I chose a cheap imitation. 그 보석상인은 나에게 값비싼 다이아몬드 결혼반지를 펼쳐 보여주었지만 나는 값싼 모조품을 선택했다.

□ **lead to** something : to cause[bring about] something ⇒ -을 가져오다, -에 이르다

ex) Idleness led to no good. 빈둥거리고만 있으면 결국 변변한 것이 못된다.]

ex) The incident led to civil war. 그 사건 때문에 결국 내전이 일어났다.

□ **learn[know]** something **by heart** : to remember[memorize] something ⇒ 암기하다

ex) Actors have to learn their lines by heart, and they mustn't get a single word wrong. 배우들은 자신의 대사를 암기해야 한다. 한자도 틀려서는 안 된다.

□ **leave[let]** someone(or something) **alone** : to stop bothering someone or something ⇒ 혼자 내버려두다

ex) Leave him alone for a while and he may go to sleep.
잠시 동안 그를 내버려 두면, 그는 아마 잠자러 갈 거야.

□ **leave a message for** someone ⇒ (전화에서) -에게 메시지를 남기다

cf. **take a message for** someone ⇒ -의 메시지를 대신 받아주다

ex) May I leave a message for Maria Lopez?
마리아 로페즈 씨에게 메시지를 남길 수 있을까요?

□ **leave much[something, a lot] to be desired** : to be very unsatisfactory ⇒ 아쉬운 점이 많다

ex) The holiday party[Your grades] left much to be desired.
휴일 파티는[너의 성적은] 아쉬운 점이 많았다.

□ **leave** someone(or something) **out** : to omit[abbreviate] someone or something ⇒ 빠뜨리다, 제외하다

ex) I don't want to be involved in your dumb get-rich-quick scheme.
Leave me out of it. 나는 너의 어리석은 일확천금 계획에 끼고 싶지 않아.
나는 빼줘!

□ **leave over** something ⇒ 남기다

ex) It's shameful to see so much food left over in restaurants.
식당에 남겨진 많은 음식을 보면 부끄럽다.

□ **let alone** someone(or something) : not to mention, to say nothing of, not to say anything of, not to speak of ⇒ -은 말할 것도 없이

ex) She didn't even give me a hug, let alone a kiss.
그녀는 키스는 말할 것도 없이 나를 껴안지도 않았다.

☐ **let bygones be bygones** : a saying meaning one should forget past problems ⇒ 지나간 일은 잊어라.

ex) Why don't we let bygones be bygones and be friends again?
지나간 일은 잊고 다시 친구하는 게 어때?

☐ **let down** someone : to disappoint someone; to betray someone ⇒ 실망시키다, 배반하다

ex) A: I can't believe that you let me down again!
나를 또다시 실망시키다니 어떻게 이럴 수가 있죠?
B: I'm sorry, how can I make it up to you?
죄송합니다. 제가 어떻게 하면 화가 풀리시겠어요?

ex) You really let me down when you didn't keep our appointment.
네가 약속을 지키지 않았을 때 나는 정말 실망했다.

☐ **let go (of)** something : a) to release something ⇒ 놓아주다, 풀어놓다, 해방하다 b) to forget or stop thinking about someone or something ⇒ 잊다

ex) Don't let go of the rope until I tell you.
내가 말할 때까지 그 줄을 놓지 마라.

ex) The salmon was too small, so I let it go.
그 연어는 너무 작아서 나는 그것을 놓아주었다.

ex) If you continue thinking about it, you'll only get angrier. Let it go.
계속 그것을 생각한다면 화만 날 거야. 잊어버려.

☐ **let on** : to imply something ⇒ 입 밖에 내다, 고자질하다, -인 체하다, 암시하다

ex) He knew the truth but he didn't let on.
그는 그 사실을 알았지만 입 밖에 내지 않았다.

ex) Don't let on that you like her. If you do, she'll feel uncomfortable around you. 네가 그녀를 좋아하는 것처럼 암시하지 마. 그렇게 하면 그녀가 네 주변에 있을 때 불편해질 거야.

☐ **let[leak] out** something : to reveal something ⇒ 누설하다

ex) Mary accidently let out her secret.
메리는 우연히 그녀의 비밀을 누설했다.

ex) Why don't you just let it all out? 그에게 툭 까놓고 말하세요.

☐ **let** something **slide** : a) to ignore something ⇒ (나쁜 상황으로 가면서도) 그냥 넘어가다, -을 내버려두다 b) to neglect something ⇒ 되는 대로 놔두다

ex) I'll let it slide this time, but if you ever insult me again, you're in big trouble.

나는 이번에는 그냥 넘어가겠지만 만약에 네가 다시 나를 모욕한다면 너는 엄청 곤란해질 거야.

ex) Margaret has been letting her work slide offer her back lately. She'd better be careful or she'll get fired. 마가렛은 최근에 자기 일을 되는 대로 놔두고 있다. 그녀는 조심하는 게 좋을 거야. 그렇지 않으면 해고될 텐데.

☐ **let up** (on someone or something) : to relieve the pressure on someone or something; to make things easier for someone or something ⇒ 느슨하게 풀어주다, 긴장을 풀다, 약해지다, (기세가) 떨어지다, 멎다, 줄다

ex) If the rain lets up a little, they may begin the parade.
비가 약간 멎으면, 그들은 퍼레이드를 시작할 거예요.

ex) Ben's wife should let up on him! She's always nagging him to do things. 벤의 아내는 그를 좀 풀어줘야 해! 그녀는 항상 그가 이일 저 일을 하도록 들들 볶는다니까.

☐ **lie down** : to put yourself in a position in which your body is falt on the floor or on a bed⇒ 눕다, 자다

ex) If you are tired, why don't you lie down for an hour or so?
피곤하면 약 한 시간 정도 자지 그러니?

☐ **lie down on the job** : to dawdle; to do one's job slowly. poorly, or not at all ⇒ 빈둥거리다

ex) Stop lying down on the job! Get to work!
그만 좀 빈둥거려! 일하란 말이야!

☐ **line up** : to arrange in a line ⇒ 한 줄로 놓다, 모으다

ex) How many votes can that candidate for Congress line up?
저 국회의원 후보는 얼마나 많은 투표를 모을 수 있을까?

☐ **line up** someone(or something) **(for** someone or something) : to make plans for someone or something; to arrange or schedule something for someone or something ⇒ 정돈하다, 준비하다

ex) Josh has a great day lined up for us; he has planned a wonderful picnic in the park. 조쉬는 우리를 위한 멋진 하루 계획을 짰다. 그는 공원에서 근사한 야유회를 계획해 왔다.

ex) I asked my secretary to line me up for a dentist appointment.
나는 내 비서에게 치과에 약속을 잡아두라고 부탁했다.

☐ **little by little** : gradually; slowly; a little at a time ⇒ 조금씩, 점점

ex) His health seems to be improving little by little.

그의 건강은 조금씩 좋아지고 있는 것 같다.

☐ **little more than** : no[nothing] more than, nothing but ⇒ 겨우 -에 불과한

ex) He is little more than a farm-hand. 그는 노동자에 불과하다.

☐ **live beyond one's means** : to spend more money than one earns.⇒ 자기 분수에 넘치는 생활을 하다, 버는 것보다 더 많이 쓰다

ex) My wife and I realized that we were living beyond our means when the bank repossessed our house. 은행에서 우리 집을 다시 회수했을 때 내 아내와 나는 우리가 버는 것보다 더 많이 쓴다는 것을 깨달았다.

☐ **live in** ⇒ 숙식을 하며 일하다

ex) Where can we find a cook today who will live in?
숙식을 하면 일하는 요리사를 오늘 어디에서 찾을 수 있단 말입니까?

☐ **live it up** : to have a very good time, especially by indulging in luxuries; to do whatever one pleases ⇒ (호화롭게) 즐겁게 호강을 누리다, 재미있게 지내다, 방탕한 생활을 하다, 마음대로 하다

ex) Let's go Europe for two weeks and live it up.
2주 동안 유럽에 가 재미있게 놀다 오자.

ex) My wife and I really lived it up during our honeymoon. We stayed in a luxury hotel and saw the sites of Italy. 내 아내와 나는 신혼여행 동안에 정말로 즐겁게 호강을 누렸다. 우리는 호화 호텔에 머물면서 이탈리아의 관광지들을 보았다.

☐ **live up to** something : to be able to meet or exceed expectations; to be able to satisfy a goal ⇒ -에 부끄럽지 않은 생활을 하다, -에 따라 살다, -에 어울리는 생활을 하다

ex) Everyone was shocked at the scandal of the famous preacher. He didn't live up to his reputation. 모두들 그 유명한 목사님이 스캔들로 충격을 받았다. 그는 명성에 걸맞지 않은 생활을 했다.

☐ **live within one's means** : to spend no more than one earns ⇒ 분수에 맞게 생활하다, 규모 있게 생활하다

ex) Jenny and her husband don't live within their means. They always seem to be in debt. 제니와 그녀의 남편은 분수에 맞게 생활하지 않는다.
그들은 항상 빚이 있는 것 같다.

☐ **lodge in** something : to deposit in something ⇒ -에 박히다, 꽂히다, 머물다, 들어가다

ex) If a foreign object becomes lodged in the eye, medical help is necessary. 이물질이 눈에 들어가면 의사의 도움이 필요하다.

Ref. foreign object ; 이물질

☐ **look after** someone(or something) : to take care of or watch over someone or something ⇒ 돌보다

ex) A: Thanks for looking after the kids. B: No problem. They were well-behaved.
아이들을 돌봐주셔서 감사합니다. 뭘요. 아이들이 아주 얌전하던데요 뭐.

ex) We have asked our neighbors to look after our baby while we are away. 우리는 외출해 있을 동안 아기를 돌봐달라고 이웃에게 부탁했다.

☐ **look at** someone(or something) : watch, take[have, get, glance] a look at ⇒ 보다, 지켜보다

ex) The teacher told us to look at the blackboard and not at our books.
선생님은 우리에게 책이 아닌 칠판을 쳐다보라고 말씀하셨다.

☐ **look down on[upon]** someone(or something)[= **look down one's nose at** someone(or something) : to despise someone or something; to think of someone or something with scorn, contempt, hatred, ridicule, etc. ⇒ -을 멸시하다[경멸하다], 얕잡아 보다

ex) Alma looks down upon him just because his family is poor.
알마는 단지 그의 가족이 가난하다는 이유로 그를 얕잡아 본다.

☐ **look for** someone(or something) : to search[seek] for someone or something; to be in search of someone or something ⇒ -을 찾다

ex) He has spent an hour looking for the pen which he lost.
그는 한 시간 째 잃어버린 펜을 찾고 있다.

☐ **look for** someone(or something) **high and low** : to search everywhere for someone or something ⇒ 구석구석 찾다

ex) I've looked high and low for my car keys. but I can't find them.
나는 내 차 열쇠를 찾으려고 구석구석 뒤져보았지만 찾을 수 없다.

☐ **look forward to** something : anticipate + 동명사; expect +to 부정사 ⇒ 학수고대하다, 기대하다

ex) I've been looking forward to meeting your sister. Is she married?
나는 네 여동생을 만나기를 고대하고 있어. 그녀는 결혼했니?

☐ **look in on** someone(or something) : to check someone or something, often by visiting someplace ⇒ 잠깐 방문하다, 들여다 보다

ex) The nurse looks in on the patients every hour.
그 간호사는 매 시간 환자들을 들여다본다.

ex) I visited my grandmother to look in on her.
나는 우리 할머니를 보려고 들렀다.

☐ **look[see] into** something : to examine or investigate something ⇒ 조사하다, 검토하다

ex) We must closely look into the matter.
우리는 그 문제를 자세히 조사해야 한다.

ex) Tricia asked her boss to see into buying new computers for the office. 트리샤는 사장님에게 사무실에 새 컴퓨터를 사는 것에 대해 검토해 달라고 했다.

☐ **look on A**(someone, or something) **as B**(something) : **think of[regard, count] A as B; consider A (as) B** ⇒ A를 B로 간주하다

ex) We look on him as our own leader.
우리는 그를 우리의 리더로 생각한다.

☐ **look on** (**at** something) : to observe something ⇒ -을 방관하다

ex) As we argued about the schedule, our secretary just looked on.
우리가 일정을 가지고 다투고 있을 때 우리 비서는 그냥 방관하기만 했다.

☐ **look[watch] out for** someone(or something) : to be on guard against someone or something ⇒ 주의하다, 경계하다

ex) There were signs warning people to look out for falling rocks.
낙석 주의를 알리는 표지판이 있었다.

☐ **look out on** something : to face a particular direction, so that you can see things in that direction ⇒ 내려보다, 조망하다

ex) Our apartment looks out on the river.
우리 아파트는 강을 내려다보고 있다.

☐ **look over** someone(or something) : to inspect or examine someone or something ⇒ 조사하다, 검토하다

ex) He signed the contract without even looking it over.
그는 검토도 하지 않고 계약서에 서명했다.

☐ **look up** someone(or something) : a) to find someone or something; to visit someone ⇒ 보러오다 b) to research something; to look for something for educational purpose ⇒ 찾아보다, 조사하다

ex) The next time you are in Seoul, please look me up!
다음에 서울에 오거든 나를 보러 와!

ex) Look this word up in the dictionary, please.
사전에서 이 단어를 찾아보세요.

☐ **look up to** someone(or something) : to respect and admire someone or something ⇒ 쳐다보다, 존경하다, 우러러보다

ex) The boys looked up to their father because, although he was stern, he was fair.
그 사내아이들은 비록 엄격하지만 공정하기 때문에 아버지를 존경했다.

☐ **lose an account** : to lose the customers ⇒ 거래[고객]를 잃다

ex) Don't worry. I'm sure he understood and that you haven't lost the account. 걱정마. 다 이해했을 거고, 거래도 끊지 않을 거야.

☐ **lose heart** : to be discouraged; to be in despair ⇒ 낙심하다, 실망하다

ex) Diana has had so many job refusals that she's beginning to lose heart. 다이애나는 너무 많은 회사로부터 거절당해서 낙심하기에 이르렀다.

☐ **lose one's head** : a) to become very excited; to lose one's reason ⇒ 허둥대다, 흥분하다, 이성을 잃다 b) to become irrationally or stupidly in love with someone or something ⇒ 사랑에 빠져 이성을 잃고 몰두하다

ex) If that politician hadn't gotten angry and lost his head, he never would have slandered his opponent. 그 정치가가 화가 나 흥분하지 않았다면, 그는 결코 그의 상대를 비방하지 않았을 텐데.

ex) Audry has lost her head over Mark. Too bad he's already married.
오드리는 마크에게 빠져 있어. 아주 안 된 것은 그가 이미 결혼했다는 거야.

☐ **lose one's temper** : to get angry ⇒ 화를 내다

ex) Don't lose your temper! You'll only make things worse.
성질을 잃고 화를 내지 마! 사태를 악화시킬 뿐이야.

☐ **lose one's touch (with)** someone(or something) : to lose one's ability or talent ⇒ (인기, 판매실적, 솜씨를) 잃다, 감각을 잃다, 재능을 잃어버리다

ex) That movie star used to have lots of fans, but in recent years he has been losing his touch. 그 영화 스타는 많은 팬을 가지고 있었지만, 최근에 그는 인기를 잃었다.

ex) The professor is losing his touch. His lectures aren't as interesting as before. 그 교수님은 감각을 잃어버리고 있다. 그의 강의는 전처럼 재미있지가 않다.

☐ **lose sight of** someone(or something) : to forget about someone or something; to forget someone or something's significance ⇒ 잊어버리다, -을 놓치다

ex) Phill treats his wife very badly. He has lost sight of their love.
필은 자기 아내를 매우 심하게 다룬다. 그는 그들의 사랑을 잊어버렸다.

☐ **lose the day** : to lose; to be defeated ⇒ 패하다

ex) We have lost the day. 우리는 패했다.

☐ **lose touch with** someone(or something) : to gradually lose communication with someone or something ⇒ 연락이 끊기다

ex) I have lost touch with all of my high school friends. I wonder what they are doing now. 나는 고등학교 친구들 모두와 연락이 끊겼다. 나는 그들이 지금 무엇을

하고 있는지 궁금하다.

☐ **lose track of** someone(or something) : to lose the whereabouts of someone or something; to forget where someone or something is ⇒ -을 놓치다, 접촉이 끊어지다, 어디에 있는지 잊어버리다

ex) Companies sometimes lost track of how many computers they had.
회사들은 때때로 컴퓨터를 몇 대나 가지고 있는 지 잊어버렸다.

☐ **louse up** something : (slang) to ruin something; to wreck something ⇒ (속어) 망치다, 못 쓰게 만들다

ex) Our date was going very well, until I loused it up by spilling wine on her blouse.
내가 그녀의 블라우스에 와인을 쏟아서 데이트를 망칠 때까지 우리 데이트는 잘 되어 가고 있었다.

☐ **luck out** : (slang) to be very lucky ⇒ 운이 매우 좋다

ex) I lucked out. = Good luck came my way.
= I was favored by good fortune. 운이 따랐어요.

ex) You lucked out! Your wife is too good for you.
너는 운이 참 좋구나! 너의 아내는 너에게 너무 훌륭하다.

☐ **major in** something : to specialize in something ⇒ -을 전문으로 하다, -을 전공하다

ex) What have you majored in? 전공이 무엇입니까?

ex) We specialize in kitchenware
저희는 주방 기구를 전문으로 하고 있습니다.

☐ **make a bet** : to risk money on the result of a race, game, competition, or other future event ⇒ 내기하다, 장담하다

ex) He made a bet that he would reach the top of the mountain before any of the others. 그는 누구보다 먼저 산의 정상에 오를 것이라고 장담했다.

☐ **make a case of/for** something : to give argument in favor of something ⇒ -을 옹호하듯이 말하다

ex) Her husband made a case for staying at home on weekends.
그녀의 남편은 주말에 집에서 지내는 것을 옹호하듯 말했다.

☐ **make a copy** : to make something exactly like another thing ⇒ 사본을 만들다, 복사하다

ex) I need to make a few copies. Will you be long?
복사를 몇 부 해야 하는데, 아직 하실 게 많이 남았나요?

☐ **make a (big) difference[= make all the difference]** : to have an important effect on a thing or a situation ⇒ (어떤 일이나 상황에) 중대한 영향을 미치다, 차별을 두다

(between), 중요하다(to)

ex) Excercise can make a difference in your health.
운동은 네 건강에 중요할 수 있다.

ex) The flowers made all the difference to the room.
방은 그 꽃으로 크게 달라져 보였다.

☐ **make account[much] of** someone(or something) : to think much[highly] of someone or something; to value[treasure] someone or something ⇒ -을 중요시하다

ex) The mother made too account of her youngest son.
그 어머니는 그녀의 막내아들을 너무 감쌌다.

☐ **make a fuss over** someone(or something) : to be very nurturing; to be overly concerned ⇒ 남을 떠들썩하게 치켜 올리다, 대단한 양 크게 대접하다

b) to complain or fight ⇒ 투덜거리다

ex) Every time I to my parent's house for dinner, my mother makes a fuss over me. 내가 우리 부모님의 집에 저녁 식사하러 갈 때마다 우리 어머니는 나를 대접하느라 야단법석이다.

ex) Why did you make such a fuss about getting that parking ticket? You know you were speeding. 왜 그렇게 그 주차 딱지를 가지고 투덜거렸죠?
당신이 속도를 위반했다는 것을 알잖아요.

☐ **make allowance for** someone(or something) : to take someone(or something) into consideration [account]; to take account of something; to allow for something⇒ -을 참작하다

ex) When the foreign visitors arrive tomorrow, we'll have to make allowances for their poor English. 그 외국 방문객들이 내일 도착하면 우리는 그들이 영어를 못한다는 점을 고려해야 할 것이다.

☐ **make a mistake** : to mistake ⇒ 실수하다

ex) The hotel made a mistake with her reservation.
그 호텔은 그녀의 예약 건에 실수를 했다.

☐ **make a point of +동명사[= be in the habit of + 동명사; make it a rule to + root]** : to make a special effort to do something ⇒ -을 습관으로 하다, 각별히 애를 쓰다, 강조하다

ex) He made a point of taking a walk in the morning.
그는 아침에 산책하는 습관을 갖고 있다.

ex) Henry made a point of buying a present for his girlfriend.
헨리는 여자친구에게 선물을 사주는 것에 각별히 신경을 썼다.

☐ **make an ass of** someone : to make a fool of[make fun of, laugh at, ridicule] someone ⇒놀리다

ex) They made an ass of her. 그들은 그녀를 놀렸다.

ex) Don't make a fool of yourself. 수작 부리지 마.

☐ **make an appointment** : to arrange to meet someone; to schedule an appointment ⇒ (시간, 장소를) 약속하다, 예약하다

ex) I'd like to make an appointment for next Tuesday at three.
다음 주 화요일 3시로 예약하고 싶은데요.

☐ **make away with** someone(or something) : to do away with[get rid of, remove] someone or something ⇒ 제거하다, -을 죽이다

ex) She made away with herself. 그녀는 자살을 했다.

☐ **make amend for** something : to make up for[compensate/atone for] something ⇒ -을 보상하다

ex) He made amends for her loss. 그는 그녀의 손실을 보상해 주었다.

☐ **make believe** : to pretend ⇒ -인 체하다

ex) Do you think Mary was only making believe that she was tired?
메리가 단지 피곤한 척 했었다고 생각하니?

☐ **make both ends meet** : to live within one's income, pay one's own way ⇒ 빚지지 않고 살아가다, 수지를 맞추다

ex) At present it's hard to make both ends meet, but we'll be better off when Mary starts her new job. 현재 우리가 빚지지 않고 살아가기 힘들지만 메리가 새 직장을 다니면 보다 나아질 거야.

☐ **make checks payable to A** ⇒ A앞으로 수표를 쓰다

ex) Make your checks payable to Squibb, Inc.
Squibb사 앞으로 수표를 써 주세요.

☐ **make clear** : to explain clearly ⇒ 명백히 설명하다

ex) The teacher made clear my mistake.
선생님은 내 실수를 명백히 설명해주었다.

☐ **make-do** : temporary ⇒ 임시변통의(물건)

ex) Log cabins, initially built in Delaware by Swedish settlers about 1638, were intended as make-do shelters. 약 1638년경 스웨덴 정착민들이 델라웨어에 처음 세운 통나무집들은 일시적인 은신처였다.

☐ **make do with** someone(or something) : to manage with someone or something ⇒ 임시변통하다, 그럭저럭 때우다

ex) I don't have enough money to go shopping, so I'll have to make do with what I have in the refrigerator until payday. 나는 쇼핑할 만한 충분한 돈이 없어서 월급날까지 냉장고에 있는 것으로 그럭저럭 때워야 할 거야.

☐ **make[pull] faces[a face] at** someone : to make expressions with his face to annoy ⇒ 얼굴을 찌푸리다

ex) The two quarreling children sat making faces at each other.
싸움을 하고 있던 두 어린이는 서로 얼굴을 찌푸리고 앉아 있었다.

☐ **make for** somewhere : to be ahead for; to move in the direction of ⇒ -로 향하다, -에 가다

ex) As it began to rain, she made for the nearest shelter.
비가 내리기 시작하자 그녀는 가까운 은신처로 향했다.

☐ **make friends (with)** someone : to hang on with someone ⇒ 사귀다

ex) Sally has trouble making friends with people. She's so shy!
샐리는 사람들과 사귀는 데 어려움이 있어. 그녀는 너무 수줍어하지.

☐ **make fun of** someone : to laugh at someone ⇒ 비웃다, 놀리다

ex) They are making fun of Carla's new hairdo.
그들은 칼라의 새로운 머리형에 대해 놀리고 있다.

☐ **make good (as** something) : to succeed in one's career ⇒ (특히 직업에서) 잘 해내다, 성공하다

ex) Alma has always made good in everything she has done.
알마는 그녀가 했던 모든 일에서 항상 잘 해냈다.

ex) Trevor really made good as a stockbroker! He handles million-dollar accounts.
트레버는 정말로 주식 중개인으로 성공했다! 그는 백만 달러짜리 거래를 다룬다.

☐ **make good time (to** somewhere) : to go fast ⇒ 상당한 속도로 달리다

ex) We made good time to Inchon this morning in order to attend a party at Songdo.
우리는 송도에서 있을 파티에 참석하기 위해 오늘 아침 인천으로 급히 달려갔다.

☐ **make head or tail of** something : to understand[make/figure out] something ⇒ 이해하다

ex) I cannot make head or tail of her letter.
나는 그녀의 편지를 이해할 수 없다.

☐ **make much of** someone(or something) : to treat someone or something as important and significant ⇒ -을 중요시하다

ex) We understand why people make so much of the place.
왜 사람들이 그 곳을 중요시하는지 알 것 같다.

☐ **make little of** someone(or something) : to treat someone or something as unimportant and insignificant ⇒ 얕잡아 보다, 사소하게 여기다

ex) Linda makes little of everyone she meets. It really makes people angry. 린다는 자신이 만나는 모든 사람을 얕잡아 본다. 그것은 정말로 사람들을 화나게 한다.

☐ **make no difference** (to someone or something) : to matter little; to be of no importance ⇒ 중요하지 않다, 차이가 없다, 아무런 효과가 없다

ex) Does it make any difference to you whether we have our lesson at two o'clock or at three o'clock? 우리가 2시 또는 3시에 수업을 하느냐 하지 않느냐가 너에게 중요하지 않잖아?

ex) It makes no difference what I do. My wife always yells at me.
내가 하는 것은 아무런 효과가 없다. 내 아내는 항상 나에게 소릴 질러댄다.

☐ **make off with** someone(or something) : to steal someone or something ⇒ -을 가지고 도망치다[달아나다]

ex) He made off with his master's money from the safe.
그는 금고에서 돈을 훔쳐 달아났다.

☐ **make one's ideas understood** ⇒ 자기의 생각을 이해시키다

ex) We can't make our ideas understood unless we communicate effectively. 우리가 효과적으로 의사소통을 하지 못하면 우리는 우리의 생각을 이해시킬 수 없다.

☐ **make one's voice heard** ⇒ -의 의견[요구]을 수렴하다

cf. make strides ; 진보하다, 발전하다

ex) California Technical College is making strides to make the voices of its students better heard. 캘리포니아 기술 대학은 학생들의 의견에 더욱 더 귀 기울이기 위해서 노력하고 있습니다.

☐ **make one's way (through** something) : a) to work through something with some difficulty ⇒ 난관을 헤쳐 나가다 b) to travel through someplace with some difficulty ⇒ 헤쳐 나가다

ex) I made my way through the science book, but I didn't understand it fully. 나는 그 과학책을 스스로 공부해 나갔지만 온전히 이해하지는 못했다.

ex) He made his way through the snowstorm.
그는 눈보라를 헤치고 나아갔다.

☐ **make out** someone(or something) : a) to work through something ⇒ (일 따위를) -와 잘 해나가다 b) understand, figure out, make head or tail (of it) ⇒ 이해하다 c) turn out ⇒ (결과 따위가) -이 되다

ex) How are you making out in[with] your new job?

새로운 일을 잘 해나가고 있느냐?

ex) Nobody can make out your writing.
어느 누구도 너의 필체를 알아볼 수 없다.

ex) How did he make out in the examination? 시험 결과는 어찌 되었느냐?

☐ **make over** someone(or something) : a) to transfer one's property to someone ⇒ 양도하다 b) to change the appearance of someone so that he/she looks more attractive; to restore something ⇒ 더 멋있게 하다, 고쳐서 새것처럼 만들다

ex) He made over his property to his wife.
그는 자신의 재산을 아내에게 양도했다.

ex) The make-up artist made over the actress for her new part in the blockbuster movie. 화장 전문가가 그 블록버스터 영화에서의 그 여배우 역에 맞게 화장을 고쳐주었다.

☐ **make room for** someone : to make place for[give one's seat to] someone ⇒ 자리를 비우다, 양보하다

ex) Sit here with us. We can move over and make room for you on this sofa. 우리와 함께 여기 앉아요. 우리가 옮겨 이 소파에 너를 위해 자리를 비울게.

☐ **make sense** : to be sensible[reasonable] ⇒ 합당하다, 이치에 닿다

ex) This report doesn't make sense! I want you to rewrite it.
이 보고서는 말이 안 돼! 네가 다시 썼으면 좋겠어.

☐ **make sure** : to ascertain[confirm, affirm] ⇒ 확인하다, 꼭 -하다

ex) Make sure to turn off the radio before you go out.
외출하기 전에 라디오를 꼭 끄세요.

☐ **make** something **talk** ⇒ -을 잘 연주하다

ex) That virtuoso can really make a piano talk.
저 음악의 대가는 피아노를 잘 연주할 수 있다.

☐ **make** someone(or something) **tick** : to be the motivation ⇒ 동기를 주다, 그렇게 시키다

ex) It's difficult for us to figure out what makes our new boss tick.
뭐가 우리 사장님을 그렇게 만드는지 우리가 이해하기란 어렵다.

☐ **make the best of** something : to try one's best ⇒ 최선을 다하다

ex) They have had bad luck, but they always make the best of everything. 그들은 운이 없었지만, 항상 모든 일에 최선을 다했다.

☐ **make up** someone(or something) : a) settle, reconciliate ⇒ 화해하다 b) fabricate, forge ⇒ 조작하다, 꾸며내다 c) make up one's pace ⇒ 화장하다 d) compose of ⇒ 구성하다

ex) A serious quarrel cannot be lightly made up.
심각한 다툼은 쉽게 해결되지 않는다.

ex) The whole story is made up. 그 모든 이야기는 꾸며진 것이다.

ex) Nowadays girls make up in their early teens.
요즈음 여자들은 십대 초반에 화장을 한다.

☐ **make up for** something : to compensate[atone] for something ⇒ 보충하다, 보상하다

ex) I bought roses for my wife to make up for forgetting her birthday.
나는 내 아내의 생일을 잊어버린 일을 보상하려고 아내에게 장미를 사다 주었다.

☐ **make up one's mind** : to determine or decide something ⇒ 결심하다, 결정하다

ex) I just can't make up my mind. 뭘 사야할지 결정 내리기가 어렵군요.

ex) William has made up his mind is not to go to college this year.
윌리암이 결심한 것은 올 해 대학에 가지 않는 것이다.

☐ **make waves** ; to upset the current situation; to cause troubles or difficulties ⇒ 풍파를 일으키다, 소동을 일으키다

ex) During what was a relatively peaceful meeting, Frank made waves and angered many people. 비교적 평화로웠던 회의 동안에 프랭크가 풍파를 일으켜 많은 사람들을 화나게 했다.

☐ **manage[contrive] to + root** : to do something hard ⇒ 이럭저럭[간신히, 겨우] -을 해내다

ex) I managed to keep out of debt. 나는 간신히 빚을 청산할 수 있었다.

☐ **may well + root[= have/has good reason to + root]** : it is natural that - ⇒ -하는 것도 당연하다

ex) You may well respect your teacher.
네가 선생님을 존경하는 것도 당연하다.

☐ **meet** someone **halfway** : to compromise with someone ⇒ 타협하다

ex) I think we can work out a deal if you'll meet me halfway on the price. 내 생각에는 당신이 나와 가격에 있어서 타협을 한다면 우리가 거래를 할 수 있을 것 같군요.

☐ **meet with** someone : to fall on with, encounter, happen[chance] to meet someone; to meet someone by chance[accident] ⇒ 우연히 -을 만나다

We met with her in the street yesterday.
우리는 어제 거리에서 우연히 그녀를 만났다.

☐ **mess up** something : to create disorder in something ⇒ 엉망으로 만들다

ex) I'm sorry. I messed things up. 제가 일을 망쳐서 죄송해요.

☐ **minor in** something ⇒ -을 부전공으로 배우다

ex) Could you major in chemistry and minor in biology?
화학을 전공하고, 생물학을 부전공하는게 어때?

☐ **mistake[take] A for B[= misunderstand A as B]** ⇒ A를 B로 잘못 알다

ex) The traveler mistook the house for a hotel, and the owner's daughte for a servant. 그 여행객은 집을 호텔로 착각하여 주인집 딸을 하녀로 잘못 알았다.

☐ **mix up** someone(or something) : to confuse two or more people or things with each other ⇒ 혼란시키다, 혼동하다

ex) The postman mixed up my mail. 우편배달부는 내 우편을 혼동했다.

☐ **more and more** : increasingly ⇒ 점점 더, 더욱 더

ex) It's getting more and more difficult to understand what is going on in this movie.
이 영화에서 무슨 일이 일어나는 가를 이해하는 것이 점점 더 어려워지고 있다.

☐ **move heaven and earth to +root** : to do everything possible ⇒ -하기 위해 전력을 다하다

ex) He moved heaven and earth to pease her, but she just did not want to stay there with him. 그는 그녀를 기쁘게 하려고 전력을 다했지만 그녀는 그와 함께 있기를 원치 않았다.

☐ **more often than not** : as often as not, very frequently ⇒ 빈번히, 자주

ex) More often than not, I play computer games when I have some free time. 한가할 때 나는 종종 컴퓨터 게임을 한다.

☐ **more or less** : in a measure, in some degree, to some extent ⇒ 다소, 어느 정도, 대강

ex) His success is more or less owing to luck.
그의 성공은 어느 정도 운 때문이다.

☐ **narrow squeak** : close escape ⇒ 위기일발, 아슬아슬한 고비

ex) he came back to me like a man who has had a very narrow squeak.
그는 간신히 몸을 피한 사람처럼 내게로 돌아왔다.

☐ **next to** : near ⇒ -의 이웃에, 곁에

ex) Right next to the door. 저쪽에 있는 분입니다.

☐ **never fail to + root** : to be sure to + root ⇒ 틀림없이 -하다

ex) He never fails to take a disapproving stance on people who get divorced. 그는 이혼한 사람들에 대해 확실히 부정적인 자세를 견지한다.

☐ **never mind** ⇒ 괜찮다, 염려마라

ex) "Never mind!" she said when I offered to open the window for her.
내가 문을 열어드리겠다고 제안했을 때, 그녀는 괜찮다고 말했다.

☐ **next to none** : second to none, the best[highest, finest], supreme ⇒ 최상의, 최고의
ex) In English he is next to none in his class.
그는 영어에 있어서 자기 반에서 최고다.

☐ **not on your life[not for the world, not for all the money in the world, not for anything in the world, not for love nor country]** ⇒ 절대로 -아니다
ex) Me, invest in that speculative oil company? Not on your life!
저보고 투기적인 석유회사에 투자하라고요? 절대로 하지 않을 겁니다.

☐ **now and then[again]** : sometimes ⇒ 때때로
ex) I don't often get sick, but now and then I do catch cold.
나는 자주 아프지 않지만, 때때로 나는 감기에 걸려요.

☐ **now that + 절(s+v)** : seeing that[since, because] + 절 ⇒ 이제 -이니까, -을 보면
ex) Now (that) you're here, why not stay for dinner?
모처럼 왔으니 식사나 하고 가시지요?

☐ **object to + (동)명사** : be opposed to +(동)명사 ⇒ -에 반대하다
ex) I object to him because he is dishonest.
정직하지 않기 때문에 나는 그를 반대한다.

☐ **occur to** someone : to strike one's mind; to come across one's mind; to hit upon someone ⇒ 마음에 갑자기 떠오르다
ex) It occurred to me that I had seen her before somewhere.
어디에선가 전에 그녀를 보았다는 생각이 갑자기 떠올랐다.
Ref. 나에게 그 생각이 떠올랐다. ⇒ It occurred to me. = It dawned on me.
= It hit[struck] me. = It came across my mind. = It burst upon me.

☐ **odds and ends** : miscellaneous tasks ⇒ 부스러기, 잡동사니
ex) I did some odds and ends around the house before I turned on the TV. TV를 켜기 전에 잡다한 집안일을 했다. Ref. miscellaneous ; 잡다한

☐ **of moment** : of important[consequence] ⇒ 중요한
ex) It is a matter of great moment to remove the suppression of publication of these obscene books. 외설적인 책의 발행금지를 철회하는 것은 중대한 문제다.
Ref. suppression ; 금지 obscene ; 외설한, 음란한

☐ **of no purpose** ⇒ 전혀 보람 없이
ex) All the doctor's efforts to save his life turned out to be of no purpose. 그의 생명을 구하려는 모든 의사들의 노력에도 불구하고 그 결과는 전혀 보람이 없었다.

☐ **of one's own accord** : by one's own wish, voluntarily ⇒ 자발적으로, 저절로
ex) She did the work of her own accord. 그녀는 자발적으로 그 일을 했다.

☐ **of one's own choice** ⇒ (스스로)선택한, 자기가 좋아서

ex) Payments can automatically be deducted from the bank account of your choice. 지불금은 귀하가 선택한 은행계좌에서 자동으로 공제될 것이다.

☐ **off and on[= on and off]** : irregularly; sometimes ⇒ 때때로, 불규칙하게

ex) The pains comes off and on. 통증이 불규칙하게 옵니다.

☐ **off hand** : at once, immediately ⇒ 즉시

ex) I can't quote the exact statistics for you off hand, but they're there for you to see in the report. 내가 바로 너에게 정확한 통계를 인용할 수는 없지만, 보고서에서 네가 볼 수 있다.

☐ **on air** ⇒ 의기양양하게, 쾌활하게, 들뜬

ex) If somebody says he is walking on air, he means he is happy about something. 누군가가 구름 위를 걷고 있다고 말하면 아주 행복하다는 의미이다.

☐ **on and on** : continuously ⇒ 계속하여

ex) The noise just went on and on and I thought it would never stop. 바로 그 소음이 계속되었고 나는 그 소음이 결코 멈추지 않을 거라 생각했다.

☐ **on arrival** ⇒ 도착하는 즉시

ex) All hotel guests are required to register on arrival. 호텔에 투숙하려면 누구나 도착하자마자 체크인 절차를 밟아야 한다.

☐ **on edge** : nervous ⇒ 조바심하는, 흥분하는

ex) What's wrong with Ben? He seems to be on edge about something this morning. 벤에게 무슨 일이 있니? 오늘 아침 뭔가에 조바심이 난듯해 보여.

☐ **one hundred percent** ⇒ 전적으로, 완전히(=completely, totally)

ex) I'll back you one hundred percent.(나는 전적으로 너를 지지할 거야.)

☐ **on my knees** ⇒ a) 무릎을 꿇고, 저자세로 b) 지쳐 빠져서

ex) Can't you see I'm down on my knees?
= Can't you see I'm begging you? 이렇게 간곡히 부탁하고 있잖아요.

☐ **on one's own accord** : voluntarily ⇒ 자발적으로, 저절로

ex) Meanwhile in the drawing room Edith had, of her won accord, told her cousin Sally that she was sorry. 응접실에서 에디스는 그녀의 사촌 셀리에게 스스로 사과했다.

☐ **on one's feet** ⇒ 일어서서, (병후에) 원기를 회복하여, (경제적으로) 독립하여

ex) We're back on our feet again. 우리는 재기에 성공했습니다.

☐ **on purpose** : purposely, intentionally ⇒ 고의로, 일부러

ex) Do you think he made that mistake on purpose?

☐ **on sale** : available for purchase at a cheaper cost; less expensive than the regular price ⇒ 할인 판매 중인, 세일 중인

ex) It's a lot cheaper to buy merchandise on sale.
할인판매 중일 때 상품을 사는 것이 훨씬 더 싸다.

cf. for sale : available for purchase ⇒ 판매 중인

ex) This week's "Radio Times" is now for sale.
이번 주 라디오 타임즈가 지금 판매 중이다.

☐ **on second thought(s)** : after giving more thought; after reconsidering something ⇒ 다시 생각하니, 다시 생각해본 후에

ex) I'd like a cup of coffee, please. On second thought, I'll have a beer.
커피 한 잔 하고 싶어. 다시 생각해보니 맥주 마실래.

ex) On second thought, you were right and I was wrong.
다시 생각해보니 네가 맞고, 내가 틀렸어.

☐ **on the one hand** ; from another point of view; considering something differently ⇒ 한편으로

ex) On the one hand, Richie has a good point. Buy you are right, too.
한편으로는 리치가 잘 지적했지만, 너 역시 옳아.

☐ **on the other hand** : in the other subject; on the contrary ⇒또 한편, 이와 반대로, 다른 한편으로

ex) This restaurant is really expensive! On the other hand, the food really is delicious. 이 식당은 매우 비싸다! 다른 한편 음식은 정말 맛이 좋군.

☐ **on time** : prompt; at the appointed time; not late ⇒ 정해진 시간에, 정시에

ex) We must hurry if we wish to arrive at the opera on time.
정해진 시간에 오페라에 도착하고 싶으면 서둘러야 해.

☐ **on the air** : being broadcast ⇒ 방송 중에

ex) The sit-com has been on the air for over ten years.
그 시트콤은 10년 이상 방송 중이다.

cf. **off the air** : not currently being broadcast ⇒ 방송 중이 아닌

ex) No, that show has been off the air for a while now.
아니 그 쇼는 잠시 중단했어.

☐ **on the alert (for** someone or something) : watchful; alert or way for someone or something ⇒ 방심하지 않는, 경계하는

ex) He was on the alert all night. 그는 밤새도록 경계를 늦추지 않았다.

ex) One should be on the alert for children in the street when driving.

운전할 때 거리에 있는 아이들을 조심해야 한다.

☐ **on the ball** : active, alert, effective, intelligent, quick, keen, smart, etc.⇒ 빈틈없는, 유능한

ex) Dan is on the ball. He was employee of the month for three straight months.
댄은 유능하다. 그는 석 달 연속 이 달의 직원이었다.

☐ **on the double** : very quickly; very fast ⇒ 매우 빨리, 급히, 곧

ex) Deliver this package on the double. 서둘러 이 꾸러미를 배달해 달라.

ex) I want that report from your office on the double!
나는 사무실에서 가져온 그 보고서가 급히 필요합니다.

☐ **on the horns of dilemma** : in a difficult position, especially where choices are involved ⇒ 진퇴양난에 빠져, (선택의 갈림길에서) 곤경에 처한

ex) If you are on the horns of a dilemma, you cannot decide which of two unpleasant things to do. 만일 네가 선택하기가 대단히 어려우면, 두 개 중에서 하기가 즐겁지 않는 어떤 것도 결정할 수 없다.

ex) Marlon found himself on the horns of dilemma over what video to rent. 말론은 자신이 어떤 비디오를 빌릴 것인가를 두고 선택의 곤경에 처해 있는 자신을 발견했다.

☐ **on the spur of the moment** : spontaneously; without any forethought ⇒ 아무 생각 없이 당장, 앞뒤 가리지 않고, 즉흥적으로

ex) We just jumped in a car on the spur of the moment.
우리는 단지 아무 생각 없이 차 안으로 뛰어들었다.

ex) I decided to apply for the position of marketing director on the spur of the moment, so I had to update my resume quickly. 나는 아무 생각 없이 당장 영업이사 직책에 지원하기로 결정하고서, 빨리 내 이력서를 갱신해야 했다.

☐ **on the wane** : dwindling ⇒ 쇠약해지기 시작하여

ex) Some political analysts think that the power of Europe is seriously on the wane.
몇몇 정치 분석가들은 유럽의 힘이 상당히 쇠퇴해 가고 있다고 생각한다.

Ref. dwindle ; 작아지다, 축소되다

☐ **on the whole** : considering everything; in a general way or sense ⇒ 대체로, 대개

ex) He is, on the whole, a good student. 대체로 그는 훌륭한 학생이다.

☐ **once and for all** : for the last time; finally and unquestionably ⇒ 단호히, 마지막으로

ex) I'm telling you, once and for all. I will not go on a date with you so stop bothering me! 마지막으로 너한테 말하는 거야. 나는 너랑 데이트를 하지 않을 거니까 나를 그만 귀찮게 해.

☐ **once in a while** : often, sometimes ⇒ 가끔, 때때로

ex) Previously I saw him very often but now he comes only once in a while. 이전에 나는 자주 그를 보았지만 지금 그는 가끔 온다.

☐ **once in a blue moon[= once in a coon's age; once in a great while]** : seldom; rarely ⇒ 거의 -하지 않게, 아주 드물게

ex) Once in a blue moon my wife and I go out dancing.
내 아내와 나는 어쩌다 한번 춤추러 나간다.

☐ **one by one[= one at a time]** : taking turns; one person or thing, and then the next person or thing, etc. ⇒ 한번에 하나씩 교대로, 차례로

ex) One by one the old buildings in the city have been demolished and replaced with modern tower blocks. 차례로 도시의 낡은 건문들이 철폐되고 현대식 타워블록으로 대체 되었다.

ex) Don't try to solve this question all at once. Solve each part one at a time.
이 문제를 한 번에 풀려고 하지 마. 각 부분을 한 번에 하나씩 풀어

☐ **one hundred percent** : completely; totally ⇒ 전적으로, 완전히

ex) I'll back you one hundred percent. 꼭 너에게 돌아올 거야.

☐ **out of** ⇒ -의 밖으로, 밖에

ex) She was out of town for a few days.
그녀는 며칠 동안 도시 밖에 있었다.

☐ **open an account** ⇒ 계좌를 만들다

ex) I'd like to open a checking account, please.
당좌 예금 계좌를 하나 만들고 싶은데요.

☐ **out of date** : old-fashioned; antiquated ⇒ 사용되지 않는, 낡은, 구식의

cf. **up to dat**e : modern; new-fashioned ⇒ 최신식의

ex) No one wears those kinds of clothes any more! Your wardrobe is really out of date. 아무도 더 이상 저런 종류의 옷을 입지 않아! 네 옷은 정말 시대에 뒤떨어진 거야.

☐ **out of hand[= out of control]** : disorderly; chaotic; unruly ⇒ 즉석에서, 감당할 수 없어, 통제를 벗어난, 무질서한

ex) Out of courtesy to our Canadian friends, we decided to end each sentence with 'eh'. 캐나다 친구들에 대한 예우 차원에서 우리는 각 문장을 'eh'로 끝내기로 결정했다.

ex) The crowd at the concert was getting out of hand, so the police stopped the concert before the scheduled time. 콘서트에서 군중이 통제를 벗어나 경찰이 예정된 시간 전에 콘서트를 중단해버렸다.

☐ **out of one's depth** : not able to understand the subject ⇒ 이해가 미치지 못하는, 능력이 미치지 못하는

ex) When it came to a discussion of economics, he was completely out of his depth.
경제 문제에 이르게 되자 그는 전혀 이해하지 못했다.

☐ **out of one's mind[head, gourd]** : crazy; insane; irrational ⇒ 제정신이 아닌

ex) I was drunk out of my mind. 나는 술이 취해 제정신이 아니었다.

☐ **out of one's reach** 손이 닿지 않는

ex) Aspirin should be kept out of reach of children.
아스피린은 아이들의 손이 닫지 않는 곳에 보관해야 한다

☐ **out of one's wits[senses]** : a) hysterical; emotionally uncontrolled and wild; into bewilderment ⇒ 제정신을 잃고 b) terrified; extremely afraid to the point where one cannot think or act normally ⇒ 정신이 혼미한

ex) He was punished for scaring her out of her wits.
그녀를 놀라게 해서 졸도시켰기 때문에 그는 벌을 받았다.

ex) The ghost scared Mimi out her wits.
귀신이 미미를 겁줘서 정신이 혼미했다.

☐ **out of order[service]** : a) not arranged in the correct order ⇒ 순서대로 아닌 b) (for a machine, piece of equipment, etc.) not able to function; broken; malfunctioning ⇒ (기계나 설비에서) 고장 난 c) not following the proper established procedures ⇒ 절차를 벗어난

ex) The elevator was out of oder so we had to walk to the tenth floor.
엘리베이터가 고장이 나서 우리는 10층가지 걸어 올라가야 했다.

ex) The teacher said, "Here is a list of English words that are out of order." "순서대로 되어 있지 않은 영어단어목록이 여기 있다"라고 선생님이 말씀하셨다.

ex) That question is out of order. 그런 질문은 절차를 벗어난 것입니다.

☐ **out of place** : uncomfortable, unsuitable, inappropriate ⇒ 부적당한, 잘못 놓인

ex) Mary felt out of place among the young student.
메리는 학생들 틈에서 불편함을 느꼈다.

☐ **out of print** 절판인

ex) In all probability the book has been out of print.
아마도 그 책은 절판되었을 것이다.

☐ **out of question** : of no doubt; out of doubt; beyond doubt ⇒ 의심할 바 없는

cf. **out of the question** : impossible; impracticable ⇒ 불가능한

ex) His success is out of question. 그의 성공은 의심할 바 없다.

ex) His success is out of the question. 그의 성공은 불가능하다.

☐ **out of season** : a) not currently available, often used for fruits and vegetables or other seasonal items (such as clothing) ⇒ 제철이 아닌 b) currently illegal to hunt or capture something ⇒ 사냥이 금지된 시기인

ex) Tomatoes are out of season in the winter.
토마토는 겨울에 제철이 아니다.

ex) My father was arrested for hunting deer out season.
우리 아버지는 사냥 금지 철에 사슴을 잡아서 체포되었다.

☐ **out of sorts** : a) feeling unwell; displeased ⇒ 건강하지 못한, 기분이 좋지 못한 b) ill-tempered; irritable; easily annoyed ⇒ 활기가 없는, 언짢은

ex) Mike has been out of sorts for a few days. Maybe he should see a doctor. 마이크는 며칠 동안 몸이 좋지 않아. 아마도 병원에 가야 할 거야.

ex) She seems to be out of sorts. 그녀는 기분이 좋지 못한 것 같다.

☐ **(be) out of shape** : to feel unwell ⇒ 몸 상태가 좋지 않은
(be) in shape : to feel well ⇒ 몸 상태가 좋은[건강한]

ex) I'm a little out of shape. = I feel under the weather today.
오늘은 컨디션이 좋지 않아요.

☐ **out of the blue** : unexpectedly ⇒ 뜻밖에, 불시에, 갑자기

ex) Sometimes he brings up a funny question out of the blue. 때때로 그는 느닷없이 재미있는 질문을 제기한다. Ref. bring up ; 꺼내다, 제기하다

☐ **out of this world** : extraordinarily good; great; terrific ⇒ (sp.) 비길 데 없는, 아주 훌륭한, 너무 좋은

ex) He's out of this world. = He's one of a kind.
세상에 그분 같은 사람은 없을 거예요.

ex) We had a great trip. The hotel was out of this world.
우리는 멋진 여행을 했다. 호텔은 세계 최고급이었다.

☐ **over and over (again)** : again and again; repeatedly; regularly ⇒ 반복해서

ex) My aunt took the driving test over and over before she finally passed. 우리 숙모는 마침내 합격하기 전까지 운전시험을 되풀이해서 보았다.

☐ **pass away[on]** : to die ⇒ 죽다, 사망하다

ex) I'm sorry to hear that your father passed away.
아버님께서 들어가셨다니 정말 상심이 크겠어요.

ex) It will be the greatest sorrow to pass away before finishing the work. 일을 완성하지 못하고 죽는 것은 엄청난 비극일 것이다.

☐ **pass for** someone(or something) : to be accepted as someone or something ⇒ -로 통하다

ex) In this town he passes for a learned man.
이 지역에서 그는 학식 있는 사람으로 통한다.

☐ **pass out** : to faint or lose consciousness ⇒ 의식을 잃다, 정신이 나가다

ex) My father passed out when I told him I was gay.
아빠는 내가 동성애자라고 말하자 기절하셨다.

☐ **pass out** something : to hand out or distribute something ⇒ 나눠주다

ex) The teacher passed the quiz out to the question.
선생님은 학생들에게 퀴즈를 나눠주었다.

☐ **pass out of existence** : to disappear ⇒ 사라지다

ex) The custom passed out of existence many years ago.
그 관습은 수년 전 사라졌다.

☐ **pass over** someone(or something): to deliberately skip over someone or something; to overlook someone or something⇒ 너그럽게 보아 넘기다, 봐주다, 양도하다, 건너뛰다, 무시하다

ex) Such an error may be passed over.
그러한 실수는 넘어갈 수 있을 거야.

ex) Although she was next in line for a promotion, Sadra got passed over because she lacked experience. 산드라가 승진이 될 차례였음에도 경험부족으로 제외되었다.

☐ **pay attention to** someone(or something) : to observe, concentrate on or consider someone or something; to give one's attention to someone or something ⇒ -에 주의하다, 귀 기울이다

ex) He never pay attention to anything his wife says.
그는 그의 아내가 하는 어떤 말에도 결코 귀를 기울이지 않는다.

☐ **pay back** someone(or something) : to repay something; to revenge someone ⇒ 상환하다, 갚다, 보복하다

ex) I must remember to pay you back for the concert tickets.
나는 그 연주회 표들을 너에게 상환해야 한다는 것을 기억해야 해.

☐ **pay for** something : to suffer punishment for doing something; to give retribution for a wrongdoing ⇒ 지불하다, 대가를 지불하다

ex) How do you want to pay for this purchase?
어떻게 지불하실 건가요?

ex) Criminals are put in prison to pay for theri crimes.

범죄자들은 죄의 대가를 치르기 위해 감옥에 보내진다.

☐ **pay off** something : a) to pay a debt or loan ⇒ 빚을 갚다 b) to yield good results; to succeed ⇒ 성과를 거두다

ex) Have you paid off the phone bills? 전화비 냈니?

ex) All that hard work really paid off, didn't ti?
그 동안의 모든 고생이 드디어 성과를 보는구나, 그렇지 않아?

☐ **pay off** someone : to bribe someone ⇒ 뇌물을 주다

ex) You won't be able to get tickets to that concert unless you pay someone off. 너는 뇌물을 주지 않으면 그 콘서트 표를 얻을 수 없을 거야.

☐ **pay out** someone(or something) : to pay for someone or something ⇒ 지불하다, 앙갚음하다

ex) The bank pays out interest on its savings accounts every six months. 은행은 6개월마다 저축 계좌에 대해 이자를 지불한다.

☐ **pay respect[homage] to** someone : to be in honor of someone ⇒ -에 경의를 표하다

ex) A ceremony was held to pay respect to the dead. 고인들을 추모하기 위해서 의식이 거행되었다.

☐ **persist in** something : to insist on something; to stick to something ⇒ 고집하다, 지속하다

ex) If he persists in his behavior, it could lead to serious trouble.
만일 그가 그의 행태를 계속 고집한다면 심각한 어려움에 처할 수 있다.

☐ **pick on** someone : to annoy someone; to abuse someone ⇒ 괴롭히다, 귀찮게 하다, 욕하다

ex) Why do you pick on your little brother? 왜 너는 동생을 괴롭히니?

☐ **pick out** someone(or something) ; to choose or select someone or something ⇒ 분간하다, 고르다

ex) The lady in red picked a scarf out to match her outfit.
붉은 옷을 입은 여자가 옷에 맞는 스카프를 골랐다.

☐ **pick up** someone(or something) : a) to give someone a ride in a car or another vehicle ⇒ 차를 태워주다 b) to acquire something without really looking for it ⇒ (우연히) 얻다, 줍다, 입수하다, -을 가지러[사러] 가다 c) to learn something ⇒ 지식을 얻다 d) to try to meet someone for romantic or sexual purposes, usually in a bar or social setting ⇒ 연애하려고 다가가다 e) to resume doing something ⇒ -하기로 되어 있다 f) to get busier ⇒ 부산해지다 g) to clean ⇒ 정돈하다 h) to look for and find clues or a trail leading to someone or something ⇒ 살펴 찾아보다

ex) I'm sorry I forgot to pick up the newspaper. It's not a big deal.
죄송한데, 신문 사오는 것을 깜박했네요. 괜찮습니다.

ex) I told my girlfriend that I'd pick her up at eight.
나는 내 여자친구에게 8시에 태우러 가겠다고 말했다.

ex) This sweater? I picked it up on sale at a department store.
이 스웨터? 백화점 할인 판매할 때 우연히 사게 된 거야.

ex) Daniel picked up a little French on her trip to Paris last month.
다니엘은 지난달에 파리를 여행하다가 프랑스어를 약간 알게 되었다.

ex) Have you ever picked anyone up at a wedding reception?
결혼피로연에서 연애할 목적으로 다른 사람에게 다가가본 적이 있나?

ex) Don't worry. I won't forget to finish reading the report. In fact, I'll pick it up where I left off as soon as get back from the gym. 걱정 마. 그 보고서 읽는 일 마치는 걸 잊지 않을 거니까. 사실 체육관에서 돌아오자마자 남은 부분부터 할 거야.

ex) Retail shopping usually picks up during the Christmas holidays.
소매업은 대개 크리스마스 철에 부산해진다.

ex) The sarge yelled, "You don't have your mother to pick up after you any more."
하사관이 소리쳤다. "이젠 네 어머니가 너를 쫓아다니며 정돈하지 못해."

ex) The police officer picked up the trail that led him to the drug dealer's hideout.
그 경찰관은 마약밀매꾼의 은닉장소로 가는 길을 찾았다.

☐ **pick up the tab** : to pay for the meal ⇒ 식사비를 지불하다

ex) Of course our government picks up the tab for all the Congressional junkets.
물론 의회 유람여행의 모든 식사비를 우리 정부가 지불합니다.

Ref. junket *n.* : 향연, 진수성찬, (미) 피크닉, 야외연회, 유람여행

☐ **pick up the tab (for** something**)** : to pay the bill ⇒ 대가를 치르다, 대금을 지불하다

ex) He picked up the tab for dinner. 그는 저녁식사 비를 지불했다.

☐ **picture** something **to oneself** : to imagine or suppose something ⇒ 마음에 그리다, 상상하다

ex) He pictured the scene to himself. 그 장면을 마음에 그려 보았다.

☐ **pin down** someone(or something) : a) to get an exact something (an exact answer, an exact number, an exact plan, etc) ⇒ 확실한 -을 얻다, -에게 자세한 설명을 요구하다, 밝히다, 명백하게 정의하다 b) to hold someone or something down in order to restrain it or them ⇒ 붙잡다

ex) The report pinned the governor down on the issue of capital punishment. 기자는 주지사에게 사형제도에 대한 입장을 밝혀줄 것을 요구했다.

ex) It was difficult to pin down what it was that made him seem different form others. 무엇이 그를 다른 사람들과 달라보이게 하는지를 명확히 정의하기는 어려웠다.

ex) The police officer pinned the mugger down and read him his rights.
그 경찰관은 그 강도를 붙잡고서 그에게 그의 권리를 읽어주었다.

☐ **pin** something **on** someone : to place the blame for something on someone ⇒ -에게 무엇의 책임을 지우다, 탓하다, 책임을 돌리다

ex) "Who broke this window?" "I don't know, but you can't pin it on me."
누가 이 유리창을 깼니? 나는 모르지만 네가 나에게 그 책임을 돌릴 수 없다.

☐ **piss off** someone : to make someone angry ⇒ (sl.)(보통 과거분사) ⇒ -을 진저리나게 하다[질리게 하다]

ex) I'm really pissed off. 정말 열 받는 군요.

ex) Henry pissed off his wife with his silly drunken display.
헨리는 술에 취해 바보 같은 모습을 보여줘서 아내를 화나게 했다.

☐ **play fast and loose** : to act in an irresponsible manner ⇒ 무책임한 행동하다

ex) They always play fast and loose. 그들은 항상 무책임하게 행동한다.

☐ **play havoc with** someone(or something) : to cause trouble or damage to something ⇒ 망가뜨리다, -을 파괴하다[혼란케 하다]

ex) The accident on the highway played havoc with the rush-hour traffic.
고속도로에서 일어난 그 사고는 출근길 교통을 망쳤다.

☐ **play jokes on** someone : to laugh at someone ⇒ -을 놀리다, 조롱하다

ex) They tried to play jokes on the professor, but he was too clever for them. 그들은 교수님을 놀리려고 했지만 그는 너무 그들에게는 총명했다.

☐ **play second fiddle to** someone(or something) : to be subordinate to someone or something; to be the next best to someone or something ⇒ 남의 밑에 있다, 뒤지다

cf. fiddle 단역을 맡아하다

ex) Jane had no intention of playing second fiddle to Betty.
제인은 베티 밑에서 일할 생각이 전혀 없었다.

ex) I grew up playing second fiddle to my older brother.
나는 자라면서 내 형에게 뒤졌다.

☐ **play tricks on** someone : to trick or play practical jokes on someone ⇒ 농담하다, 짓궂은 장난을 하다

ex) Watch out for that little kid. He loves playing tricks on people.
저 어린 아이들 조심해. 그는 사람들에게 짓궂은 장난을 치는 걸 좋아해.

☐ **play up** someone(or something) : to make someone or something seem more important than they really are ⇒ 강조하다

ex) You have beautiful eyes. You should play up your eyes by wearing false eyelashes. 너는 눈이 예쁘구나. 가짜 눈썹을 붙여서 눈을 강조하면 좋겠다.

☐ **play up to** someone : to flatter someone to gain favor from that person ⇒ -에게 아첨 떨다, -를 지지하다

ex) That popular girl plays up to all the eligible young men.
저 인기 있는 여자는 모든 남자 친구로 알맞은 청년들에게 아첨을 떤다.

ex) There's always one student in every class who plays up to the teacher. 항상 모든 반에는 선생님에게 아첨하는 아이가 한 명씩 있기 마련이다.

☐ **Please put your desk straight.** ⇒ 책상을 정돈해 주십시오.

☐ **point out** someone(or something) : to indicate or select someone or something ⇒ 가리키다, 지적하다

ex) We pointed out the flaws in her reasoning.
우리는 그녀의 추론에 있는 단점을 지적해 주었다.

☐ **be possessed of** something : to own, have, possess, or be in possession of something ⇒ -을 소유하다

cf. **be possessed with** something : to be controlled by; to be obsessed by[with] something ⇒ -에 사로잡히다[마음이 홀리다]

ex) He is possessed of a large fortune. 그는 많은 재산을 소유하고 있다.

ex) He is possessed with a strange superstition.
그는 이상한 미신에 사로잡혀 있다.

☐ **be preoccupied with** something ⇒ -에 시달리다, -에 사로잡히다

ex) He is so preoccupied with his own problems that he has been incapable of working in the last few weeks. 그는 지난 몇 주 동안 자신이 해결할 수 없는 일로 매우 시달리고 있다.

☐ **preside over** something ⇒ 주재하다, 사회를 보다

ex) Who will preside over the committee meeting while chairman is away? 의장이 없는 동안 위원회 회의를 누가 주재할 것입니까?

☐ **prevail (up)on** someone : to ask or beg someone for a favor ⇒ 요청하다

ex) May I prevail upon you to help me push my car? I've run out of gas.
내 차를 밀어주도록 청해도 될까요? 기름이 다 떨어졌거든요.

☐ **prevail over** someone : to persuade someone ⇒ 설득하다, 유도하다

ex) Can the Democrats prevail over the Republicans?

민주당원들이 공화당원들을 설득할 수 있을까요?

☐ **prevent[keep, stop, prohibit] A**(someone) **from B**(something) : to hinder A(someone) from B(something) ⇒ A가 B하는 것을 막다

ex) My mother's illness prevented me from going to school.
어머니의 병 때문에 나는 학교에 다닐 수가 없었다.

☐ **pride oneself on[= be proud of; take pride in; make a boast of; boast of]** something : to be especially proud of something ⇒ -을 자랑하다

ex) She prided herself on her cooking. 그녀는 자신의 요리솜씨를 자랑한다.

ex) You should be proud of your ability to seduce women.
너는 여자들을 꼬시는 능력을 자랑해선 안 돼.

☐ **provide for** something : to provide against something; to get ready for something ⇒ -에 대비하다, 준비하다

ex) Many people save money to provide for their old age.
많은 사람들이 노후를 대비해 저축을 한다.

☐ **puke** *n.* : (sp.) *v.* to bring food back up from stomach through you mouth ⇒ 구토하다 *n.* 구토, 토한 것, (sl.) 싫은 녀석

ex) I'm going to puke. = I feel like vomiting.
= I think I'm going to throw up. 토할 것 같아요.

☐ **pull one's leg** : to fool or tease someone; to play a joke on someone ⇒ 다리를 걸다, 짓궂은 장난을 하다, 놀리다, 희롱하다

ex) Is it really your car or are you pulling leg?
그게 정말 너의 차니, 아니면 농담하는 거니?

ex) Karen was only pulling Johnny's leg, but he didn't know and got upset. 카렌이 단지 자니의 다리를 걸었을 뿐이었지만, 그는 몰라서 화를 냈다.

☐ **pull over** : to drive to the side of the road to stop ⇒ 길 한쪽에 차를 대다

ex) I've been driving for eight hours. I'm going to pull over for a rest.
나는 8시간 동안 운전 중이야. 길 한 쪽에 차를 대고 좀 쉬어야겠다.

ex) Chuck pulled over to check his tires.
척은 차를 점검하려고 차를 길 한 쪽에 댔다.

☐ **pull punches[a punch]** : to deliberately hit someone with less force than you could use, so that it hurts less ⇒ (공격, 비평 등에서) 사정을 봐주다

ex) When I complained to our neighbors about their vicious dog, I didn't pull any punches. 나는 이웃들의 버릇없는 개들에 대해 불평을 할 때, 나는 어떤 사정도 봐주지 않았다.

☐ **pull (the) strings to + root** : to use influence, usually to accomplish something ⇒ 영향력을 행사하다, 유력 층을 움직여 -을 하다

ex) I know you had to pull some strings to get me in here.
이 회사에 내가 들어올 수 있도록 힘써준 거 알아.

☐ **pull through** something : to survive a difficult situation; to get better from an illness ⇒ 견디어내다, 헤쳐 나가다[나가게 하다]

ex) If he recovers from his sickness, he pulls through.
그가 건강을 회복한다는 것은 질병을 극복하는 것이다.

☐ **pull together** : to cooperate; to go along with ⇒ 협조하다, 사이좋게 지내다

ex) We must all pull together if we are to win the game.
만일 우리가 경기에 이기고 싶으면 우리 모두 힘을 합쳐야 해.

☐ **put A into B** ⇒ A(시간이나 돈, 노력 따위)를 B에 투자하다

ex) I put a lot of time into this exam.
나는 시험공부에 많은 시간을 투자했거든.

☐ **put[get]** someone(or something) **across** : to present someone or something in a certain way ⇒ 이해시키다, 설명하다

ex) She failed to put her ideas across at all.
그녀는 자기의 생각을 이해시키는 데 완전히 실패했다.

☐ **put an end[stop] to** something : to cause to end; to be[get] through with something ⇒ 그만두다, 끝장내다, 끝내다

ex) The neighbors put a stop to their fighting.
이웃들은 싸움을 그만 두었다.

ex) The mayor vowed to put an end to violent crime in the city.
시장은 도시의 폭력범죄를 끝장내겠다고 맹세했다.

☐ **put** something **away** : a) to put something where it belongs; to store something ⇒ 치우다 b) to get rid of something ⇒ 없애다

ex) Put your book away; it is time for lunch.
책 좀 치워라. 점심시간이다.

ex) That's a great solution. It should put this problem away for good.
그건 멋진 해결책이군. 이 문제를 영원히 없앨 거야.

☐ **put** someone **away** : a) to incarcerate someone; to put someone in jail or prison ⇒ 집어넣다 b) to take someone out of a competition ⇒ 경쟁에서 밀어내다

ex) The prosecutor vowed to put the murder away for life.
그 검사는 그 살인자를 평생 감옥에 집어넣겠다고 맹세했다.

ex) The coach told his players to put the other team away.
그 코치는 자기 선수들에게 상대팀을 경쟁에서 밀어내라고 말했다.

☐ **put[lay]** something **by** : to store something; to reserve something ⇒ 저축하다, 따로 떼어두다, 보관하다

ex) He put by hundred dollars a moth for his summer holidays.
그는 여름휴가를 대비해 한 달에 100달러씩 저축한다.

ex) My family always lays some canned food by in case of an emergency. 내 가족들은 항상 비상시를 대비해서 통조림을 보관해 둔다.

☐ **put down** someone(or something) : a) to better or criticize someone ⇒ 헐뜯다 b) to repress something; to crush (as in stop) something ⇒ 진압하다 c) to writ something ⇒ (비용을) 적어두다 d) to take the life of an animal, usually on that is suffering ⇒ 동물을 고통 없이 죽이다

ex) It doesn't feel good when your friends put you down.
친구들이 자기를 헐뜯을 때는 기분이 좋지 않다.

ex) Put the bill down to my account. 그 셈은 내 앞으로 달아 놓으세요.

ex) The troops easily put down the rebellion.
군대는 쉽게 반란군을 제압했다.

ex) Did you put down her telephone number in your address book?
그녀의 전화번호를 네 주소록에 적어두었니?

ex) My mother had the veterinarian put the cat down because it was suffering from leukemia. 우리 엄마는 그 고양이가 백혈병으로 고생하고 있기 때문에 수의사에게 고통 없이 죽이도록 시켰다.

☐ **put[set]** something **down to** something : to explain something as being the result of something else ⇒ -탓이라 하다

ex) Susan put her stress down to her lack of sleep.
수잔은 스트레스가 수면부족의 원인이라고 했다.

☐ **put finishing[final] touches on** something : to end up something ⇒ -을 끝내다, 마무리하다

ex) I've got to put finishing touches on my term paper.
나는 학기말 리포트를 끝내야만 해.

☐ **put into practice** : to carry out in action ⇒ 실행에 옮기다, 실천하다

cf. put into effect ⇒ 수행하다

ex) I would appreciate the opportunity to put into practice all that I have learned so far. 제가 이제까지 배운 모든 것을 실천할 수 있는 기회를 주시면 감사하겠습니다.

☐ **put off** (by someone or something) : a) to be postponed or delayed by someone ⇒ 연기하다 b) to be upset because of someone ⇒ 불쾌해지다

ex) The meeting was put off until next week.
그 회합은 다음 주로 연기되었다.

ex) Jamie was put off by Jonathos's insistence on money.
재미는 조나단이 돈을 요구하는 바람에 불쾌해졌다.

☐ **put on** something : to wear something ⇒ 입다, 쓰다

ex) Mary put on her scarf and left the room.
메리는 스카프를 쓰고 방을 나섰다.

ex) I didn't bother putting on my snow chains, and I skidded into a tree.
귀찮아서 스노우 체인을 씌우지 않았는데, 그만 미끄러져서 나무를 들이받았어.

☐ **put on airs** : to act in a superior or conceited manner ⇒ 잘난 체하다

ex) No wonder Elena has no friends. She's always putting on airs.
에레나에게 친구가 없는 것은 당연하다. 그녀는 항상 잘난 체하니까.

☐ **put one's foot into it[= put one's foot in one's mouth]** : to say something one might regret; to say something stupid, insensitive or tactless ⇒ 실언하다, 곤경에 빠지다

ex) You certainly put your foot into it when you told that poet that you did not like poetry. 네가 그 시인의 시들을 좋아하지 않는다고 말했을 때, 그건 분명 실수한 거야.

ex) You just put your foot in your mouth. = You're too outspoken.
당신은 말을 너무 함부로 해요.

☐ **put one's life on the line** ⇒ 목숨을 걸다

ex) Fire-fighters put their lives on the line every working day.
소방관들은 매일 목숨을 걸고 일을 한다.

☐ **put on[gain] weight** : to be fat ⇒ 체중이 늘다

ex) John has put on a lot of weight recently.
존은 최근에 체중에 늘었다.

☐ **put out** : a) to give or do something ⇒ 하다, 내주다 b) adj. irritated or annoyed ⇒ 성난

ex) We need donations for the new church construction. Everyone put out. 우리는 새 교회건축에 기부할 필요가 있다. 다들 기부금을 냈다.

ex) My teacher was put out by my tardiness.
우리 선생님은 나의 늦됨에 화났다.

☐ **put** someone(or something) **out** : a) to publish something ⇒ 출판하다 b) to extinguish something ⇒ 끄다 c) to inconvenience someone ⇒ 불편하게 하다

ex) Please put out your cigarette in that ashtray.
담배를 재떨이에 꺼주세요.

ex) I don't mean to put you out, but could you take this to Susan's house on your way to work? 널 불편하게 하려는 건 아니지만 이걸 출근하는 길에 수잔의 집에 가져다주겠니?

ex) They put that edition of the Bible out last year.
그들은 작년에 그 판본의 성격을 출판했다.

☐ **put** something **over** : to accomplish something ⇒ 성공시키다

ex) If John accomplished his plan, he put it over.
존이 그의 계획을 완수했다면 그것을 성취할 것이다.

☐ **put something[one] over on** someone : to deceive someone ⇒ 속이다

ex) The hat shop tried to put something over on me by making pay for a hat I didn't order. 그 모자가게는 내가 주문도 하지 않은 모자 값을 내게 지불하게 하려고 하면서 나를 속였다.

☐ **put** something **together** : to assemble something ⇒ 조립하다

ex) We followed the directions but could not put the machine together.
우리는 지시사항대로 했지만, 그 기계를 조립할 수 없었다.

☐ **put up** something : to build something ⇒ 세우다, 짓다

ex) They are putting up several new buildings in that block.
그들은 그 블록에 몇 개의 새 건물들을 짓고 있다.

☐ **put up at** somewhere : to lodge[stay] at or take up one's lodgings at somewhere ⇒ -에 숙박하다

ex) We put up at the inn for the night. 우리는 밤에 여관에 숙박했다.

☐ **put up with[= tolerate, be patient with, endure, stand, bear]** something : to tolerate something ⇒ 참다, 견디다

ex) I can't put up with your laziness any longer. Get back to work!
나는 네 게으름을 더 이상 참을 수가 없어. 일해!

☐ **qualify for** ⇒ -의 자격을 얻다

ex) New businesses may qualify for tax remission.
신규 사업체는 세금 감면을 받을[자격을 얻을] 수도 있다.

☐ **quite a few[bit]** : many ⇒ 많은, 적지 않은

ex) Quite a few students were absent yesterday.
많은 학생들이 어제 결석했다.

☐ **queer the[one's] pitch** : to wreck or destroy someone's plans ⇒ -의 계획을 망쳐놓다

ex) I was ready to begin my trip when my wife queered my pitch by insisting on coming with me. 내가 여행을 떠날 준비가 다 되어 있을 때, 아내가 같이 간다고 고집을 부려서 내 계획을 망쳐놓았어.

☐ **be quick on the uptake** : to understand something quickly ⇒ 이해력이 빠르다

ex) I have always been very quick on the uptake, but I just couldn't understand calculus. 난 항상 이해력이 빠른 편이거든. 그런데 미적분만큼은 이해할 수가 없더라구.

☐ **rain cats and dogs** : to rain in torrents ⇒ 비가 억수같이 쏟아지다

ex) The weather forecaster said it was going to be sunny and clear today, but look outside! It's raining cats and dogs. 기상예보 자가 오늘은 맑고 화창할 것이라고 말했지만, 밖을 봐! 억수같이 비가 내리고 있잖아!

☐ **raise a hue and cry** : to make a great deal of noise ⇒ 고함을 지르다

ex) They raised a hue and cry just outside the gate.
그들은 바로 문 밖에서 고함을 질렀다.

☐ **rank and file** ⇒ 하사관병, 평사원들, 일반 대중

ex) The party leadership seems to be losing the support of the rank and file members. 그 정당의 리더십은 일반 대중들의 지지를 상실하고 있는 것 같다.

☐ **read between the lines** : to understand something that is not directly stated ⇒ 글(말) 속의[행간의] 숨은 뜻을 알아내다

ex) Carol didn't tell me what she wanted for her birthday, but I could read between the lines. 캐롤은 자기 생일에 무엇을 받고 싶은지 말하지는 않았지만, 나는 그녀가 반지를 원한다는 걸 읽어낼 수 있었다.

☐ **read over** something : to read something thoroughly ⇒ 숙독하다, 다시 읽다

ex) The teacher said that she didn't have time to correct my composition but she did read it over. 선생님은 내 작문을 정정할 시간이 없다고 말씀하셨지만 내 작문을 숙독하셨다.

☐ **read through** something : to read something roughly ⇒ -을 통독하다

He read through Shakespeare. 그는 셰익스피어 작품을 통독했다.

☐ **refer to** someone(or something) : to mention someone(or something) ⇒ 언급하다

ex) Who are you referring to? 누구 이야기를 하고 있는 거야?

ex) He referred lightly to his wound. 그는 상처에 관해 가볍게 언급했다.

☐ **reflect on** something : to think carefully and often for a long time about something, or to express this type of thought ⇒ 곰곰이 생각하다, 반추해보다

ex) I need time to reflect on what to do.

나는 뭘 할까 반추해[생각해]볼 시간이 필요해.

☐ **refrain[keep, abstain] from** something : to stop something ⇒ -을 삼가다[그만두다]

ex) Jim finds it difficult to refrain from smoking.
짐은 담배를 끊는 것이 어렵다는 사실을 안다.

ex) He refrained from weeping. 그는 울음을 참았다.

☐ **regard[think of, count, look on/upon, refer to, see, view] A as B : consider A (as) B** ⇒ A를 B로 간주하다

ex) He regarded it as a bother. 그는 그것을 귀찮은 것으로 여겼다.

☐ **regardless of** something ⇒ -에 개의치 않고, -에 관계없이, -에도 불구하고

ex) Regardless of his faults, we like him.
그의 결점에도 불구하고, 우리는 그를 좋아한다.

ex) She carried out her plan, regardless of expense.
그녀는 경비에 개의치 않고 자기 계획을 실행하였다.

☐ **remind A of B(=**put A in mind B, cause A to remember B, recall A to B**)** ⇒ A에게 B를 생각나게 하다

ex) She reminds me of my mother.
그녀는 나로 하여금 어머니를 생각나게 한다.

☐ **replace A with[by] B** ⇒ A를 B로 교환하다

ex) It is not a good idea to miss meals and replace them with snacks.
식사를 거르고 그 대신에 간식을 먹는 것은 좋은 생각이 아니다.

☐ **resign from** something ⇒ -에서 사임하다

ex) Many young teachers resign from teaching when they discover how tiring it is.
가르치는 것이 대단히 피곤하다는 것을 안 젊은 교사들이 사임하고 있다.

☐ **resign oneself to** something : to unwillingly accept something ⇒ 마지못해 받아들이다

ex) I resigned myself to the fact that Cindy will never date me.
신디가 나와 결코 데이트하지 않을 거라는 사실을 나는 마지못해 받아들였다.

☐ **resort to** ⇒ -에 의지하다[호소하다], -의 힘을 빌다

ex) He would resort to violence to control her.
그는 그녀를 다루는 데 폭력을 쓰곤 한다.

☐ **right away[now]** : straight away, immediately ⇒ 곧, 즉시

ex) Are you available to work at anytime if required?
= Can you start right away? 필요하면 당장 일을 하실 수 있나요?

ex) She says that dinner will be ready right away.
저녁식사가 곧 준비 될 거라고 그녀는 말한다.

ex) Let's just end it right now. = Let's just call it quits.
이쯤에서 그만합시다.

ex) I decided to take the money and leave straight away.
나는 그 돈을 받아서 당장 떠나기로 결정했다.

☐ **ring a bell** : for something to seem familiar to one; to remind one of something ⇒ 익숙하다, 생각나게 하다

ex) Her name rings a bell. 그녀의 이름이 생각났어.

ex) That song rings a bell. Where have I heard it before?
저 노래는 익숙해. 내가 전에 노래를 어디서 들었지?

☐ **rip off** someone(or something) : a) 새 cheat someone ⇒ 사기를 치다, 이용하다, (아무를) 속이다 b) to steal something ⇒ (sl.) -을 훔치다, 빼앗다 c) to physically separate something that is a part of larger thing, by tearing it away ⇒ 뜯어내다

ex) Don't rip me off. 사기 치지 마세요.

ex) Malcolm was arrested when he was younger for ripping off a case of beer. 어렸을 때 말콤은 맥주를 훔쳐서 체포되었다.

ex) I didn't want to carry the whole phone book with me, so I just ripped off the page with the numbers I wanted. 나는 전체 전화번호를 들고 다니기 싫어서 내가 원하는 번호가 있는 페이지만 뜯어냈다.

☐ **rise in the world** ⇒ 출세하다

ex) He rose in the world through perseverance.
그는 인내심으로 출세하였다.

☐ **root** something **out** : to locate something and destroy it completely; to locate something and completely eradicate it ⇒ 근절하다, 뿌리 뽑다

ex) The government will never be able to root out all of the drug abuse in our city.
정부는 우리 도시의 지나친 마약복용을 결코 근절할 수 없을 것이다.

☐ **round off A with B** : to terminate something ⇒ A를 B로 마무리하다

ex) He decided to round off his trip to Europe with a brief visit to Alexandria and North Africa. 그는 알렉산드리아와 북아프리카를 잠시 방문하는 것으로 그의 유럽여행을 마무리하기로 결정했다.

☐ **round up** someone(or something) : a) to round off something; to estimate the number or measurements of something by expressing it as a round number ⇒ 근사치로 짐작하다 b) to gather someone or something together; to find someone or something ⇒ (흩어진 사람들을) 모으다, 검거하다, 체포하다

ex) The kindergarten teacher had a hard time rounding up all of the children. 유치원

선생님은 아이들을 모두 모으는 데 애를 먹었다.

ex) I asked the accounting office if I could round off the numbers so it would be easier to keep track of our expenses. 우리 비용을 유지하기 쉽도록, 근사치를 알 수 있는지 경리부에 물어보았다.

☐ **run[go on] an errand** : to go on a short trip to do some small task⇒ 심부름을 하다

ex) I'll be right back. I have to go to the post office to run an errand.
곧 돌아올게. 나는 우체국에 심부름하러 가야 하거든.

☐ **run into[against]** something : to collide with [against] something; to clash with something ⇒ 충돌하다

ex) A larger steamer ran into the boat. 커다란 증기선이 배와 충돌했다.

☐ **run out of[= run[fall] short of]** something : to be all gone or to be used up something ⇒ 바닥나다

ex) We ran out of coffee this morning, so we had to go to a coffee shop. 우리는 오늘 아침에 커피가 떨어져서 커피숍에 가야 했다.

☐ **run the (whole) gamut of** something : to do all things ⇒ 갖은 -을 다하다

ex) She ran the whole gamut of expressions. 그녀는 갖은 표현을 다했다.

Ref. gamut; n. 전음계, (사물의) 전 범위, 전 영역

☐ **rub** someone **the wrong way** : to bother someone; to annoy someone ⇒ 성가시게 굴다, 화나게 하다, 비위를 건드리다

ex) Andrew has always rubbed me the wrong way. I haven't like him from the first time we met. 앤드류는 항상 나에게 성가시게 군다. 우리가 만났던 처음부터 나는 그를 좋아하지 않았다.

☐ **rub up on** something : to practice something ⇒ 기억을 되살리다, 복습하다

ex) I am going to France; I must rub up on my French.
난 프랑스에 간다. 그래서 불어를 복습해야 한다.

☐ **rule out** something : to exclude something ⇒ 제외시키다, 배제하다

ex) The possibility cannot be ruled out that the enemy will attack us again. 적이 우리를 다시 공격할 가능성을 배제할 수 없다.

☐ **run away (with** someone or something) : to escape or get away from somewhere with someone or something ⇒ 도망치다

ex) My first wife left me and ran away with all of my money!
내 첫 아내는 나를 떠났는데, 내 돈을 모두 가지고 도망쳤다.

☐ **run down** someone(or something) ⇒ a) to chase someone or something and catch it ⇒ 몰아 붙여서 잡다 b) to use something until it is exhausted and has no power or utility left ⇒ 쇠약해지다, 다 소모되다

ex) He's been working too hard and he's run down. He needs a rest.
그는 너무 열심히 일해서 소약해졌다. 그는 휴식이 필요하다.

ex) The police ran down the criminal after a long chase.
경찰은 오랜 추격 끝에 그 범죄자를 잡았다.

☐ **run[go on] an errand** : to go on a short trip to do some small task ⇒ 심부름을 하다

ex) I'll be right back. I have to go to the post office to run an errand.
곧 돌아올게. 나는 우체국에 심부름하러 가야 하거든.

☐ **run for** ⇒ -에 입후보하다

ex) Who will run for president next year?
누가 내년에 대통령에 출마할 것 같니?

☐ **run into** someone(or something) : to happen to meet someone ⇒ 우연히 만나다, (물 등이) 흘러나오다, (물자나 시간 등이) 다하다, 없어지다, (계약 등이) 만기가 되다

ex) To meet someone unexpectedly is to run into him.
기대치 않게 사람을 만난다는 것은 우연히 만난다는 것이다.

ex) Your luck sometimes runs out, you know.
알다시피, 때론 운도 다하는 거야.

ex) It's lucky you ran into me. I can give you a lift.
나를 만난 건 운이 좋은 거야. 내가 태워다 줄 수 있어.

Ref. 우연히 만나다 ⇒ run into = happen to meet = come across = bump into = encounter

☐ **run-of-the-mill** : ordinary ⇒ 보통의, 예사의

ex) Frank is a very good bowler, but Jane is run-of-the-mill.
프랭크는 아주 볼링을 잘 하지만 제인은 보통이다.

☐ **run out** : a) to expire ⇒ (계약 등이) 만기가 되다 b) to leak ⇒ (물 등이) 세다[흘러나오다] c) to start to run ⇒ 달리기 시작하다

ex) My lease runs out at the end of the month and I still haven't found anything. 이번 달 말이면 계약 기간이 끝나는데 아직도 집을 구하지 못했어요.

☐ **run out of** something : to have no more of something left ⇒ (공급 품이) 떨어지다, 바닥나다

ex) The troops ran out of ammunition and had to withdraw.
군대는 탄약이 바닥나 철수해야만 했다.

☐ **run over** someone(or something) : to drive something over the top of someone or something ⇒ (차에) 치이다

ex) The man was run over by a train and killed.
그 남자는 기차에 치어 죽었다.

☐ **run[take] the[a] risk of** something : to be in a situation where something bad may happen to you ⇒ -의 위험을 무릅쓰다

ex) If your body temperature rise above 106 degrees, you run a great risk of getting heat stroke. 만일 네 체온이 106도 이상으로 오르면, 너는 열 발작을 일으킬 위험이 대단히 커진다.

☐ **run through[over]** ⇒ 대충 훑어보다, 검토하다

ex) Let's run through the whole play from the beginning.
그 전체 극본을 처음부터 훑어보세요.

ex) Would you mind running over the main points of your article again?
너의 논문의 요점을 다시 훑어볼 수 없겠니?

☐ **scratch the surface (of** something) : a) to just begin to learn about something ⇒ 겉만 핥다 b) to just begin to do something ⇒ 막 시작하다

ex) Myron has been studying computers for a long time, but he's only scratched the surface. There's so much to learn! 미론은 컴퓨터를 오랫동안 공부하고 있지만 그는 겉만 핥을 뿐이다. 배울게 너무나 많은데!

ex) it's a big job, and I've only scratched the surface. It's going to take a long time to finish. 그것은 큰일인데 나는 막 시작했다. 끝내려면 오랜 시간이 걸릴 거야.

☐ **second to none** : the best; number one ⇒ 최고의

ex) Susan is second to none in dancing. 수잔은 최고의 춤꾼이다.

☐ **see about** something : a) to wait until later for an answer ⇒ 두고 보다, 대답을 할 때까지 생각해 보다 b) to plan or organize something ⇒ 둘러보고 마련하다, -을 처리하다, 관계하다

ex) When my son asked me if he could go to the concert, I told him we'd see about that after he gets his report card from school. 내 아들이 콘서트에 가도 되는지 내게 물었을 때, 나는 학교에서 통지표를 받은 후에 보자고 말했다.

ex) I asked my wife to see about the seating at the wedding.
나는 아내에게 결혼식장 좌석을 둘러보라고 부탁했다.

☐ **see eye to eye with[about, on]** something : to agree with[on] something ⇒ -와 의견이 일치하다, -에 대해서 견해가 완전히 일치하다

ex) Although the first baseman and umpire are good friends, they do not always see eye to eye. 1루수와 심판은 절친한 친구이지만 항상 의견이 같은 것은 아니다.

ex) In regards to politics, David and I see eye to eye.

정치에 관해서 데이비드와 나는 견해가 완전히 일치해.

☐ **see[look] into** something : to investigate something ⇒ 살피다, 조사하다

ex) The police have promised to see into the disappearance of the jewelry. 경찰은 보석이 사라진 것에 대해 조사를 하겠다고 약속했다.

☐ **see** someone **off** : to say goodbye to someone at an airport, bus station, etc. ⇒ 배웅하다

ex) My family saw me off when I left home for college.
우리 가족은 내가 대학을 가느라 집을 떠날 때 나를 배웅해 주었다.

☐ **see to it that** +s+v ⇒ -하도록 하다

ex) See to it that you're not late for work again.
직장에 다시는 늦지 않도록 해라.

☐ **sell out** : a) to sell all of a product that is in stock ⇒ 다 팔리다, 모두 팔아 치우다 b) (slang) to deceive or betray someone ⇒ (속어) 팔아먹다, 배신하다 c) (slang) to abandon one's ideals, usually in the search of fame or money ⇒ (속어) 명성이나 돈을 위해 이상을 버리다

ex) There was a sign on the ticket office saying: "Sold out."
매표소 표지판에는 매진이라고 쓰여 있었다.

ex) I thought we could trust Vinnie, but he sold us out. He reported us to the police. 나는 우리가 비니를 믿을 수 있다고 생각했지만 그는 우리를 배신했다. 그는 우리를 경찰에 신고했다.

ex) I used to think that a life of poverty was noble, but I sold out after I got married. I discovered that women are expensive! 나는 가난한 생활이 고귀한 것이라고 생각하곤 했지만 결혼한 후에 그런 생각을 버렸다. 나는 여자들은 돈이 많이 든다는 것을 깨달았다.

☐ **send (out) for** someone(or something) : to ask that someone or something be sent to where one is ⇒ -를 부르러 보내다, 사람을 보내 -을 부르다

ex) Leave this house now, or I will send for the police.
지금 이 집을 떠나세요. 그렇지 않으면 경찰을 부르겠어요.

ex) I don't feel like cooking tonight. Let's send out for some Chinese food. 나는 오늘 밤 요리를 하고 싶지 않아. 중국 음식을 시켜 먹자.

☐ **send forth[= emit]** something : to discharge or release something ⇒ 내다, 방출하다

ex) The sun sends forth light and heat. 태양은 빛과 열을 방출한다.

☐ **sentence[condemn]** someone to something : to legally give someone a punishment ⇒ -에게 -을 선고하다

ex) She was sentenced to three years in prison.
그녀는 징역 3년 형을 선고받았다.

Ref. **be sentenced[condemned] to death**; 사형선고를 받다
death sentence; 사형선고 life sentence; 종신형, 무기징역

☐ **serve one's turn** : to satisfy someone ⇒ 충족시키다, 소용이 되다

ex) I haven't got a screwdriver, but I think this knife will serve my turn.
나는 스크루드라이버를 가지고 있지 않지만, 이 칼로 대신 할 수 있다고 생각해.

☐ **serve** someone **right** : (for some occurrence) to be well deserved as a punishment ⇒ 당연하다, 꼴좋다, 마땅한 대우를 하다, 당연한 취급을 하다.

ex) Too bad she missed the train, but it serves her right for getting up so late this morning. 그녀가 기차를 놓친 것은 안 된 일이지만 오늘 아침 너무 늦게 일어났기 때문에 당연한 벌이다.

☐ **set about** something : to begin doing something ⇒ 시작하다, 착수하다

ex) Jay had just set about making dinner when the phone rang.
전화벨이 울렸을 때 제이는 막 저녁 식사를 만들기 시작하던 참이었다.

☐ **set apart** someone(or something) ⇒ 따로 떼어 두다, 돋보이게 하다

ex) He set apart some of his salary for one's wedding.
그는 급료 중에서 얼마쯤을 결혼을 위해 따로 떼어 두었다.

ex) Her special gifts set her apart from her fellow students.
그녀의 특별한 선물은 그녀의 동료 학생들 사이에서 그녀를 돋보이게 했다.

☐ **set[lay, put] aside** something : a) to save something for use a later time ⇒ 챙겨두다, 저축해 두다 b) to put something to one side ⇒ 잠깐 치우다 c) to ignore, reject, or throw something away. perhaps temporarily ⇒ 무시하다, 버리다

ex) He sets some time aside every day to read to his child.
그는 자식에게 책을 읽어 줄 얼마간의 시간을 매일 저축해 둔다.

ex) One of my tomato plants had been infested with insects, so I set it aside so that the insects didn't spread to the other plants. 내 토마토 나무들 중 하나에 벌레가 먹어서 나는 벌레들이 다른 나무들에게 옮지 않도록 그 나무를 다른 데로 치웠다.

ex) On my son's birthday, we decided to set his bedtime aside and allow him to stay up late. 우리는 아들 생일에 그의 취침시간을 무시하고 늦게까지 안 자도록 허락해 주기로 결정했다.

☐ **set back** someone(or something) : a) to impede someone or something's program; to postpone someone or something ⇒ 저지하다, 되돌려 놓다, 방해하다 b) to require an amount of money from someone ⇒ 비용이 -들다

ex) The cost of the war has set back national development by 10 years.
전쟁 비용으로 인해 국가의 발달을 10년 전으로 되돌려 놓았다.

ex) A new car will set you back about $ 20,000.
그 새 차는 2만 달러가 들 거야.

☐ **set fire to** someone(or something) : a) to cause someone or something to begin burning ⇒ -에 불을 지르다 b) to cause great excitement ⇒ 흥분을 일으키다

ex) No one know who set fire to the building.
그 건물에 누가 불을 질렀는지 아는 사람은 아무도 없다.

ex) The President's speech set fire to the audience.
대통령의 연설은 청중의 흥분을 일으켰다.

☐ **set forth on** something : to begin something ⇒ 시작하다

ex) We all set forth on our journey in the highest spirits.
우리 모두는 최고로 기분 좋게 여행을 출발했다.

☐ **set off[out] for** somewhere : to begin a journey to someplace ⇒ 출발하다

ex) I'm going to set out for home in a few minutes.
나는 몇 분 후에 집으로 출발할 거야.

☐ **set store by** something : to make much of something ⇒ -을 중요시하다

ex) We must set store by his opinion that our country should be reunited in the long run. 우리는 우리나라가 결국 통일이 되어야 한다는 그의 의견을 존중해야 한다.

☐ **set up** someone(or something) : a) to put something together ⇒ 짜 맞추다 b) to establish something ⇒ 개업하다, 설립하다 c) (slang) to give or provide someone with something ⇒ 제안하다, 제의하다

ex) My son asked me to help him set up his new toy.
내 아들은 나에게 자기의 새 장난감을 짜 맞추는 것을 도와달라고 했다.

ex) Citing an increasing demand for our products, the board of directors decided to set up a few more branches. 우리 상품에 대한 수요가 증가하고 있다고 인용하면서 이사회는 지사를 몇 개 더 개설하기로 결정했다.

ex) Carl's father-in-law set him up with a great job.
칼의 장인어른이 그에게 엄청난 일을 제안했다.

☐ **settle down** : a) to become calm and peaceful ⇒ 진정하다 b) to adopt a calm and stable lifestyle, often by getting married ⇒ 이주하다, 정착하다

ex) Please settle down ; you shouldn't get so upset!
제발 진정해, 그렇게 흥분해서는 안돼!

ex) Sally graduated from college and partied for 15 years before finally getting married and settling down. 대학을 졸업하고, 마침내 결혼해서 정착하기 전에 샐리는 15년 동안 진탕 놀았다.

☐ **settle for** something : to agree to accept something that is less than what one really wants; to compromise ⇒ 그런대로 만족하다, 참다, 불만스럽지만 받아들이다

ex) We are going to settle for nothing less than total emancipation.
우리는 완전 해방만을 받아들일 것이다.

ex) My wife wanted to marry a rich man, but she eventually settled for me. 내 아내는 부자와 결혼하고 싶어 했지만 결국 나를 불만스럽지만 받아들였다.

Ref. nothing less than - ; 꼭 - 만은 emancipation; 해방, 자유

☐ **shake hands with** someone : to grip and shake the hand ⇒ 악수하다

ex) I introduced them and they shook hands.
내가 그들을 소개하자 그들은 서로 악수를 했다.

ex) I hate shaking hands with someone who has a sweaty palm!
나는 손바닥에 땀이 많은 사람과 악수하는 게 싫어!

☐ **share in** something : to take a partial charge of something; to have a share in something ⇒ -을 분담하다

ex) I'll share in the cost with you. 나는 너와 함께 그 비용을 분담할거야.

☐ **shed (some) light on** something : to expose or reveal something; to explain or clarify something ⇒ 빛을 비추다, 밝혀내다, -을 밝히다[비추다]

ex) Who can shed light on the reason? 누가 그 이유를 밝힐 수 있겠습니까?

☐ **shop around** (for something) : to browse something ⇒ 상품을 보러 다니다, 상점을 여기저기 들러보다

ex) If I were you, I'd shop around.
내가 너라면 다른 가게들도 쭉 훑어볼 거야.

ex) I'll show you around. 제가 안내해 드리죠.

ex) I've been shopping around for a cashmere sweater, but they're so expensive! 나는 캐시미르 스웨터를 사려고 여러 군데 상점을 둘러보았는데 너무 비싸다.

☐ **show off** : to brag or boast excessively ⇒ 과시하다, 돋보이게 하다

ex) She wants to go out simply to show off her new clothes.
그녀는 단지 그녀의 새 옷을 자랑하고 싶어서 외출하고 싶어한다.

☐ **show up[= turn up, appear]** : to come out or emerge ⇒ 나타나다

ex) Most of the people we invited to the party didn't show up.
우리가 파티에 초대한 대부분의 사람들이 오지 않았다.

☐ **shut off** something : to prevent goods or supplies from being available or being delivered ⇒ (물, 가스 등의 공급 흐름을) 끊다

ex) After the storm the electricity was shut off for several hours.
폭풍우가 몰아친 후, 전기가 몇 시간 동안 전기가 끊겼다.

□ **shut up** someone(or something) : a) (slang) to force someone or something to be quiet ⇒ 입을 다물게 하다 b) to lock someone or something away ⇒ 가두다

ex) She told him to shut up and not to say anything more about the subject. 그는 나에게 입을 다물라고 말하고 그 주제에 대해 더 이상 어떤 말도 하지 않았다.

ex) Nellie began to act crazy, and after awhile, they shut her up in a mental hospital. 넬리는 미치기 시작했고, 잠시 후에 그들은 그녀를 정신병원에 보내 가두었다.

□ **sign up (for** something) : to place one's name on a list or register ⇒ -을 신청하다, 이름을 기입하다

ex) Are you ready to go sign up for the swimming class with me today? 오늘 나랑 수영 강의 등록하러 갈 거지?

Ref. register for; (과목이나 학과를) 등록하다

ex) The man and woman will register for different courses.
남자와 여자는 서로 다른 과목에 등록할 것이다.

□ **signal for** : to give a signal in order to give information ⇒ 신호를 보내다

ex) Mother signaled for them to be quiet.
어머니는 그들에게 조용히 하라고 신호를 보냈다.

□ **single out** someone(or something) : to separate a person or thing out from all the others ⇒ 뽑다, 선발하다

ex) She singled him out at once as a possible victim.
그녀는 한번에 그 남자를 희생양으로 찍었다.

□ **sit in for** someone : to replace someone in an activity ⇒ 대신하다

ex) Your teacher is sick today, so I'll be sitting in for her.

□ **sit in (on** something) : a) to participate in something that one does not usually do ⇒ (보통 그러하지 않지만) 참가하다 b) to watch or witness something without active participation ⇒ 앉아서 보다

ex) Our accountant was on vacation, so we asked another employee from the accounting department to sit in on our monthly budget meeting.
우리 회계사가 휴가 중이어서 경리부의 다른 직원에게 우리의 월 예산 회의에 참석해 달라고 요청했다.

ex) I can't act myself, but I enjoy sitting in on plays.
나는 연기를 할 수 없지만 앉아서 연극을 보는 것은 좋아해.

☐ **sit (up)on** : a) to be one of committee ⇒ -의 일원이 되다 b) to keep something secret ⇒ (구어) -을 억누르다, 제지하다 c) (구어) -에게 잔소리를 하다 d) to delay something ; to put off doing something ⇒ 연기하다, 지연시키다 e) to possess something ⇒ 소유하다

ex) Please don't ask me to sit on any more committees this year.
제발 올해는 더 이상 위원회의 회원이 되 달라고 나에게 부탁하지 마세요.

ex) They sat on the bad news. 그들은 나쁜 소식을 감추고 있었다.

ex) That fellow wants setting on. 그 녀석 닦달 좀 해줘야겠다.

ex) Let's sit on this plan for a while and think it over thoroughly.
이 계획을 일주일 동안 지연시키면서 철저하게 살펴보자.

ex) Gary won the lottery, and now he is sitting on a million dollars!
게리는 복권에 당첨되어서 지금은 100만 달러를 가지고 있어!

☐ **slack off** : a) (slang) to stop working hard; to become lazy after a period of hard work ⇒ 페이스를 늦추다, 태만하게 굴다 b) to lessen gradually; to taper off ⇒ 줄어들다

ex) At the end of the day, I begin to slack off a little.
하루가 끝날 무렵에 나는 태만해지기 시작했다.

ex) After about an hour, the rain began to slack off.
한 시간쯤 후에 비가 줄어들기 시작했다.

☐ **slow down** : to become slower or make something slower ⇒ 더 천천히 달리다

ex) There were signs at every curve in the road warning motorists to slow down. 자동차는 서행하라는 표지판이 도로의 모퉁이마다 있었다.

ex) Slow down, or you're going to hit somebody!
서행해, 그렇지 않으면 사람을 칠 수 도 있어!

☐ **snap at** someone : to speak irritably or abruptly to someone ⇒ 바가지를 긁다, 달려들다

ex) What's with Jason today? He snapped at me for no reason.
제이슨 오늘 무슨 일 있어? 이유도 없이 나한테 신경질적으로 말하더라.

Ref. **snap fastener**; 똑딱 단추 **cold snap**; 갑자기 엄습하는 한파

☐ **so far** : until now ⇒ 지금까지

ex) So far John has been the best student in our English class.
지금까지 존은 우리 영어 반에서 최고의 학생이다.

☐ **something's the matter with** someone(or something) : used to say that something is now working normally, someone is upset or sick, or something looks wrong ⇒ 무언

가 문제가 있다.

ex) Is there something the matter with Rita? She looks pale.
리타에게 무슨 문제가 있나. 얼굴이 창백하네.

ex) Tom's been acting guilty. There must be something the matter.
톰은 죄가 있는 것처럼 행동해. 무언가 문제가 있음에 틀림없어.

☐ **soup up** something : to enhance the performance of something (such as a car, computer, etc.); to make something stronger or more powerful ⇒ 활력을 주다, -의 마력을 늘리다, 성능을 높이다

ex) A high-test gasoline will soup up your car.
최고급 품질의 가솔린이 네 차의 성능을 높여줄 것이다.

ex) The manager decided to soup up our company image, so he hired a public relations firm. 그 부장님은 우리 회사의 이미지를 높이려고 결정해서 공공 관련 기업인을 고용했다.

☐ **speak ill of** someone : to criticize or abuse someone ⇒ -을 나쁘게 말하다, 욕을 하다

ex) Don't speak ill of the dead. 죽은 사람을 욕하지 마라.

☐ **speak one's mind** : to freely give one's opinions about something ⇒ 털어놓고 이야기하다, 자기 생각을 자유롭게 얘기하다

ex) Some of the people at work don't like him because he's the sort of person who speaks his mind. 직장에서 어떤 사람들은 그가 자기 생각을 자유롭게 얘기하는 사람이라서 그를 좋아하지 않는다.

☐ **speak out[up]** (against, about something) : a) to speak more loudly ⇒ 큰 소리로 말하다, 더 크게 말하다 b) to freely give one's opinions about something 솔직히 말하다, 거리낌 없이 말하다

ex) No one dared to speak out against the new law.
어느 누구도 그 새로운 법에 대해 감히 큰 소리로 말할 수 없었다.

ex) Kyle thought it was wrong of the boss to fire Mike, so he spoke up about it. 카일은 사장님이 마이크를 해고한 것이 잘못이라고 생각해서 그에 대해 거리낌 없이 말했다.

☐ **stage** : v. to arrange and carry out ⇒ (극적, 공공적 효과를 겨냥한 활동을) 기획하다; (동맹, 파업, 정치 운동 등을) 꾀하다, 계획하다, 전개하다

ex) **stage a hunger strike** ⇒ 단식 농성을 전개하다

ex) **stage a dress rehearsal** ⇒ (완벽한 분장과 조명을 갖추고) 최종 연습을 하다

ex) **at the present[final] stage** ⇒ 현[마지막] 단계에서는

☐ **stand a chance** : to have a chance (at something); to have a possibility ⇒ 가망성이

있다, 승산이 있다, 기회가 있다

ex) The New York team stands a chance of winning the World Series this year. 뉴욕 팀은 올 해 월드시리즈에서 승리할 가능성이 있다.

☐ **stand by** : to be prepared and waiting to do something ⇒ 옆에 서 있다, 대기하다, 기다리다

ex) A man's dong stands by him in prosperity as well as in poverty.
개는 주인이 가난할 때나 부요할 때나 그를 버리지 않는다.

ex) My boss asked me to stand by while he made a phone call.
우리 사장님은 나에게 그 분이 전화하시는 동안 대기해 달라고 요청했다.

☐ **stand by** someone : to support or assist someone ⇒ (특히 나쁜 시기에) 후원하다, 지지하다

ex) My wife stood by me even when I got fired from my job.
내 아내는 심지어 내가 직장에서 해고되었을 때에도 나를 후원해 주었다.

☐ **stand for** : a) to mean something ⇒ 의미하다, -을 뜻하다 b) to tolerate something annoying or unpleasant, often used in the negative ⇒ 참다, 인내하다 c) to support an ideal; to signify a quality ⇒ 대변하다

ex) In this secret code, each number stands for a letter of the alphabet.
이 비밀 코드에서 각 숫자는 알파벳의 철자를 의미한다.

ex) Our company won't stand for racist comments at work, so you'd better not say things like that. 우리 회사는 직장에서 인종차별주의적인 언급을 용납하지 않으니까 그런 말을 하지 않는 게 좋아.

ex) Larry says that he stands for fairness and honesty, but his behaivior doesn't show it! 래리는 자기가 공정함과 정직함을 대변한다고 말하지만 그의 행동은 그것을 보여주지 않는다.

☐ **stand out** : to be very obvious or noticeable; to be very noticeable because ⇒ 돋보이다, 두드러지다, 눈에 띄다, 우뚝 서다, 출중하다

ex) His kind help to the customers made him stand out from the other cabin attendants. 손님들에 대한 그의 친절한 도움은 그를 다른 승무원보다 두드러져 보이게 했다.

☐ **stand to reason** : to make sense; to appear logical or reasonable ⇒ 이치에 맞다, 당연하다, 명백하고 논리적이다

ex) It stands to rason that if we market our product in foreign countries, we'll make more money. 우리 제품을 외국에 판다면 돈을 벌 거라는 것은 당연하다.

☐ **stand up** : to be long; to be effective ⇒ 오래가다, 유효하다

ex) Do you think this dress material will stand up well under such conditions? 이 드레스 재료가 그런 상황 하에서 오래 갈 거라고 생각하나요?

☐ **stand** someone **up** : to promise to meet someone, but without warning, fail to meet them ⇒ 바람맞히다

ex) Hey! You stood me up yesterday! Where were you?
야! 너 어제 나를 바람맞혔어! 어디 있었던 거야?

☐ **stand up for** someone(or something) : to openly support, protect, or defend someone or something ⇒ 옹호하다[변호하다], 변호하다

ex) If you don't stand up for your rights, no one else will do it for you.
만일 네가 너의 권리를 옹호하지 못하면, 어느 누구도 너 대신 그것을 해줄 수 없을 것이다.

☐ **stand up to[against]** someone(or something) : to resist, withstand, or control someone or something ⇒ -에 (용감히) 맞서다

ex) Like all new boys he was subjected to a certain amount of building but I admired the way he stood up to it. 새로운 모든 아이들처럼 그도 상당한 위협을 받았지만, 그것에 용감히 맞선 모습이 존경스러웠다.

☐ **stay in** : to be home ⇒ 집에 있다

ex) We stay in almost every night and watch the television.
우리는 거의 매일 밤 집에서 TV를 시청한다.

☐ **stay up** : to be awake through the night ⇒ 밤새우다

ex) I want to stay up tonight and watch the late show.
나는 오늘 밤 밤을 새우며 심야 쇼를 시청하고 싶어.

☐ **steer clear of** someone(or something) : to purposefully keep away from someone or something ⇒ -을 피하다, 가까이 하지 않다

ex) Ralph is in a horrible mood this morning! Steer clear of him if you can. 랠프는 오늘 아침 엄청 기분이 나빠. 할 수 있는 대로 그를 피하도록 해!

ex) There is no method of steering clear of this inconvenience.
이 불편을 피할 방법이 없다.

☐ **step (right) up** : to walk forward ⇒ 다가가다

ex) The teacher told me to step right up to the blackboard and solve the equation. 선생님은 나에게 칠판으로 와서 그 방정식을 풀라고 말씀하셨다.

☐ **step up** something[= **step it up**] : to make something go faster; to hasten something ⇒ 재촉하다, 서두르다, 촉진시키다, 빠르게 하다

ex) The firm will have to step up production if it is to defeat its competitors. 그 회사는 경쟁사에게 지지 않으려면 생산을 서둘러야 할 것이다.

ex) I really wanted to get to school on time, so I stepped up my shower and rushed out the door. 나는 정말로 제 시간에 등교하고 싶어서 서둘러 샤워를 하고 집 밖으로 나갔다.

☐ **stick around** : (slang) to stay in a place; to remain ⇒ 머무르다

ex) I can't stick around this delightful party any longer; I have to get back to work. 난 이 재미있는 파티를 더 이상 머물 수 없어요. 나는 직장으로 돌아가야 해요.

ex) It's been really hot outside! How long do you think this hot weather will stick around? 밖은 정말 더워! 이 더위가 얼마나 오래 갈 거 같니?

☐ **stick it out** : to endure a bad situation; to tolerate a difficult situation⇒ 참다, 견디다, 버티다

ex) It was pouring with rain, but the policeman on duty at the junction was determined to stick it out. 폭우가 쏟아지고 있었지만 교차로 담당경관은 그냥 버티기로 마음먹었다.

Ref. junction ; 교차로

☐ **stick one's neck out[= stick out one's neck]** : to put oneself in danger; to take a risk ⇒ 위험을 무릅쓰다

ex) I didn't know if the new manager would appreciate my criticism, but I decided to stick my neck out and told him my opinion. 나는 새 부사장님이 나의 비판에 고마워할지 모르지만 위험을 무릅쓰기로 결정하고서 내 의견을 말했다.

☐ **stick out one's tongue at[= stick one's tongue out at]** someone(or something) : to show contempt, scorn, or disdain at someone or something ⇒ 혀를 내밀다, -을 경멸하다, -을 싫어하다

ex) Jason stuck out his tongue at his boss by deliberately working very slowly. 제이슨은 일부러 더디게 일을 해서 사장을 비웃었다.

☐ **stick to[by, with]** someone(or something) : to support or assist someone or something especially when someone or something is in a bad state or situation ⇒ -에 달라붙다, -에 충실하다

ex) Although I've moistened it, the flap will not stick to the rest of the envelope. 내가 그것을 축축하게 했지만 봉투의 접어 젖힌 부분은 봉투의 잔여부분에 잘 붙지 않을 것이다.

ex) Helen stuck by her ideals even when her friends didn't agree with her. 헬렌은 친구들이 자기에게 동의하지 않을 때조차도 자기의 이상에 충실했다.

☐ **stick to one's guns** : to defend one's rights ⇒ 자기의 주장을 고수하다, 한 치도 양보

하지 않다, 자신을 방어하다

ex) It should be an interesting argument, as both politicians are known for sticking to their guns, and neither is likely to give way to the other. 그것은 재미있는 논쟁이 될 거야. 왜냐하면 두 명의 정치가가 자기의 주장을 굽히지 않는 것으로 유명하고, 둘 다 어느 누구도 다른 사람에게 양보하지 않을 것 같으니까.

ex) I admire the way Sandra always sticks to her guns when she and her husband argue. 나는 산드라와 그녀의 남편이 싸울 때 그녀가 항상 잣니를 방어하는 방식이 존경스럽다.

☐ **stick up** someone(or something) : a) to hang something up on a wall, etc. ⇒ 높이 두다 b) to steal from someone or something ⇒ 훔치다, 털다

ex) Can you stick this glass up in the cupboard? I can't reach that high!
이 유리잔을 찬장에 넣어줄래? 나는 그렇게 높은 데에 닿지가 않아서!

ex) A robber stuck up the grocery store down the street, but the police caught him the following day. 한 강도가 거리 저 아래 있는 식료품 가게를 털었지만 경찰이 다음날 그를 잡았다.

☐ **stick with** something : to continue doing something ⇒ -에 딱 붙어서[따라서] 가다, 충실히 지키다, (일 등을) 계속하다

ex) Well, I think I'm just going to stick with my original plan.
음, 난 그냥 원래 계획대로 할래.

ex) A: It's not easy to remember all the main characters.
주요 등장인물들을 모두 기억하는 것은 쉽지 않아.
B: Just stick with it. Once you get halfway through, you won't want to put it down. 그냥 계속 읽어 봐. 일단 중간 정도 지나면 내려놓고 싶지 않아.

☐ **stir up** someone(or something) : to cause anxiety or excitement ⇒ 자극하다, 선동하다, 감정을 흔들어 놓다

ex) The President's announcement really stirred up the voters.
대통령의 언급은 정말로 투표자들을 선동했다.

☐ **stop at nothing** : to try everything to do something ⇒ 어떤 일이라도 마다하지 않다

ex) Don't do business with Cary. He'll stop at nothing to make money!
캐리랑 거래하지 마. 그는 돈을 번다면 어떤 일도 마다하지 않을 거야.

☐ **straight from the shoulder** : very frankly ⇒ 솔직하게

ex) She spoke straight from the shoulder when she told me what she thought. 그녀는 생각을 나한테 말할 때 솔직하다.

☐ **string along** someone : to deceive someone for a long time by making them believe that you will help them ⇒ -을 기만하다, 속이다

ex) He's never going to marry you. He's just stringing you along.
그는 결코 너와 결혼하지 않을 거야. 그는 단지 너를 기만하고 있는 거라고.

☐ **subscribe for[to]** something : to give money regularly for a service ⇒ 예약하다, 구독하다, 신청하다

ex) About 60 percent of U.S. households already subscribe to cable TV.
미국 가정의 약 60퍼센트가 이미 케이블 TV를 시청하고 있다.

ex) How many people have subscribed for the book when it is printed?
그 책이 출판될 때, 얼마나 많은 사람들이 예약했나요?

☐ **subsequent to** ⇒ -후에

ex) Subsequent to the introduction of cost-cutting measures, expense accounts are being monitored. 비용절약 대책 도입 이후, 지출 계좌들이 감시되고 있다.

☐ **such as it is** : in the condition that something is in; as it is now, often said when indicating that something is in poor condition ⇒ 변변치는 않지만, 이런 정도지만

ex) You're welcome to borrow my tennis racket, such as it is.
변변치 않지만 내 테니스 라켓을 빌려가는 걸 환영해.

☐ **be supposed[expected] to + root** ⇒ -하기로 되어 있다

ex) You're supposed to be at school by 8:30 a.m.
너는 오전 8시 30분까지 학교에 가기로 되어 있다.

☐ **swallow one's pride** : to accept something that might be thought of as shameful or humiliating ⇒ 자존심을 누르다, 감정을 억누르다

ex) Swallowing his pride, he accepted the humble position offered to him.
자존심을 억누르고 그는 그에게 제안된 보잘 것 없는 그 자리를 받아 들였다.

☐ **take** someone(or something) **aback** : to surprise someone(or something) ⇒ 놀라게 하다, 허를 찌르다

ex) My father, who is not easily surprised, was quite taken aback when he heard the result of the election. 우리 아버지는 쉽게 놀라시지 않는데 이번 선거 결과를 듣고 아주 놀라셨다.

☐ **take[have] a break[rest]** : to have a short rest from some task ⇒ 일하다, 잠깐 휴식을 취하다

ex) We've been working hard this morning. Let's take a break, OK?
오늘 아침에 일 열심히 했으니까 우리 잠깐만 쉬자. 좋지?

☐ **take a(n) step[action]** (against someone or something) : to do something about someone or something ⇒ -에 대하여 행동을 취하다[조처를 취하다]

ex) My car seemed to burn far too much gasoline, so I finally took action and took it to a repair shop. 내 차는 연료소비가 너무 많은 것 같아. 그래서 난 결국 조처를 취해서 수리점에 끌고 갔어.

☐ **take advantage of[= avail oneself of, utilize, make use of, use(동사)]** someone(or something) : to use someone or something for one's gain ⇒ (기회를) 이용하다, 약점을 이용하다

ex) I took advantage of the big sale at the department store and bought enough underwear to last me for the rest of my life. 나는 백화점 세일을 이용해서 평생 동안 입을 만큼의 속옷을 샀다.

☐ **take a course** : to take a class ⇒ 수업을 듣다, 수강하다

ex) How many courses are you taking this term?
이번 학기에는 몇 과목이나 듣고 있니?

☐ **take after** someone : to look like or resemble someone ⇒ -를 닮다

ex) Which of your parents do you take after?
넌 부모들 중 누구를 닮았니?

☐ **take a liking[fancy, shine] to** someone : to grow to like someone or something ⇒ -가 마음에 들다, -가 좋아지다

cf. **have a liking for** someone ⇒ -를 좋아하다

ex) She took a liking to him. = He captured her heart.
그녀는 그가 마음에 들었어요.

☐ **take a look at** someone(or something) : to look at someone or something ⇒ -을 (슬쩍, 흘끗) 보다

ex) Take a look at the hat Mrs. Bisby is wearing today.
오늘 비스비 부인이 쓰고 있는 모자를 봐.

ex) I'm going to ask a doctor to take a look at my shoulder. It really hurts. 난 의사에게 내 어깨를 봐 달라고 할래. 어깨가 너무 아파!

☐ **take a lot out of** someone : to make someone tired ⇒ -를 지치게 하다

ex) The long journey took lot out of me. 긴 여행에 나는 지쳤다.

☐ **take** someone(or something) **apart** : a) to disassemble something ⇒ -을 분해하다, 쪼개다 b) to harshly criticize someone or something ⇒ -을 호되게 비판하다, 흠잡다

ex) I could never have taken the TV apart without tools.
도구 없이 나는 TV를 결코 분해할 수 없었다.

ex) My professor took me apart for turning in my paper one hour late!
우리 교수님은 내가 리포트를 한 시간 늦게 냈다고 나를 엄청 혼내셨어.

☐ **take[have] a nap[= take forty winks]** : to sleep for a short time ⇒ 잠깐자다, 낮잠 자다

ex) As she was tired, she took a nap. 그녀는 피곤해서 잠깐 잠을 잤다.

Ref. sleep talk; 잠꼬대하다 sleep walk; 몽유병으로 걸어 다니다

toss and turn; 잠을 못 이뤄 뒤척이다

siesta; (스페인, 남미 등의) 낮잠 snore; 코를 골다

☐ **take a seat** : to sit down ⇒ (자리에) 앉다

ex) He asked me to come in and take a seat.

그는 나에게 들어와 앉으라고 말했다.

☐ **take a shortcut** : to choose a quicker more direct way of going somewhere than the usual one ⇒ 지름길을 택하다

ex) We could take a shortcut. But, we might run into the same problem.

지름길로 갈 수도 있어. 하지만 그래도 상황은 마찬가지일 거야.

☐ **take a walk** : to walk, especially for exercise or enjoyment ⇒ 산책하다

ex) Last evening we took a walk along Broadway.

지난 밤 우리는 브로드웨이를 따라 산책을 했다.

☐ **take** something **away from** someone : to rob someone of something⇒ 제거하다, 빼앗다

ex) Take that box of matches away from the child.

어린애로부터 저 성냥갑을 뺏어라.

☐ **take** something **back** : to take something you have bought back to a shop because it does not fit, is not what you wanted etc.⇒ 되찾다, 되돌려주다, 반환하다

ex) Let me take it back to where I got it.

제가 샀던 곳에 반환하겠습니다.

☐ **take** someone **by surprise** : to surprise someone ⇒ -를 놀라게 하다

ex) She took me by surprise. 그녀 때문에 정말이지 깜짝 놀랐어요.

ex) His offer took me completely by surprise.

그의 제안은 완전히 나를 깜짝 놀라게 했다.

☐ **take care of** someone(or something) : a) to provide care for someone or something ⇒ -를 돌보다, 부양하다 b) to handle or deal with someone or something ⇒ -을 처리하다, 해결하다

ex) Who will take care of your dog while you are away on your vacation? 네가 휴가가 있는 동안 너의 개는 누가 돌볼 거니?

ex) is that man bothering you, honey? I'll take care of him for you... you may not want to watch this! 그 남자가 당신을 괴롭혀, 여보? 내가 그 사람 처리해 줄께... 아마 보고 싶지 않을 걸!

☐ **take charge of** someone(or something) : to direct or command someone or something ⇒ -를 맡다, 책임지다

ex) Who is going to take charge of this difficult situation?
누가 이 어려운 상황을 책임질 것인가?

☐ **take down** something : to reject something ⇒ 거절하다, (속기로) 적어놓다, 써두다

ex) The reviewer did not like the proposal, so it was turned down.
평론가는 그 제안이 맘에 들지 않았다. 그래서 그 제안은 받아들여지지 않았다.

☐ **take exception to** something : to be much offended or upset by something ⇒ 화를 내다, -의 말에 상처 받다, 분노하다

ex) He took exception to his nickname. 그는 별명을 부르는 것에 화를 냈다.

☐ **take[get] hold of** someone(or something) : a) to seize or grip someone or something ⇒ -을 붙잡다, 쥐다 b) to gain control of one's emotions ⇒ 감정을 추스리다

ex) The blind man took hold of my arm and I led him across the street.
그 장님은 내 팔을 잡고 나는 거리를 따라 그를 안내했다.

ex) Take hold of yourself and stop crying! It's only a TV show it';s not real. 감정 좀 추스르고 그만 울어! 이건 그냥 텔레비전 쇼일 뿐이야. 실제가 아니라니까!

☐ **take in** someone : a) to deceive someone ⇒ 속이다, 기만하다 b) to give someone food and shelter ⇒ -에게 음식과 쉴 곳을 주다, -을 거두다

ex) She was taken in by his smooth manner of talking and gave him all her savings to invest for her. 그녀는 그의 세련된 말솜씨에 속아서 모아둔 돈 전부를 그에게 주며 투자를 부탁했다.

ex) I'm grateful to my aunt for taking me in when my parents went away. 난 우리 부모님이 안 계셨을 때 이모가 나를 거두어주신 것에 대해 고맙게 생각해.

☐ **take issue with** someone(or something) : to disagree or argue with someone ⇒ -에 이의를 제기하다, -와 다투다, 논쟁하다

ex) Who can take issue with those who claim that better housing for the citizens depends entirely on the government. 시민들을 위한 주택공급이 전적으로 정부에 달려 있다고 주장하는 사람들과 누가 논의를 할 수 있겠습니까?

ex) I took issue with my wife when she said she was going to buy a new convertible. 아내가 새 컨버터블 자동차를 사겠다고 해서 나는 그녀와 다퉜다.

☐ **take it (that +s+v-)** : used to say that based on something you have noticed, you think something else is likely to be true ⇒ 믿다, 받아들이다, -로 이해하다, 생각하다

ex) I take it you two have already met.
난 너희 두 사람이 이미 만난 적이 있다고 생각해.

ex) He said a lot about it, but I didn't take it all in. 그는 그것에 관해 많은 것을 이야기하였지만 나는 그 모두를 이해하지는 못했다.

☐ **take no stock in** someone(or something) ; don't believe someone(or something) ⇒ -를 신용하지 않다

ex) He took no stock in the idea that women were better cooks than men. 그는 여자들이 남자들보다 요리를 더 잘한다고 믿지 않았다.

☐ **take notice of** someone(or something) : to pay attention to someone or something ⇒ 알아차리다, 주의하다, -에 유념하다, 신경 쓰다

ex) I never take notice of rude people. I just ignore them.
난 무례한 사람들 신경 안 써. 그냥 무시하지.

ex) Have you taken notice of my new hair style? Do you like it?
너 내 새 머리 스타일 봤니? 어때, 맘에 들어?

☐ **take off** ⇒ a) to leave ⇒ 떠나다 b) (for an airplane, bird, etc.) ⇒ 이륙하다 c) to take a rest ⇒ 쉬다, 휴가를 얻다 d) to lesson; to subtract ⇒ 줄이다, 빼다, 공제하다

ex) Is it OK if I take off now? 지금 퇴근해도 되나요?

ex) I'm going to be taking the rest of the week off.
이번 주 나머지는 휴가를 갈 거야.

ex) Our flight was delayed, because our plane sat on the runway for an hour before taking off. 우리 비행이 지연되었다. 우리가 탈 비행기가 이륙하기 전에 한 시간 동안 활주로에 있었기 때문이다.

ex) The salesman said, "So, you think this car is expensive? Would you buy it if I took off $500?" 그 영업사원이 말했다. "그래서, 손님은 이 차가 비싸다고 생각하신다고요? 제가 500달러 빼드리면 사시겠습니까?"

☐ **take someone's coat** ⇒ 코트를 받아주다, 코트를 받아서 걸어주다

ex) Let me take your coat and show you where the food is.
코트 이리 줘. 그리고 음식이 있는 곳을 알려줄게.

☐ **take** someone **to the court** : to have the case dealt with in a court ⇒ -을 고소하다

ex) My landlord is threatening to take me to the court.
우리 땅 주인은 나를 고소하겠다고 협박하고 있다.

☐ **talk out** something : a) to discuss something completely ⇒ -에 대해 철저히 이야기하다, 의논하다, 얘기를 하다 b) to discuss and solve a problem ⇒ 의논해서 문제를 해결하다

ex) We sat down last weekend and talked the wedding plans out. It should be a great wedding! 우리는 지난 주말에 결혼식 계획에 대해서 얘기 끝났어.

아주 근사한 결혼식이 될 거야!

ex) I made an appointment with my boss to talk out my cut in pay. I hope he changes his mind. 나, 사장이랑 만나서 내 봉급삭감에 관해 의논하기로 했어. 사장이 생각을 바꾸면 좋으련만.

□ **to capacity** ⇒ 꽉 차게, 최대한으로

ex) The theater was filled to capacity every night of the week-long performance. 극장은 일주일 공연동안 매일 밤 만원이었다.

cf. be filled to capacity; 만원이다, 가득 차다

□ **to an absolute minimum** ⇒ 최소한도로

ex) Consumers expect contamination to be kept to an absolute minimum.
소비자들은 오염이 최소한도로 유지해주기를 기대하고 있다.

□ **turn in** someone(or something) : a) to give a document (such as an assignment, form, or application) to the appropriate person ⇒ (서류, 양식 등을) 넘겨주다, 제출하다 b) to give information about someone's bad behavior to some authority figure ⇒ 신고하다, 고발하다 c) to take something to the appropriate place ⇒ 물건을 주워 신고하다, 제자리로 돌려놓다

ex) He expects to turn in his report tomorrow because he has only a little work left to do. 그는 보고서를 내일 제출할 수 있으리라 생각한다.
왜냐하면 할 일이 별로 남지 않았기 때문이다.

ex) When our children began screaming and fighting, the manager turned us out of the restaurant. 우리 아이들이 비명을 지르고 싸우기 시작하자 지배인은 우리를 식당에서 나가도록 했다.

ex) I have heard that MIT turns out some of the world's best engineers.
나는 MIT가 세계 최고의 엔지니어들의 산실이라고 들었다.

□ **take (time) off** : to stop working for a period of time, sometimes a logn period such as week or a month ⇒ 얼마동안 일을 쉬다, 잠시 쉬다, 짬을 내다

ex) Why don't we take the afternoon off? 오늘 오후에 쉬는 게 어때?

ex) Wendy, you look very tired. Why don't you take time off next week?
웬디, 너 너무 피곤해 보여. 다음 주은 좀 쉬는 게 어때?

□ **take on** someone(or something) : a) to employ someone; to hire someone ⇒ -을 고용[채용]하다 b) to agree to interact or do something with someone ⇒ -와 -하기로 타협[협의]하다

ex) The company will take on a dozen new employees next month.
그 회사는 다음 달에 새 직원을 열두 명 정도 채용할 것이다.

ex) Jim wanted to bet on the ballgame, and I took him on.
짐이 야구게임에 돈을 걸고 싶어 해서 그러라고 했다.

☐ **take one's time** : to do something slowly ⇒ 천천히 하다

ex) There is no hurry. You can take your time doing the exercises.
서두를 필요 없어. 천천히 운동할 수 있어.

☐ **take** someone(or something) **out** : a) to take someone out on a date ⇒ -와 데이트하러 가다, -을 데리고 나가다 b) to kill someone; to destroy something ⇒ -을 죽이다

ex) Every night Jim takes his dog out for a walk.
매일 밤 짐은 자신의 개를 데리고 산책을 나간다.

ex) The sniper took out the crazed bank robber with his rifle.
그 저격수는 라이플총으로 그 미친 은행 강도를 쏘아 죽였다.

☐ **take time out** : to spend some time away from work, studying, etc. ⇒ 공부나 일에서 벗어나 시간을 보내다, 공부나 일을 얼마간 접어두다

ex) I decided to take time out from college to travel around Asia.
나는 대학을 잠시 떠나 아시아를 여행하기로 결심했다.

☐ **take over** someone(or something) : to assume control of or undertake someone or something ⇒ -을 인수하다, 인계받다, -의 책임을 맡다

ex) Who will take over the leadership of the party next term?
다음 임기에 누가 그 정당의 주도권을 갖게 될 것인가?

ex) Tom take over the small company and turned it into a multimillion-dollar corporation. 톰은 작은 기업을 맡아서 수백만 달러짜리 거대기업으로 바꾸어 놓았다.

☐ **take pains (to do** something)**[= go to (great) pains to do** something] : to try hard to do something, or to be very careful in doing something ⇒ 애써 일하다

ex) Duke takes pains to avoid racist language.
공작은 인종차별적인 언어를 구사하는 것을 피하려고 애쓴다.

ex) A valued employee takes pains with everything that he does.
능력 있다고 평가된 종업원은 그가 하는 모든 것을 애써 일한다.

☐ **take part in** something : to participate in something ⇒ 참가하다, 참여하다

ex) I did not want to take part in their argument.
나는 그들의 논쟁에 끼고 싶지 않다.

☐ **take pity on** someone(or something) : to feel sorry for someone or something ⇒ -을 불쌍히 여기다, 유감스럽게 여기다, 동정하다, 연민을 갖다

ex) Tom's sister took pity on him and lent him some money.
톰의 누이는 그를 불쌍히 여겨 그에게 얼마간의 돈을 빌려주었다.

☐ **take place** : to happen or occur ⇒ 열리다, 일어나다, 생기다, 거행되다

ex) Over the past few years, a lot of changes have taken place.
지난 몇 년 동안 많은 변화들이 일어났잖아.

ex) You missed the conference. It took place last week.
넌 회의를 놓쳤어. 지난주에 열렸거든.

☐ **take pride in** someone(or something) : to be proud of someone or something ⇒ 자부심을 갖다, -을 자랑하다

ex) She takes pride in his cooking. 그녀는 요리솜씨가 자랑이다.

☐ **take the plunge** : to begin at infamiliar venture, especially after hesitating ⇒ (수영장 등에) 뛰어들다, 과감히 하다, 모험을 하다, 결혼하다

ex) A: Any news from your fiancee? 네 약혼자한테 무슨 소식 있어?
B: He's finally ready to take the plunge.
그가 드디어 결혼할 준비가 됐어.

☐ **take to** someone(or something) : to develop an affection for someone or something ⇒ -을 좋아하게 되다

ex) They didn't take to him at that time.
그들은 그 당시 그들을 좋아하지 않았다.

☐ **take** someone(or something) **to task** : to scold someone or something ⇒ -을 야단치다, 꾸짖다, 책망하다

ex) John was taken to task over the poor quality of his work.
존은 일을 잘못했기 때문에 꾸지람을 들었다.

☐ **take turns (at)** (doing something) : to do something one person at a time; to do something in turn ⇒ 한 사람씩 번갈아 -을 하다, 교대로 -하다

ex) Mary and her sister take turns helping their mother each night.
메리와 그녀의 누이는 매일 밤 번갈아 어머님을 돕고 있다.

☐ **take up** something ⇒ 차지하다, 전공하다, 다시 시작하다

ex) Mary is going to take up psychology when she goes to college.
메리는 대학에서 심리학을 전공할 예정이다.

ex) I have a lot of free time these days. I think I'll take up playing the guitar. 난 요새 자유시간이 많아. 취미로 기타를 배울까 생각 중이야.

☐ **talk over** something : to talk about something ⇒ -에 관해 이야기하다, 의논하다

ex) With whom did you talk over your plan to buy a new car?
새 차를 살 계획에 대해 누구와 논의할 거니?

☐ **taste like** something ⇒ -와 같은 맛이 나다

ex) The cake tastes like onions. 그 과자는 양파 같은 맛이 난다.

☐ **tear down** something : to destroy or take down something (such as a structure, a building, etc.) ⇒ 부수다, 파괴하다, 헐다

ex) They tore down the old building and built a new one.
그들은 낡은 건물을 허물어 버리고 새 건물을 지었다.

☐ **tear down** someone : to belittle someone; to humble someone ⇒ -을 얕보다, 흠잡다

ex) My wife tore the neighbor down for playing his music too loudly.
내 아내는 이웃집 사람이 음악을 크게 틀어서 흠을 잡았다.

☐ **tear up** something ⇒ 조각조각 찢어버리다

ex) He tore up the letter and threw it into the wastepaper basket.
그는 편지를 조각조각 찢어 쓰레기통에 던져버렸다.

☐ **teem with** something : to be full of something ⇒ 충만하다, 풍부하다

ex) The North Sea is teeming with big fish. 북해는 큰 물고기가 풍부하다.

☐ **tell** someone **apart** : to be able to recognize individuals ⇒ 분간하다, 구별하다

ex) The girls were so identical that even their parents could not tell them apart. 그 소녀들은 너무 똑같아서 그들의 부모조차도 그들을 구별할 수 없었다.

☐ **tell on** someone[= have an effect(impact, influence) on, affect] : to influence someone ⇒ -에 영향을 미치다

ex) The hard work began to tell on him.
그 힘든 일은 그에게 영향을 미치기 시작했다.

ex) The strain will tell on you. 그렇게 무리하면 몸에 해롭다.

☐ **tell (the) time** : to be able to read the time from a watch or a clock ⇒ 몇 시인지 알다, 시계를 볼 줄 알다

ex) At the age of four, William was able to tell time.
네 살 때 윌리암은 시계를 볼 줄 알았다.

☐ **that is (to say)** : a) namely ⇒ 즉 b) in other words ⇒ 다시 말해서 c) so to speak, as it were ⇒ 말하자면

ex) Two girls were absent, that is, Nancy and Susie.
두 소녀, 즉 낸시와 수지가 결석했다.

☐ **the way I see[look at] it** ⇒ 내가 보기로는

ex) The way I see it, Kelly is lying through her teeth.
내가 보기에는 켈리가 새빨간 거짓말을 하고 있어.

☐ **think much of[= think a lot of]** someone(or something) : to have a high opinion of someone or something ⇒ -에게 후한 점수를 주다, -을 높이 평가하다

ex) I don't think much of him as a baseball player.
나는 야구선수로서 그를 높이 평가하지 않는다.

☐ **think nothing[little] of** doing something : to think of doing something as easy or as no challenge ⇒ -가 아주 쉽다고 생각하다, 별로 중요하지 않게 생각하다, 나쁘게 평가하다, -에게 -하는 것은 누워서 떡 먹기다

ex) I think nothing of teaching. It's really easy!
나한테 가르치는 건 누워서 떡 먹기야. 아주 쉬어!

ex) Madeleine thinks nothing of staying up all night drinking!
메덜레인에게 밤새워 술 마시는 건 누워서 떡 먹기라니까!

ex) I think little of the new textbook. It's too easy for us.
난 새 교과서가 별로 좋지 않다고 생각해. 우리에게는 너무 쉬어.

☐ **think over** something : to think of something to consider something ⇒ -에 관해 생각하다, -을 고려하다

ex) I shall think over your offer and give you my answer tomorrow.
내가 너의 제안을 생각해 보고 내일 대답을 줄 게.

☐ **think up** ⇒ (구실 등을) 생각해내다

ex) That was a clever idea. Who thought it up?
그건 멋진 생각이었어. 그걸 누가 생각해냈니?

☐ **thrive on** something ⇒ -로 잘 자라다, 무성해지다

ex) These animals thrive on the leaves of certain trees.
이 동물들은 어떤 나뭇잎들을 먹고 잘 자란다.

☐ **through thick and thin** : through good times and bad times; for better or worse ⇒ 좋은 시절에나 나쁜 시절에나, 언제나 변함없이

ex) They have been friends through thick and thin for ten years.
그들은 10년 동안 언제나 변함없이 친구로 지내왔다.

☐ **throw away** something) : to discard or bump something ⇒ 내다버리다, 던져버리다

ex) You shouldn't throw away your receipts. 영수증을 버리면 안 돼.

ex) When my clothes are worn out, I generally throw them away.
내 옷이 닳아 헤어졌을 때, 나는 대체 그 옷들을 던져버렸다.

☐ **throw in** something : to insert or introduce into the course of something ⇒ 던져 넣다, 주입하다

ex) Oh, no. I turned all my white socks pink. I threw a red shirt in by accident. 아이고, 이런. 하얀 양말들이 모두 분홍색으로 변해버렸어. 붉은색 셔츠를 실수로 함께 넣었어.

☐ **throw** someone **together** : to happen to meet someone ⇒ 우연히 만나게 되다

ex) Chance threw us together.
우리는 이상한 인연으로 우연히 만나게 되었다.

☐ **throw[fling, sling] the hatchet** ⇒ (sp.) 허풍을 떨다

ex) He threw the hatchet. 그는 허풍을 떨었다.

☐ **throw up** something : (slang) to vomit something ⇒ 토하다

ex) John got sick and threw up everything he had eaten.
존은 아파서 그가 먹었던 모든 것을 토했다.

☐ **tip off** someone : to give someone some information that they are not supposed to have; to warn someone about something ⇒ 비밀 정보를 제공하다, -에 대해 경고하다, -에 관해 말해주다

ex) Apparently the gang had been tipped off because when the police arrived there was no sign of the stolen loot. 분명히 그 갱은 비밀정보를 받았다. 왜냐하면 경관들이 도착했을 때 약탈품의 흔적이 없었기 때문이다.

Ref. loot ; 약탈품

ex) Could someone please tip me off about what to expect on the exam?
누가 나한테 시험에 나올 만한 것에 대해 정보 좀 줄래?

☐ **tire out** someone : to exhaust someone ⇒ 지치게 하다

ex) The long walk tired her out. 오랜 도보로 그녀는 지쳤다.

☐ **to and fro** : backwards and forwards, here and there, from place to place ⇒ 여기저기로, 앞뒤로, 이쪽저쪽으로

ex) We walked in the city to and fro. 우린 그 도시 여기저기를 걸어다녔다.

ex) The wind caused the trees to sway to and fro.
바람이 나무들을 이쪽저쪽으로 흔들리게 했다.

☐ **to the effect that** + 절 ⇒ -라는 취지로

ex) He said something to the effect that he would have to change jobs if the situation continued. 그는 상황이 계속되면 그가 직업을 바꿔야 할지도 모른다는 취지의 어떤 말을 했다.

☐ **to the minute** ⇒ 1분도 어김없이, 꼭

ex) He is punctual to the minute. 그는 1분도 어김없다.

☐ **to the point[purpose]** : pertinent, relevantly ⇒ 적절한, 요령 있는

ex) His answer is short and to the point. 그의 대답은 짧고 적절하다.

☐ **to the quick** : deeply ⇒ 뼈에 사무치게, 절실히

ex) The remark cut him to the quick. 그 얘기는 그의 가슴을 사무치게 했다.

☐ **tone in with** something : to harmonize something ⇒ -와 조화하다

ex) Does the furniture tone win with the curtains?
그 가구가 커튼과 잘 조화가 됩니까?

☐ **topsy-turvy** : head over heels ⇒ 거꾸로, 머리를 아래로

ex) He came down topsy-turvy and received a bump on the head.
그는 거꾸로 떨어졌다. 그래서 머리에 혹이 생겼다.

Ref. come down; 떨어지다 bump ; 혹 head over heels ; 거꾸로, 경솔히

☐ **touch off** someone(or something) : a) to make someone angry ⇒ -을 화나게 하다 b) to cause someone to begin doing something ⇒ -에게 지루하고 짜증나는 일을 하도록 불을 당기다 c) to begin some process(especially a fire burning) ⇒ 어떤 과정이 시작하다, 촉발되다, 발생하다

ex) Don't tell Jerry that you went on a date with his ex-girlfriend. It'll only touch him off. 제리에게 네가 제리 옛날 여자친구하고 데이트했다고 말하지 다. 그를 화나게 만들 뿐이니까.

ex) Don't ask John about his kids! You'll touch him off, and he'll talk about them for hours. 존에게 애들에 대해서 묻지 마! 네가 불을 당기면 그는 몇 시간 동안 애들 얘기만 할 거야!

ex) The lightning touched off a forest fire 번개 불에서 산불이 시작됐다.

☐ **touch on[upon]** something : to deal with (a topic) in passing ⇒ 간단히 언급하다, 암시하다

ex) A: Did the professor explain exactly what was going to be on the test? 교수님이 시험에 뭐가 나올지 정확히 알려 주셨어?
B: She just touched on it. 그냥 간단히 언급만 하셨어.

cf. touch and go; 간단히 논하고 넘어가다

☐ **trade in** something ⇒ 웃돈을 얹어주고 신품과 바꾸다

ex) I'm dissatisfied with my new radio and plan to trade it in.
나는 새 라디오가 마음에 안 들어 신품과 바꿀 계획이다.

☐ **try on** something ⇒ (사기전에) 입어보다, 신어보다

ex) I think you're about a size 10. Here, try this dress on and see if you like it. 내 생각에 당신은 10사이즈 같군요. 여기 이 드레스를 입어보고 좋은지 보세요.

☐ **try** something **out** (on someone) : a) to test something on someone ⇒ (비공식적으로) 시험해 보다 b) to present a plan or idea to someone ⇒ 미리 보여주다

ex) Before I purchase that car, I'd like to try it out.
내가 그 차를 구매하기 전에 한 번 시험해 보고 싶습니다.

ex) I thought of great idea for our vacation, but when I tried it out on my wife, she said she had a better idea. 나는 휴가를 어떻게 보낼지 좋은 생각이 떠올랐지만 아내에게 말해보기도 전에 아내는 더 좋은 생각이 있다고 말했다.

☐ **tuck** someone **out** : to make someone very tired ⇒ (Am. sl.) ⇒ 피로하게 하다, 지치게 하다

Ref. be tucked out ⇒ 몹시 지치다

ex) I'm all tucked out. = I'm worn out. = I feel run-down.
저는 녹초가 되었어요.

Ref. run-down *a.* ; 몹시 황폐한, 몹시 피곤한, 몸 상태가 좋지 않는

☐ **turn a deaf ear to** someone(or something) : to deliberately disregard or ignore something that someone says ⇒ -을 들으려 하지 않다, 안 들은 것으로 하다, 들은 척도 안 하다

ex) Can't you find a way of turning a deaf ear to her endless complaints? 그녀의 끝없는 불평을 듣지 않을 방법은 없나요?

☐ **turn around** something : to change the direction of something ⇒ 돌아서다, 돌아보다

ex) I turned around and saw that Gertrude was sitting directly behind me. 나는 돌아보니 거트루드가 내 뒤에 바로 앉아있다는 사실을 알았다.

☐ **turn aside** someone(or something) : to deflect or divert someone or something ⇒ 비끼다, 벗어나다, 빗나가다, 비껴가다

ex) Light rays are turned aside by the intensive gravitational field surrounding a black hole. 블랙홀을 둘러싼 강력한 중력장으로 인해 광선은 비껴간다.

ex) The police managed to turn aside the menacing crowd with tear gas.
경찰은 위협하는 군중들을 최루탄으로 겨우 피해갈 수 있었다.

☐ **turn away** someone(or something) : a) to refuse someone or something ⇒ 거절하다 b) to send someone or something away; dismiss ⇒ 쫓아버리다, 지지[원조]하지 않다, 해고하다

ex) If the King offers you something to eat, do not turn it away!
왕이 당신에게 무얼 먹으라고 하시면 거절하지 마세요.

ex) When Joe was 10, his parents turned him away. He went to live with his grandparents. 조가 열 살이었을 때, 그의 부모는 그를 쫓아냈다. 그는 조부모와 같이 살게 되었다.

☐ **turn down** someone(or something) : a) to refuse or reject someone or something ⇒ 거절하다, 사양하다 b) to decrease the volume of something ⇒ 스위치를 줄이다 c) to fold a portion of something down ⇒ 접다

ex) The reviewer did not like the proposal, so it was turned down. 그 평론가는 그 제안이 맘에 들지 않았다. 그래서 그 제안은 받아들여지지 않았다.

ex) Jackie said, "I'm trying to talk on the phone! Could you please turn down the stereo?" 재키가 말했다. "전화하고 있어요! 전축 소리 좀 줄여줄래요?"

☐ **turn[bring, hand] in** someone(or something) : a) to give a document (such as an assignment, form, or application) to the appropriate person ⇒ (서류, 양식 등을) 제출하다 b) to give information about someone's bad behavior to some authority figure ⇒ 신고하다, 고발하다 c) to take something to the appropriate place ⇒ 물건을 주워 신고하다, 제자리에 돌려놓다

ex) He expects to turn in his report tomorrow because he has only a little work left to do. 그는 보고서를 내일 제출할 수 있으리라 생각한다.
왜냐하면 할 일이 별로 남지 않았기 때문이다.

ex) When my brother told me that his best friend had robbed a bank, I advised him to call the police and turn him in. 형의 가장 친한 친구가 은행을 털었다고 형이 내게 말해주자, 나는 경찰에 신고해서 신고하라고 충고했다.

ex) I found someone's wallet on the street, so I turned it in to the lost-and-found. 나는 길에서 지갑을 주워 분실물 보관소에 맡겼다.

☐ **turn into** something : to become something different ⇒ -이 되다, 변하다

ex) He is turning into quite a skilled player.
그는 아주 능력 있는 선수로 바뀌고 있다.

☐ **turn off** someone(or something) : a) to stop the operation of some device or machine ⇒ (돌려서) 끄다 b) to displease, disgust, or dishearten someone, often sexually ⇒ (sp.) -에게 (-에 대한) 흥미를 잃게 하다, 불쾌하게 하다, 기분 나쁘게 하다 (보통 성적인 의미)

cf. switch off ⇒ (수위치를 눌러서) 끄다

ex) Shall I turn the oven off? 제가 밥솥을 끌까요?

ex) She turns me off. = I'm not attracted to her.
저 여자를 보면 밥맛 떨어져요.

ex) Mar's rude manners turn everyone off. Why doesn't anyone tell him to behave better? 마크의 무례한 태도는 사람들을 기분 나쁘게 해. 왜 아무도 그에게 그러지 말라고 얘기하지 않지?

☐ **turn on** someone(or something) : a) to switch on something ⇒ 켜다 b) to please or excite someone, often sexually ⇒ (구어)만족시키다, 흥분하게 하다(보통 성적인 의미로 사용)

ex) It's getting dark in here. Would you please turn on the lights?
여기 어두워지네. 불 좀 켜줄래?

ex) Olive is really turned on by astronomy.
올리브는 정말로 천문학에 빠졌어.

ex) She turns me on. = She's hot[attractive]
그녀는 정말 대단한 매력을 지녔어요.

☐ **turn out** someone(or something) : a) to produce something ⇒ 생산하다 b) to prove someone ⇒ 결국 -이 되다, -로 입증되다 c) to expel or force someone to leave someplace ⇒ 쫓아내다, 떠나도록 강요하다

ex) Julie has turned out to be the best student in our English class.
줄리는 우리 영어 반에서 최고의 학생으로 입증되었다.

ex) When our children began screaming and fighting, the manager turned us out of the restaurant. 우리 아이들이 비명을 지르고 싸우기 시작하자 지배인은 우리를 식당에서 나가도록 했다.

☐ **turn over** : a) to reverse something ⇒ 뒤집히다, 구르다 b) (for products) to be sold and restocked ⇒ (생산물, 제품 등이) 팔리고 다시 채워놓다 c) (for a motor or engine) to start or begin running ⇒ 시동을 걸다

ex) The car turned over twice before falling into the river.
그 자동차는 강에 떨어지기 전에 두 번이나 굴렀다.

ex) Produce should be turned over quickly, or it will rot.
농산물은 빨리 팔고 새로 갖다 놓아야지. 그렇지 않으면 상한다.

ex) My car battery was so low this morning that I had a hard time getting the engine to turn over. 오늘 아침 차 배터리가 거의 떨어져서 시동걸기가 힘들었다.

☐ **turn over** someone(or something) **(to** someone) : to give someone or something to someone, often implies giving someone or something to an authority figure or the rightful owner ⇒ 있어야 할 곳으로 보내다, 제자리에 돌려놓다.

ex) When I realized that I had done wrong, I turned myself over to the police. 내가 잘못했다는 것을 깨닫고 경찰서에 자수했다.

☐ **turn over a new leaf** : to change an aspect of one's life ⇒ 새로 시작하다, 마음을 고쳐먹다, 새사람이 되다

ex) My son doesn't talk back these days; he must have turned over a new leaf. 우리 아들은 최근에 말대답을 하지 않는다. 그가 마음을 고쳐먹은 게 틀림없다. cf. talk back; 말대답하다

ex) This year I'm going to turn over a new leaf. I'm going to quit drinking and smoking. 올해는 새사람이 될 거야. 술도 끊고 담배도 끊어야지.

☐ **turn thumbs down on** : don't approve of ⇒ 불만을 나타내다

ex) The men turned thumbs down on a strike at that time.
그들은 그 당시 파업에 불만을 나타냈다.

☐ **turn to** someone(or something) : a) to ask for something from someone ⇒ -에게 -을 요청하다 b) change ⇒ 바뀌다

ex) I had a big problem, so I turned to my father for advice.
나는 큰 문제가 있었기에 아버지께 조언을 구했다.

ex) As the weather became colder, the rain turned to sleet.
날씨가 더 추워지기 시작하면서 비가 진눈깨비로 바뀌었다.

☐ **turn[show] up** : to appear ⇒ 모습을 나타내다

ex) Guess who turned up at Mary's wedding!
메리의 결혼식에 누가 나타났는가를 추측해봐!

☐ **under age** ⇒ 미성년의

ex) He was prosecuted for having sex with a girl who was under age.
그는 미성년자인 소녀와 성관계를 가진 죄로 기소되었다.

☐ **under the name of** ⇒ -라는 이름으로

ex) I have a reservation under the name of Judy Foster for a single room. 주디 포스터라는 이름으로 1인용 객실을 예약했어요.

☐ **(be) under the weather**: to be sick ⇒ 몸 상태가 좋지 않은

ex) He is always under the weather. 그는 늘 아프다.

☐ **until further notice** 추후 통지가 있을 때가지

ex) Because of the railway workers' stoppage, trains will not be running until further notice and all ticket holders will receive full refunds. 철도 근로자들의 파업으로 추후 공고가 있을 때까지 열차 운행이 중단되며 기차표를 사신 분들에게는 전액 환불해 드리겠습니다.

☐ **upon completion of** ⇒ -가 끝나자마자, -가 끝나는 즉시

ex) Awards will be presented upon the completion of the program.
프로그램이 끝나자마자 상이 수여되었다.

☐ **ups and downs** : good luck and bad luck ⇒ 영고성쇠, 인생의 부침

ex) Life has its ups and downs, but that's what makes it so interesting!
삶에는 좋은 일도 나쁜 일도 있지만 그것이야말로 인생을 그토록 재미나게 만드는 것이지!

☐ **(be) up to** : to be able to make, to be planning ⇒ -에 종사하다, -할 수 있다, -을 하

려고 하다, -에게 달려 있다

ex) It is not clear that he is up to the trip. 그가 여행을 갈 수 있는지는 불확실하다

ex) I don't know what he is up to. 나는 그가 하는 일을 모른다.

☐ **up to date** : a) having current information ⇒ 최신의, 최근의, 현대화된 b) currently fashionable ⇒ 최신 유행하는

ex) I spend a lot of time keeping my company's database up to date.
나는 우리 회사의 데이터베이스를 최신으로 유지하느라 많은 시간을 보낸다.

ex) Tiffany's wardrobe is always up to date. How much money do you think she spends on clothing every month? 티파니의 옷차림은 언제나 최신유행을 달리는 것 같아. 네 생각엔 그녀가 매달 옷에 돈을 얼마나 쓰는 것 같니?

☐ **upside down** : a) with the top part down and the bottom part up ⇒ 거꾸로 된 b) in disorder; in chaos ⇒ 무질서하게 뒤집혀진

ex) Dan must have been drunk when he hung this painting on the wall. It's upside down! 이 그림을 벽에 걸었을 때 댄은 틀림없이 추해 있었을 거야. 그것은 거꾸로 걸려 있다.

ex) My father's sudden death turned my world upside down.
우리 아버지의 갑작스런 죽음으로 내 세상은 무질서하게 뒤집혔다.

☐ **vie for** someone(or something) : to compete with[for] someone or something ⇒ 다투다, 경쟁하다

ex) The Spanish, French, Dutch, and English all vied for North American territory. 스페인 사람들, 프랑스인들, 네덜란드인들, 영국인들 모두 북미 영토를 차지하려고 다퉜다.

☐ **(be) vulnerable[susceptible] to** something ⇒ -에 저항력이 없다, -에 약하다, -을 받기 쉽다

ex) Young people are vulnerable to the influence of radio and television.
젊은이들은 라디오나 텔레비전의 영향력에 약하다.

☐ **wait for** someone : to await someone ⇒ 기다리다

ex) He was waiting for her. 그는 그녀를 기다리고 있었다.

☐ **wait on** something : to attend on or serve someone ⇒ -를 시중들다

ex) The clerk asked, "Have you been waited on yet, sir?"
그 점원은 물었다. "아직도 시중들고 계십니까?"

☐ **wait up for** someone ⇒ (자지 않고) -를 기다리다

ex) Don't wait up for me tonight. I may be very late.

☐ **waste one's breath[words]** ⇒ 아무리 말해도 헛수고다, 쓸데없는 소리를 하다

ex) Don't argue with Frank any longer. You are only wasting your breath trying to get him to contribute to the Red Cross. 프랭크와 더 이상 논쟁하지 마세요. 네가 그에게 적십자에 공헌하도록 아무리 말해도 헛수고입니다.

☐ **walk on air** : to be delightful; to be ecstatic ⇒ 너무나 기뻐하다, 희열에 넘치다, 구름 위를 걸어 다니는 기분을 느끼다

ex) When Helen agreed to marry Thomas, he was walking on air!
헬렌이 토마스의 청혼을 받아들였을 때 그는 뛸 듯이 기뻐했다.

☐ **warm up** : a) to get ready to do something ⇒ -할 준비를 하다, 워밍업을 하다 b) to become active and lively ⇒ 흥분하다, 활기 있어지다, 열중하다

ex) Jimmy began to warm up for his wrestling match.
지미는 레슬링 경기를 위해서 워밍업을 했다.

ex) Sheila began to warm up to me after a few minutes. I could tell she liked me!
셰일라가 얼마 안 있어 나한테 열중하기 시작했어. 그녀가 날 좋아하는 게 확실해.

☐ **wash down** something : a) to rinse or clean something ⇒ -을 행구다, 씻다 b) to drink some fluids to help one swallow something ⇒ -을 쉽게 삼키도록 하기 위해 물을 먹다

ex) Hank and I washed the car down with some soap and water.
행크와 나는 비누와 물로 세차를 했다.

ex) The medicine will go down more easily if you wash it down with some water. 물과 함께 먹으면 약이 잘 넘어 갈 거야.

☐ **watch[look] out for** someone(or something) : a) to be careful around someone or something ⇒ -을 조심하다, 경계하다, 피하다 b) to try to avoid an encounter with someone or something ⇒ -와 마주치는 것을 피하다

ex) There was a sign near the road saying, "Watch Out For Falling Rocks!" 도로 근처에 "낙석 주의"라는 간판이 있었다.

ex) Watch out for that dog. It bites people.
그 개 조심해. 사람을 문단 말야.

☐ **watch over** someone(or something) ⇒ 감독하다, 간호하다, 돌보아주다

ex) His responsibility is to watch over the safety of the workers.
그의 책임은 노동자들의 안전을 돌보는 것이다.

☐ **water down** ⇒ 적당히 조절하여 말하다

ex) His political statement had been so watered down to avoid offending certain groups that it hardly had any meaning left. 그의 정치적 진술은 어떤 집단들을 화나게 하는 것을 피하기 위해 적당히 조절하여 말한 것이어서 그 말엔 거의 어떤 의미도 지니지 못했다.

☐ **wear away** : to wear of ⇒ 닳아 없어지다

ex) The letters on the gravestone have worn away with time.
그 묘비에 쓰여 진 글들은 세월이 흘러 닳아 없어졌다.

☐ **wear down** ⇒ 닳아 없어지게 하다

ex) The heels of your shoes are worn down on one side.
너의 신발 굽의 한 쪽이 닳아 헤어졌다.

☐ **wear off** : a) to slowly stop being effective ⇒ (점차로) 없어지다 b) (for something) to be gradually eroded away ⇒ -이 조금씩 부식되다, 마모되다

ex) My headache isn't serious. It will wear off after an hour, or so.
나의 두통은 심각하지 않아. 약 1시간 후면 괜찮아질 거야.

ex) I need to buy a new keyboard! I've been typing so much that all of the letters have worn off! 난 새 키보드를 사야 할 것 같아! 너무 많이 해서 문자가 다 닳아버렸거든.

☐ **wear out** : no longer usable ⇒ (입어서) 헤어지다, 낡게 하다

ex) We found many phonograph records that were worn out.
우리들은 낡아버린 많은 축음기용 레코드를 발견했다.

☐ **weed out** someone(or something) : to selectively remove someone or something from a group ⇒ 없애다, 제거하다

ex) Before making the pie, Martha had to weed out the bad apples.
마르타는 파이를 만들기 전에 썩은 사과를 골라내야 했다.

☐ **weigh one's words** : to carefully think about what one is going to say before one speaks ⇒ 말하기 전에 심사숙고하다

ex) I had to weigh my words carefully when I explained our failure to the boss. 나는 사장에게 우리의 실패를 설명하기 전에 심사숙고해야만 했다.

☐ **whisk off[away]** ⇒ 획 채어가다, 데려가다

ex) Before I knew what was happening, I was being whisked off to the other side of the room. 내가 무슨 일이 일어나고 있는 가를 알아보기도 전에 나는 그 방의 다른 쪽으로 데려가졌다.

☐ **wind up** someone(or something) : to finish something ⇒ 끝마치다, 마무리 짓다 b) to cause someone to become greatly excited or greatly agitated ⇒ -을 흥분시키다, 안절부절 못하게 만들다

ex) Americans wind up a question with a lift of the hand, a tilt of the chin or the widening of the eyes. 미국인들은 손을 들거나, 고래를 갸우뚱하거나, 눈을 크게 뜨면서 질문을 마무리한다.

ex) Don't tell Laurie that she looks fat in that dress. You'll only wind her up. 로리에게 그 옷이 뚱뚱해 보인다고 말하지 마. 그녀는 안절부절 못하게 될 거야.

□ **wipe out** someone(or something) a) to exhaust someone ⇒ (sl.) -를 몹시 피곤하게 하다 b) (slang) to destroy or annihilates someone or something ⇒ -을 파괴하다, 없애버리다, 퇴치하다

ex) I'm wiped out. = I'm totally exhausted. = I'm dead tired.
전 지금 너무 피곤해요.

ex) During World War Two, the German army wiped out the Polish army.
2차 세계대전 동안 독일군은 폴란드군을 쓸어버렸다.

□ **with a straight face** ⇒ 표정도 변하지 않고

ex) She jokes with a straight face. 그녀는 표정도 변하지 않고 농담해요.

□ **with a view to + 동명사** : with the view of + 동명사, for the purpose of + 동명사 ⇒ -하기 위하여

ex) He came to inspect the house with a view to buying.
그는 집을 살 목적으로 살펴보러 왔다.

□ **with open arms** : cordially ⇒ 두 팔을 벌리고, 충심으로

ex) The O'Briens greeted us with open arms.
오브리엔 가족은 우리를 충심으로 맞아주었다.

□ **with the exception of** -을 제외하고

ex) With the exception of main entrance, the fire consumed the entire building. 화재는 중앙출입구를 제외한 전 건물을 전소시켰다.

□ **without reservation** : without an arrangement made in advance to have something; completely ⇒ 주저 없이, 정말로

ex) We welcomed her back without reservation.
우리는 정말로 그녀가 돌아오기를 고대했다.

□ **work off** something : to get rid of by work or effort ⇒ (운동 등으로) 줄이다, 서서히 제거하다

ex) Jogging helps me work off frustration from work.
조깅은 일로 인한 좌절감을 줄이는 데 도움이 된다.

□ **work out** : a) to resolve a problem ⇒ (문제를)풀다 b) to exercise ⇒ 운동하다

ex) I'll give you five minutes to work out the problem.
너에게 그 문제를 푸는 데 5분을 주겠다.

ex) Did you see how fat Tina's gotten? She should work out.
너 티나가 얼마나 뚱뚱해졌는지 봤니? 그 애는 운동 좀 해야 해.

☐ **write off** someone(or something) : a) to accept that a debt will never be paid ⇒ 감가상각하다, 포기하다 b) to consider someone or something to be hopeless ⇒ -을 틀렸다고 간주하다, 단념하다

ex) After the crash, the insurance company agreed to write off the car as a total loss. 충돌 사고 후에 보험회사는 총 손실로서 그 승용차를 감가상각하는 데 동의했다.

ex) I tried for hours to repair my television, but I finally wrote it off and went out to buy a new one. 나는 몇 시간 동안이나 텔레비전을 고치려고 하다가 결국 단념하고 새 걸 사러 나갔다.

☐ **yet to come** ⇒ 아직 오지 않은

ex) The delights of motherhood are yet to come.
모성애의 즐거움이 아직 오지 않았다.

B. Idioms

☐ **a backseat driver** (sp.) : a passenger who gives directions to the driver
⇒ 뒷좌석에서 잔소리를 하는 동승자, 자동차의 객석에서 운전 지시를 하는 사람

ex) My sister is such a backseat driver that I refuse to allow her to be a passenger in my car anymore! 내 여동생은 너무나 이러쿵저러쿵 참견하길 좋아하는 애라서 나는 더 이상 그녀를 내 차에 태우지 않아!

☐ **a ball-breaker[burster]** : a) a problem that is very difficult to deal with ⇒ 아주 어려운 문제 b) a woman who uses her authority over men in a way that other people do not think is appropriate for a woman to do ⇒ 남자를 괴롭히는 여자

ex) That is a ball-breaker which we deal with.
그것은 우리가 다루기가 아주 어려운 문제다.

ex) She is such a ball-breaker that everyone dislikes her.
그녀는 하도 남자들을 괴롭혀서 모두 그녀를 싫어한다.

☐ **a basket case** : (sp.) someone who is so nervous or anxious that they cannot deal with simple situations ⇒ 몹시 불안·초조해하는 사람

ex) I was a basket case. = I was nervous wreck. 난 포기상태였어요.

ex) Mom was a complete basket case at our wedding.
엄마는 우리 결혼에 아주 불안해했다.

☐ **a case in point** : an example that proves something ⇒ 적절한 예, 흔한 단적인 예 cf. in point; 적절한

ex) America really should do something about the violence in its schools. A case in

point, yesterday there was another school shooting!
미국은 학교폭력에 대해 조치를 취해야만 한다. 그 대표적인 사례로, 어제 또다시 학교에서 총기난사사건이 있었다!

☐ **a close call[shave]**(=a narrow[near] shave[squeak]) : a narrow escape from a dangerous situation ⇒ 구사일생, 위기일발, 위기를 간신히 모면함

ex) When the car nearly hit her, Maria gasped, "Whew! That was a close call." 그 차가 마리아를 거의 칠 뻔 했을 때 그녀는 숨을 헐떡이며 말했다. "휴우, 거의 죽을 뻔했네."

☐ **a cut above** someone(or something) : a level or step above someone or something else ⇒ (구어) -보다 한 수 위, -보다 높은 수준

cf. a cut below : (구어) -보다 한 수 아래

ex) You're a cut above me. = You're a step above me.
당신이 한 수 위로군요.

ex) I just love the dresses in that shop. They're a cut above any others.
나는 저 상점의 옷들이 좋아. 다른 어떤 가게들보다 수준이 더 높거든.

☐ **a Dear John (letter)** (Am, sp.) : a break-up letter sent by a girl to her boyfriend ⇒ (애인, 약혼자에게 대한) 절교장, 파혼장

cf. break-up. n. 붕괴, 분산, 와해, 해산, 쇠약, (학기말의)종업

ex) She sent him a Dear John letter. 그녀는 그에게 파혼장을 보냈다.

☐ **a dime a dozen** : very common and not valuable ⇒ 싸구려의, 흔해빠진, 평범한

ex) Jobs like his are a dime a dozen. 그가 하는 일들은 아주 평범하다.

☐ **a drop in the[a] bucket**(=a drop in the ocean) : a very mall amount ⇒ 창해일속, 극히 소량, 새 발의 피

ex) A small donation is a drop in the bucket, but every little bit helps.
적은 기부금은 대양의 물 한 방울에 불과하지만 아무리 작은 것이라도 큰 도움이 된다.

ex) I have so much debt that borrowing another $100 is a drop in the ocean. 난 빚이 너무 많아서 100달러를 더 빌려 봤자 새 발의 피야.

☐ **a far[long] cry from something** : adj. very different from something ⇒ -와는 전혀 다른, 거리가 먼, 동 떨어진

ex) This hotel sucks! It's a far cry from the five-star luxury suite they advertised. 이 호텔은 정말 끔찍해! 이건 자기들이 광고한 별 다섯 개짜리 호화객실과는 거리가 한참 멀잖아.

cf. a far[long] cry to : something which is completely different from) ⇒ ~와 먼 거리

☐ **(like) a fish out of water** : someone who is completely unfamiliar with one's surroundings or activity ⇒ 낯선 상황에 처한 사람, 꿔다놓은 보릿자루, 뭍에 오른 물고기와 같이 자기분야가 아니기 때문에 실력을 발휘하지 못한 사람

ex) When Dan came to Korea, he fell like a fish out of water.
댄이 한국에 왔을 때 그는 스스로가 아주 낯선 곳에 있는 느낌을 받았다.

☐ **a freeloader** : (sp.) someone who regularly takes food or other things from other people, without giving anything in return, in a way that is annoying ⇒ (공짜로 먹으려고) 끼어드는 자, 공짜로 술을 마시는 손님

cf. freeload *v.* ; (음식물 등을) 공자로 얻어먹다, (남의 소유물, 설비 등을) 돈 내지 않고 쓰다

ex) She's a freeloader. 그녀는 공짜를 밝혀요.

ex) These days, Nicole is freeloading off her boyfriend.
요즈음 니콜은 그녀의 남자 친구에게 얹혀살고 있다.

☐ **a Jack of all traders** : someone who can do many different types of work ⇒ 팔방미인, 무엇이든지 대충은 아는 사람

ex) He is a Jack of all traders. 그는 팔방미인이다.

☐ **a long face**: a facial expression showing sadness or disappointment ⇒ 우울한[침울한] 얼굴, 시무룩한 표정

ex) Hey, Eddie, why the long face? 헤이, 에디, 왜 그렇게 시무룩해?

cf. pull[make, wear, have] a long face
⇒ 우울[침울]한 얼굴을 하다[하고 있다]

ex) When she heard the news, to fail to pass the entrance examination, she made a long face. 그녀가 입학시험에 떨어졌다는 소식을 들었을 때, 그녀는 우울한 표정을 지었다.

☐ **a lost cause** : something that has no chance of succeeding ⇒ 가망성이 없는 목표[주장, 운동]

ex) The job is a lost cause. 그 일은 가망성이 없다.

☐ **a man[woman] of his/her word** : the man/woman who can be trusted ⇒ 약속을 잘 지키는 사람

ex) He is a man of his word. 그는 약속을 잘 지킨다.

☐ **as a matter of course** : the usual way : normally or regularly ⇒ 당연한 일[뻔한 일]로서, 절차로서

ex) The security guard at my building always checks identification cards as a matter of course.
우리 건물의 경비는 당연한 절차로서 항상 신분증을 확인한다.

☐ **a mixed bag (of something)** : a mixed of diverse collection of people or things ⇒ 각양각색의 사람들, 혹은 사물들

ex) We really have a mixed bag of employees in our office.
우리 사무실에는 각양각색의 직원들이 있다.

☐ **a mixed blessing** : something that is good in some ways but bad in others. ⇒ 크게 유리하지만 크게 불리하기도 한 일[사정], 고마운 것 같기도 하고 그렇지 않은 것 같기도 한 사람[물건], 희비가 엇갈리는 일

ex) Staying at home with the baby has been something of a mixed blessing for Pam.
집에서 아이와 함께 있는 것은 팜에게 희비가 엇갈리는 일이었다.

☐ **a mixer** : a social person ⇒ (sp.) 교제가, 사교가

cf. a good[bad] mixer ⇒ 교제가 좋은 「서투른」 사람

ex) He's a good mixer. 그는 대단한 사교가입니다.

☐ **a pain in the neck**: an annoying or troublesome person or thing⇒ 눈엣가시처럼 거슬리는 존재

ex) He's a pain in the neck. 그 사람은 골칫거리에요.

☐ **a party pooper** (Am. sl.) (= killjoy, spoilsport, wet blanket) : someone who spoils other people's fun and does not want people to enjoy themselves. ⇒ (연회의) 흥을 깨는 사람

ex) You're a party pooper. = You're a dud.
당신 때문에 흥이 다 깨지는 군요.

Ref. dud *n.* (sp.) ; a) (pl.) 옷, 의류 b) (Am. sl.) 진저리나는 것 「녀석」

☐ **a party animal** : (slang) a person who likes to go to the parties; a person who likes to drink alcohol and have fun ⇒ 파티를 좋아하는 사람, 파티 광, 술 좋아하고 놀기 좋아하는 사람

ex) Grant is a real party animal. He just loves to drink and dance.
그랜트는 정말로 파티 광이야! 술 좋아하고 춤추기 좋아하거든.

☐ **a pat[slap] on the back** : a gesture of praise or encouragement ⇒격려[칭찬]

cf. **pat** someone **on the back**(=give/get a pat on the back) : to congratulate someone; to encourage someone ⇒ 칭찬하다[칭찬을 받다]

ex) Sally is losing confidence. Let's all give her a pat on the back.
샐리는 신뢰를 잃고 있어. 그녀를 격려해 주자.

ex) Whenever Erick does something good, he likes to pat himself on the back. 에릭은 좋은 일을 할 때마다 자축하기를 좋아한다.

☐ **A penny for your thought** : (sp.) used to ask someone what they are thinking about when they are silent ⇒ 생각을 말해주면 1전 줄게, 지금 무슨 생각하니?

☐ **a piece of cake** : something that can be easily done⇒ 쉬운 일, 쉽게 풀리는 일, 식은 죽 먹기

ex) Oh, that won't be a problem at all. Piece of cake!
아, 그건 전혀 문제가 아니야. 누워서 떡 먹기지!

☐ **apply a bandage** ⇒ 붕대를 감다

ex) The bandage should be applied firmly to the upper thigh to minimize swelling in the lower extremities. 다리 아래쪽의 부기를 최소화하기 위해서는 붕대를 하여 허벅지 위쪽에 단단히 매야 한다.

☐ **a pretty money** : a lot of money ⇒ 거금

ex) She handed down a pretty money. 그녀는 많은 돈을 물려받았다.

☐ **a quick fix** : (sp.) a repair to something or an answer to a problem that happens quickly, but may work for only for a short time.
⇒ 임시변통의[즉흥적] 해결책, 미봉책, 응급조치, 즉효 약

ex) There's quick fix for stopping pollution.
오염을 예방하는 임시 해결책은 없다.

ex) Congress is trying to resist quick-fix solutions.
의회는 임시 미봉책을 막으려 하고 있다.

☐ **a shot in the arm** : something that makes you more confident or more successful ⇒ 큰 도움이 되는 일이나 행동

ex) The new factory will give the local economy a real shot in the arm.
그 새 공장은 지역 경제에 실제적으로 커다란 도움을 줄 것이다.

☐ **a slap in the face[kisser, teeth]**(= smack in the face[eye]) : an embarrassing insult ⇒ 얼굴을 후려갈김, 창피, 모욕, 거절, 비난, 실망

ex) Bill considered Sherry's comment a slap in the face, and he hasn't spoken with her since. 빌은 셸리의 논평이 뺨을 때리는 것과 같은 모욕이라고 생각했고, 그 후로 그녀와 말을 하지 않고 있다.

☐ **a sweet tooth** : a strong liking for cakes and candy ⇒ 단 것을 좋아함

cf. have a sweet tooth ⇒ 단 것을 좋아하다

ex) I love chocolate! I have a sweet teeth!
나는 초콜릿이 좋아! 나는 단 것을 좋아하거든.

☐ **(be) a tall order** : (sp.) an almost impossible order and request ⇒ 어려운 주문이나 요구

ex) Finding extra time to read to their kids is a tall order for busy parents. 자녀들에

게 책을 읽어줄 여가시간을 갖기는 바쁜 부모들에겐 어려운 일이다.

☐ **a tempest[storm] in a teacup[teapot]** : great excitement about something not important ⇒ 사소한 일로 벌어진 대 소동

ex) Why are you so upset that the store overcharged you by one cent? It's just a storm in a teacup! 그 가게에서 너한테 1센트 더 내게 했다고 왜 그렇게 화를 내는데? 정말 사소한 일이라 구.

☐ **a walk in the park** : something that can be easily done ⇒ 매우 쉬운 일, 거저먹기

ex) The job is a walk in the park. 그 일은 식은 죽 먹기다.

☐ **a wet blanket** : a person who keeps others from enjoying ⇒ 트집을 잡는 사람. 흥을 깨는 사람, 같이 있어봐야 재미없는 사람

cf. wet-blanket *vt.* ⇒ ~의 흥을 깨다,[깨뜨리다]

Ref. the life of the party ⇒ 파티 분위기를 띄우는 사람

ex) Don't be such a wet blanket, Tom! It's a party, so have some fun! 톰! 그렇게 흥 좀 깨뜨리지 말라 구! 이건 파티야 즐기라 구!

☐ **a white lie** : a lie told without intention of malice ⇒ 선의의 거짓말

ex) When Ben's wife asked if her dress made her look fat, he told her a white lie, "No, not at all!" 벤의 아내가 자기 옷이 뚱뚱해 보이느냐고 벤에게 묻자 그는 악의 없이 거짓말을 했다. "아니, 전혀!"

☐ **a wild goose chase** : a useless pursuit of something; a waste of time (looking for something) ⇒ 뜬구름 잡기, 헛수고, 결과 없는 노력, 쓸모없는 추적을 가리키는 말

ex) I looked all over for an affordable new computer, but it was a wild-goose chase! They're all too expensive. 난 살 수 있는 새 컴퓨터를 찾아 돌아다녔지만 뜬구름잡기였어! 전부 다 너무 비싸거든.

☐ **act[be] one's age** : to behave in a manner appropriate to one's maturity ⇒ 나이에 걸맞게 행동하다, 나잇값을 하다

ex) Uh, why don't you act your age. Stop running around in the house. 음, 나이에 맞게 처신해야지. 집안에서 뛰어다니지 좀 말란 말이야.

☐ **add fuel to the fire[flames]** : to make a bad matter worse ⇒ 불에 기름을 붓다, 사태를 악화시키다

ex) Don't make them angrier. That's just adding fuel to flames. 그들을 더 화나게 하지 마. 불에 기름을 끼얹는 격이라고.

☐ **after hours** : later than the usual time ⇒ 근무시간 후에, 영업시간[정규시간] 후에도

ex) The security service stops by the office after hours to make sure everything is safe. 안전요원은 모든 것이 안전한지 확인하기 위해 근무 시간 이후에도 사무실에

들른다.

☐ **be all ears** (sp.) : to be very eager to hear ⇒ 유심히 듣다, 열심히 귀를 기울이다

ex) Shane loves that class. He's always all ears during the lectures.
세인은 그 수업을 좋아한다. 그는 항상 강의를 열심히 듣는다.

☐ **be all for something** : to be very enthusiastic about something; very happy about something ⇒ 너무나 -하고 싶어 하는

cf. all for it : totally in agreement ⇒ 전적으로 동감하는

ex) It's been a long day...I'm all for going out and having a beer or two.
긴 하루였어... 나가서 맥주 한 잔 했으면 정말 좋겠다.

☐ **all in the[a] day's work** : no harder than usual; what is normally expected of one ⇒ 일상적인, 당연한

ex) I hate doing all of this typing, but it's all in a day's work.
나는 이렇게 타자치는 걸 싫어하지만 그건 늘 해야만 하는 일이다.

☐ **all thumbs** : awkward or clumsy with one's hands ⇒ 일손이 아주 서툰, 재주가 없는

ex) I'm all thumbs when it comes to playing a musical instrument.
악기 연주라면 난 매우 서툴러.

☐ **an act of God** : something out of one's control ⇒ (지진이나 폭풍 등의)불가항력적인 일, 신의 섭리

ex) The farmer believed that it was an act of God that saved his farm from the tornado.
그 농부는 자기 농장이 토네이도를 피한 것이 신에 의한 것이라 믿었다.

☐ **an apple of one's eye** : someone's favorite person or thing ⇒ 소중하게 아끼는 것, 애지중지하는 것

ex) She's smart, pretty, talented. She's the apple of my eye.
그녀는 똑똑하고 예쁘고 재능이 많아. 그녀는 내가 정말 아끼는 사람이야.

☐ **an eager beaver** : very hard worker; a very willing or excited participant ⇒ 열심히 일하는[공부하는] 사람, 일[공부]벌레

∗ beaver *n.* (sp.) ⇒ (일, 공부에) 끈질긴 사람, 일벌레

cf. work like a beaver (sp.) ⇒ 부지런히 일하다

ex) Melinda sure is an eager beaver! She does twice as much as anyone else in the office. 멜린다는 확실히 일벌레야! 사무실에 있는 사람들의 두 배의 일을 한다니까.

☐ **and then some** (Am. sp.) : and much more besides ⇒ 그 외에도 많이, 더욱 많이

ex) He paid a thousand dollars and then some.
그는 천 달러하고도 더 되는 돈을 지불하였다.

☐ **around[round] the corner** : coming very soon ⇒ 길모퉁이를 돈 곳에, 바로 근처에, 임박하여

ex) Christmas is just round the corner. 이제 곧 크리스마스이다.

☐ **as the crow flies** : measuring very straight, from one point to another point (as opposed to the distance covered by a curvy river or road) ⇒ 까마귀가 먹이에 달려들 듯, 곧장 가면, 최단 거리로, 직선으로

ex) As the crow flies, from here to the vineyard it's only a mile.
여기서 포도원까지 곧장 가면 1마일밖에 안 됩니다.

☐ **turn the corner** : escape from the difficult situation ⇒ 모퉁이를 돌다. (병, 불경기 등의)고비를 넘기다

ex) The company turned the corner through the semi-conduct export.
그 회사는 반도체 수출로 불경기를 넘겼다.

☐ **as easy as pie**(=as easy as falling off a log) : extremely easy to do ⇒ 대우 쉬운

ex) Once you get used to it, skiing is as easy as falling off a log.
일단 익숙해지기만 하면, 스키 타는 건 너무너무 쉬워.

☐ **as is often the case (with)** someone : as is often that way ⇒ -에게 흔히[종종] 있는 일이듯이

ex) As is often the case with us, the case is different with you.
우리에게 흔히 있는 일이지만, 당신의 경우는 다르다.

☐ **ask for it[trouble]** : (sp.) (bring something bad upon yourself ⇒ 사서[자청하여] 고생을 하다

ex) You have asked for it. 자업자득이다.

☐ **at eleventh hour** : at the latest possible time ⇒ 마지막 기회에, 막판에

ex) He turned in the report at the eleventh hour.
그는 마감에 임박해서야 리포트를 제출했다.

☐ **at it again** : doing something again ⇒ 다시 -을 하는

ex) Is she at it again? I told her not to argue with the neighbor.
그녀가 또 싸움을 한다고? 내가 이웃사람들과 싸우지 말라고 말했는데.

☐ **at large** : a) free from restraint or confinement ⇒ 마음대로, 자유로이, 붙잡히지 않고
b) go into the question at large ⇒ 상세히[자세히] 문제를 자세히 검토하다.

ex) The culprit is still at large. 범인이 아직도 체포되지 않고 있다.

ex) The police have caught two of the burglars, but the third is still at large. 경찰은 그 강도들 중 두 명은 잡았지만 세 번째 강도는 아직 잡히지 않았다.

☐ **at one's service** : prepare to obey your command ⇒ 원하는 대로, 마음대로, 기꺼이 따

를 준비가 된

ex) I'm at your service. 무엇이든 분부만 하십시오.

I'm John Smith at your service.

저는 존 스미스라고 합니다(잘 부탁합니다).

☐ **at the eleven hour** : just at the last moment ⇒ 아슬아슬하게, 막판에

ex) John finished preparing his presentation at the eleventh hour.

He barely had time to make copies before the meeting began.

존은 막판에 그의 발표 준비를 마쳤다. 그는 회의가 시작되기 전에 복사할 시간도 거의 없었다.

☐ **a ball-park figure** : an estimate; an inexact number ⇒ 어림셈, 대략

ex) I know you can't tell me exactly what it will cost, but can you give me a ball-park figure? 그게 비용이 얼마나 들지 정확히 말씀해 주실 수 없다는 걸 저도 압니다만 대략적인 비용이라도 산출해주실 수 있겠습니까?

☐ **back to the salt mines** : time to return to something unpleasant, like work or school ⇒ (일터나 학교 등 지겨운 일을 하는 곳으로) 복귀할 시간

ex) Vacation is over, so it's back to the salt mines again.

방학은 끝이 났으니 이제 다시 구렁텅이로 돌아가야 해.

☐ **bark up the wrong tree** : make a wrong decision; choose the wrong course of action ⇒ (Am.) 잘못[허방] 짚다

ex) I'm not blame for the poor results; you're barking up the wrong tree.

나쁜 결과에 비난 받을 사람은 제가 아닙니다. 잘못 짚으셨군요.

☐ **be bent on something** : determined or set on something ⇒ -하기로 작정한, 결심한

ex) The marketing director is bent on hiring an MBA for his team, regardless of the salary he or she might demand.

그 판매 이사는 자기 팀에 MBA를 고용하기로 결정했어. 그가 봉급을 얼마를 요구하든지 상관없이 말야.

☐ **be fed up with** someone(or something) : to be sick/tired of someone or something ⇒ -에게 싫증나다, 지겹다

ex) I'm fed up with Mr. Chun's excuses. 나는 천씨의 변명에 넌더리가 난다.

☐ **be in the hole[debt]** ⇒ 빚을 지고 있다

ex) He is in the hole to her. 그는 그녀에게 빚을 지고 있다.

☐ **be in deep water** : in a difficult or serious situation, or in a situation where someone is angry with you ⇒ 어려움에 빠져 있다

ex) He is in deep water because of financial difficulties.

그는 재정적 어려움으로 어려움에 처해 있다.

☐ **be Greek to someone** : be unable to understand ⇒ ~가 이해하기 어렵다

ex) It's[It sounds] all[quite a] Greek to me. 도무지 무슨 소린지 모르겠다.

Ref. greek *n.*; (sp.) 무슨 소린지 알아들을 수 없는 말(gibberish)

☐ **be (skating) on thin ice** : to be in a situation in which you do something risky that is likely to upset someone ⇒ 위험한 상황에 처해 있다

ex) Legally the company is on very thin ice with its actions.
법적으로 그 회사의 조치는 매우 위험한 상황에 처해 있다.

☐ **be up and running** : be ready to use ⇒ 사용 가능하다

ex) It is up and running. 그것은 사용 가능하다.

☐ **beat around[about] the bush** : talk indirectly thereby avoiding the point ⇒ 변죽을 울리다, 돌려서 말하다

ex) Why don't you stop beating around the bush and answer my question? 슬슬 피하지 말고 내 질문에 대답해 봐요.

☐ **behind bars** : in prison ⇒ 감옥에 투옥된

ex) He is behind bars because of committing a crime.
그는 죄를 범해서 감옥에 투옥되어 있다.

☐ **be in one's prime** : be the time in your life when you are strongest and most active ⇒ 정상에 있다, 황금기[절정기]에 있다

ex) He's in his prime like Boa. 그는 보아처럼 전성기에 있다.

☐ **bench warmer** : a sports player who does not play at the beginning of a game, but plays if someone else is injured or cannot play ⇒ 후보 선수

ex) He is a bench warmer. 그는 후보 선수다.

☐ **better late then never** : better to do it late than not at all ⇒ 늦더라도 하지 않는 것보다는 낫다.

ex) You're an hour late, but better late than never.
너는 한 시간 늦었지만 아예 안 가는 것보다는 늦는 게 나아.

☐ **better left unsaid** : better not to talk about that ⇒ 말하지 않는 것이 낫다.

ex) It is better left unsaid. 그것은 말하지 않는 것이 더 낫다.

☐ **better off more than one can chew** : take on more responsibility than one can handle ⇒ 자신이 할 수 있는 이상의 책임을 떠맡다.

ex) The job is better off more than he can chew.
그 일은 그의 능력 밖이다.

☐ **beyond one's wildest dreams** : better than anything we hoped or imagined ⇒ 생각보

다 훨씬 좋은, 기대 이상의

ex) The store has succeeded beyond our wildest dreams.
그 가게는 우리 기대이상의 성공을 했다.

☐ **birds and the bees[= the birds and the bees]** : an indirect way of referring to human reproduction ⇒ 성교육의 기초지식

ex) My parents never told me about the birds and the bees.
부모님은 성교육에 대해 내게 말해주신 적이 없다.

☐ **bite off more than one can chew** : to try to do more than you are able to do ⇒ 지나친 욕심을 부리다

ex) Many kids who leave home to live alone find (that) they have bitten off more than they can chew. 집을 떠나 혼자 사는 많은 어린이들은 자신들이 지금까지 지나친 욕심을 부려왔다는 사실을 안다.

☐ **bite the bullet** : to endure or tolerate ⇒ (고통이나 불행을)참고 견디다

ex) Even though it took all night, Dan bit the bullet and finished his book report. 밤새 걸리긴 했지만 댄은 꾹 참고 그의 독후감을 마쳤다.

☐ **black out**: taint : to faint or pass out; to lose consciousness ⇒ (일시적으로) 기절하다, 의식을 잃다

ex) My girlfriend blacked out at the sight of her own blood.
내 여자 친구는 자신의 피를 보더니 정신을 잃었다.

☐ **black sheep (of the family)** : a person who has done something bad which brings embarrassment or disrespect to his/her family ⇒ 집안의 말썽꾸러기, 미운 오리새끼, 골칫거리

ex) He is the black sheep of the family; he never finished high school while his brothers graduated from Harvard. 그는 정말 미운 오리새끼야.
자기 형제들은 하버드 대학을 졸업하는 동안 고동학교도 미치지 못했으니.

☐ **blow one's top** : to lose one's temper; become extremely angry ⇒ 이성을 잃다, 흥분하다, 화를 내다

ex) Please don't blow your top over this insignificant matter.
별로 중요하지 않는 일에 제발 그렇게 화를 내지 마.

☐ **blow one's own horn[trumpet]** : to boast or brag about oneself ⇒ 자랑하다, 떠벌리다

ex) People who blow their own trumpets rarely have many friends.
자신에 대하여 떠벌리는 사람에게는 좀처럼 친구가 없다.

☐ **blow the whistle on** someone(or something) : to report someone's wrongdoing or illegal activity to the authorities ⇒ 잘못을 당국에 고발하다

ex) Mrs. Brown finally blew the whistle on her husband who repeatedly beat her fifteen years.
브라운 부인은 15년간 자신을 구타해온 남편을 결국 고발했다.

□ **boil down to** something : basically come down to; amount to ⇒ 결국 -이 되다
ex) Be kind to Michelle. It all boils down to her desire to be loved.
마이클에게 잘 해요. 결국 그녀는 사랑받고 싶은 거니까.

□ **brag about** something : to boast about something ⇒ 자랑하다
ex) Grandparents were happily bragging about their grandkids.
할아버지 할머니들은 자신들의 손자들을 자랑하고 있었다.

□ **Break a leg!** : Good luck on your performance! ⇒ 잘 되길 빌게, 잘 해봐!

□ **break** one's heart : to discourage someone greatly ⇒ 낙심하게 하다, 마음의 상처를 주다
ex) That's the third time she's broken his heart. He should just end the relationship!
그녀가 그의 마음을 아프게 한 것이 이번이 세 번째야.
그는 그녀와 헤어져야만 해!

□ **break in** ⇒ 길들이다
ex) The young horse was not yet broken in.
그 어린 말은 아직 길이 들어 있지 않았다.

□ **break the ice** : to start conversation or communication, especially during an awkward situation ⇒ 처음의 서먹서먹한 분위기를 극복하다, (주로 나쁜 소식) 소식을 알려주다
ex) Break the news quietly. We don't want the entire neighborhood to know. 그 소식을 조용히 전해라. 우리는 이웃사람 모두가 알게 되길 원하지 않으니까.

□ **bring down the house** : to get a standing ovation ⇒ 우레와 같은 갈채를 받다
ex) You're so well prepared, you're going to bring down the house tonight. Go get them! 넌 만반의 준비를 갖추었으니 오늘밤 박수갈채를 받게 될 거야. 자, 잘해봐!

□ **bring home the bacon[groceries]**; earn money for a family to live on ⇒ 생계를 꾸려나가다, 생활비를 벌다, 성공하다, 기대한 만큼 성과를 올리다
ex) Who brings home the bacon at your house?
= Who's the breadwinner at your house?
당신 집안에서 누가 가장인가요.
cf. breadwinner *n.* ; 가장, 생업 bacon *n.* (sl.) ; 약탈품, 이익, 수입
cf. **save one's bacon** ⇒ (sp.) 중대한 손해를 모면하다, -에게 목적을 달성케 하다.

□ **bug** someone : to annoy or bother someone ⇒ 괴롭히다, 짜증나게 하다
ex) It really bugs me when the car behind me drive too close.
뒤차가 너무 근접해서 운전하면 정말 난 짜증나.

☐ **build castles in the air[sky]** : to fantasize or daydream; to make plans that will never be realized ⇒ 공중누각을 짓다, 즉 실현되지 못할 계획을 세우다

ex) My dad used to build castles in the sky; he died a poor man.
우리 아빠는 실현되지 못할 계획을 세우곤 하셨어. 죽을 때까지 가난을 면치 못하셨지만.

☐ **be bumper to bumper** : to be heavy ⇒ 교통이 혼잡한, 막힌

ex) The traffic is bumper to bumper. 교통이 막히다.
= We have a traffic jam[congestion].
= The traffic is heavy[congested]. = The traffic is backing up.

☐ **bull in a china shop** : a very clumsy person ⇒ 매우 서투른 사람, 생각이 없는 사람, 막무가내로 날뛰는 사람

ex) Melinda's thoughtless comments will make everyone feel uncomfortable; she's a bull in a china shop. 멜린다의 사려 깊지 못한 말 때문에 모든 사람이 불편해질 거야. 그녀는 정말 생각이 없다니까.

☐ **burn (all) one's bridges** : to make decisions which cannot be changed in the future ⇒ 배수진을 치다, 돌아올 수 없는 강을 건너다, 번복할 수 없는 결정을 내리다

ex) Just wait and make a good decision. Don't burn all your bridges.
기다리면서 현명한 결정을 내려. 나중에 번복할 수 없게 만들지 말고.

☐ **burn the midnight oil** : to work late into the night ⇒ 밤을 새거나 늦은 시간까지 공부[일]하다

ex) Most students burn the midnight oil during exam week.
대부분의 학생들은 시험주간에는 밤늦게까지 공부한다.

☐ **burn the candle at both ends** : to stay up late into the night working very hard ⇒ 밤늦게까지 일하다, 밤새 일하다

ex) I have got to get some sleep. I've been burning the candle at both ends. 잠을 좀 자야 해. 밤늦게까지 일했거든.

ex) She's burning the candle at both ends. 그녀는 정말 무리하고 있어요.

☐ **burning issue[question]** : a very important question or problem ⇒ 열띤 논쟁거리, 쟁점

ex) The burning issues of this election is the economy.
이번 선거의 쟁점은 경제다.

☐ **burn oneself out** : to do something so intensively or for so long that one gets weary, apathetic or ill ⇒ 온 힘을 쏟다, 너무 오래 애써서 모든 힘을 소진해 버리다

ex) My father retired after fifteen years as a salesman. He really burned himself out. 내 아버지는 15년간 영업사원으로 일하시고 퇴직하셨다. 그분은 정말 온 힘을

다해서 일하셨다.

☐ **bury the hatchet** ; to stop fighting or arguing; to end old feuds ⇒ 오랜 불화를 끝내다, 싸움을 그만두다, 화해하다

ex) Terry hoped that her mother-in-law and her mother would bury the hatchet. Their fighting was not good for children. 테리는 시어머니와 친정어머니가 그만 싸우기를 바랐다. 그들의 싸움은 아이들에게 좋지 않은 영향을 미쳤던 것이다.

ex) Let's bury the hatchet. = Let's let bygones be bygones.
과거사는 거론하지 맙시다.

☐ **butter someone up[= butter up** someone**]** : to flatter someone ⇒ 아부하다

ex) Sarah desperately needed a raise, so she decided to butter up the boss. 사라는 봉급인상이 절박해서 사장에게 아부하기로 결심했다.

☐ **get butterflies in one's stomach[= have butterflies in the stomach]** : to get nervous ⇒ (sp.) (걱정으로) 속이 조마조마하다, (가슴이) 두근두근하다

ex) I get butterflies in my stomach every time I have to speak in front of an audience. 나는 청중 앞에서 말해야 할 때마다 초조해진다.

☐ **by the skin of one's teeth** : by a narrow the margin; barely ⇒ 간신히, 아슬아슬하게, 가까스로, 겨우

ex) I handed in my report on time by the skin of my teeth.
나는 보고서를 겨우 제시간에 제출했다.

☐ **by word of mouth** : passed from person to person ⇒ 구전으로

ex) We learned about the schedule change by word of mouth.
우리는 그 일정이 바뀌었다는 것을 말로 전해 듣고 알았다.

☐ **call a spade a spade** : to speak frankly about someone or something ⇒ 솔직히 말하다, 바른대로 불다

ex) Well, he has been to jail. He was a convict. Let's call a spade a spade. 이봐, 그는 감옥에 갔다 왔어. 그는 죄수였어. 우리 말은 바로 하자고.

☐ **call it a day** : to stop working for the day; go home ⇒ 하루 일을 마치다, 퇴근하다

ex) Let's call it a day. 오늘은 이만 합시다.

☐ **call it quits** : to discontinue what you're doing ⇒ 일을 멈추다

ex) Let's call it quits. = Let's just end it right now. 이쯤에서 그만 합시다.

☐ **call** someone **names** : to say unkind words about or when speaking to someone ⇒ 욕하다, 험담하다

ex) Viviana smacked Dan because he called her names.
비비안나는 앤이 그녀의 험담을 하는 바람에 그의 빰을 때렸다.

ex) It's not nice to call people names. 남의 험담을 하는 건 좋지 않아.

☐ **call the meeting to order** : to open a meeting formally ⇒ -의 개회를 선언하다, (의장이 발언자에게) 의사진행 절차에 위반하고 있음을 주지시키다, 정숙히 할 것을 명하다, 회의장을 정돈 시키다

ex) The CEO called the meeting to order, but several people were still talking to each other. 그 최고 경영자는 회의장을 정돈시켰지만 몇몇 사람들이 아직도 서로 얘기하고 있다.

☐ **call the shots** : to make the decisions or to give orders ⇒ 결정하다, 명령하다

ex) My wife calls the shots in my family. 내 아내가 우리 집의 결정권자다.

ex) Glenn definitely is a follower. He's not comfortable calling the shots.
결정적으로 글렌은 남의 말을 따르는 사람이다. 그는 결정을 내리는 일을 불편해 한다.

☐ **can't make heads or tails of** something : find something confusing and illogical ⇒ 전혀 이해하지 못하다, 뭐가 뭔지 분간을 모르다

☐ **carry** (something) **too far[too extremes, to excess]** : to do or say too much about something ⇒ 도가 지나치게 -하다

ex) It was funny at first, but you've carried the joke too far.
처음에는 재미있었지만, 농담이 도가 지나쳤다.

☐ **carte blanche** : (from French) permission to act entirely as one wishes ⇒ 백지위임장, 전권위임

ex) The President gave the Ambassador carte blanche as it was very important to conclude the negotiations quickly. 협상을 빨리 매듭짓는 것이 매우 중요했기 때문에 대통령은 대사에게 전권을 위임했다.

☐ **catch** someone **off guard** : to approach someone unexpectedly ⇒ 방심한 틈에 공격하다

ex) The army caught the enemy off guard and made them surrender without a fight.
그 군대는 적이 방심한 틈을 타서 싸우지도 않고 항복을 받아냈다.

☐ **catch** someone **red-handed** : to catch someone in the act of doing something wrong ⇒ -을 현행법으로 붙잡다

ex) Amy got caught red-handed cheating on an exam.
애미는 시험 중에 부정행위를 하다가 걸렸다.

☐ **catch one's eye** : to attract one's notice ⇒ -의 관심을 끌다, -의 눈에 띄다

ex) She caught my eye in the last night. 그녀는 지난 밤 내 관심을 끓었다.

ex) Could you get me refill when you catch the waiter's eye?
웨이터와 눈이 마주치거든 나에게 한 잔 더 달라고 해줄래?

☐ **check someone in[into]/ check in** someone : to register (at a hotel) ⇒ 투숙하다, 등

록하다, 입실을 확인하다

ex) I checked in all of the jests as they arrived.
손님들이 도착하신 대로 그분들의 입실을 확인했습니다.

☐ **check** someone(or something) **out** : to take a look at something ⇒ -을 조사해보다, -을 확인해 보다

ex) Hey, did you check out the new video game?
이봐, 그 새 비디오 게임 확인해 봤어?

ex) The clerk checked out some of the guests this afternoon.
그 직원은 오늘 오후에 일부 손님들의 퇴실을 확인했다.

☐ **(as) clean as a whistle**: spotless : a) very clean ⇒ 아주 깨끗한, 유리알처럼 맑은 b) not illegal or immoral ⇒ 불법이 아닌

ex) Go clean your room, and it better be as clean as a whistle when you're done. 가서 네 방을 치워라. 그리고 다 치웠을 때는 아주 깨끗하게 치워져 있어야 해.

ex) No politician is as clean as a whistle.
어떤 정치인도 아주 깨끗하지는 않다

☐ **cock-and-bull-story** : a fabricated or made-up story; an untrue story⇒ 꾸며낸 이야기, 쓸데없이 지어낸 거짓말, 둘러대기

ex) I caught my daughter with a cigarette, and she gave me a cock-and-bull story saying that it was her friends. 딸애가 담배를 가지고 있는 걸 내가 붙잡았더니 그 애가 자기 친구 거라며 둘러대더군.

ex) Don't give me that cock-and-bull story! Tell me the truth!
그런 꾸며낸 얘긴 하지 마. 진실을 말해!

☐ **come[fall, break] apart at the seams** : If a plan, organization, etc. is coming or falling apart at the seams, so many things are going wrong with it that it will probable fail. ⇒(구어) (계획 등이) 실패로 돌아가다, 결딴나다, 쇠약해지다, 건강이 나빠지다

ex) The country's whole economy is coming apart at the seams.
그 나라의 모든 경제 계획이 실패로 돌아가고 있다.

☐ **come in handy** : to be useful ⇒ 유용하다

ex) I'm saving the memo - it might come in handy someday.
나는 메모를 저장하고 있습니다. 분명 언젠가 유용할 것입니다.

☐ **come of age** : to reach full development ⇒ 성년이 되다

ex) She came of age this year. 그녀는 올해 성년이 되었다.

☐ **come out of nowhere** : to appear suddenly and unexpectedly ⇒ 불쑥 출현하다, 예고 없이 나타내다

ex) As I was driving along, a rock came out nowhere and smashed through my windshield! 내가 운전을 하고 있을 때 바윗덩어리 하나가 어디선가 갑자기 나타나 앞 유리창을 깨뜨렸다.

☐ **come to** someone ⇒ (회사에서) -를 채용하려고 하다

ex) Nobody's going to come to you.
누군가 알아서 불러주지는 않을 테니까요.

☐ **(as) cool as a cucumber** : very calm ⇒ 침착한, 냉정한

ex) The fireman remained nervous before an exam, but not Jim. He's always as cool as a cucumber. 불타고 있는 건물에서 입주자들을 구출하는 동안 그 소방관은 내내 침착했다.

☐ **cost (someone) an arm and a leg**(=cost a pretty penny) : to cost a lot ⇒ 엄청난 대가를 요구하다, 굉장히 비싸다, 비용이 많이 들다

ex) My car cost a pretty penny, but I like it.
내 차는 몹시 비싸지만 난 맘에 들어.

☐ **count sheep** : to count sheep as a way of making yourself go to sleep ⇒ 억지로 잠을 청하다

He counted sheep yesterday because there are many things to do today.
그는 오늘 할 일이 많이 있어서 어제 억지로 잠을 청했다.

☐ **creep** n. (sp.) : frightening feeling ⇒ 섬뜩한 느낌

ex) It gives me the creeps. = It's creepy. 소름이 끼치는 군요.

Ref. **give someone the creeps[jitters, willies]**(=get the creeps[willies, jitters) : to feel frightened or uneasy ⇒ 겁먹다, 불편하게 느끼다

ex) I get the creeps whenever I walk past that abandoned house.
저 폐가를 지나갈 때마다 난 너무 겁이 나.

ex) The one-eyed man gave all of the children in the neighborhood the willies. 그 외눈박이는 이웃의 모든 아이들을 겁나게 했다.

☐ **cream of the crop** : the best people or things in a particular group ⇒ 제일 좋은 것, 알짜배기 (고어)

ex) These students represent the cream of the academic crop.
이 학생들은 학업에서 제일 훌륭한 학생들을 대표한다.

☐ **crocodile tears** : pretended tears ⇒ 거짓 눈물

ex) She shed crocodile tears. 그녀는 거짓 눈물을 흘렸다.

Ref. shed[cry] crocodile tears : to pretend you feel sad, sorry, or upset ⇒ 거짓 눈물을 흘리다

☐ **cross one's mind** : to think of something ⇒ 갑자기 떠오르다, 뇌리를 스치다

ex) We can't afford everything on the grocery list. Cross the kiwis out.
우린 식료품 목록에 있는 걸 전부 다 살 수는 없어. 키위는 빼.

☐ **cry wolf** : to complain or cry about nothing ⇒ 아무것도 아닌 일로 법석을 떨다, 거짓 경고를 하다

ex) Don't listen to her. I'm sure there's nothing wrong. She's crying wolf again. 그녀의 말은 듣지 마. 내가 확신하건데 아무 일 없어. 도 아무것도 아닌 걸 가지고 그러는 거야.

☐ **cut corners** : a) to reduce expenses or costs ⇒ 비용을 줄이다, 삭감하다 b) to do something in the easiest, cheapest of fastest way ⇒ 빈약하게 하다, 안이하게 하다

ex) The company cut corners to save money, but it ended up putting out poor products. 그 회사는 돈을 모으려고 비용을 삭감했지만 결국은 불량품을 생산하고 말았다.

ex) I can't accept your written proposal. You've cut too many corners.
당신이 쓴 제안서를 받아들일 수 없습니다. 너무 안이하게 썼더군요.

☐ **cut** someone **(off) short[dead]** : a) to suddenly stop someone in the middle of his/her are speaking ⇒ 말을 하는 중간에 갑자기 막다 b) to ignore someone completely ⇒ 완전히 무시하다

ex) Nate is so rude. He always cuts people off short when they are
speaking. 네이트는 너무나 무례해. 그는 항상 사람들의 말을 막는다니까.

ex) Tina cut Barbie off dead for stealing her boyfriend.
티나는 바비가 자기 남자친구를 빼앗은 바람에 그녀를 완전히 무시했다.

☐ **cutting-edge** ⇒ 최첨단, (말, 줄등의) 날카로움

ex) This is a cutting-edge product. 이것은 첨단 기술로 탄생한 제품입니다.

☐ be **on[at] the cutting edge of something** : to be working at the most advanced stage or development of something ⇒ 가장 최신 기술의 상태에 있다.

ex) State governments are at the cutting edge of changes that help employees juggle family needs and work. 주 정부들은 직원들이 가족의 욕구와 일을 기술적으로 잘 처리해내는 데 도움을 주는 가장 혁신적인 변화의 기술을 도입하고 있다.

☐ **cut the red tape** : to remove official rules ⇒ 관료주의를 타파하다

ex) The new rules should help cut the red tape for farmers.
새로운 규칙들은 농부들의 관료주의를 타파하는데 도움이 되어야 한다.

Ref. red tape; official rules that seem unnecessary and prevent things from being done quickly and easily

□ **dawn on someone** : to realize something; to suddenly think of something ⇒ 갑자기 무언가를 알아차리다, 갑자기 생각해내다

ex) It suddenly dawned on me that the reason the car wouldn't start was that it was out of gas! 나는 차가 출발하지 않은 이유가 휘발유가 떨어져서라는 걸 갑자기 깨달았다.

□ **day in and day out** : everyday ⇒ 날이면 날마다

ex) Walter studied day in and day out for his exam, and he still failed. 월터는 매일매일 열심히 시험공부를 했지만 여전히 실패했다.

□ **dead tired** : extremely tired ⇒ 몹시 피곤한

ex) She was dead tired because she stayed at night yesterday. 그녀는 어제 밤샘해서 매우 피곤했다.

□ **die away[down, off, out]** : to fade away or disappear with time ⇒ 천천히 사라지다, 점차적으로 사라지다

ex) The speaker waited for the laughter to die away before continuing his speech. 그 연사는 연설을 계속하기 전에 웃음이 사그라지질 기다렸다.

ex) The fire died down after we ran out of wood. 나무가 다 떨어지자 불은 사그라졌다.

□ **do not sleep a wink**: do not sleep at all ⇒ 한 숨도 못 자다

ex) She did not sleep a wink yesterday night. 그녀는 어젯밤 한 숨도 자지 못했다.

□ **do time** : to serve a sentence in prison ⇒ 복역하다

ex) He did time for two years. 그는 2년 동안 복역했다.

□ **dog-eat-dog** : ruthless; competitive ⇒ 치열하게 다투는, 냉혹한

ex) My father used to say, "You need a good education in this dog-eat-dog world." 아버지는 "이 냉혹한 사회에서 넌 교육을 잘 받아야 한다."라고 말씀하시곤 했다.

□ **ring a bell** : for something to seem familiar to one; to remind one of something ⇒ 익숙하다, 생각나게 하다

ex) That song rings a bell. Where have I heard it before? 저 노래는 익숙해. 내가 전에 그 노래를 어디서 들었지?

ex) Your name rings a bell. Have we met before? 당신 이름이 익숙해요. 우리가 전에 만난 적이 있던가요?

□ **Dutch courage** : courage resulting from alcohol; false courage from alcohol ⇒ 술 취한 사람의 만용, 술로 얻은 (거짓) 용기

ex) Jean is usually timid, but he gets a bit of Dutch courage once in awhile. 진은 보

통 때는 소심하지만 가끔씩 술로 용기를 얻곤 한다.

☐ **down in the dumps** : depressed or blue ⇒ 침체된, 우울한, 슬픈, 낙담한

ex) You look so down in the dumps. Are you OK?
너무 슬퍼 보인다. 괜찮니?

☐ **down the drain[tube(s)]** : wasted, completely lost ⇒ 낭비가 된, 허사가 된, 수포로 돌아간

ex) We spent $100,000 trying to launch our new product line, but we failed. All that money down the drain. 우리는 신제품을 시작하느라 10만 달러나 썼는데 실패했지. 그 돈이 다 날아간 거야!

☐ **drag along [on and on]** : pass very slowly ⇒ 질질 끌다

ex) She dragged herself on and on. 그녀는 다리를 질질 끌며 갔다.

☐ **drag one's feet[heels]** : to do something very slowly, often because one does not want to do ⇒ 일부러 꾸물거리다, -을 억지로, 마지못해 게으름을 피우며 하다

ex) Come on. Quit dragging your feet and finish your chores!
제발 게으름을 피우지 말고 네 할 일을 끝마치라고!

☐ **dress someone down** : to scold or rebuke someone ⇒ (sp.) 호되게 꾸짖다, 채찍질하다

ex) Did the boss dress you down for coming to work late?
지각했다고 사장이 널 야단쳤니?

☐ **drive a (hard) bargain** : to negotiate tenaciously for a better price or position ⇒ -와(-에 대해) 유리한 조건으로 거래[매매, 상담]하다(with; over), (끈질기게, 열심히) 흥정을 하다

ex) Tom drove a hard bargain. He paid a good price for his car.
톰은 끈질기게 흥정을 해서 차를 좋은 값에 샀다.

☐ **drive[push, thrust] A**(someone) **to wall** ⇒ A를 궁지에 몰아넣다

ex) It drives me to wall. 그것은 나를 궁지로 몰아넣었다.

☐ **drive** someone **crazy[nuts, bananas, insane]** : to make someone feel very annoyed and angry ⇒ -를 미치게 하다

ex) It drives me up the wall. = It drives me bananas[crazy].
그것 때문에 정말 미치겠어요.

ex) His talking is driving me crazy. 그 사람 얘기 들으면 미치겠어.

☐ **drop** someone **a line** : to write a letter to someone ⇒ -에게 (간단하게) 편지를 쓰다, -에게 연락하다

ex) I'll be sure to drop you a line. = I'll be sure to write.'

가서 꼭 연락드릴게요.

☐ **drop off** : a) to deliver something unload ⇒ (사람이나 짐 등을) 내리다, 배달하다, 나르다 b) to fall asleep ⇒ 잠들다 c) to decline or decrease ⇒ 줄다, 쇠퇴하다

ex) I have some items to drop off. What do you charge?
몇 가지 맡기려고 하는데요. 요금은 얼마인가요?

ex) Mandy often drops off to sleep work. 맨디는 종종 일하다 잠이 든다.

ex) We're doing great. Sales haven't dropped off in years.
우리는 잘하고 있는 거야. 몇 년 동안 판매가 줄지 않았거든.

☐ **due back** ⇒ 반납 마감인

ex) Did you forget that these books are due back today?
이 책들 오늘까지 반납인 거 잊었니?

☐ **easy-going** a. : not easily upset ⇒ 태평한, 게으른

cf. easy-going money n. ⇒ 노력하지 않고[부정한 수단으로] 얻은 돈

ex) He's really an easy-going person. = He's really easy-going.
그는 정말 천하태평이군요.

☐ **eat crow** : to admit you are mistaken or defeated ⇒ 실수[패배]를 인정하다

ex) I assured the editor that I could finish the story on time, but I was wrong. I had to eat crow. 나는 편집자에게 제시간에 맞추어 소설을 마치겠다고 장담했지만 내가 틀렸다. 난 내 실수를 인정하고 사과해야 했다.

☐ **eat one's hat** : a phrase said to be sure something will not happen ⇒ 손에 장을 지지다, 만약 -이라면 내 목을 주어도 좋다 (일어날 것 같지 않은 일을 강조할 때 쓰는 표현)

ex) If America beats Korea in the world cup, I'll eat my hat!
만약 월드컵에서 미국이 한국을 이긴다면 내 손에 장을 지지겠다.

☐ **edge out** someone(or something) : to win by a small margin ⇒ 근소한 차이로[가까스로] 이기다, -을 지위에서 밀어내다

ex) At the annual turtle races, Sloan's turtle edged out the others to victory. 해마다 열리는 거북이 경주에서 슬로안의 거북이가 가까스로 승리를 거뒀다.

ex) When I realized that our secretary was very lazy, I had to edge her out and find a new secretary. 우리 비서가 매우 게으르다는 것을 알았을 때 나는 그녀를 쫒아내고 다른 비서를 구했다.

☐ **egg** someone **on** : to stir up someone ⇒ 선동하다, 부추기다

ex) My friends kept egging me on until I finally jumped off the high diving board and into the pool. 내 친구들이 하도 부추기는 바람에 나는 결국 그 높은 다이빙 보드로 올라가서 풀장으로 뛰어내렸다.

☐ **fabulous** a. : a) mythical ⇒ 전설적인, 황당무계한, 터무니없는 b) (sp.) superb ⇒ 매우 멋진, 굉장한

ex) The game was fabulous[awesome, wonderful].
그 경기는 정말 대단했어요.

☐ **face the music** : to accept your punishment ⇒ 자진하여 책임을 지다, 비난을 감수하다, 벌을 받다 (주로 부정적 결과에 대하여 쓰임)

ex) My boss said if I don't get the contract, I will have to face the music. 우리 사장님은 내가 그 계약을 따내지 못하면 책임을 져야 할 거라고 말했다.

☐ **fair and square** : honestly; in a fair and honest way ⇒ 공명정대하게

ex) They won fair and square. 그들은 공명정대하게 이겼다.

☐ **fall off the wagon** : to resume a habit after a period of time, usually refers to alcohol or drugs ⇒ (주로 술이나 마약 등의) 습관을 끊었다가 다시 시작하다

Ref. [wagon과 관련된 표현들]

a) off the wagon ⇒ 다시 술이나 마약을 하는

b) hitch your wagon to a star ⇒ 목표를 높게 갖다

ex) Jim quit drinking for 3 years, but he fell off the wagon after his divorce. 짐은 3년간 술을 끊었지만 이혼한 후로 다시 시작했다.

☐ **far-fetched** : difficult to believe ⇒ 믿기 어려운, 황당한

ex) At the time, his ideas were considered far-fetched.
그 당시 그의 생각들은 황당한 것으로 생각되었다.

☐ **farm** someone(or something) **out** : to send work to other people to do ⇒ 일을 다른 사람에게 맡기다, 하청주다, 도급을 주다

ex) My company got too much work and had to farm some of it out to freelancers. 우리 회사는 일이 너무 많아서 그 중 얼마간은 프리랜서들에게 넘겨야 했다.

☐ **fat[slim] chance** : very little possibility; unlikely ⇒ 희박한 가능성, 가능성이 거의 없음

ex) I think I failed the exam. Fat chance of getting an A in the class now. 난 시험을 망친 것 같아. 이제 그 수업에서 A학점을 받는다는 건 거의 불가능해.

☐ **(feel) down in the mouth** : to feel gloomy and depressed ⇒ 우울하다, 낙담하다

ex) Why do you look so down in the mouth today?
너 왜 그렇게 오늘 우울해 보이니?

☐ **feel like a million dollars[bucks]** : to feel very good physically and mentally ⇒ (정신적으로나 육체적으로) 기분이 좋다, 컨디션이 좋다

ex) Stan says he feels like a million bucks these days.
스탄이 요새는 컨디션이 아주 좋다고 말하더라.

☐ **feel small** : to feel stupid, unimportant or ashamed ⇒ 풀이 죽다, 부끄럽게 여기다
ex) At times, I felt very small and vulnerable.
때때로 나는 풀이 죽고 마음의 상처를 쉽게 받았다.

☐ **fill** someone **in/ fill in** someone : to give someone extra or missing information ⇒ -에게 자세한 정보를 주다, -에게 -에 관하여 말해주다
ex) What's the big secret? Will someone fill me in on what's going on?
무슨 큰 비밀이야? 누가 무슨 일인지 나한테 좀 말해줄래?

☐ **fill in for** ⇒ -을 대신해서 일하다
ex) That's too bad about John's mother, but I'm glad you're available to fill in for him. 존의 어머니가 편찮으시다니 안됐군요. 그래도 당신이 대신할 수 있다니 다행입니다.

☐ **fill something in/ fill in something** : to write information into the blank areas on a form ⇒ 양식이나 서식에 기입하다
ex) You're looking for a job? Please take this application and fill in.
일자리를 구하십니까? 지원서를 가져가셔서 필요한 내용을 기입해주세요.

☐ **feel the pinch** : to suffer because of a lack of money ⇒ 돈이 궁해지다, 자금난을 겪다
ex) The company has felt the pinch during the past year, but things are picking up fast now. 회사는 작년에 돈에 쪼들려 고생을 많이 했지만 이제 빠른 속도로 다시 잘 풀리고 있다.

☐ **feel under the weather** : to feel sick ⇒ 몸이 아프다
ex) She feels under the weather because she's come down a cold.
그녀는 감기가 걸려 몸이 좋지 않다.

☐ **few and far between** : rare, uncommon and infrequent ⇒ 아주 드문
ex) Good Italian restaurants are few and far between in this city.
이 도시에 좋은 이태리 식당은 드물다.

☐ **first and foremost** : the first thing, and the most important thing ⇒ 으뜸가는 일, 제일 중요한 일
ex) When you are cooking, remember first and foremost to wash your hands open.
요리할 때는 손을 자주 씻는 것이 가장 중요한 일이라는 걸 기억해 둬.

☐ **first thing first** : to do the most important things before doing anything else ⇒ 무엇보다 중요한 일, 가장 먼저 할 일
ex) We have a lot to do today. Well, first things first! Let's make some coffee! 오늘 우리 할일이 많아. 자, 우선! 커피부터 타고!

☐ **first thing (in the morning)** : before doing anything else in the morning ⇒ 아침에 무

엇보다도, 첫째로, 내일 눈뜨자마자

ex) The doctor told me to take two aspirins and call him first thing in the morning.
그 의사는 나에게 아스피린 두 알을 먹고 아침에 일어나자마자 전화하라고 말했다.

☐ **fit like a glove** : to fit very tightly; to fit very well ⇒ 아주 꼭 맞다, 정확히 일치하다, 안성맞춤이다

ex) My new suit fits like a glove. 내 새 정장은 몸에 아주 잘 맞는다.

☐ **fix** someone **up with** someone[**fix up** someone **with** someone]: to arrange a date for someone ⇒ (-을 위해 회의나 데이트 등의) 약속, 날짜 등을 정하다, 만나도록 주선해 주다

ex) My little sister fixed up with one of her friends, but she was too immature for me. 내 여동생은 자기 친구 중의 한 사람을 나와 만나게 해주었지만 그녀는 나한테는 너무나 어리고 미숙했다.

☐ **fix** someone(or something) **up with** someone[**fix up** someone(or something) **with** someone] : to make arrangements to provide someone or something with something ⇒ -에게 -을 마련해주다, 지정해주다, 설비를 해주다

ex) Greg fixed my computer up with a new soundcard.
그레그는 내 컴퓨터에 새 사운드카드를 장착해 주었다.

☐ **fizzle (out)** : to gradually stop being interesting, and therefore stop happening ⇒ 수포로 돌아가다

ex) The project fizzled and Turner left the company.
그 연구과제는 수포로 돌아갔고 터너는 회사를 떠났다.

☐ **follow in one's footsteps** : to try to do the same thing as someone else did previously ⇒ -의 자취[전례]를 따르다, -처럼 되고자 하다

ex) Josh followed in his father's footsteps and went to law school.
조쉬는 아버지를 이어 법대에 진학했다.

☐ **follow suit** : to do as another has done ⇒ 선례를 따르다, 남이 하는 대로 따라하다

ex) The mayor began the protest the casino and everyone else followed suit. 시장은 카지노에 이의를 제기했고 다른 사람들도 모두 그를 따랐다.

☐ **food for a thought** : something to think about ⇒ 생각할 일

ex) Here's some food for thought. Why don't we ask for more time?
생각할 일이 좀 있어. 시간을 좀더 달라고 하면 어떨까?

☐ **for a song** : at a low price; very cheaply ⇒ 헐값으로

ex) One woman bought a whole armful of clothes for a song.
한 여자가 양 손으로 가득 찬 옷들을 매우 값싸게 샀다.

☐ **for chicken feed** : almost free ⇒ 거의 공자인, 무료의

ex) They're having a really big sale at the stationary store! You can buy paper for chicken feed! 그 문구점에서 엄청나게 큰 세일을 하고 있어! 종이를 거의 공짜로 살 수 있다니까.

☐ **for real** : seriously, not pretending ⇒ 정말로, 실제로, 진지하게

ex) He quit smoking? For real? 그가 담배를 끊었다고? 정말이야?

☐ **for the most part[= in large part]** : mostly or in most places ⇒ 대부분

ex) For the most part, she's a fair person.
대체적으로 그녀는 좋은 사람이다.

☐ **for the birds** : *a.* disliked; unpleasing ⇒ 싫은, 불쾌한

ex) Working on Sunday is for the birds. 일요일에 일하는 건 정말 싫다.

☐ **foul** someone(or something) **up** : to ruin someone(or something) by stupid mistake ⇒ 어처구니없는 실수로 망쳐놓다, 혼란을 초래하다

ex) I want you to stay out of my affairs. You've fouled up my plans for the last time.
난 네가 내 일에 상관하지 않았으면 좋겠어. 지난번에 넌 내 계획을 망쳐놓았어.

☐ **fringe benefit** ⇒ (휴가나 건강 보험 등) 복지후생 혜택

ex) I'd like to welcome you to the company and encourage you to take advantage of the fringe benefits that we offer.
저희 회사에 입사하신 여러분을 환영하며 여러분께 회사에서 제공하는 부가 혜택을 이용하시길 권합니다.

☐ **from scratch** : If you do or start something from scratch, you begin it without using anything that existed or was prepared before.
⇒ 무(無)로부터, 혼자서 도움 없이

ex) The company was started from scratch in 1995, but its annual sales are already over $20 million. 그 회사는 1995년 아무런 도움 없이 시작했지만 년 2천만 달러 이상의 매출을 올리고 있다.

☐ **from the bottom of one's heart** ⇒ 진심에서 우러나온

ex) I thank them all from the bottom of my heart for their support.
나는 진심으로 그들의 도움에 감사드린다.

☐ **full of vinegar** : full of energy ⇒ 기운이 넘치는, 정력이 넘치는

ex) She looks full of vinegar. 그녀는 기운이 넘쳐 보인다.

☐ **gear up** (to do something) : to prepare for something ⇒ -할 준비를 갖추다

ex) The McDonald's restaurant in Moscow is geared up to serve 17,000 people daily.
모스크바의 맥도널드 식당은 하루 17.000명의 사람들에게 서비스할 수 있는 준비를 갖추고 있다.

☐ **get[have] a crush on** someone : to feel infatuation for someone; to feel love for someone ⇒ -에게 반하다, -에 푹 빠지다

ex) I have a crush on my English teacher at school. What should I do?
나는 우리 영어 선생님이 너무 좋아. 어떻게 해야 되지?

☐ **get[keep] a grip on** someone(or something) : (spoken) to start or continue controlling your emotions when you have been very upset ⇒ 화난 자신의 감정을 제어하다

ex) Get a grip! You're overreacting.
감정을 통제 해! 네가 과민반응 보이고 있는 거야.

☐ **get a move on** : (spoken) used to tell someone to hurry ⇒ 서두르다, 출발하다

ex) Get a move on(= Don't be long) or we'll be late!
꾸물거리지 마세요. 그렇지 않으면 우리는 늦을 거야.

ex) I wanted to talk to Diana longer, but she said she had to get a move on. 나는 다이애나와 얘기하고 싶었지만, 그녀는 서둘러 가야 한다고 말했다.

☐ **get a raw deal** (on something) : to be cheated; be treated unfairly ⇒ 속다, 부당한 대우를 받다, 푸대접받다

ex) I can't believe that the food we ate at that restaurant was so expensive and so bad! We really got a raw deal on dinner last night.
우리가 저 식당에서 먹은 음식이 무척 비쌌데도 그렇게 형편없다니 정말 믿을 수가 없어! 우린 어젯밤 저녁식사에서 정말로 부당한 처사를 당한 거야.

☐ **get carried away** : to get overtly excited ⇒ 매우 흥분하다, 넋을 잃다, 너무 좋아하다

ex) We have enough money for dinner, but don't get carried away. We can't afford anyone expensive. 우리한테는 저녁을 먹을 충분한 돈이 있어. 하지만 너무 좋아하지는 마. 비싼 것을 먹을 순 없으니까.

☐ **get[have] cold feet** : to lose courage ⇒ 용기를[배짱을] 잃다, 초조해서 몸이 뻣뻣해지다

ex) I used to get cold feet whenever I talked to a girl.
나는 여자에게 말을 걸 때마다 몸이 뻣뻣해지곤 했었다.

☐ **get down to business** : to start talking about the subject to be discussed ⇒ 일을 시작하다

ex) The salesman got down to business after finishing his coffee.
그 판매원은 커피를 마시고 나서 일을 시작했다.

☐ **get[be] hooked on** something ⇒ 코 꿰이다, 맛들이다, 중독되다

ex) Jada was hook on crack for three years in the early '90s.
재다는 90년대 초 3년 동안 마약에 중독되었다.

☐ **get off the ground** : to get started; to start to be successful ⇒ 출발하다, 시작하다

ex) Construction of theme park never got off the ground.
테마 파크 공사는 결코 성공적으로 시작하지 못했다.

☐ **get off the hook[get** someone **off the hook]** : (slang) to cause someone or something to stop bothering or annoying one ⇒ (속어) -을 그만 괴롭히다, -을 귀찮게 하는 걸 그만두다, -에게서 떼어내다, 곤경에서 빠져나오다

ex) Peter says he's really glad that the boss got that project off his back. 피터는 사장이 그 프로젝트로 자기를 더 이상 괴롭히지 않아서 너무 좋다고 한다.

☐ **get on the gravy train** ⇒ 별 노력을 기울이지 않고 돈 따위를 얻다.

ex) How can bosses get on the gravy train, but ask us to take a wage freeze? 우리더러는 임금 동결을 받아들이라고 하면서 높은 사람들 자기들은 어떻게 떼돈을 벌 수 있나?

☐ **get out of hand** : to become uncontrollable; to become chaotic ⇒ 아수라장이 되다, 통제 불능이 되다

ex) Pull or spray garden weeds before they get out of hand.
통제 불능이 되기 전에 정원의 잡초들을 뽑거나 제초제를 뿌려라.

ex) It was a practical joke that got a little out of hand.
아수라장이 된 것은 못된 장난 때문이었다.

Ref. practical joke; n. 장난, (말이나 행동에 의한) 못된 장난

☐ **get[start, set] the ball rolling** : to start a process; to start something ⇒ (일을) 시작하다[궤도에 올리다], (이야기를) 꺼내다, 시작하다

ex) Let's get the ball rolling. = Let's get moving. 어서 일을 시작합시다.

ex) I had a big fight with my wife this morning. She started the ball rolling by forgetting to iron my shirt. 나는 오늘 아침 아내와 한바탕 싸웠다. 그녀가 내 셔츠를 다림질하는 것을 잊어서 시작되었다.

☐ **get the hang of** something : to learn how to do something; to become acquainted with how something works ⇒ 요령을 터득하다

ex) Practice your golf swing. You'll get the hang of it soon.
골프 스윙을 연습하십시오. 곧 요령을 터득하게 될 겁니다.

☐ **get the picture** : to fully understand a situation ⇒ 상황을 완전히 이해하다

ex) We explained it to him several times before he got the picture.
우리는 그가 완전히 알아들을 때까지 몇 번이고 그것을 그에게 설명해 주었다.

☐ **get to the bottom of** something : to find the solution to something; to find the causes of something ⇒ 진상을 철저히 조사하다, 이유나 해결책을 찾다

ex) We don't have much time. We must get to the bottom of this scandal immediately. 시간이 없어요. 즉시 이 추문의 원인을 밝혀야 합니다.

☐ **get the hang of** something : to learn how to do something; to become acquainted with how something works ⇒ 요령을 터득하다

ex) Sally got the hang of bartending very quickly.
샐리는 매우 빨리 바텐더 일의 요령을 터득했다.

☐ **get[have, gain] the upper hand (over/on** someone**)** : to get control or power over ⇒ -보다 우세하다, 유리한 고지를 점령하다

ex) Mike got the upper hand in the tennis match by winning the first set.
마이크는 첫 세트에서 이김으로써 유리한 고지를 점령했다.

cf. the upper hand *n.* ; 우세, 지배

☐ **get to the bottom of** : to find out the cause of ⇒ -의 진상을 규명하다, 해결하다

ex) It is simply better to bring in an outside investigator to get to the bottom of the mess than to spend some pat of every week responding to the latest revelation.
매주 새로 발견된 사실에 대응하느라 시간을 허비하기보다는 이 문제의 진상을 규명하기 위해 외부 조사자를 불러 오는 것이 더 낫다.

☐ **get under one's skin** : to annoy or bother someone ⇒ 성질을 돋구다, 짜증나게 괴롭히다

ex) I wish he would stop calling me every night. He's getting under ths skin. 그가 매일 밤 전화 좀 안 했으면 좋겠어. 그는 날 짜증나게 한다니까.

☐ **give[show, turn]** someone(or something) **the cold shoulder**: act unfriendly toward someone ⇒ (특히 당황하고 화가 나서) -을 무시하다[냉대하다], -을 피하다

ex) Harley is well-known for giving reporters the cold shoulder.
할리는 기자들을 무시하는 것으로 유명하다.

☐ **give a free hand to** someone : to permit to do anything someone considers necessary decision ⇒ 결정권을 주다

ex) We gave a free hand to him. 우리는 그에게 결정권을 주었다.

☐ **give** someone **a hard time**: give trouble by what you do or say ⇒ 말이나 행동으로 괴롭히다

ex) He always gives all the students a hard time.
그는 항상 모든 학생들을 말이나 행동으로 괴롭힌다.

☐ **get[jar] on one's nerves[= give** someone **the nerves]** : to annoy someone, especially by doing something repeatedly ⇒ (아무의) 신경을 건드리다, 아무를 짜증나게 하다

ex) Nick's whining is really starting to get on my nerves.
닉의 투덜대는 소리는 정말 나를 짜증나게 해.

Ref. whine; vt. 흐느껴 울다, 투덜대다, 우는 소리를 하다, 푸념하다

□ **give** (someone) **the go-ahead** : to give someone permission to start doing something ⇒ (뭔가를 시작하는 것을) 승낙하다, 허락하다

ex) The state utilities commission gave the go-ahead for the water company to raise rates. 주 공익사업 위원회는 수도 회사가 요금을 인상하는 것을 허락했다.

□ **give** someone **the benefit of the doubt** : to believe someone to be innocent even if you're not sure ⇒ (의심은 가지만) 일단은 믿어보다

ex) I was willing to give her the benefit of the doubt.
나는 의심은 가지만 일단 그녀를 기꺼이 믿어볼 꺼야.

Ref. **the benefit of the doubt;** the act of accepting what someone tells you even thought you think they may be lying.

□ **give someone the green light/go-ahead[= get the go-ahead/green light]** : to receive permission to begin or continue; to receive a signal to begin or continue ⇒ 계속하라는 허가를 얻다, 청신호를 보내다

ex) Tim got the go-ahead for his project from the president of the company. 팀은 회사 사장으로부터 그의 프로젝트를 계속해도 좋다는 허가를 받았다.

ex) The professor gave me the green light to write my report on any topic I chooses. 교수님은 내게 어떤 주제에 대해서든 리포트를 써도 좋다고 허락해주셨다.

☞ green light *n.* 파란불, 청신호, (sp.)(정식)허가

ex) get[give] the green light : 공식 허가를 얻다[주다]

cf. green-light *vt.* (계획 따위를)허가해 주다

□ **go[turn] belly-up** : to go bankrupt ⇒ 파산하다, 망하다

ex) Tim's business went belly-up in 2006. 팀의 사업은 2006년에 파산했다.

☞ belly up *n.* 뒤집힌 자동차

□ **go[pay] Dutch** : to agree to the share the cost of something, especially a meal ⇒ 각자 지불하다

ex) I don't have much money on me. Do you mind if we pay Dutch?
난 돈이 많지 않아. 우리 각자 낼래?

□ **go easy on** someone(or something) : a) not to be hard on someone or something ⇒ 가혹하지 않게 하다, 심하게 다루지 않다, 잘 대해주다 b) to eat, use or do something sparingly or carefully ⇒ 아껴 하다

ex) She's still learning to play Chess. Go easy on her.
그녀는 아직도 체스를 배우는 중이야. 그녀에게 잘 대해줘라.

ex) Go easy on the paint. We still have to paint the back of the house.
페인트를 아껴 써라. 집 뒤쪽도 칠해야 하니까.

☐ **split fifty-fifty** : to divide equally ⇒ 절반으로 나누다

ex) We split the money fifty-fifty. 우리는 돈을 절반으로 나누었다.

☐ **go for it** : to aim for with great effort ⇒ 추구하다, 시도하다, 노력해보다

ex) Go for it! 어서 해!

ex) I told my wife I had a great idea for a business. She said we should go for it. 나는 아내에게 좋은 사업 구상이 있다고 말했다. 그녀는 우리가 해봐야 한다고 말했다.

☐ **go in one ear and come out of the other** : to hear and forget something immediately ⇒ 한 귀로 듣고 한 귀로 흘려버리다

ex) He's busy right now. Whatever you tell him will just go in one ear and out the other. 그는 지금 바빠요. 그에게 무슨 말을 하든지 한 귀로 듣고 한 귀로 흘릴 거예요.

☐ **good-for-nothing** : worthless ⇒ 쓸모없는

ex) He has a lazy good-for-nothing brother.
그는 게으르고 아무데도 쓸모없는 동생을 갖고 있다.

☐ **goose bumps** : a condition in which your skin is raised up in small points because you are cold, afraid or excited ⇒ (춥거나 무서울 때 몸에 오돌토돌하게 돋는) 소름

ex) It's freezing here! Yeah, look at my goose bumps
여긴 너무 추워! 맞아, 나 소름 돋는 것 좀 봐.

☐ **grab a bite to eat[sleep]** : to get some food or sleep quickly because you are busy ⇒ 간단히 먹다[잠깐 눈을 부치다]

ex) Do we have time to grab a bite to eat before the movie?
영화보기 전에 우리가 간단히 먹을 시간이 있을까요?

☐ **gray area** : an area or portion of something that is difficult to put into a category ⇒ 회색지대, 모호한 것, 정의하기 어려운 것

ex) Molecular biology is a gray area for me. I don't know if I'll be able to pass the exam. 분자생물학은 내겐 아주 어려워. 그 시험에 통과할 수 있을지 모르겠다.

☐ **Greek** (sp.) : used to say that you cannot understand something ⇒ 무슨 소린지 알아들을 수 없는 말

ex) It's[It sounds] all[quite a] Greek to me. 도무지 무슨 말인지 모르겠다.

☐ **greener[new] pastures** : a new job, place, or activity, which you think will be better or more exciting ⇒ 더 보수가 많은 나은 직장

ex) Butler decided to head off for greener pastures in LA.]
버틀러는 보다 보수가 더 나은 직장이 있는 LA로 가기로 결정했다.

☐ **grin and bear it** : to accept an unpleasant or difficult situation without complaint ⇒ (고통, 실망 등을) 웃으며 참다, 억지로 참다

ex) Why should she have to grin and bear it? It's not her fault.
왜 그녀가 억지로 참아야 하지요? 그건 그녀의 잘못이 아닙니다.

☐ **grind to a halt** : to slow down and stop ⇒ 천천히 멈추다

ex) The train ground to a halt at its final stop.
그 기차는 종착역에서 천천히 멈추었다.

ex) Traffic on Regents Streets ground to a halt between 6 and 8 p.m. last night. 어젯밤 6시부터 8시까지 리젠트 거리의 교통이 마비되었다.

☐ **grow on** someone : become gradually more acceptable or pleasing to someone ⇒ 하다 보니 정말 더 마음에 들게 되다, 차츰 익숙해지게 되다

ex) I know that shirt isn't your favorite color, but it'll grow on you.
그 셔츠가 네가 좋아하는 색이 아니라는 건 알지만 곧 익숙해질 거야.

☐ **haggle over** ⇒ 가격 등을 놓고 밀고 당기며 협상하다.

ex) We consider it a waste of time to haggle over such trivial details.
우리는 그런 사소한 세부 문제를 놓고 티격태격하는 것이 시간 낭비라고 생각한다.

☐ **hammer out** something : a) to work very diligently on something ⇒ 열심히 -하다 b) to negotiate an agreement ⇒ 협상으로 합의에 이르다 c) to flatten or straighten something by hitting it repeatedly with a hammer or other object ⇒ -을 때려서, 두들겨서 평평하게 만들다

ex) It took all night for jessie to hammer out her term paper, but she finished it on time. 제시가 기말 리포트를 쓰는 데에는 하룻밤이 꼬박 걸렸지만 마침내 제시간에 완성했다.

ex) Israel and Palestine have been trying to hammer out a peace treaty, but so far they haven't had much success. 이스라엘과 팔레스타인은 평화조약을 합의하기 위해 노력해 왔지만 별로 성공을 거두지 못했다.

ex) I crashed my bicycle, and I had to hammer out the wheel with a rock before I could ride ti home. 내 자전거가 충돌로 파손되어서 집에 타고 가기 전에 돌로 바퀴를 평평하게 펴야만 했다.

☐ **hang in the balance** : to be an undecided position ⇒ 어느 쪽으로 기울지 모르는 불안한 상태다

ex) Her life was hanging in the balance. Should she marry her fiancee or choose her job? 그녀의 삶은 불안한 상태에 있어. 그녀는 약혼자와 결혼을 해야 할까, 아니면 일을 선택해야 할까?

☐ **hang in there** : to persevere; to not give up ⇒ 곤란 등을 견디다, 버티다, 포기하지 않다

ex) Son, hang in there. If you keep trying, you'll learn to skate.

아들아, 포기하지 마라. 계속하면 스케이트 타는 법을 배우게 될 거야.

☐ **hard feelings** : bitter feelings ⇒ 분노

ex) Lori's sarcasm can lead to arguments and hard feelings.
로리의 풍자는 논쟁과 분노를 가져올 수 있다.

☐ **has-been** n. (sp.) : someone who was important or popular, but who has now been forgotten ⇒ 한 물간 사람, 한창때를 지난 사람

ex) The actor is a has-been. = The actor is history.
= The actor is no longer popular. 그 배우는 한 물 갔어요.

☐ **have a lot of problems with** something : to experience something ⇒ 경험이 있다

ex) We've been having a lot of problems with the new computer system.
우리는 새 컴퓨터 체제에 대한 많은 문제점들을 경험하고 있다.

☐ **have[got] ants in one's pants** : to be very restless and nervous; to be fidgeting ⇒ 안절부절 못하다, 어쩔 줄 모르다, 안달하다

ex) Let's do something! I'm bored. I have ants in my pants.
우리 무엇이든 하자! 나, 너무 심심해. 뭘 해야 할지 정말 안달이 나서 어쩔 줄 모르겠어.

☐ **have a ball[blast, whale of a time]** : to have a great time ⇒ 즐거운 시간을 보내다, 즐겁게 지내다

ex) you really should have come with us last night! We really had a ball!
너, 어젯밤에 우리와 함께 갔어야 했어! 얼마나 재미있었는데!

☐ **have a big mouth** : a) to be overly talkative ⇒ 수다스럽다, 말이 많다 b) to be unable to keep a secret ⇒ 입이 가볍다, 비밀을 지키다

ex) I can't work with Muffy! She really has a big mouth! All day long she talks and talks and talks. 난 머피와 같이 일 못하겠어! 머피는 정말 말이 많아! 하루 종일 끊임없이 떠든다니까.

ex) Don't tell Robert any secrets! He has a big mouth.
로버트에게 비밀은 얘기하지 마! 그는 다 떠벌리거든.

☐ **have a hunch** : to have an intuitive feeling ⇒ -라는 예감이 들다

ex) I had a hunch you'd call this morning.
나는 오늘 아침 네게서 전화가 올 것 같은 예감이 들었다.

Ref. hunch *n.*; a feeling that something is true or that something will happen ⇒ 예감

☐ **have a green thumb** : to have a special ability or skill to grow and care for plants ⇒ 원예에 소질이 있다

ex) I never knew that Ryan had a green thumb until I saw his vegetable garden. 나는

라이언의 채소밭을 보기 전까지는 그 녀석이 그렇게 원예에 소질이 있는지 몰랐어.

☐ **have a shot[try, stab] at** something : to try something ⇒ -을 시도하다, -을 해보다

ex) Well, you have a good shot at it. 그래도 잘해 보세요.

ex) Laurie asked me if she could take a stab at driving my BMW. I told her "NO!" 로리는 내 BMW를 한번 운전해 볼 수 있느냐고 물었다. 나는 그녀에게 "안 돼지!"라고 말했다.

☐ **have a sinking feeling** : to have a bad feeling or suspicion ⇒ 언짢은 기분이 들다, 석연찮은 구석이 있다

ex) I had a sinking feeling in the pit of my stomach.
나는 명치가 왠지 이상하다는 생각이 들었다.

Ref. the pit of the stomach; 명치

☐ **have a word with** someone : to talk to someone briefly ⇒ -와 말을 나누다(종종 사적인 대화를 암시함)

ex) Tom has been drinking too much lately. You should have a word with him. 톰은 최근에 술을 너무 많이 마시고 있어. 네가 톰이랑 얘기 좀 해 봐.

☐ **have a thing about** someone(or something) : to have very strong feelings about someone or something (either positive or negative) ⇒ (긍정적 혹은 부정적으로) -을 무척 좋아하다, 혹은 -을 무척 싫어하다

ex) Amy has a thing about teddy bears. She has over a hundred of them!
애미는 곰 인형을 무척 좋아한다. 그녀는 100개가 넘는 곰 인형을 가지고 있다.

ex) Don't order any anchovies on the pizza, please. I have a thing about anchovies. They make me sick. 피자에 안초비 넣지 말라고 해줘. 나는 안초비가 너무 싫어.

☐ **have a way with** someone(or something) : to manage, control, or deal with someone or something very well ⇒ -을 잘 다루다

ex) If the baby won't stop crying, give her to Veronica. Veronica has always had a way with babies. 그 아이가 울음을 그치지 않으면 베로니카에게 데려가. 베로니카는 아기들을 잘 다루거든.

☐ **have an ax(e) to grind with** someone : to have a personal or selfish motive; to have a complaint against someone ⇒ 딴 속셈[마음]이 있다, -에 대해서 불만이 많다, 불만이 많아서 할 말이 많다

ex) She has an ax to grind with him.
그녀는 그에 대해 딴 마음을 품고 있다.

ex) Have you seen Al? I have an ax to grind with him.
너 알 봤니? 나 그 애 만사서 할 얘기가 있는데.

ex) My sister always has an ax to grind with someone. She gets offended far too easily. 우리 누나는 항상 누군가에게 불만이 많아. 너무 쉽게 감정을 다친다니까.

☐ **have bats in one's belfry** : to be crazy; to be strange ⇒ 이상하다, 미치다, 사람이 살짝 맛이 갔다

ex) Ted has some strange ideas about religion. He has bats in his belfry!
테드는 종교에 대해서 이상한 생각을 가지고 있어. 그는 미쳤어.

Ref. belfry *n.*; 종탑

☐ **have[get] butterflies in one's stomach[= have the jitters; feel fidgety; be on pins and needles; be antsy; be nervous]** : to feel very nervous usually about something you are going to do ⇒ 초조하다, 가슴이 조마조마하다, 떨리다

ex) I have butterflies in my stomach. = I'm so nervous.
조마조마해서 못 견디겠어요.

ex) A: Are you ready to play the games? 경기할 준비가 됐습니까?
B: Well, I don't know. I have the jitters. 글쎄요, 잘 모르겠어요.
안절부절못하겠어요.

☐ **have mixed feelings about** someone(or something) : to be undecided or uncertain about someone or something ⇒ 결정을 내리지 못하고 있다, 확실하지 않다

ex) Frank had mixed feelings about quitting his job. He wanted to start his own business, but he needed the paycheck from his job. 프랭크는 직장을 그만두는 것에 대해서 결정을 내리지 못하고 있다. 자기 사업을 시작하고 싶어 하지만, 직장에서 받는 봉급도 필요하니까.

ex) I have mixed feelings about marriage. I love my girlfriend, but I don't want to lose my freedom. 나는 결혼에 대해 잘 모르겠어. 내 여자친구를 사랑하지만, 자유도 잃고 싶지는 않아.

☐ **have money to burn** : to be rich ⇒ 큰 부자다, 돈이 많다

ex) Ask Paul to lend you some money. He has money to burn.
돈을 빌려줄 수 있는지 폴에게 물어봐. 그는 돈이 무척 많아.

☐ **have one's hands full** : to be extremely busy ⇒ 굉장히 바쁘다

ex) Nowadays he has his hands full. 그는 요즈음 매우 바쁘다.

☐ **have one's head in the clouds** : to be unrealistic ⇒ 비현실적이다, 공상에 잠겨 있다, (눈앞의 일에 마음을 쏟지 않고) 멍청해 있다, 건성이다

ex) She has her head in the clouds. 그녀는 공상에 잠겨 있어요.

☐ **have the time of one's life** : to have a great time ⇒ 대단히 즐거운 시간을 보내다

ex) I had the time of my life last weekend! We went camping in the Grand Canyon.

난 지난 주말에 아주 즐거운 시간을 보냈어.! 우린 그랜드 캐넌으로 캠핑을 갔거든.

☐ **hit below the belt** : to do in an unfair way ⇒ 비겁한 짓을 하다, 공정하지 못하다

ex) Some say the ads hit below the belt.
어떤 사람들은 그 광고들은 공정하지 못하다고 말한다.

ex) Even if you are arguing, you shouldn't mention someone's embarrassing secrets. That's hitting below the belt. 싸움을 하더라도 다른 사람의 밝히기 곤란한 비밀을 언급해서는 안돼. 그건 아주 비겁한 짓이야.

Ref. below the belt; unfair, cruel ⇒ 공정하지 못한, 비겁한

☐ **hit bottom** : to reach the lowest point ⇒ 최저치를 기록하다

ex) The unemployment rate hit bottom this month.
실업률이 이달에 최저치를 기록했다.

☐ **hit[drive, hammer]** something **home** : to touch someone deeply ⇒ 정곡을 찌르다, 깊은 감동을 주다

ex) Children do have rights, and this week's report drives that point home. 어린이들은 권리를 가지고 있습니다. 금주의 보고서는 그 점에 대해 정곡을 찌르고 있습니다.

☐ **hit it off with** someone : to become friendly with someone; to get along well with someone ⇒ 친해지다, 사이좋게 지내다

ex) I hit it off with my new neighbor immediately. We both like the same kind of music. 나는 새로 온 이웃과 금방 친해졌어. 우리는 같은 종류의 음악을 좋아하거든.

☐ **hit the books** : to study ⇒ 공부하다

ex) You should hit the book if you don't want to fail this class.
너 이 수업에서 낙제하지 않으려면 공부해야 해!

☐ **hit the road[bricks, pavement]** : to begin a trip or a journey; to leave someplace ⇒ 여행을 떠나다, 길을 떠나다

ex) I decided to hit the bricks and look for a new job.
나는 떠나서 새 직장을 찾아보기로 결심했다.

☐ **hit[go through] the ceiling[roof]**: to become extremely violent or angry ; to boost up such as price, stock, etc. ⇒ 노발대발 하다, 격노하다, (가격 따위가) 천정부지로 치솟다

ex) My father hit the ceiling at the news. = My father hit the roof.
아빠가 그 소식을 듣고 노발대발했어요.

ex) The stock price has been going through the roof.
주가가 하늘 높은 줄 모르고 치솟고 있어.

☐ **hit the nail (right) on the head** : to be perfectly correct; to do exactly the right thing ⇒ 핵심을 찌르다, 잘 알아맞히다, 정곡을 찌르다

ex) You hit the nail right on the head with your assessment of our financial problems, Ed. We are going to follow your advice. 우리 재정 문제를 평가하는 부분에서 넌 정곡을 찔렀어, 에드. 우린 네 조언을 따를 거야.

☐ **hit the spot** : to be exactly what is wanted or needed; to be very refreshing; to be completely satisfying, often used with food or drink ⇒ 더할 나위 없이 좋다, 만족스럽다, 딱 원하는 것이 그것이다, 가슴이 후련하다, 상쾌하다

ex) The steak really hits the spot. I've been craving meat all day.
이 스테이크, 정말 맛있어. 하루 종일 고기가 먹고 싶어 죽을 뻔했거든.

☐ **hold one's horses** : to be patient; to wait patiently, often used as a command or order ⇒ 참고 기다리다(주로 명령문에 쓰임)

ex) Hold your horses! I'm coming as fast as I can!
좀 기다려! 가능한 한 빨리 갈게!

cf. Hold your horse! 흥분하지 말고 진정해라

☐ **hold one's tongue[peace]** : to keep silent ⇒ 입을 다물다, 침묵을 지키다

ex) If you have nothing to add to this discussion other than insults, please hold your peace. 네가 모욕 말고는 이 토론에 보탤 것이 없다면 아무 말도 하지 마라.

☐ **homely** a. (Am.) ⇒ (용모가) 보통의, 못생긴

ex) He's homely. = He's ugly. 그는 아주 못생겼어요.

cf. He's cute. = He's hot. = He's gorgeous. 그는 끝내 주는 미남이에요.

☐ **horse of another[a different] color** : an entirely different thing/situation ⇒ 완전히 다른 상황, 다른 것, 전혀 별개의 사항

ex) When I was single, I went out drinking almost every night. After marriage, however, going out is a horse of a different color! 내가 미혼이었을 때는 매일 밤에 술을 마시러 나갔었어. 하지만 결혼하고 나서는 완전히 딴 상황이 되었지.

☐ **hot under the collar** : very angry or upset ⇒ 몹시 화난

ex) Mike's mother is hot under the collar. She caught Mike smoking a cigarette. 마이크의 어머니는 몹시 화가 나셨어. 마이크가 담배 피우는 걸 잡으셨거든.

☐ **hush money** : a bribe paid to someone to persuade him/her to keep silent about something ⇒ 입막음용 뇌물, 무마비

ex) If you want me to keep silent, give me some hush money!
내 입을 막고 싶다면 뇌물을 좀 주시지!

☐ **(the) icing on the cake** : something that makes a good situation even better ⇒ 하이라이트, 알짜배기

ex) The raise was great, but getting a corner office was the icing on the cake. 임금

인상액도 대단했지만, 모퉁이 사무실을 얻는 것이 진짜 하이라이트였다.

☐ **I was wondering if + s+v** ⇒ -라고 해도 좋을지요

Ref. 부탁에서는 'was wondering'처럼 과거시제를 쓰는 것이 더 정중한 표현.

ex) I was wondering if I could ask you a favor.

한 가지 부탁을 해도 좋을지 모르겠네요.

☐ **no ifs, ands or buts** : used to say that something is completely true, and there is no possibility to disagree ⇒ 확실히, 꼭

ex) No ifs, ands, or buts - you have to take a bath tonight.

너 꼭 오늘 저녁 목욕해야 한다.

☐ **in a fog** : preoccupied; at a loss ⇒ 아주 당황하여

ex) Still-man seems to be in a fog. 증류장치 기사는 아주 당황한 것 같다.

☐ **in a nutshell** : in a summary; briefly or concisely⇒ 요약해서, 간단히 말해서, 짤막하게

ex) In a nutshell, Linda has to do the work because everyone else is busy. 간단히 말해서 린다는 다른 모든 사람이 바쁘기 때문에 그 일을 해야 해.

☐ **(be) in a rut** : loving or working in a situation that never changes, so that you feel bored ⇒ 판에 박혀 생활하고 있다

ex) I sometimes feel my that my relationship with Jeff is stuck in a rut.

나는 때때로 제프와의 관계가 판에 박힌 그런 상황에 있다고 느낀다.

cf. rut; *n.* 바퀴 자국, 홈 (속어) 상습, 관례, 상례

Ref. be in a rut; 판에 박힌 생활을 하고 있다

☐ **in a similar vein** : dealing with almost the same subject ⇒ 같은 맥락에서

ex) This play treats the same subject in a similar vein.

이 극은 같은 맥락에서 같은 주제를 다루고 있다.

☐ **in a (bad/tight) spot** ⇒ (sp.) 곤란하여, 괴로운 입장에 처하여, 위험한 상황에 있는

cf. a hot potato *n.* ; 어려운「불유쾌한」문제

ex) I'm in a hot spot now. = I'm a hot potato. 나 지금 큰일 났어요.

ex) Hmm...we don't have any fuel left in the heater? We certainly are in a tight spot. 음...난로에 연료가 남아 있지 않단 말이지? 곤란하게 되었군.

☐ **in all likelihood(=**in nine cases out of ten) : most likely; almost certainly ⇒ 아마, 십중팔구는, 거의 확실히

ex) In all likelihood, Davis will be traded to the Dallas Cowboys.

아마 데이비스는 달라스 카우보이 팀에 트레이드 될 거야.

☐ **in black and white** : in writing or in print ⇒ 서면으로[문서화해서] 남긴, 문서에 기록한

ex) You were supposed to deliver this package by noon yesterday. I have it in black and white. 당신은 어제 정오까지 이 꾸러미를 배달해야 했습니다. 나는 그것을 문서에 기록해 두었습니다.

☐ **in full swing** : in progress ⇒ 한창 진행 중인

ex) The party was in full swing by the time we got there.
우리가 도착했을 때쯤 파티는 한 참 진행 중이었다.

☐ **in hot water** : in big trouble ⇒ 궁지에 몰린, 곤경에 처한

ex) Cabral was in hot water over his job performance.
캐브랄은 그의 일을 시행에 옮기는 데 있어서 대단히 곤경에 처했다.

☐ **in no time (at all)** : very soon, very quickly ⇒ 곧, 즉시

ex) A salesman will be with you in no time at all.
영업사원이 즉시 당신을 모실 겁니다.

☐ **in mint condition** : adj. in perfect condition; just like new ⇒ 완벽한 상태인, 새 것 같은

ex) My friend bought a 1968 Ford Mustang in mint condition for $10,000.
What a bargain! 내 친구는 새 것이나 다름없는 1968년형 포드 무스탕을 10,000달러에 샀어. 정말 싸지!

☐ **in one's blood(=**in the blood**)** : part of someone's personality or character ⇒ -의 성격인

ex) I love the beach. It's in the blood. 나는 해변이 좋아. 내 성격이지.

☐ **in passing** : casually said, like an unimportant remark ⇒ 지나치는 말로, 슬쩍 지나가는 소리로

ex) Forget about it. It's not important. She made the comment in passing.
그건 잊어버려. 중요하지 않아. 그녀는 지나가는 말로 언급한 거잖아.

☐ **in season** : for use at the right time ⇒ 제철을 만난, 한창인

ex) The price of watermelons is astronomical because they aren't in season, yet. 수박이 아직 제철이 아니어서 그 가격이 천문학적이다.

☐ **in seventh heaven(=**on cloud nine**)** : in a very happy state of mind ⇒ 매우 행복한 상태인, 기분이 좋은

ex) Milly seems like she's in seventh heaven ever since she met Nick.
밀리는 닉을 만난 이후로 행복해 보인다.

☐ **in stock** : in supply and available to buy[sell] ⇒ 재고가 있는, 판매할 수 있는, 쌓아 둔, 저장해 둔

ex) Yes, we have more models in stock at our warehouse.
예, 우리는 창고에 저장해둔 제품이 더 있습니다.

☐ **in store for** : about to happen ⇒ -을 위해 준비가 되어 있는; (운명이) -에게 닥쳐오고

있는

ex) I have a surprise in store for you.

너를 위해 놀라게 할 일이 있다.

☐ **in the bag** : ad. certain; for sure ⇒ (성공이) 확실한

ex) We'll get the contract; it's in the bag.

우리는 그 계약을 따낼 거야. 확실해.

Ref. [bag과 관련된 표현들]

a) bags under one's eyes ⇒ 눈 밑에 처진 살

b) doggie bag ⇒ 식당 등에서 손님이 먹고 남은 음식을 넣어주는 종이 봉지

c) baggy pants ⇒ 헐렁한 바지 d) plastic bag ⇒ 비닐 봉지

☐ **be[run] in the black** : not showing a financial loss ⇒ 흑자이다

ex) Our business is in the black this year. 사업이 올 해는 흑자다.

Ref. the black; 사업의 흑자

☐ **in the doldrums** : feeling depressed ⇒ 침울한, 의기소침한

ex) Let's try to cheer Donny up. He's in the doldrums.

도니에게 활기를 주자. 그는 침울해.

Ref. doldrums; 우울, 의기소침, 침체, 정체상태[기간]

☐ **in the making** : in the works ⇒ 발달중인, 미완성 상태인, 제조중인

ex) He's a doctor in the making. 그는 수련중의 의사다.

☐ **in the neighborhood of** : a) near ⇒ -의 근처에

b) (구어)approximately ⇒ 약, 대략

ex) It's in the neighborhood of $1,000. 그것은 약 천 달러다.

☐ **in the nick of time** : just in time ⇒ 아주 알맞은 때에, 때맞춰

ex) The woman reached the bank in the nick of time and withdrew all of her money.

그 여자는 은행에 제때에 도착해서 자신의 모든 돈을 출금했다.

☐ **in the same boat** : in the same situation ⇒ 같은 처지에 놓인

ex) Paul and I were both fired from our jobs yesterday. We're in the same boat. 폴과 나는 둘 다 어제 직장에서 해고되었다. 우리는 같은 처지다.

☐ **in-your-face** : annoying or bothersome ⇒ (구어) 방약무인한, 남의 기분을 생각하지 않는, 거리낌 없이 말하는, 억지가 센, 도전적인

ex) She is very in-your-face. 그녀는 매우 방약무인하다.

☐ **inside out** : all through ⇒ ad. (구어) 구석구석까지, 샅샅이, 완전히

ex) She knows a thing inside out. 그녀는 샅샅이 일을 다 알고 있다.

☐ **insurance premium** : payment for insurance ⇒ 보험료

ex) California's 91-year-old system has some of the nation's highest insurance premiums for employers. 캘리포니아의 91년 된 시스템에서 고용주들에게 부과하는 몇몇 보험료는 이 나라에서 가장 높다.

☐ **iron out** something : to solve (a problem) ⇒ (문제를)해결하다, 결론을 도출하다

ex) I worked for a long time trying to iron out the software problems in my computer. 나는 내 컴퓨터의 소프트웨어 문제를 해결하느라 오랫동안 작업했다.

☐ **It just so happens that-** : by chance it is true that- ⇒ 우연하게도 사실로 들어나다

ex) It just so happens that she is a liar.
그녀가 거짓말쟁이라는 사실이 우연히 드러났다.

☐ **It pays to-** : it is profitable to~ ⇒ -에 이익이 되다, -에게 수지가 맞다

ex) It pays to advertise. 광고는 손해 보지 않는다.

☐ **It's just that** + 절 ⇒ 바로 -이기 때문이다

ex) It's just that it's a size too small. 단지 사이즈가 너무 작아서요.

☐ **jam** ⇒ (복사기에) 용지가 걸리다, (도로나 장소를) 혼잡하게 하다

ex) This copy machine keeps jamming. 이 복사기에 자꾸 용지가 걸리네요.

☐ **jump the gun** : to start doing something too soon ⇒ 너무 일찍[성급하게] 시작하다, 출발 신호가 떨어지기 전에 시작하다

ex) My father jumped the gun by throwing away his old computer and buying a new one. He could have saved a lot of money by upgrading it. 우리 아버지는 성급하게 낡은 컴퓨터를 버리고 새 컴퓨터를 샀다. 업그레이드를 했으면 돈을 많이 아낄 수 있었을 텐데.

☐ **jump to (a or the) conclusion(s)** : to decide something prematurely ⇒ 성급히 결론짓다

ex) When I told Karen that I was angry with my wife, she jumped to the conclusion that I am getting a divorce! 카렌에게 내가 아내에게 화가 나 있다고 말하자, 그녀는 내가 이혼할 것이라고 비약해버렸다.

☐ **just[all] the same** : nevertheless ⇒ 아무래도 상관없는, 그럼에도 불구하고

ex) It's all the same to me. 어느 쪽이든 나에겐 상관없다.

ex) Days were pleasant just the same.
변함없이[여전히] 하루하루가 즐거웠다.

☐ **keep a stiff upper lip** : to remain calm, especially during difficult circumstances ⇒ 입을 꾹 다물다, 이를 악물다(특히 어려운 상황에 처했을 때 사용)

ex) It was difficult to keep a stiff upper lip when I realized that I had failed my final exam. 기말 시험에 낙제했다는 것을 알았을 때 나는 입술을 꾹 다물기가 어려웠다.

☐ **keep a straight face** : to keep from smiling or laughing, especially in a funny situation ⇒ 엄숙한 표정을 짓다, 굳은 표정을 하다, 웃음을 참다

ex) I knew that my girlfriend was the one who had played a prank on me, because she couldn't keep a straight face. 내 여자친구가 웃음을 참지 못하는 걸로 봐서 나에게 장난을 친 사람이 바로 그녀였다는 것을 알았다.

☐ **keep[have] an eye on** someone(or something) : to carefully watch over someone or something ⇒ 주의 깊게 살펴보다

ex) Hey, can you keep an eye on my briefcase while I go to the bathroom? 야, 내가 화장실에 간 동안 내 서류가방을 좀 봐줄래?

☐ **keep good time** : to be accurate ⇒ (시계가)시간이 잘 맞다

ex) Does the clock on the wall keep good time? If so, my watch must be slow. 벽에 있는 저 시계는 시간이 정확하니? 그렇다면 내 시계가 느린 거겠군.

☐ **keep[hold] one's temper** : to remain calm in a difficult situation ⇒ 화를 참다, 성질을 참다

ex) Rosco got into a lot of fights when he was younger, but as he aged he learned to keep his temper. 로스코는 젊었을 때 싸움을 많이 했지만 나이가 듦에 따라 성질을 참는 것을 배웠다.

☐ **keep one's chin up** : not to be discouraged ⇒ (구어) 용기를 잃지 않다, 낙담하지 않다

ex) Keep your chin up! We'll get through this together.
낙담하지 마세요! 우리가 함께 이것을 헤쳐 나갈 거예요.

☐ **keep one's finger crossed** : to hope for the best ⇒ 잘되기를 빌다

ex) Let's keep our fingers crossed. 그렇게 되기를 빌어보자.

ex) I'll keep my fingers crossed for you. 행운을 빌어요.

☐ **keep one's nose out of one's business** : to avoid interfering in the affairs of another person ⇒ 다른 사람의 일에 참견[간섭]하지 않다

ex) I was really mad when I caught John reading my e-mail. I told him to keep his nose out of my business. 나는 존이 내 이메일을 읽었다는 것을 알고서는 미칠 듯이 화가 났다! 나는 그에게 내 일에 참견하지 말라고 말했다.

☐ **keep** someone **posted** : to keep someone informed ⇒ 알리다, 계속해서 소식 보내주시오, 계속 연락하자

ex) I have to go now, but keep me posted.
나는 지금 가야 해. 하지만 나에게 알려줘.

ex) A: I heard you're moving to Seattle. Let me know how things go with your new job. 시애틀로 이사 간다는 소식 들었어. 새 직장에서 어떻게 지내는지 알려줘.

B: Sure, I'll keep you posted. 물론이야. 계속 소식 알려줄게.

☐ **keep your shirt on** : to calm down ⇒ (구어) 진정하다, 침착하다

ex) Keep your shirt on! Everything will go well.
진정해! 모든 일이 잘 될 거야.

ex) No need to get angry over a little mistake. Keep your shirt on.
작은 실수에 화낼 필요 없어. 가만히 있으라고.

☐ **keep tabs on[= keep track of]**someone(or something) : to monitor someone or something carefully ⇒ 계산하다, 감시하다, 지켜보다

ex) Did someone keep tabs on how much paper we've used?
우리가 사용한 종이가 얼마나 되는지 계산한 사람 있나요?

ex) The department keeps track of all unauthorized activities.
그 부서는 불허된 모든 활동을 감시한다.

☐ **keep the ball rolling** : to keep a process or some action going ⇒ 하던 대로 계속 진행하다, 계속하게 하다

ex) We're off to a great start, so let's keep the ball rolling.
출발이 좋으니까 계속 잘하자.

☐ **keep up with the Joneses** : to remain financially even with one's peers, colleagues or other people of similar stature ⇒ (경제적으로) 남들처럼 살다, 다른 사람들과 비슷한 상태를 유지하다

ex) It's tough keeping up with the Joneses these days.
요즘은 다른 사람들과 비슷한 상태를 유지하는 것도 힘들다.

☐ **kick back**(=take it easy/unwind/sit back/relax) 쉬다

ex) I usually kick back on my favorite chair and watch ideo movies.
보통은 내가 좋아하는 의자에서 쉬면서 비디오로 영화를 봐.

☐ **kick the bucket** : to die ⇒ (humorous) 죽다

ex) Old man Hubbard kicked the bucket last year. He left all his money to his wife.
허버드 노인은 작년에 죽었다. 그는 모든 돈을 아내에게 남겨주었다.

☐ **kick up a fuss[row]** : to misbehave or cause a disturbance ⇒ 소란을 일으키다, 짜증나게 하다

ex) Glenn's wife kicks up a row even if he gets home just five minutes late. 글렌의 아내는 그가 5분만 늦게 집에 가도 짜증을 낸다.

☐ **kill time** : to waste time ⇒ 시간을 죽이다, 허비하다

ex) I like killing time playing catch with my son.
나는 내 아들과 공놀이를 하며 시간 보내는 것을 좋아한다.

☐ **kill two birds with one stone** : to solve two problems with one solution ⇒ 한 번에 두 가지를 해결하다, 일거양득

ex) Tim took his daughter to work with him because he couldn't find a babysitter. He killed two birds with one stone. 팀은 아기 봐줄 사람을 구할 수가 없었기 때문에 자기 딸을 데리고 직장에 갔다. 그는 한 번에 두 가지를 해결한 셈이다.

☐ **knock[sweep]** someone **off his/her feet** : to fascinate or impress someone a great deal ⇒ 한눈에 반하게 하다, 사로잡다.

ex) My fiancee says that I swept her off her feet when we first met.
내 약혼녀는 우리가 처음 만났을 때 내가 그녀를 사로잡았다고 말한다.

☐ **knock (on) wood(**=touch wood**)** : a phrase said for good luck ⇒ 아무 일 없기를!, 행운을 빌어!

ex) We should have enough gas to get home...knock on wood.
집까지 가는 데 기름이 충분해야 하는데...행운을 빌자.

☐ **know** someone(or something) **inside (and) out** : to know about someone or something very thoroughly ⇒ 철저하게 파악하다, 안팎으로 알다

ex) I know this car inside and out. I've made all the repairs since I bought it. 나는 이 차에 대해서 철저하게 파악하고 있어. 그것을 산 이후로 내가 모든 수리를 다 했거든.

☐ **know the ins and outs of** someone(or something) ⇒ -의 모든 것을 다 알다

Ref. the ins and outs n. ; -의 모든 것, 상세한 것

ex) I know the ins and outs of her. 나는 그녀의 모든 것을 다 알고 있다.

☐ **know[learn] the ropes** : to learn how to do something ⇒ 요령을 잘 알고 있다[배우다]

ex) We need a person who knows the ropes.
= We need someone with experience. 우리는 경력자를 원합니다.

ex) Everyone, please say hello to our new receptionist. I hope you'll all help her to learn the ropes in our office. 여러분 우리 새 접수계 직원에게 인사하십시오. 그녀가 사무실에서 일하는 방법을 배우도록 여러분 모두 도와주시기 바랍니다.

☐ **know** somewhere **like the back of your hand** : to know a place extremely well ⇒ (어떤 장소를) 훤하게 알다, 정통하다

ex) He knows the island like the back of his hand.
그는 그 섬을 잘 알고 있다.

☐ **lag behind** ⇒ -에게 뒤떨어지다, 주춤거리다

ex) We still lag far behind many of our competitors in using modern technology. 우리는 현대 과학 기술 사용에 있어서 우리의 경쟁사들에 비해 아직 한참 뒤떨어져 있다.

☐ **layover** : stopover ⇒ (비행기를 갈아타기 위한) 도중하차

ex) How long is the layover? 그럼 중간에서 내려서 얼마나 기다려야 하나요?

☐ **lead** (sp.) ⇒ 실마리, 단서, 문제해결의 계기

ex) Do you have any leads on any jobs?
다른 일자리에 대한 정보 같은 거 있으세요?

☐ **leaf[thumb] through** something : to look through a book, magazine, or other printed material without carefully reading ⇒ -의 페이지를 대충 넘기다, 잡지나 책 등을 손가락으로 넘기면서 대충 훑어보다, 뒤적거리다

ex) Bill thumbed through some brochures while he waited for the travel agent to finish her phone call. 빌은 여행사 직원이 전화 통화를 끝내기를 기다리는 동안 몇몇 안내 책자들을 뒤적거렸다.

☐ **learn[find out]** something **the hard way** : to learn something by a difficult process, as opposed to an easier method ⇒ 어렵게 배우다, 경험으로 배우다

ex) I learned how to swim the hard way. My father picked me up and threw me into a river. 나는 수영하는 법을 어렵게 배웠다. 우리 아버지가 나를 들어서 강물에 던져 버렸다.

ex) Fred found out the hard way that dogs don't like getting their tails pulled. 프레드는 개들이 자기들의 꼬리를 누가 당기는 것을 좋아하지 않는다는 것을 경험으로 알아냈다.

☐ **leave off** (doing something) : to cease or stop doing something ⇒ 그만두다, 그만하다

ex) My supervisor told me to leave off writing the marketing report until the annual budget is set. 내 상사가 나에게 연간예산이 확정될 때까지 마케팅 보고서 쓰는 일을 중단하라고 말했다.

☐ **lend** someone **a hand** : to help someone ⇒ -를 도와주다

ex) Could you lend me a hand with this table? It's too heavy to move by myself. 이 테이블 옮기는 걸 좀 도와줄래? 나 혼자 옮기기에는 너무 무겁군.

☐ **let** someone **down** : to disappoint someone ⇒ 실망시키다

ex) I know you will do well in college. Don't let me down.
나는 네가 대학에서 잘 할 거라는 걸 안다. 나를 실망시키지 말아라.

☐ **let** something **slide** : to let something continue or remain as it is ⇒ 그대로 두다, 못 본체하다, 봐주다

ex) The economy was slowing down, but I decided to let my stocks ride rather than sell them. 경제가 하강하고 있지만 나는 내 주식을 팔기보다는 그대로 두기로 결정했다.

☐ **let** someone(or something) **go**(=let go (of someone or something)) : to dismiss someone from his/her job; to release something; to forget or stop thinking about someone or something ⇒ -를 해고하다, 놓아주다, 잊다

ex) The salmon was too small, so I let it go.
그 연어는 너무 작아서 나는 그것을 놓아주었다.

ex) If you continue thinking about it, you'll only get angrier. Let it go.
계속 그것을 생각한다면 화만 날 거야. 잊어버려.

☐ **life in the fast lane**: a way of living which is full of excitement, activity and often danger ⇒ 눈코 뜰 새 없이 바쁜 생활

ex) He lived his life in the fast lane for 27 years.
그는 27년 동안 눈코 뜰 새 없이 바쁘게 살았다.

☐ **let the cat out of the bag** : to accidently reveal a secret or a surprise⇒ (비밀을) 무심코 말해버리다, 비밀을 누설하다, 비밀이 누설되다

ex) We're planning a surprise party for Susan. Everybody be careful... don't let the cat out of the bag. 우리는 수잔을 위해서 깜짝 파티를 계획할 거야. 모두들 조심해..., 무심코 말하는 일이 없도록 하라고.

☐ **like nothing on earth** : a) wonderful; heavenly ⇒ 아주 훌륭한 b) very messy; very unattractive; very terrible ⇒ 아주 끔찍한

ex) The cake that Susan baked for the party was like nothing on earth! I have never tasted anything that delicious! 수잔이 그 파티를 위해 만든 그 케익은 아주 훌륭했어! 나는 그렇게 맛있는 것을 먹어본 적이 없어!

ex) After Will had been out all night drinking, he came home looking like nothing on earth. 윌이 밤새 술을 마신 후에 아주 엉망이 되어서 집에 왔다.

☐ **like a bat out of hell** : very fast; recklessly ⇒ 재빨리, 무모할 정도로 빠르게, 미친 듯이. 급박하게

ex) I drove like a bat out of hell to make it to my appointment on time.
나는 약속시간에 맞추려고 무모할 정도로 빠르게 운전했다.

☐ **like a sitting duck**(=like sitting ducks, sitting ducks) : unaware; unconcerned; innocent and unguarded ⇒ 아무것도 모르고서, 손도 써 보지 못하고

ex) Andrew entered the meeting like a sitting duck. He didn't know that he was going to be blamed for the product's failure. 앤드류는 아무 것도 모르고 그 회의에 들어왔다. 그는 자신이 그 제품의 실패에 대해서 비난을 받으리라는 것을 알지 못했다.

ex) The soldier thought to himself, "I'm a sitting duck here, right in the middle of enemy territory." 그 병사는 "아무런 방어도 없이 적지 한 가운데 있구나."라고 혼자

생각했다.

☐ **lay an egg** : to do something badly, often used with performances ⇒ 흥행에 실패하다(특히 공연할 때)

ex) That movie was awful! The producers really laid an egg.
그 영화는 끔찍했어! 제작자들은 정말로 흥행에 실패했다고.

ex) The actress forgot her lines during opening night of the play. She laid an egg.
그 여배우는 그 연극 개막일까지 자기 대사를 잊어버렸다. 그녀는 연기를 망쳤다.

☐ **live from hand to mouth** : to survive on very little money ⇒ 하루 벌어 하루 생활을 하다, 그날그날 겨우 살다

ex) Rob lost his job, and now his family lives from hand to mouth.
랍은 직장을 잃었고 지금 그의 가족은 그날그날 겨우 산다.

☐ **learn[know] the ropes** 기본기를 배우다[알다]

ex) He learned the ropes on soccer.
그는 축구에 관한 기본기를 배웠다[알았다].

☐ **A is like looking for a needle in a haystack.** : (Informal) used to day that something is almost impossible to find ⇒ A를 찾기가 거의 불가능하다

ex) I don't know if we'll ever find the right gene - it's like looking for a needle in a haystack. 우리가 올바른 유전인자를 찾을 수 있을지 모르겠어. 그것은 찾기가 거의 불가능해.

☐ **Look who's here!** : I'm surprised and happy to see you! ⇒ 아니, 이게 누구야!

☐ **look the other way** : to purposefully ignore someone or something ⇒ 고의적으로 무시하다, 못 본 척하다

ex) I asked the police officer if he would look the other way. He gave me a ticket for speeding anyway. 나는 그 경찰관에게 못 본 척 해달라고 했다. 그래도 그는 내게 속도위반 딱지를 끊어주었다.

☐ **loosen up** : to become more relaxed and feel less worried or serious⇒ 긴장을 풀다

ex) We used to fight a lot, but Dad has loosened up a little lately.
우리는 많이 싸우곤 했지만 아빠는 최근에 다소 마음이 풀렸다.

☐ **lose one's head[mind, marbles]**: to act irrationally ⇒ 이성을 잃다

ex) I'm losing my head. I just let my daughter borrow my new car.
나는 이성을 잃고 있다. 나는 방금 내 딸이 내 새 차를 빌려가도록 했다.

☐ **lose one's shirt** : (slang) to lose all of one's money; to lose all of one's assets ⇒ (속어) 돈을 모두 잃다, 돈을 다 털리다

ex) I bought stocks just a few days before the stock market collapsed. I lost my shirt! 나는 주식시장이 무너지기 며칠 전에 주식을 샀다. 다 날린 거야!

☐ **lose track of the time** : to not realize how much time is passing, especially because one is concentrating on something ⇒ 시간 가는 줄 모르다

ex) I'm sorry I'm late. I was working and lost track of the time.
늦어서 미안해. 일하고 있었는데 시간가는 줄 몰랐어.

☐ **loud and clear** : clearly ⇒ 분명하게, 명료하게

ex) I hear you loud and clear. = I feel the same way.
= I know what you're saying. 찬성입니다.

☐ **made to order** : perfect ⇒ 안성맞춤인

cf. make something to order : to make or build something specifically for someone ⇒ 주문해서 만들다

ex) Dan's feet are so huge that he has to make his shoes to order.
댄의 발은 너무 커서 구두를 주문해서 만들어야 한다.

ex) Sheila's dresses are made to order from that little boutique.
셰일라의 드레스는 저 작은 양장점에서 주문해서 만들어진 것이다.

☐ **make a beeline for** someone(or something) : to move directly and without hesitation to someone or something ⇒ ~을 향해 똑바로 나아가다, 지체 없이 곧장 가다, 일직선으로 가다

ex) As soon as we got to the department store, my son made a beeline for the toy section. 우리가 백화점에 도착하자마자 내 아들은 장난감 파는 데로 곧장 갔다.

☐ **make a mountain out of a molehill** : to make a small, unimportant matter seem very large and important ⇒ 침소봉대하다, 사소한 것을 부풀리다

ex) Jessica said her hair was ruined, but she was making a mountain out of a molehill. She can always wear a wig. 제시카는 자기 머리를 망쳤다고 말했지만 그녀는 과장하고 있었다. 그녀는 항상 가발을 쓰면 된다.

☐ **make[create] a scene** : to cause a disruption or disturbance in public ⇒ 소란을 피우다

ex) My son began to cry and made a scene at the restaurant.

☐ **make hay while the sun shines** : to take advantage of a good opportunity ⇒ 좋은 기회를 놓치지 않다, 유리한 기회를 이용하다

ex) My wife and I didn't have to work yesterday, so we decided to make hay while the sun shines and went on a picnic. 내 아내와 나는 어제 일을 하지 않아도 되었기에 우리는 좋은 기회를 이용하기로 결정하고 소풍을 갔다.

☐ **make it** : to succeed ⇒ -을 해내다

ex) Hi! Welcome. I didn't you'd make it.

안녕! 어서 와. 네가 올 거라고는 생각 못했는데.

ex) What time shall we make it? 몇 시에 만날까?

☐ **make peace with** someone(or something) : a) to end an argument or dispute with someone ⇒ 화해하다 b) to accept something bad or unpleasant, usually because one must accept it ⇒ 받아들이다

ex) I had a big fight with my wife this morning, so I'm going to buy some roses and make peace with her. 나는 오늘 아침에 아내랑 크게 싸웠는데, 장미를 좀 사서 그녀와 화해할 것이다.

ex) After years of struggling with cancer, the patient made peace with the fact that he would soon die. 몇 년 동안 암 투병생활을 한 후에 그 환자는 자신이 곧 죽을 것이라는 사실을 받아들였다.

☐ **market share** ⇒ 시장 점유율

ex) What's your market share? 귀사의 시장점유율은 얼마입니까?

☐ **mend (one's) fences** : to apologize to someone ⇒ 사과하고 화해하다, 인간관계를 회복하다

ex) Tina stopped by last night to try to mend fences, but I'm not ready to forgive her, yet. 티나는 화해하려고 어젯밤 들렀지만 나는 아직 그녀를 용서할 준비가 되지 않았다.

☐ **millstone (around one's neck)** : an ever-president burden, handicap, or hindrance ⇒ (사람을 옭아매는) 굴레, 큰 장애물, 약점

ex) Jerry's alcoholism is nothing but a millstone around his neck. He really should quit drinking. 제리의 알코올 중독은 굴레일 뿐이다. 그는 정말로 술을 끊어야 한다.

☐ **mum's the word** : an expression meaning don't say anything about this; keep this secret ⇒ 남에게 말하지 말라!, 쉬! 비밀이야 (주로 애들이 쓰는 말)

ex) We're going to surprise Janet with a party on Friday. Mum's the word, OK? 우리는 금요일에 파티로 재닛을 놀라게 해줄 거야. 말하지 마. 알았지?

☐ **neck and neck** : to be exactly tied ⇒ 백중세인, 막상막하의

ex) Governor Bush and Vice-President Gore were neck and neck in their run for the Presidency. Fortunately, Bush won. 부시 주지사와 고어 부통령은 대통령 선거에서 접전을 벌였다. 운 좋게 부시가 이겼다.

☐ **nip[check, crush]** something **in the bud** : to prevent something from becoming a problem by stopping it as soon as it starts ⇒ 미연에 방지하다, -을 봉오리 때에 따다

ex) The idea is to nip minor school problems in the bud.
그 생각은 사소한 학교문제들을 미연에 방지하고자 하는 것이다.

☐ **be no picnic** : to be difficult or bad ⇒ 만만치 않은, 호락호락하지 않은
ex) A two-hour bus ride work every day is no picnic.
매일 두 시간 버스를 타는 일은 만만치 않은 일이다.

☐ **nobody's[no one's] fool** : not a stupid person at all ⇒ 영리한 사람, 눈치 빠른 사람, 쉽게 속지 않는 사람
ex) Tom is nobody's fool. He won't believe you unless you provide some facts. 톰은 쉽게 속지 않는 사람이야. 그는 네가 몇 가지 사실을 대지 않는다면 네 말을 믿지 않을 거야.

☐ **not be your cup of tea** : (spoken) not be the type of thing you likes ⇒ 좋아하는 일이 아니다
ex) Game shows just aren't my cup of tea.
게임 쇼는 단지 내가 좋아하는 일은 아니다.

☐ **not give a damn about** someone(or something)[= **not care two cents about** someone(or something)]: to not care about someone or something ⇒ 조금도 신경 쓰지 않다, 개의치 않다
ex) Sheila doesn't give a damn about you. She wants you for your money. 셰일라는 네게 전혀 신경 쓰지 않아. 그녀는 너의 돈 때문에 너를 원하는 거야.

☐ **not have the heart to do** something : to be unable to do something because you do not want to make someone unhappy ⇒ -에 대한 마음이 없다
ex) I didn't have the heart to tell my daughter we couldn't keep the puppy. 나는 내 딸에게 우리가 강아지를 키울 수 없다고 말할 마음이 없었다.

☐ **not in the least** : not at all ⇒ 전혀 -않는
ex) Am I hungry? Not at all. I just had a bite to eat.
배고프냐고? 전혀, 방금 먹었거든.

☐ **not know which way to turn**(=not know where to turn) : to not know what to do; to not know where to do ⇒ 무엇을 해야 할지 모르다
ex) Jerry was so confused, he didn't know where to turn.
제리는 너무 혼란스러워서 뭘 해야 할지 몰랐다.

☐ **not stomach** : not tolerate ⇒ 참지 않다, 견디지 않다
Ref. stomach; *v.* to endure ⇒ 참다
ex) Their horrible loss in the Super Bowl has been difficult for many fans to stomach.
슈퍼볼에서 그들의 엄청난 실점은 수많은 팬들이 참기에는 어려움이 있었다.

☐ **nothing to write home about** something : not worth mentioning ⇒ 언급할 가치가 없는
ex) We have nothing to write home about your business.

우리는 당신의 사업계획에 대해 언급할 가치가 없다.

□ **nuts and bolts** (of something) : the basics of something; the details of something ⇒ 기본사항, 가장 중요한 요소들, 자세한 사항

ex) Sam know the nuts and bolts of international marketing.
샘은 국제 마케팅의 기본 사항을 안다.

ex) When it comes to the nuts and bolts of women, I have no clue.
여자들에 대한 기본 사항이라면 나는 전혀 알지 못한다.

□ **odds and ends** : small, miscellaneous items without much value ⇒ 시시한 것, 잡동사니

ex) We packed just about everything, but probably left some odds and ends behind.
우리는 바로 모든 것을 꾸렸지만 아마 잡동사니들은 그대로 남겨두었다.

□ **off the beaten track[path]** : in a distant or remote place; unusual ⇒ 잘 알려지지 않은, 생소한, 외딴 지역의

ex) Joy's family really lives off the beaten path. 조이의 가족은 정말 외딴 지역에 산다.

ex) We discovered a new gold mine! It's off the beaten trace, though, so we'll have to build a new road. 우리는 새 금광을 발견했다. 그것은 외딴 지역에 있어서 우리는 새 길을 건설해야 할 것이다.

□ **off the record**(=off-the-record) : informal, confidential ⇒ 비공개로, 사적으로, 보도하지 않겠다는 조건의

ex) The Mayor told the reporter, off the record, that the city budget for the next two years was in serious jeopardy. 그 시장은 다음 2년간의 시 예산안이 심각한 위험에 처해 있다고 기자에게 비공식적으로 말했다.

□ **off the top of one's head** : without thinking hard ⇒ 언뜻 생각나는 대로, 아무 생각 없이, 아무 준비 없이

ex) I asked Tom if he knew, off the top of his head, the speed of light.
나는 톰에게 아무 생각 없이 빛의 속도를 알고 있느냐고 물었다.

□ **old hat** : old-fashioned ⇒ 낡은, 구식의

ex) The movie's special effects now seem rather old hat.
그 영화의 특별효과는 다소 구식인 것 같다.

□ **on all fours** : with one's hands and knees on the ground ⇒ 몸을 구부린, 엉금엉금 기어서, 네발로 기어서

ex) Carol was on all fours in her office, looking for something under her desk. 캐롤은 책상 밑에서 뭔가를 찾으면서 몸을 구부렸다.

ex) I hurt my back snowboarding, and I had to walk on all fours around the house.
나는 스노보드를 타다가 등을 다쳤고, 집에서 기어 다녀야 했다.

☐ **on cloud nine** : *adj.* ecstatic; extremely happy ⇒ 매우 기쁜, 황홀한

ex) I was on cloud nine when I found out that I had been hired at IBM.
IBM에 고용되었다는 것을 알고서 나는 매우 기뻤다.

☐ **on (a) par with** someone(or something) : equivalent to someone or something ⇒ -과 대등한, -와 똑같은

ex) The singer's latest CD is on a par with her earlier album. They are both great.
그 가수의 최근 CD는 이전 앨범과 대등하다. 그것들은 둘 다 훌륭하다.

☐ **on business** ⇒ 사업차

ex) I'm here on business for two weeks.
저는 사업차 왔고, 2주 동안 머물 겁니다.

☐ **once in a blue moon**(=once in a coon's age = once in a great while) : seldom; rarely ⇒ 거의 -하지 않는, 아주 드물게

ex) Once in a blue moon my wife and I go out dancing.]
내 아내와 나는 아주 드물게 춤추러 나간다.

☐ **on pins and needles** : nervous or anxious ⇒ 안달하는, 마음이 불안한

ex) Sally hasn't gotten her exam results, yet. She's on pins and needles.
샐리는 아직 시험결과를 받지 못했다. 그녀는 매우 초조하다.

Ref. pin money; 용돈 pin a hope; 희망을 걸다
Don't pin that on me. ⇒ 그 일을 제 탓이라고 하지 마세요.

☐ **on the ball** : alert and ready for action ⇒ 빈틈이 없는, 방심 않고, 유능한

ex) Get on the ball. 방심하지 마라.

ex) She is on the ball. = She's always on the top of things.
= She's very precise. 그녀는 아주 치밀해요.

☐ **on the dot[button]** : exactly on time ⇒ 정확히, 제시간에

ex) Be here tomorrow at nine on the dot. 내일 여기로 정확히 9시에 와.

☐ **on the edge** ⇒ 가장자리에

ex) He's walking in the edge. = He's walking on thin ice.
He's playing with fire. 그는 지금 위험을 자초하고 있어요.

☐ **on the go** : always busy, always moving ⇒ 항상 바쁜

ex) It's difficult to get an appointment with Professor David. He's always on the go.
데이비드 교수님과 약속을 잡기는 어렵다. 그분은 항상 바쁘시다.

☐ **on the house** : adj. free; paid for by the store, restaurant, establishment, etc. ⇒ 공짜인, (가게, 식당, 시설에서 서비스로 대접한) 공짜로 준

ex) The bartender gave us our drinks on the house.

바텐더가 우리에게 술을 공짜로 주었다.

☐ **on the lookout (for** someone or something**)** : watching for someone or something closely ⇒ 주시하는, 잘 살피는, 물색 중인

ex) Be on the lookout for a gas station. We're almost out of gas!
주유소를 찾아 봐. 우리는 기름이 거의 다 떨어졌단 말이야!

ex) I've been on the lookout for a new car for the past few weeks.
나는 지난 몇 주 동안 새 차를 물색 중이야.

☐ **on the market** : available for sale or rent everywhere ⇒ 시중에 있는, 구입할 수 있는

ex) There aren't many used cars on the market right now.
지금 당장은 시중에 중고차가 많이 나와 있지 않다.

☐ **on the rise** : increasing ⇒ 증가하는

ex) The crime rate is on the rise. 범죄율이 증가하고 있다.

☐ **on the rocks** : ruined ⇒ 파산한

ex) The company was on the rocks last year.
그 회사는 작년에 파산했다.

☐ **on the side** : in addition to your regular job ⇒ 게다가, 그밖에, 덧붙여

ex) They run a catering business on the side.
그들은 게다가 케이터링 회사를 운영하고 있다.

Ref. cater; *v.* 음식물을 조달하다 catering; *n.* 여객기 따위의 음식 제공 업무

☐ **on the spur of the moment** : without thought or preparation ⇒ 즉석에서, 아무 생각 없이 당장

ex) On the spur of the moment, the teacher said, "Let's end class early today. The weather is too nice to be sitting in a classroom." 아무 생각 없이 선생님이 말씀하셨다. "오늘은 수업을 일찍 마친다. 교실에 앉아 있기에는 날씨가 너무 좋구나."

☐ **on the tip of one's[the] tongue** : almost able to remember ⇒ 기억이 날 듯 말 듯, 말이 입에서 뺑뺑 돌고 안 나오는

ex) Give me a second, and I'll tell you her telephone number. It's right on the tip of my tongue. 잠깐만. 너에게 그녀의 전화번호를 말해줄게. 혀끝에서만 뱅뱅 돌고 생각이 안 나.

☐ **on the wagon** : to longer doing something, usually refers to alcohol or drugs ⇒ (속어) (술이나 마약을) 끊은, 더 이상 안 하는

ex) My doctor told me to quit drinking alcohol, so now I'm on the wagon.
의사 선생님이 나에게 술을 끊으라고 말씀하셔서 지금 나는 더 이상 마시지 않는다.

☐ **once in a blue moon[coon's age, great while]** : rarely; seldom ⇒ 거의 -하지 않는, 매

우 드물게

ex) Once in a blue moon my wife and I go out dancing.
내 아내와 나는 어쩌다 한 번 춤추러 나간다.

☐ **one[two] at a time** : one by one ⇒ 따로따로, 한 번에 하나[둘]씩

ex) Hand them to me two at a time. 한 번에 두 개씩 주시오.

☐ **one of these (fine) days** : in the future ⇒ 근일 중에

ex) I'll call on you one of these days. 가까운 시일 안에 방문할 게.

☐ **one-track mind** : a mind that's obsessed with only one thing ⇒ 편협한 사고방식, 한 가지만 생각하는 사람

ex) My assistant has a one-track mind. When I give her a project, she can't do anything else. 내 조수는 한 가지만 생각하는 사람이다. 내가 그녀에게 프로젝트를 주면 그녀는 그 밖에 다른 것을 하지 못한다.

☐ **one hundred percent** : completely, totally ⇒ 전적으로

ex) I'll back you one hundred percent. 나는 전적으로 네게 돌아올 거야.

☐ **one's better half** : one's spouse; one's lover ⇒ 자신의 반쪽, 즉 배우자

ex) Hi Jack! Long time no see! How's your better half?
안녕, 잭! 오랜만이야! 네 아내는 어떻게 지내니?

☐ **open an above-board** : honestly ⇒ 솔직히 말해서, 숨김없이 드러내 놓고

ex) The investigator came by to make sure that everything is above-board. 조사관들이 모든 것이 숨김없이 드러났는지 확인하려고 왔다.

☐ **open-minded** : flexible and tolerant ⇒ 너그러운, 편견이 없는, 허심탄회한

ex) Dr. Sutton is very open-minded about non-traditional treatments.
서튼 박사는 비전통적 치료에 대해 매우 편견이 없는 분이다.

☐ **out of season** : not available at this time ⇒ 철이 지난

ex) Strawberries are out of season in this region, by we sell imported strawberries which are a bit expensive. 이 지역에서 딸기는 철이 지났지만 우리는 조금 비싼 수입딸기를 판다.

☐ **out of shape[condition]** : in poor physical condition; unhealthy ⇒ 건강하지 못한 cf. in shape : healthy ⇒ 건강한

ex) I need to get some exercise! I'm really out of shape.
나는 운동을 좀 해야 해! 정말 몸이 약해졌거든.

☐ **out of stock** : no longer in supply ⇒ 재고가 없는

ex) The clerk told me that the book I wanted was out of stock, but he expected some to be delivered on Monday. 그 점원은 내가 원하는 책의 재고가 없다고 말했

지만, 그는 월요일에 들어올 것으로 기대했다.

☐ **out of the blue** : without warning ⇒ 예기치 않게, 느닷없이

ex) Symptoms of the disease often appear out of the blue.
병의 증상은 때때로 예기지 않게 나타난다.

☐ **out of the woods** : out of the trouble ⇒ 곤란에서 벗어난, 고비를 넘긴

ex) The doctor exclaimed, "Your father is out of the woods! He should be well enough to go home by next week." 의사가 외쳤다. "당신의 아버지는 고비를 넘겼습니다. 그분은 다음 주에는 건강해져서 집에 가실 수 있을 것입니다."

☐ **out-and-out** something : thoroughly something ⇒ 완전히

ex) Dan likes to think he's ver worldly and sophisticated, but he's really an out-and-out yoke! 댄은 자신이 매우 세상 이치에 밝고 세련되었다고 생각하길 좋아하지만, 사실 그는 완전히 시골뜨기다.

☐ **out of this world** : extraordinarily good; great; terrific ⇒ 너무 좋은, 맛이 아주 좋은, 뿅 가는

ex) We had a great trip. The hotel was out of his world.
우리는 멋진 여행을 했다. 호텔은 세계 최고급이었다.

☐ **over en route** ⇒ 도중에

ex) Can I stop over en route? 도중에 내릴 수 있습니까?

☐ **over one's head** : beyond one's ability to understand ⇒ 이해하기 힘든

ex) Everything the doctor said was over my head. Did you understand any of it? 그 의사가 말한 모든 것이 이해하기 힘들어. 너는 이해했니?

☐ **over the hill** : adj. old; no longer young ⇒ 늙은

ex) Larry says no one is over the hill as long as they feel young at heart. 래리는 마음에 젊음을 느끼는 한 아무도 늙지 않는다고 말한다.

☐ **over the hump** : adj./adv. done with the greater portion of something; finished with the hardest part of something ⇒ 고비를 넘긴

ex) I know it's been a tough week, but we're over the hump now. It's Thursday! 힘든 일주일이었다는 걸 나도 알지만 우리는 고비를 넘겼다. 목요일이다!

☐ **packed (in) like sardines** : very crowded; packed very tightly ⇒ 꽉 메우다, 빽빽이 들어서다, 콩나물시루 같다

ex) There was no room to move in the movie theater. The audience was packed in like sardines. 그 극장에는 움직일 공간이 없었어. 관객이 빽빽이 들었거든.

☐ **pack up** : to stop doing an activity ⇒ 그만두다

ex) Unless you pay them, I'm afraid the workers will pack up and leave.

네가 임금을 지불하지 않는다면, 직원들이 일을 그만두고 떠날 것 같다.

☐ **paddle one's own canoe** : to do something by oneself or alone ⇒ 남의 도움 없이 일하다, 혼자서 하다, 혼자 있다

ex) Jonie has been paddling her own canoe since she graduated from high school. 조니는 고등학교를 졸업한 이후로 혼자 힘으로 지낸다.

☐ **paint the town red** : to have a wild time in the city ⇒ 시내에서 떠들썩하게 놀다, 춤이나 파티를 하다

ex) What do you say me and you go and paint the town red?
너랑 나랑 한바탕 노는 것이 어때?

☐ **Pardon me for living.** : I'm sorry for causing you so much trouble. ⇒ (비꼬는 투로) 폐를 끼쳐 죄송합니다.

☐ **part and parcel** (of something) : part of something; a crucial or important part of something ⇒ 중요부분

ex) I'd like you to bring the part and parcel of every company account to the meeting. 모든 회사 거래의 중요한 부분을 회의에서 전달해 주시기 바랍니다.

☐ **pass off** someone(or something) as something : to try to make people think that something or someone is something that it is not or they are not, especially someone important or something valuable ⇒ 속여 넘기다, -로 행세하다

ex) The dealer was trying to pass off fakes as valuable antiques.
그 상인은 모조품들을 값비싼 골동품으로 속여 넘기려고 애쓰고 있다.

ex) She passed herself off as a doctor. 그녀는 의사로 행세했다.

☐ **pay lip service (to** something) : to express loyalty or respect insincerely ⇒ 선심공세를 펴다, 입에 발린 말을 하다

ex) Johnson paid lip service to his boss's new agenda because he's interested in dating the boss's daughter. 존슨은 자기 사장님의 새로운 안건에 대해서 입에 발린 말을 했다. 왜냐하면 그는 사장님 딸과 데이트하는 데 관심이 있기 때문이다.

☐ **pay through the nose (for** something)[= pay an arm and a leg (for something)] : to pay too much money for something ⇒ 비싼 대가를 치르다

ex) I bought this one when computers were very expensive. I think I paid through the nose for it. 나는 컴퓨터가 한참 비쌀 때 이것을 샀어.
내 생각엔 너무 비싸게 샀던 것 같아.

☐ **penny-wise and pound-foolish** : economical in small things and wasteful in larger things ⇒ 작은 일에는 신경을 잘 쓰면서 정작 중요한 일을 소홀히 하는, 푼돈 아끼다 큰 돈 잃기, 기와 한 장 아끼다 대들보 썩는 줄 모른다.

cf. penny-wise *a.* ⇒ 푼돈을 아끼는
pound-foolish *a.* ⇒ (한 푼을 아끼고) 천금을 잃는, 큰 돈을 쓸 줄 모르는

ex) You're penny-wise and pound-foolish.
= When you buy cheap things, they end up falling apart.
싼 게 비지떡이죠.

□ **pick a fight[quarrel] with** someone : to start an argument ⇒ 싸움을 시작하다, 시비를 걸다

ex) My little brother was picking a fight with another kid when the teacher caught him. 남동생은 선생님이 그를 붙잡았을 때 다른 아이와 싸움을 시작하려던 참이었다.

□ **pick up the pieces (of** something) : to return matters back to their original state ⇒ 사태를 수습하다, 파편을 주워 모으다

ex) The town is beginning to pick up the pieces after the worst mass shooting in U.S. history. 그 도시는 미국 역사상 가장 최악의 총격사건이 있은 후 사태를 수습하기 시작하고 있다.

□ **pig out** (sp.) : stuff oneself, eat way too much ⇒ 걸신들린 듯이 먹다, 과식하다

ex) I'll probably pig out. = I'll probably stuff myself.
= I'll probably eat way too much. 아무래도 과식할 것 같네요.

□ **pit** someone(or something) **against** someone(or something) : to complete, argue, or fight with someone, or test your strength, ability. power etc. against theirs ⇒ 맞붙게 하다, 경쟁시키다

ex) You can pit your brains against his strength.
너의 지혜는 그의 힘에 맞설 수 있다.

ex) The idea has pitted farmers, developers and environmentalists against each other.
그 생각은 농부들, 개발자들, 그리고 환경론자들이 서로 맞붙게 하였다.

□ **pitch in** : (구어) a) to start to work eagerly as a member of a group ⇒ 열심히[힘차게] 하기 시작하다 b) to add your help, support, or money ⇒ 협력하다, 공헌하다, 기부하다

ex) When the harvest comes, the whole family pitches in.
추수기가 다가오자 전 가족이 열심히 하기 시작한다.

ex) The whole team pitched in to buy Kevin a nice present.
전 팀은 케빈에게 멋진 선물을 사주기 위해 협력했다[돈을 기부했다].

□ **play cat and mouse with** someone(or something) : to control or treat someone in a way such that the person does not know what will happen next ⇒ -을 가지고 놀다[마음대로 하다]

ex) My mother told me not to play cat and mouse with girls. It's not nice. 우리 엄마는 나에게 여자들을 가지고 놀지 말라고 말씀하셨다. 그러는 건 좋지 않다고.

☐ **play hard to get** : to make it difficult for another person to date someone ⇒ (이성의 접근 등에 대해)튕겨보다, 관심이 없는 체하다, 내숭떨다

ex) I like girls who play hard to get. It's more challenging.
나는 내숭떠는 여자들이 좋아. 좀더 도발적이거든.

☐ **play[work, create] havoc with**(=make havoc of; wreak havoc on/in/with) someone(or something) : to cause trouble or damage to something ⇒ -을 엉망으로 만들다, -을 파괴하다, 파멸시키다, 망가뜨리다

ex) The accident on the highway played havoc with the rush-hour traffic.
고속도로에서 일어난 그 사고는 출근길 교통을 망쳤다.

☐ **play hooky** : to miss going to school; to miss appointment ⇒ 땡땡이치다, -을 빼먹다

ex) When I was young I got into a lot trouble playing hooky from school.
내가 어렸을 때 학교를 빼먹어서 많이 혼났다.

Ref. hooky[= hocky]; n. (속어) 엉터리, 허풍, 실없는 소리

☐ **play it by ear** : to improvise as one goes along ⇒ 임기응변으로 대처하다, 무계획적으로 일을 하다

ex) No, I don't have any plans for this weekend. I'm going to play it by ear. 아니야. 나는 이번 주말에 아무런 계획이 없어. 나는 되는 대로 할 거야.

ex) Linda never knows what she's going to do next. She always plays it by ear. 린다는 다음에 무엇을 해야 할지 결코 알지 못한다. 그녀는 항상 임기응변으로 대처한다.

☐ **play it cool** : to act calm ⇒ 냉정하게 행동하다, 침착하다, 차가운 태도를 취하다

ex) If you play it cool, Janet just might agree to go out with you.
네가 차가운 태도를 취하면 제닛은 너와 데이트하겠다고 동의할 거야.

☐ **play it safe** : to refrain from taking any risks ⇒ 조심성 있게 일을 해나가다, 안전을 위해 행동하다

ex) I'm a little tired. I'm going to play it safe and get some rest.
나는 좀 피곤해. 안전을 위해 좀 쉴래.

☐ **play games with** someone : (slang) to deceive someone ⇒ (속어) -를 속이다

ex) He played games with her. 그는 그녀를 속였다.

☐ **play with fire** : to do something risky or dangerous ⇒ 불장난 하다, 위험한 짓을 하다

ex) Don't invest in that company. You're playing with fire.
그 회사에 투자하지 마. 너는 불장난하는 거야.

☐ **poetic justice** : the lucky or fortunate receiving of just rewards by those who deserve them ⇒ 시적 정의, 인과응보 (원인에 딱 맞는 결과), 당연한 것

ex) It was poetic justice that Miss California won the beauty contest after Miss Florida was disqualified. Miss Florida cheated to get in the contest. 미스 플로리다가 자격을 박탈당한 후에 미스 캘리포니아가 미인대회에서 뽑힌 것은 당연한 것이었다. 미스 플로리다는 당선되려고 속임수를 썼다.

☐ **point-blank** : a) right out ⇒ 노골적인, 솔직한, 단도직입적인
b) ad. abruptly ⇒ 단도직입적으로

ex) He point-blank refused it. = He right out refused.
그가 일언지하에 거절했어요.

☐ **pop the question** : to ask someone to marry one ⇒ 청혼하다

ex) Dan popped the question to his girlfriend when she was really drunk.
댄은 자기 여자 친구에게 진짜로 취했을 때 그녀에게 청혼했다.

Ref. [pop과 관련된 표현들]
a) pot a pimple ⇒ 여드름을 짜다
b) pop in ⇒ 잠깐 들르다 c) pop quiz ⇒ 예고 없이 보는 쪽지 시험

☐ **be poles apart** : to be exactly opposite ⇒ 정반대에 있다

ex) Tokyo and Washington remain poles apart on the issue of free trade.
도쿄와 워싱턴은 자유무역문제 있어 정반대의 입장을 유지하고 있다.

☐ **pull an all-nighter** : to study or work all night without getting any sleep ⇒ 밤새워 공부[일]하다

ex) I had so much homework to do that I pulled an all-nighter! Now I'm exhausted! 난 해야 할 숙제가 너무 많아서 밤새워 했어! 지금 난 지쳤어!

☐ **pull one's leg** : to joke with someone ⇒ 농담하다, 짓궂은 장난을 하다, 다리를 걸다

ex) No one takes Monty seriously. He's always pulling somebody's leg.
아무도 몬티를 진지하게 보지 않는다. 그는 항상 남에게 짓궂은 장난을 한다.

☐ **pull (the) strings** : to exert secret control or influence in order to gain an end ⇒ 영향력을 행사하다, (유력 층을 움직여)목적을 이루다(이루려 하다)

ex) Nick begged his uncle not to pull any strings for him, because he wanted to succeed on his own. 닉은 자기 힘으로 성공하고 싶었기 때문에 자기 삼촌에게 영향력을 행사하지 말라고 간청했다.

☐ **purchase coverage** ⇒ 보험에 들다

ex) Employees may purchase additional coverage.
사원들은 추가보험에 들 수도 있다.

Ref. 'offer coverage'라고는 하지 않는다.

☐ **pure and simple** : (Informal) used to say that there is only one reason for something ⇒ 간단하게 말해서, 더도 덜도 말고

ex) The motive for the robbery was greed, pure and simple.
강도의 동기는 간단히 말해서 탐욕이었다.

☐ **put a roof over one's head and food on the table** ⇒ 최소한의 생활을 영위하다

ex) An increase of fifty cents an hour would help workers on the lowest rung of the economic ladder put a roof over their head and food on the table. 시간당 50센트의 임금이 올라야만 빈민 근로자들이 최소한의 생활 기반을 마련할 수 있을 것이다.

Ref. the lowest rung[bottom] of the economic ladder ; 경제 구조상 최하층, 빈민층
rung *n.* ; 사닥다리의 발을 딛는 가로대

☐ **put A on one's credit card** ⇒ A를 -의 신용카드로 결재하다

ex) Should I put it on your credit card?
신용카드로 계산하시겠습니까?

☐ **put on airs** : to act boastfully ⇒ 뽐내다, 잘난 체하다

ex) No wonder Elena has no friends. She's always putting on airs.
엘레나에게 친구가 없는 것은 놀랄 일이 아니다. 그녀는 항상 잘난 체하니까.

☐ **put the cart before the horse** : to have things in the wrong order ⇒ 일을 거꾸로 하다, 앞뒤를 바꾸다

ex) You shouldn't brush your teeth before you eat breakfast. You're putting the cart before the horse. 아침을 먹기 전에 양치질을 하면 안 되지. 앞뒤가 바뀌었잖아.

☐ **put one's foot down** : to be adamant or unwavering about something ⇒ 단호하게 행동하다

ex) The store manager put his foot down about getting to work on time.
그 가게 지배인은 정시에 출근하는 것에 대해서는 단호했다.

☐ **put one's foot in[into] one's mouth** : to say something one might regret ⇒ (sp.) 실언하다, 말실수하다

ex) You just put your foot in your mouth. = You're too outspoken.
당신은 말을 너무 함부로 해요.

☐ **put** something **on ice[the back burner]** : to delay or postpone something ⇒ 보류하다, 미루다

ex) A: I think you should start your own business.
너는 네 사업을 시작해야 한다고 생각해.
B: I'll put that on the back burner for a while.
그건 당분간 뒤로 미룰 거야.

Ref. back burner; state of temporary postponement or deferral
⇒ 잠정적 연기, (레인지의) 안쪽[속] 버너
cf. be on the front burner ⇒ 최우선이다, 중대한 관심사이다

☐ **queer one's[the] pitch** : to wreck or destroy someone's plans ⇒ -의 계획을 망쳐놓다
ex) Jane really queered Kim's pitch when she called and asked Kim to drive her to town. 제인이 김에게 전화해서 자기를 시내까지 태워달라고 부탁해서 김의 계획을 망쳐놓았어.

☐ **quick fix** : ⇒ 미봉책
ex) It is only a quick fix. 그건 오직 미봉책에 불과해.

☐ **rack one's brains** : to think very hard about something⇒ 머리를 쥐어 짜내다
ex) We needed a new marketing plan, and I spent all day racking my brains. 우리는 새로운 마케팅 계획이 필요했고, 나는 머리를 짜는 데 온 종일을 보냈다.

☐ **rain cats and dogs** : to rain very hard ⇒ 비가 엄청나게 내리다
ex) We were supposed to have a company picnic last Saturday, but it was raining cats and dogs so the picnic was cancelled. 우리는 지난 토요일에 회사 야유회를 가가로 했었지만 비가 억수같이 내려서 그 야유회는 취소되었다.

☐ **rain or shine**(=rain or fine, come rain, come shine) : no matter what the weather is ⇒ 날씨가 어떻든 간에, 무슨 일이 있더라도
ex) I'll go , rain or shine. = I wouldn't miss if for the world.
무슨 일이 있더라도 가겠습니다.
cf. not - for the world ⇒ 결코 -이 아니다「하지 않다」

☐ **raise Cain[hell] with** someone(or something) : a) to verbally punish someone; to be furious with someone or something ⇒ 버럭 화를 내다
b) to cause trouble for someone or something ⇒ 소란을 피우다, 말썽을 피우다
ex) When Kent found out that his wife was cheating on him, he raised hell with her. 켄트는 자기 아내가 자신을 속이고 있다는 것을 알고서는 그녀에게 버럭 화를 냈다.
ex) When my computer broke down again for the 5th time in 3 days, I called the technical support line and raised hell! 내 컴퓨터가 3일 동안 다섯 번이나 고장 나서 나는 기술부에 전화를 해서 소란을 피웠다.

☐ **raise (a few) eyebrows** : to do something that startles or disturbs some people ⇒ 사람들을 놀라게 하다
ex) The lyrics to the rap song raised eyebrows among the church members. 그 랩송의 가사는 교회신도들을 방해했다.
ex) I raised a few eyebrows in the office when I announced that I was resigning my

position. 내가 내 직책을 사임한다고 발표했을 때 사무실의 몇 사람들을 놀라게 했다.

cf. raise an eyebrow; (놀람, 의심으로) 눈썹을 치켜 올리다

Ref. raise the curtain; 시작하다 get a raise; 임금을 인상하다
raise money; 돈을 모으다

☐ **reach the point of no return** : to be unable to return to the past ⇒ 돌이킬 수 없는 시점에 도달하다

ex) The economic crisis of our country reaches the point of no return.
우리나라의 경제적 위기는 돌이킬 수 없는 시점에 도달하고 있다.

☐ **real quick** : immediately ⇒ 지금 당장

Ref. real; *ad.* (구어) 매우(very)

ex) It's real nice to see you again. 다시 만나 뵙게 되어 정말 반갑습니다.

ex) Go out of here real quick. 지금 당장 여기서 나가세요.

☐ **recurring illness** ⇒ 지병

ex) Do you have any recurring illness? 지병 같은 게 있습니까?

☐ **Reports have it that +s+v-(=Reports say/announce/broadcast that +s+v-)** ⇒ 보도에 따르면

ex) Reports have it that the police finally captured the fugitive sleeping at a rest stop in Maryland. 보도에 따르면, 경찰이 마침내 메릴랜드의 휴게소에서 잠자고 있던 도망자를 붙잡았다고 한다.

☐ **rev up** something : to cause an engine to speed up very fast and slow down repeatedly ⇒ 엔진의 회전 속도를 빠르게 하다, 가속시키다

ex) The car was cold, so I revved the engine up to make it warm.
차가 추워서 나는 따뜻하게 하려고 엔진을 빠르게 가동시켰다.

☐ **do** something **right off the bat** : (Informal) to do something immediately ⇒ 즉시[즉각] -을 하다

ex) I asked him to help, and he said yes right off the bat.
나는 그에게 도움을 요청했고, 그는 즉시 그렇게 하겠다고 말했다.

☐ **ring a bell** : for something to seem familar to one ⇒ 익숙하다, 생각나게 하다

ex) That sone rings a bell. Where have I heard it before?
저 노래는 익숙해. 내가 전에 그 노래를 어디서 들었지?

ex) Your name rings a bell. Have we met before?
당신 이름이 익숙해요. 우리가 전에 만난 적이 있던 가요?

☐ **rob the cradle** : to have a sexual relationship with someone who is a lot younger than you ⇒ 나이차이가 많은 결혼을 하다

ex) Michael robbed the cradle last year.
마이클은 작년에 나이차이가 많은 여자와 결혼했다.

Ref. cradle robber[snatcher]; *n.* 자기보다 훨씬 연하인 사람과 결혼[연애]하는 사람

□ **rob Peter to pay Paul** : to take from one thing or person to another thing or person ⇒ 빚을 내어 다른 빚을 갚다, 빚으로 빚을 갚다

ex) I used my credit card to pay my phone bill this month, but that's just robbing Peter to pay Paul. 나는 이번 달 전화요금을 내려고 신용카드를 이용했지만, 그것은 빚으로 빚을 갚는 격이야.

Ref. **rob** someone **blind**; (믿는 사람에게서) 큰 돈을 사취하다

□ **rock the boat** : to upset a stable situation ⇒ 평지풍파(平地風波)를 일으키다

ex) I told my wife, "Don't rock the boat, Sweetheart!" but she argued with the policeman anyway. We ended up spending the rest of the night in the police station. 나는 내 아내에게 말했다. "여보, 평지풍파를 일으키지 마!" 하지만 그녀는 어쨌든 그 경찰관과 싸웠다. 우리는 경찰서에서 남은 밤을 보내는 것으로 끝이 났다.

Ref. rock; *v.* 흔들다

□ **Roger** (sp.) : all right, O.K. ⇒ 좋다, 알겠다

ex) Roger. = Got you. 알겠어.

□ **roll out the red carpet** (for someone)(=get the red carpet treatment): to welcome warmly ⇒ 정중이 예우하다, 특별대우를 하다

ex) I love staying at the Ritz Carlton Hotel! They always give you the red carpet treatment. 나는 리츠 칼튼 호텔에 숙박하는 게 좋아. 항상 특별대우를 해주거든.

□ **roll up ones sleeves**(=roll one's sleeves up) : to prepare for hard work ⇒ 본격적으로 일할 태세를 갖추다, 소매를 걷어붙이다

ex) I have a lot to do today, so I'm going to roll my sleeves up and get to work. 나는 오늘 할 일이 많아서 팔을 걷어붙이고 일을 할 거야.

□ **at room temperature** ⇒ 상온에

ex) Actually, it's better to keep it at room temperature.
사실 그건 그냥 상온에 보관하는 게 나아.

□ **round off** something : a) change a number to the nearest whole number ⇒ 반올림하다, 근사치로 짐작하다 b) to make something round or curved ⇒ 둥글게 하다 c) to complete something by doing something special ⇒ 마무리 짓다, 마감하다

ex) I asked the accounting office if I could round off the numbers so it would be easier to keep track of our expenses. 우리 비용을 유지하기 쉽도록, 근사치를 알 수 있는지 경리부에 물어보았다.

ex) The dentist used a file to round off the point in the tooth.
치과의사는 이의 뾰쪽한 부분을 둥글게 하려고 줄을 사용했다.

ex) I rounded off my day by buying flowers and ice cream for my wife.
나는 아내에게 주려고 꽃과 아이스크림을 사는 것으로 그 날을 마감했다.

☐ **rub shoulders[elbows] with** someone : to spend time with rich or famous people ⇒ -와 어울리다[교재하다], -와 어깨[팔꿈치]를 맞대다

ex) As a reporter he gets to rub shoulders with all the big names in politics and the media. 기자로서 그는 정치와 언론의 유명인사들과 교제하기 시작했다.

☐ **rule of thumb** : a) a method of estimating or approximating that is practical but not very precise ⇒ 어림짐작, 눈대중 b) a rule or standard, usually based on previous experience ⇒ 원칙

ex) When I cook chill I add ingredients by rule of thumb. I never measure anything. 칠리 요리를 할 때 나는 눈대중으로 성분들을 넣는다. 나는 결코 정확하게 재지는 않는다.

ex) I'm not sure how professor Daniels wants the term paper written, but the rule of thumb is to use a title page. 나는 다니엘 교수가 기말논문을 어떻게 쓰기를 원하는지 확실히는 모르겠지만, 원칙은 제목 페이지를 다는 것이다.

☐ **run big** ⇒ (물건이 원래 사이즈보다) 크게 나오다

ex) This style probably runs big. 아마 이 스타일은 크게 나왔나 봐.

☐ **run-of-the-mill** : ordinary, average, nothing special ⇒ 일반적인, 예사의, 보통인, 평범한

ex) I'm not a special guy, just a run-out-of-the-mill working man.
나는 특별한 사람이 아니고 평범한 샐러리맨이다.

☐ **run the[this] show** : (Informal) to be in charge of a situation ⇒ (어떤 상황에) 책임이 있다, 지배하다, 통제하다,

ex) I totally ran that show. 그것은 전적으로 제 책임입니다.

☐ **safe and sound** : undamaged; unharmful ⇒ 무사히

ex) I was worried that the computer might get broken during shipping, but it got there safe and sound. 나는 그 컴퓨터가 수송 도중에 부서졌을까봐 걱정했지만 거기에 무사히 도착했다.

☐ **saved by the bell** : saved at the last minute from some unpleasant or dangerous situation, usually saved by something unexpected which interrupts the situation ⇒ (예상치 못한 일이 벌어져서) 운 좋게 곤란을 면한

ex) None of us were ready for the test, but we were saved by the bell when our professor had a sudden emergency and postponed the test until next week. 우리

중에 누구도 시험 볼 준비가 되어 있지 않았었는데, 교수님에게 갑작스런 비상사태가 있어서 다음 주까지 시험이 연기되는 바람에 우리는 운 좋게 곤란을 면했다.

☐ **save[waste] one's breath** : to remain silent because talking would be useless ⇒ 잠자코 있다

ex) Alfred decided to stay silent and save his breath. He didn't see any point in arguing. 알프레드는 잠자코 있기로 결심했다. 그는 말다툼의 요점을 알 수 없었다.

☐ **screw up** someone(or something) : a) to make a big mess of something ⇒ -을 엉망으로 만들다 b) to make difficulties or problems for someone or something ⇒ 문제나 어려움을 일으키다

ex) I tried to the crossword puzzle in the newspaper this morning, but I screwed it up. 나는 오늘 아침 신문에 있는 십자말풀이를 하려고 했지만, 더 엉망이 되었다.

ex) The directions you gave me to the party really screwed me up! I never got to the party. 네가 일러준 그 파티로 가는 길은 정말로 나를 어렵게 했어. 나는 그 파티에 도착하지 못했어.

☐ **see eye to eye (about/on** something**)** : to completely agree about something ⇒ 전적으로 동의하다, -에 대해 견해가 완전히 일치하다

ex) In regard to politics, David and I see eye to eye.
정치에 관해서 데이비드와 나는 견해가 완전히 일치해.

☐ **see red** : to be very angry ⇒ 몹시 화내다, 매우 화가 나다

ex) I saw red when my girlfriend told me that she had a new boyfriend.
내 여자 친구가 자기에게 새 남자친구가 생겼다고 말했을 때 나는 매우 화가 났다.

☐ **see things** : to have hallucinations ⇒ 헛것을 보다

ex) What do you mean Connie isn't here today? I must be seeing things! I could swear I saw her by Hank's de나 a few minutes ago. 코니가 오늘 안 왔다니 무슨 소리야? 내가 헛것을 보았나! 맹세코 그녀가 몇 분 전에 행크의 책상에 있는 것을 봤는데.

☐ **see to it that** +s+v : make sure that +s+v ⇒ -하도록 하다[돌보다, 조처하다, 확실히 하다]

ex) See to it that he does the job properly.
그가 일을 틀림없이 하도록 해 주게.

☐ **serve one right** : receive the proper punishment ⇒ 당해도 싸다, 쌤통이다

ex) Serves you right. = It's your own fault.
자업자득이다, 그것 참 쌤통이다.

☐ **set the world on fire** : to become famous by doing great and thrilling things, usually in one's career ⇒ 훌륭한 일을 하여 세상을 떠들썩하게 하다, 유명해지다

ex) Einstein set the world on fire with his theories about the nature of physics. 아인슈타인은 물리의 본성에 관한 그의 이론들로 세상을 깜짝 놀라게 했다.

☐ **settle for** something : to agree to accept something that is less than what one really wants; to compromise ⇒ 불만스럽지만 받아들이다, 그런대로 만족하다

cf. **settle for the second best** : to accept less than the best ⇒ 차선책을 택하다

ex) My wife wanted to marry a rich man, but she eventually settled for me. 내 아내는 부자와 결혼하고 싶어 했지만 결국 나를 불만스럽지만 받아들였다.

☐ **shape up** : to enhance, upgrade, or improve one's behavior ⇒ 분발하다, 향상하다

ex) I told my son, "Your grades are terrible! I want you to shape up and study harder, or you'll be grounded all summer." 내 아들에게 말했다. "네 성적은 엉망이구나! 분발해서 더 열심히 공부하길 바란다. 그렇지 않으면 넌 여름 내내 외출 금지 당할 거야."

☐ **Shape up or ship out.** : Act right or get out. ⇒ 잘하지 않으려면 나가라

☐ **shift into high gear** : to speed it up ⇒ 속력을 올리다

ex) Shift into high gear or we'll be late.
속력을 올려, 그렇지 않으면 늦을 거야.

☐ **shoot the breeze[bull, shit]** : to make relaxed and casual conversation; to talk for a long time about nothing in particular, often exaggeration one's stories ⇒ 수다 떨다, 잡담을 하다, 허튼 소리를 지껄이다

ex) We stayed up until 3 AM, drinking beer and shooting the bull.
우리는 새벽 3시까지 잠을 안 자고 맥주를 마시며, 허튼 소리를 해댔다.

☐ **shy of** something : (spoken) slightly lacking ⇒ (구어) 조금 부족한, 부족하여, 없는

ex) The house is shy of a bathroom. 그 집에는 욕실이 없다.

☐ **sick and tired of** someone(or something) : to be annoyed by something repeated or continued too long ⇒ 진저리가 나는, -에 질린, 지겨운

ex) I want to be rich! I'm sick and tired of going to work every morning.
나는 부자가 되고 싶어! 매일 아침 출근하는 게 지겨워!

☐ **sink in** : a) for something to slowly be absorbed or soaked in(to something) ⇒ 스며들다 b) (for knowledge) to be comprehended or grasped ⇒ (이론을) 파악하다, 이해하다

ex) I accidently spilled wine on the sofa, so I hurried to get a towel before the wine could sink in. 나는 사고로 소파에 와인을 쏟아서 와인이 스며들기 전에 급히 가서 수건을 가져왔다.

ex) I studied physics for a long time before the theory of relativity finally sank in.

나는 마침내 상대성이론을 파악하기 전까지 오랫동안 물리학을 공부했다.

☐ **sit on the fence** : to be undecided in a matter ⇒ 형세를 관망하다

ex) I had a hard time voting in the last election. I was sitting on the fence because I couldn't decide which candidate to vote for. 나는 지난 선거에서 투표하기가 어려웠다. 어떤 후보에게 투표해야 할지 결정하지 못해서 형세를 관망하고 있었다.

ex) I prefer to sit on the fence. 난 중립을 지키고 싶어.

☐ **sitting duck** : someone who is easy to attack or easy to cheat ⇒ 맞히기 쉬운 목표, 독안에 든 쥐

ex) We were like sitting ducks for pickpockets in the city.
우리는 도시의 소매치기들에게 털리기 쉬운 목표물들이었다.

☐ **be sitting on a gold mine** : to be rich ⇒ 돈이 아주 많다

ex) She is sitting on a gold mine. 그녀는 아주 돈이 많다.

☐ **skate on[over] thin ice** : to risk danger ⇒ 위태로운 줄타기를 하다, 살얼음을 밟다, 어려운 화제[문제]를 다루다

ex) My teacher told me, "You're skating on thin ice. If you don't study harder, you're going to fail this class." 우리 선생님이 내게 말씀하셨다. "너는 살얼음판 위에 있다. 더 열심히 하지 않는다면 너는 이 과목에서 낙제할 거야."

☐ **skeleton in the[one's] closet** : a shameful hidden (family) secret ⇒ (집안의)부끄러운 비밀, 남의 이목을 꺼리는 놀라운 비밀

ex) I have a skeleton in my closet, but I'll never tell you what it is.
나는 남이 알까 꺼리는 비밀이 있지만 네게 그것이 무엇인지 결코 말하지 않을 거야.

☐ **not sleep a wink** : not to sleep at all ⇒ 한숨도 안자다

ex) I didn't sleep a wink last night. 어젯밤 한숨도 못 잤어.

☐ **sleep on it** : to postpone a decision until the next day ⇒ 다음날로 결정을 미루다

ex) I'll sleep on it tonight and let you know in the morning.
오늘 밤에 생각을 해보고, 내일 아침에 알려줄게요.

☐ **slowly but surely** : gradually and steadily but not quickly ⇒ 빠르지 않으나 꾸준하게

ex) He have done the task slowly but surely.
그는 그 과업을 빠르지 않으나 꾸준하게 해왔다.

☐ **smash hit** : a very successful play, song, movie, etc. ⇒ (연극, 노래, 영화 등의) 대성공

ex) There were a couple of smash hits this year that won some major film awards. 올해는 주요 영화상들을 받는 성공작들이 두서너 개 있었어.

☐ **smell a rat** : to feel suspicious about something ⇒ 수상히 여기다, 잘못된 일을 알아차

리다[눈치 채다]

ex) Dana says that he had nothing to do with me getting fired, but I smell a rat. 다나는 자기가 나를 해고한 것과는 관계가 없다고 말하지만 나는 눈치를 챘다.

□ **smooth sailing** : an easy and open course or plan; easy ⇒ 편한 시간, 순조로운 진행

ex) After I had finished my work for the day, it was all smooth sailing.
그날의 내 일을 끝낸 후에는 편한 시간이었다.

□ **snap out of** something : to move quickly back to one's normal condition from an undesirable condition ⇒ 기운을 내다, 정신 차리다

ex) Hey, snap out of it! Why are you so depressed, anyway?
어이, 기운을 내! 어쨌든 왜 그렇게 우울해 하는데?

□ **sneak up on** someone(or something) : to approach someone or something secretly or quietly, often to surprise that person or thing ⇒ 슬그머니 다가가다

ex) I'm going to sneak up on Jake and scare him!
나는 제이크에게 슬그머니 다가가서 그를 놀래게 할 거야.

Ref. a sneak *n.* ⇒ 몰래하는 사람, 몰래 빠져나감

ex) You're such a sneak! = You're a snake in the grass!
등잔 밑이 어둡다더니!

□ **(someone's) goose is cooked(**=cook one's goose) : a saying which means that someone is in trouble or in a difficult situation ⇒ 곤란에 처하다[산통 다 깨다]

ex) My goose is cooked unless I pass the test.
그 시험에 합격하지 않으면 나는 곤란해져.

□ **spick-and-span** : extremely clean or spotless ⇒ 아주 깨끗한, 말쑥한

ex) I spent all day cleaning my room, and now everything is spick-and-span. 나는 내 방을 청소하느라 온종일을 보냈고 지금은 모든 게 깨끗하다.

□ **spill the beans(**=let the cat out of the bag) : to accidently reveal a secret ⇒ 비밀을 누설하다, 무심코 말해버리다

ex) We're planning a surprise party for Susan. Everybody be careful...don't let the cat out of the bag. 우리는 수잔을 위해서 깜짝 파티를 계획할 거야. 모두들 조심해..., 무심코 말하는 일이 없도록 하라고.

□ **spit it out** : to say something frankly and stop hesitating ⇒ 이실직고하다, 나쁜 짓을 자백하다

ex) Come on Jean, spit it out! 이봐, 진! 이실직고 하라고.

□ **split the difference** : to evenly divide the remainder of something with someone ⇒ 양보하여 타협하다, 반분하다

ex) I bargained with the salesman for a lower price, and we finally split the difference between the price he wanted and the price I was willing to pay. 나는 그 판매원에게 좀더 낮은 가격에 달라고 흥정했고, 우리는 결국 그가 원하는 가격과 내가 지불하려는 가격 사이에서 타협했다.

☐ **spoon-feed** someone : a) to feed someone with a spoon ⇒ 숟가락으로 떠 먹이다 b) to pamper or coddle someone excessively ⇒ 지나치게 보호하다, -를 어린애 취급하다 c) to teach or instruct in a manner that does not challenge the student ⇒ 하나하나 곱씹어 가르치다

ex) Sean was so sick that his wife had to spoon-feed him.
신은 너무 아파서 그의 아내가 그에게 숟가락으로 떠먹여야 했다.

ex) If you spoon-feed your children too much, they'll never learn what a difficult, dangerous world this is. 네 아이들을 너무 지나치게 보효하면 그 애들은 세상이 얼마나 어렵고 위험한지 결코 배우지 못할 거야.

ex) Don't spoon-feed mathematics to your son. Make him learn how to solve the problems by himself! 네 아들에게 수학을 하나하나 곱씹어 가르치지 마. 그 문제들을 스스로 푸는 법을 가르쳐!

☐ **spread[run] like wild fire** : to spread or expand very quickly and uncontrollably ⇒ (소문 따위가) 삽시간에 퍼지다, 들불처럼 번지다.

Ref. wild fire *n.* ; 도깨비 불, (천둥이 따르지 않는) 마른번개

ex) News of the company's bankruptcy spread like wild fire.
그 회사의 파산 소식은 걷잡을 수 없이 퍼졌다.

☐ **spruce up** : to straighten up so it looks neater ⇒ 정돈하다, 깨끗하게 하다

ex) She spruced herself up. 그녀는 옷차림을 단정히 했다.

Ref. spruce; *a.* 말쑥한, 멋진, 맵시 있는 *vt.* 단정하게 하다, 모양을 내다

☐ **stab** someone **in the back** : to double cross someone; to betray someone ⇒ 배반하다, 중상모략하다, 뒤에서 찌르다

ex) I thought Jerry was a loyal friend, but he stabbed me in the back.]
나는 제리가 충직한 친구라고 생각했지만 그는 나를 배신했다.

☐ **standing ovation** ⇒ 일제히 기립해서 하는 박수[갈채]

ex) She received a standing ovation.
그녀는 우레와 같은 기립박수로 환영을 받았다.

☐ **stand behind** someone(or something) : (with something) to guarantee something; to support or endorse something strongly ⇒ 보증하다, 뒤를 밀어주다

ex) Our company stands behind all of its products. If one of them is unsatisfactory,

just return it to us for a full refund. 우리 회사는 모든 제품을 보증해 드립니다. 하나라도 불만족스러우면 우리에게 가져오시면 전
액 환불해 드립니다.

ex) I decided to stand behind John in his run for the Mayor's office.
나는 존이 시장 입후보하는 것에 그를 밀어주기로 결정했다.

☐ **stand someone** up : not to show up ⇒ 바람맞히다

ex) She stood me up. = She left me out in the cold.
그 여자한테 바람맞았어요.

ex) Don't stand me up. = Don't blow me off. 바람맞히지 마세요.

☐ **start from scratch** : to start from nothing; to start something from the very beginning ⇒ 아무것도 없이 시작하다

ex) I built this car myself, starting from scratch.
나는 아무것도 없이 시작해서 이 차를 나 혼자 만들었다.

☐ **stay put** : to remain where one currently is; to not move ⇒ 그대로 있다, 제자리에 있다, 떠나지 않다

ex) Stay put for a moment. I'll be right back.
잠깐만 그대로 있어. 금방 올게.

☐ **steal the show** : to perform far better than others in a play, performance, exhibition, etc. ⇒ 다른 사람들보다 연기를 더 잘하다, 인기가 많다, 공로를 독차지하다

ex) My son was in a play at school, and he stole the show!
내 아들은 학교 다닐 때 연극을 했는데 다른 아이들보다 인기가 더 많았다.

ex) In class, Steve always tries to steal the show by answering every question the professor asks. 수업시간에 스티브 교수님이 묻는 모든 질문에 대답하는 것으로 항상 주목을 받으려 한다.

☐ **step on it[the gas]** : a) to hurry up ⇒ 빨리 가다, 서두르다 b) to accelerate a car, boat, etc. ⇒ 속도를 내다

ex) You'll have to step on it. 좀 서둘러야 되겠는데.

ex) We're going to be late, so we'd better step on the gas!
우리는 늦을 거야. 그러니까 서두르는 게 좋겠어!

ex) I really had to step on the gas to get my home on time.
나는 제 시간에 집에 도착하기 위해 속도를 내야 한다.

☐ **stick around** : (slang) to stay in a place; to remain ⇒ (속어) 머무르다, 포기하지 않고 기다리다

ex) Stick around after work, and I'll show you how the new copy machine works. 일

마치고 가만히 있어. 그러면 내가 그 새 복사기 어떻게 작동하는지 네게 보여줄게.

ex) It's been really hot outside! How long do you think this hot weather will stick around? 밖은 정말 더워! 이 더위가 얼마나 오래 갈 거 같니?

☐ **stick to one's guns** : to defend one's ideas or opinions; to defend one's rights ⇒ 자신의 믿음이나 가치관을 고수하다, 자신을 방어하다

ex) I admire the way Sandra always sticks to her guns when she and her husband argue. 나는 산드라와 그녀의 남편이 싸울 때 그녀가 항상 자신을 방어하는 방식이 존경스럽다.

☐ **stir up** : to cause anxiety or excitement ⇒ 선동하다, 감정을 흔들어 놓다

ex) The President's announcement really stirred up the voters.
대통령의 언급은 정말로 투표자들을 선동했다.

cf. **stirred up** : agitated or disturbed ⇒ 흥분한

ex) At the protest, the crowd of demonstrators was very stirred up.
항의 시위 중에 시위 군중은 매우 흥분했다.

☐ **stock up on** something : to gather a large amount or supply of something⇒ 비축하다, 사재기 하다, 엄청난 물량을 확보하다

ex) The news said that a huge snowstorm was coming, so we went to the store to stock up on food. 뉴스에서 큰 폭풍이 닥칠 거라고 말해서 우리는 식량을 비축해 놓으려고 가게로 갔다.

ex) Jeff thinks that the price of whiskey is going to rise very highly, so he's been stocking up. 제프는 위스키 가격이 매우 높게 오를 거라고 생각해서 사재기를 하는 중이다.

☐ **straight from the horse's mouth** : (for information to come) from an unimpeachable source; from a highly trustworthy source ⇒ 정확한 소식통으로부터, 믿을 만한 출처에서 나온

ex) I know it's hard to believe, but I heard it straight from the horse's mouth. 믿기 어렵다는 걸 나도 알지만 그것은 믿을 만한 출처에서 나온 것이라고 들었다.

☐ **strengths and weaknesses** : merits and demerits ⇒ 장단점

ex) Please tell me about your strengths and weaknesses.
당신의 장단점에 대해 말씀해 주십시오.

☐ **stuck on** someone(or something) : a) to be in love with someone or something ⇒ -에 빠진 b) to be very stubborn about a plan or idea ⇒ 고집스레 붙들고 있는

ex) Don't say anything bad about Debbie when Reggie is here. He's really stuck on Debbie! 레기가 여기 있을 때 데비에 대해서 나쁜 말 하지 마. 그는 데비에게 정말

빠져있단 말이야.

ex) Bob is stuck on buying a new car even though he really can't afford one. 밥은 실제로 새 차를 살 여유도 없으면서 새 차를 사겠다고 고집을 피운다.

☐ **stuck-up[stuck up]** a. (sp.) : conceited; egotistical ⇒ 거만한, 거드름 피우는, 건방진

ex) Brad is so stuck up that he won't talk to any of his classmates.
브레드는 너무 오만해서 자기 반 친구들 누구에게도 말을 걸려 하지 않는다.

cf. be stuck on : (sp.) -에게 반해 있다

ex) He is stuck-up. = He is snob. = He is stuck on himself.
그는 잘난 척 하죠.

☐ **stuck in** : trapped in ⇒ 곤경에 빠져 꼼짝 못하는

ex) He is stuck in money. 그는 돈 문제로 곤경에 빠져 있다.

☐ **stuff (oneself)** : v. to eat so much food that one cannot eat anything else ⇒ -에 채우다, 가득하게 하다, 실컷 먹이다

ex) I'll probably stuff myself. 아무래도 과식할 것 같네요.

ex) Get stuffed! = Stuff it! 저리가, 꺼져, 그만해, 귀찮아.

☐ **suit someone to a T** : (for something) to be very appropriate to someone; (for something) to be very flattering to someone ⇒ 마음에 꼭 들다, 잘 어울리다, 적합하다

ex) That dress suits you to a T! You look beautiful.
그 드레스는 너한테 잘 어울리는데! 예뻐 보이는 걸!

ex) This class suits me to a T. It's exactly what I wanted to study!
이 수업은 나한테 적합해. 그것은 정확히 내가 공부하고 싶었던 거야!

☐ **swim against the tide[stream]** : to go against fashion; to do the opposite of what others are doing ⇒ 대세를 거스르다, 시류에 역행하다

ex) Randy will never swim against the tide. He always follows what everyone else is doing. 랜디는 결코 대세를 거스르지 않을 거야. 그는 항상 모든 사람들이 하는 것을 따른다.

☐ **swim with the tide[stream]**: to conform; to do what everyone else is doing ⇒ 대세에 순응하다

ex) Paula swam with the tide and dyed her hair green like everyone else in her class. 폴라는 대세에 순응해서 자기 반에 있는 그 밖에 모든 애들처럼 자기 머리를 초록색으로 염색했다.

☐ **take + 도로** ⇒ 도로를 택하다

ex) You need to take the westbound freeway.
서쪽 방향 간선도로를 타세요.

☐ **take + -ing** ⇒ 참고 -하다

ex) I really don't think I can take working here much longer.
정말이지 이 회사에서는 더 이상 견딜 수 없을 것 같아요.

☐ **take a bow** : a) to bow down in acceptance of praise ⇒ (공연 등에서) 갈채에 답례하다, 허리 굽혀 인사하다 b) to receive public recognition for an achievement ⇒ 공적으로 공로를 인정받다

ex) When I finished playing the guitar, I took a bow as the audience applauded and cheered wildly. 기타 연주를 끝내고 나는 박수 치고 열광적으로 환호하는 청중들에게 허리 굽혀 인사를 했다.

ex) I think Tony did a wonderful job with the new pamphlet. Take a bow, Tony! 난 토니가 그 새 팸플릿 일을 아주 잘했다고 생각해. 토니! 자네 공로를 인정하는 바야!

☐ **take[have] a breather** : (Informal) to stop what your are doing for a short time in order to rest, especially when you are exercising ⇒ (특히 운동하다가 쉬기 위하여) 한숨 돌리다

ex) We stood on the sand to take a breather.
우리는 한숨 돌리기 위하여 모래 위에 섰다.

☐ **take a dim view of** someone(or something) : to dislike someone or something ⇒ -을 탐탁지 않게 여기다, 싫어하다

ex) My parents took a dim view of my first girlfriend.
우리 부모님께서는 내 첫 번째 여자 친구를 탐탁지 않게 여기셨다.

ex) Alex takes a dim view of stupid people.
알렉스는 멍청한 사람들을 싫어해.

☐ **take a[the] load off (one's feet)** : to rest or relax; to sit down and rest ⇒ 편히 앉아 쉬다, 긴장을 풀다, 앉다

ex) You look tired. Have a seat. Take a load off.
너 피곤해 보여. 앉아라. 좀 쉬어.

ex) We've been walking for hours. Can we go and take the load off our feet now. 우린 몇 시간 동안이나 걸었어. 이제 가서 좀 앉아서 쉬면 안 될까?

☐ **take (a car) for a spin** : (Informal) to take a short trip in a car for pleasure ⇒ 시운전하다, 시험 삼아 써보다

ex) Let's take your new car for a spin. 네 새 차를 잠시 쓰자.

☐ **take** someone(or something) **by surprise** : to surprise someone or something ⇒ -을 깜짝 놀라게 하다, 기습하다

ex) The battalion took the enemy by surprise by sneaking up on them from behind.

그 대대는 뒤에서 살금살금 공격함으로써 적을 놀라게 했다.

ex) Don't take her by surprise. She has a weak heart.
그녀를 놀라게 하지 마. 심장이 약하단 말야.

☐ **take the bull by the horns** : to confront a problem or challenge directly ⇒ 문제에 직면하다, 정면으로 도전하다, 위험을 무릅쓰고 용감히 행동하다

ex) If you have a problem with your husband, you should just take the bull by the horns and go speak to him! 남편이랑 문제가 있으면 정면으로 도전하고 남편에게 말해야 해!

☐ **take a rain check** : used to that you would like to accept an invitation or offer later, but you cannot right now ⇒ 다음 기회를 얻다

ex) I'm sorry but I'm busy on Saturday. Can I take a rain check?
미안합니다만 토요일은 바쁜데, 다음 기회에 안 되겠습니까?

☐ **take one's breath away** : (for someone or something) to overcome someone with great emotion because it is so surprising, shocking, or beautiful ⇒ -을 (숨이 멈추도록) 놀래주다, -의 넋을 빼앗다

ex) The first time I met my wife, she took my breath away.
처음 내 아내를 만났을 때 나는 완전히 넋을 빼앗겼다.

☐ **take** something **with a grain[pinch] of salt** : to listen to something with skepticism; to believe only in part ⇒ 일부만 수용하다, -을 회의적으로 듣다, 귀담아 듣지 않다, 의심하면서 받아들이다

ex) When sheila told me that she had seen a ghost, I took it with a grain of salt. 셰일라가 귀신을 보았다고 내게 말했을 때 나는 귀담아 듣지 않았다.

ex) I know Theo seems trustworthy, but take everything he says with a grain of salt! 데오가 믿을 만한 사람처럼 보이지만, 그가 말하는 것은 전부 의심해야 해!

☐ **talk down to** someone : to speak to someone as if they were of lower class or intelligence; to patronize someone ⇒ (상대를) 깔보는[경멸하는] 투로 말하다, 고압적인 태도로 말하다, 말로 내리누르다

ex) I'm not stupid! You don't have to talk down to me!
난, 바보 아냐! 네가 그렇게 고압적으로 말하지 않아도 된단 말 야!

ex) Dennis get very angry when someone talks down to him.
데니스는 누군가가 자신에게 고압적으로 말하면 화를 낸다.

☐ **talk through one's hat** : to babble; to talk nonsense ⇒ 헛소리하다, 말이 안 되는 소리를 하다

ex) After a few drinks, Melissa was talking through her hat.

술을 몇 잔 마시더니 멜리사는 허튼 소리를 주절거리고 있었다.

ex) Don't listen to Jim. He always talks through his hat. 짐의 말을 듣지 마라. 그 녀석은 항상 쓸데없이 말도 안 되는 소리만 하거든.

☐ **tall story[tale]** : a story which is probably untrue ⇒ 허풍, 믿기 어려운 이야기

ex) I think the excuse you just gave me is a tall tale. Now, tell me the truth. 내 생각에는 네가 댄 핑계는 거짓말이야. 자, 사실을 얘기해봐.

☐ **tarred with the same brush** : having the same bad qualities or faults as another person ⇒ 다른 사람과 같은 결점을 지닌]

ex) My best friend and I are tarred with the same brush. We both like the same kind of movie. 내 가장 친한 친구와 나는 같은 결점을 가지고 있어. 우리는 둘 다 같은 종류의 영화를 좋아하거든.

☐ **teach** someone **a lesson[teach** someone] : a) to punish in order to prevent a recurrence of bad behavior ⇒ 처벌하다, 본때를 보여주다

b) to take revenge on someone; to get even with someone ⇒ -에게 복수하다, 앙갚음하다

ex) Dan taught his girlfriend a lesson because she was late for their date. He just left. 댄은 여자 친구가 데이트에 늦어서 혼내주었다. 그는 그냥 가버렸다.

ex) I'm going to teach Phil a lesson for stealing my girlfriend!
내 여자 친구를 훔치다니. 나 필에게 복수할 거야!

☐ **the armpit of** something : (Slang) the ugliest or worst place in a particular area ⇒ -의 약점[치부]

ex) Dale says the city of Butte is the armpit of Montana.
데일은 버트 시가 몬타나의 치부라고 말한다.

☐ **the bottom line** : the result or final outcome; the crux of a matter ;the most essential information ⇒ 최종결론, 핵심사항 (이 표현은 기업 장부의 최종 수치에서 유래한 것이다)

ex) I know there are problems, but the bottom line is that we need new computers.
문제가 있다는 것은 알지만 최종결론은 우리에게 새 컴퓨터가 필요하다는 거야.

ex) The bottom line is that you must decide since you are in charge.
요점은 당신이 책임을 지고 있으니 당신이 결정해야만 한다는 겁니다.

☐ **the cream of the crop** : the best people or things in a particular group ⇒ (어떤 특별한 집단에서) 가장 좋은 것[우수한 사람]

ex) These students represents the cream of the academic crop.
이 학생들이 학문에 가장 띄어난 학생들을 대표하고 있습니다.

□ **the last straw** : the last problem in a series of problems that finally makes you give up, get angry etc.; the limit one can endure ⇒ 인내심의 한계, (일련의 문제 중에서) 결국 포기하게 만드는 마지막 문제

ex) Making me work late on a Friday was the last straw!
도저히 내가 참을 수 없는 문제는 금요일 야근이야!

□ **the long and short of** something : the general state of affairs; the end result or conclusion of something ⇒ 제반 사항, -의 요지, 결과, 결론

ex) Joe and I had a long conversation about his poor performance at work. The long and short of it is that his personal life is affecting his work. 조와 나는 그의 한심한 업무수행능력에 관해 대화를 나누고 있었다. 결국 요점은 그의 사생활이 업무에 영향을 미치고 있다는 것이다.

□ **the name of the game** : the essential purpose or object of something ⇒ 궁극적인 목적

ex) It seems like for people in the US, the name of the game is money.
미국에 있는 사람들에게 궁극적인 목적은 돈인 것 같다.

□ **the picture of** something : a perfect example of something ⇒ ~의 화신

ex) At 82, Mr. Field is the picture of health.
82세인 필드 씨는 건강의 화신이다.

□ **the rank and file** : the ordinary workers in a company[organization] ⇒ (지도부가 아닌)평사원, 일반대중, 졸병들

ex) In a democracy, the rank and file are supposed to choose their leaders. 민주주의는 일반대중이 지도자를 선택하게 되어 있다.

ex) The General addressed the rank and file, and told them they were doing an excellent job of keeping the peace. 그 장군은 졸병들에게 연설을 했고, 그들에게 평화를 지키는 훌륭한 일을 하고 있다고 말했다.

□ **the spitting image** : a perfect copy of someone or something ⇒ 꼭[쏙] 빼닮은 것

ex) Everyone says I'm the spitting image of my father.
모든 사람이 내가 우리 아버지를 쏙 빼닮았다고 말한다.

□ **the time difference** ⇒ 시차

ex) What's the time difference between Los Angels and Seoul?
LA와 서울의 시차는 얼마나 납니까?

□ **the tip of the iceberg** : a small sign of a problem that is much larger ⇒ 빙산의 일각

ex) Investigators say the irregular campaign contributions may be just the tip of the iceberg. 수사관들은 불법선거운동의 기부가 단지 빙산의 일각에 불과할지 모른다고

말한다.

☐ **(the) wear and tear** : damage due to the passage of time ⇒ 시간이 지나면서 생긴 마멸, 마모, 소모

ex) The doctor said that, other than a little wear and tear, I'm in pretty good shape for my age. 의사는 세월 때문에 생긴 손상을 제외하면 내가 나이에 비해 건강하다고 말했어.

Ref. **be in good shape**; 건강하다 **for one's age**; 나이에 비해서

☐ **think nothing of** (doing something) : to think of doing something as easy as no challenge ⇒ -가 아주 쉽다고 생각하다, 별로 중요하지 않게 생각하다, -에게 -하는 것은 누워서 떡 먹기다

ex) I think nothing of teaching. It's really easy!
나한테 가르치는 건 누워서 떡 먹기야. 아주 쉬어!

☐ **think out of loud** : to say what one is thinking about; to speak one's thought ⇒ 생각하고 있는 것을 말하다, -의 생각을 말하다

ex) Oh, I didn't mean to interrupt you. I was just thinking out loud.
아, 전 당신을 방해하려고 한 건 아니었습니다. 그저 제 생각을 말하고 있었던 겁니다.

☐ **throw down the gauntlet** : to challenge someone to a fight or argument ⇒ 도전하다, -에게 싸움을 걸다, 논쟁을 붙이다, 도전하여 논쟁하다

ex) Pat threw down the gauntlet and said, "How dare you such a thing?"
팻이 도전조로 말했다. "너 어떻게 감히 그런 말을 할 수가 있니?"

☐ **throw the book at** someone : to punish someone severly; to punish someone completely, usually by charging them with every possible violation of the rule or law ⇒ 엄벌하다, 가혹한 형벌을 내리다, 철저하게 벌주다(대개 규칙이나 법을 위반한 혐의를 씌움으로써)

ex) Ralph was arrested for drunk driving, and the judge threw the book at him! He was sentenced to 5 years in prison. 랠프는 음주운전으로 체포되었고 판사는 아주 가혹한 형벌을 내렸다! 그는 징역 5년 형을 선고받았던 것이다.

☐ **throw light[shadow] on** something : to enlighten or shadow something ⇒ -을 밝히다[그늘지게 하다]

ex) Huge office buildings threw long shadows across the courtyard.
거대한 사무실 빌딩들이 정원을 가로질러 거대한 그늘을 지우고 있다.

☐ **throw[pour] cold water on[over]** someone(or something) : to discourage someone or something from being enthusiastic about something ⇒ 찬물을 끼얹다

ex) You shouldn't pour cold water on someone's excitement just because you are bitter. 네가 기분 나쁘다고 해서 다른 사람의 흥분에 찬물을 끼얹어선 안 된다.

☐ **tie the knot** : to get married ⇒ 결혼하다, 주례를 서다

ex) My fiancee and I are going to tie the knot next week.
내 약혼자와 나는 다음 주에 결혼한다.

☐ **tighten one's belt** : to place oneself on a budget; to force oneself to spend less money ⇒ 허리띠를 졸라매다, 돈을 아껴 쓰다, 긴축 생활을 하다

ex) My wife lost her job, so we'll just have to tighten our belt she finds a new one. 내 아내가 직장을 잃어서 우리는 그녀가 다시 직장을 구할 때까지 허리띠를 졸라매야 해.

☐ **tilt at windmills** : to struggle against adversaries that do not exist ⇒ 가상의 적과 싸우다

ex) The President is tilting at windmills with his tax reform proposal. It sounds worthy cause, but it's not really an issue at all. 대통령의 그 세제개혁안은 가상의 적과 싸우는 것과 같아. 명분은 있는 것 같지만 그건 중요한 게 전혀 아니라니까.

☐ **time-off** : time when you are officially allowed not to be at wok or studying ⇒ 일을 쉰 시간, 여가시간

ex) What do you do when you have time-off?
= What do you do during your free time?
= What do you do in your spare time? 여가시간에 뭘 하세요?

☐ **to boot** : in addition; also; besides; too ⇒ 게다가, 덤으로, -도 또한

ex) My new apartment has a huge living room, a great kitchen, and a pool outside to boot! 내 새 아파트에는 커다란 거실, 좋은 부엌, 그리고 밖에 풀장도 있다.

☐ **to put it mildly** : to say something weakly; to understand something ⇒ 조심스레 말하자면, 삼가 말하자면

ex) To put it mindly, with the economy in such bad shape, we're going to have a hard time keeping out of bankruptcy. 조심스레 말하지만 이런 최악의 경제에서는 우린 파산을 면하기 위해 어려운 시기를 겪게 될 것입니다.

☐ **top-of-the-line** : adj. the best or most expensive of a group of things ⇒ 시중 물건 중 최신[최고]품

ex) They are top-of-the-line computers. 그것들은 최신 컴퓨터들이다.

☐ **touch up** something : to refresh or change something(such as paint on a house or an old photograph) ⇒ 새로 단장하다, 바꾸다(집에 페인트칠을 새로 한다든지 오래된 사진을 선명하게 다시 만들다)

ex) I bought a gallon of paint so that I could touch up the living room walls. 나는 거실 벽에 새로 바를 페인트 일 갤런을 샀다.

ex) Kim had lettuce on her teeth in the photograph, so she asked the photographer to touch it up. 김은 사진 속의 자기 이에 상추가 끼어서 사진사에게 사진을 다시 바꾸어달라고 부탁했다(즉 상추를 제거하고 사진을 현상하라고 부탁했다).

☐ **touch-and-go** : adj./adv. very uncertain; very chancy ⇒ 매우 불확실한, 아슬아슬한, 일촉즉발의

ex) Things in the cockpit were touch-and-go after one of the engines failed, but the pilot managed to land safely. 엔진 하나를 잃은 뒤 조종실의 상황은 매우 불확실했지만, 조종사는 무사히 착륙했다.

ex) It was touch-and-go in the meeting, but the boss finally decided not to fire me for my mistake. 일촉즉발의 회의였지만 상사는 마침내 내 실수 때문에 나를 해고하지는 않기로 결정했다.

☐ **tourist attractions[spots]** : the place to travel ⇒ 관광지

ex) Well, I'd be glad to recommend some famous tourist attractions.
음, 내가 기꺼이 유명한 관광지 몇 곳을 추천해줄게.

☐ **turn a deaf ear [to** someone(or something)**]** : to ignore something that someone says; to ignore someone who is asking for help or assistance ⇒ 못들은 척하다, 귀를 기울이지 않다

ex) When my car broke dow I asked another driver if he could give me a ride into town, but he turned a deaf ear. 내 차가 고장이 나서 다른 운전자에게 중심가까지 태워달라고 부탁했지만, 들은 척도 하지 않았다.

☐ **turn over a new leaf** : to begin anew; to make a change for the better ⇒ 새로운 삶을 시작하다, 마음을 고쳐먹다, 새사람이 되다

ex) This year I'm going to turn over a new leaf. I'm going to quit drinking and smoking. 올해는 새사람이 될 거야. 술도 끊고 담배도 끊어야지.

☐ **turn the tables on** someone : to reverse a situation so that someone who had an advantage is now at a disadvantage ⇒ 상황을 반전시키다

ex) The prisoner turned the tables on his captor by suddenly leaping up and grabbing his gun. 그 포로는 갑자기 뛰어올라 잡은 사람의 총을 낚아채어 상황을 역전시켰다.

☐ **turn the tide** : to cause a bad situation to reverse ⇒ 나쁜 상황이 좋게 바뀌다, 여론이 나쁜 쪽에서 좋아지다

ex) The economy is going into a recession, and the president hopes his new economic policy will turn the tide. 경제는 불경기로 가고 있지만, 대통령은 그의 새로운 경제정책으로 상황이 바뀌기를 바라고 있다.

☐ **twist one's arm[= twist one's tubber arm]** : to force one to do something against one's will ⇒ -을 -하게 강요하다, 등을 떠밀다

ex) I didn't want to go to the dentist, but my wife twisted my arm.
나는 치과에 가고 싶지 않았지만, 아내는 내 등을 떠밀었다.

☐ **two-time** someone : v. (sl.) to cheat on one's lover or spouse ⇒ (남편, 아내, 애인을) 속이다, 바람피다, 양다리 걸치다

ex) Don't be a two-timer. = Don't be a cheater.
배신하는 짓은 하지 마세요.

ex) My girlfriend warned me that if I ever tow-timed her, she'd kill me!
내 여자 친구는 내가 양다리를 걸치면 죽여 버리겠다고 경고했다.

☐ **uncalled for** : (Informal) adj. not justified or appropriate ⇒ 정당화되지 않는, 부적절한

ex) That comment was totally uncalled for. 그 언급은 아주 부적절했다.

☐ **under fire** : being assaulted; being accused of fault ⇒ 공격을 받고 있는

ex) The company President is under fire embezzling company funds.
그 회사 사장은 회사자금을 횡령했다는 공격을 받고 있다.

☐ **under the counter** : (a product or goods) bought or sold secretly or illegally ⇒ 암거래로, 비밀로, 불법적으로

ex) The pharmacist at the neighborhood drug store was arrested for selling prescription drugs under the counter. 근처 약국의 약사는 몰래 처방전 약을 판매한 것 때문에 체포되었다.

☐ **under the influence** : intoxicated (from drugs or alcohol) ⇒ (마약이나 술에) 취한

ex) The policeman suspected that the driver was under the influence and gave him a Breathalyzer. 경찰관은 운전자가 술에 취했다고 의심해서 그에게 알코올 농도 검사기에 숨을 불도록 했다.

☐ **under the table** : a) adv. secretly ⇒ 비밀리에 b) adj. very drunk ⇒ 매우 취한

ex) The politician received money under the table, but he got caught and had to resign. 그 정치가는 비밀리에 뇌물을 받았지만, 덜미가 잡히는 바람에 사임해야 했다.

ex) Monique went out with her friends last night and ended up under the table, so today she feels sick. 모니크는 어젯밤 친구들과 밖에서 파티를 해 몹시 취했다. 그래서 오늘은 몸이 좋지 않았다.

☐ **under the weather** : ill, sick, unwell ⇒ 몸이 불편한

ex) I stayed up all night, and today I'm feeling under the weather.
난 밤을 샜더니, 오늘은 몸이 안 좋다.

☐ **up for grabs** : feel available to anyone who wants it ⇒ 마음대로 사용할 수 있는, 쉽

게 구할 수 있는

ex) Good morning, everyone. There are some doughnuts in the break room up for grabs. 안녕하세요. 여러분. 휴게실에 마음대로 드실 수 있는 도넛이 있습니다.

ex) I broke up with my girlfriend last night, so now I'm up for grabs! 나는 어젯밤 여자 친구와 헤어져서 지금 저를 원하신다면 마음대로 만나실 수 있습니다.

□ **up in the air** : undecided ⇒ 미결 상태인

ex) Rodney said that his wedding date is up in the air. He and his fiancee are arguing about it. 로드니는 결혼식 날짜를 정하지 않았다고 말했다. 그와 그의 약혼녀는 그것에 대해 다투고 있다.

□ **up to** someone : (a decision or choice) being left for someone to decide or choose ⇒ -에 달린, -에 좌우되는

ex) I don't care what movie we see tonight. It's up to you. 나는 오늘밤 우리가 무슨 영화를 보든 상관없어. 네 맘대로 해.

□ **ups and downs** : the mixture of good and bad experiences ⇒ 우여곡절, 좋은 때와 나쁜 때

ex) We had a lot of ups and downs in our marriage. 우리 결혼생활에는 많은 우여 곡절이 있었죠.

□ **vanish into thin air** : to disappear suddenly and completely ⇒ 흔적도 없이 사라지다

ex) All of my money seems to have vanished into thin air. 내 돈이 모두 흔적도 없이 사라진 것 같아.

□ **verge on** something : to be very nearly something ⇒ 거의 -이다

ex) After ten years in school, I'm verging on being a lawyer. 10년 공부 후에 나는 변호사가 거의 되었다.

□ **walk all over** someone : to treat someone badly ⇒ -을 모질게 다루다, 존경심 없이 아무렇게나 다루다, 함부로 대하다

ex) Myron says he's tried of his wife walking all over him. 미론은 아내가 자신을 함부로 다루는 것에 아주 진력이 난데.

□ **walk the line** : to behave properly ⇒ 올바르게 행동하다, 규칙적으로 행동하다

ex) Dan walked the line all his life, until he made one mistake and ended up in jail. 댄은 평생을 올바르게 살았어. 그러다 실수 한 가지를 저지르고는 그 때문에 결국 감옥에 갔지 뭐니!

□ **water under the bridge** : something that is done and should be forgotten ⇒ 이미 끝난 일, 지나간 일

ex) Tracy and Stan used to be a couple, but it's water under the bridge.

트레시와 스탄은 예전에 애인 사이었지만 지금은 다 끝난 일이다.

☐ **wear out one's welcome** : to stay someplace so long so that one's hosts become annoyed ⇒ 방문 후 너무 오래 있어 미움을 사다, 너무 오래 머무르다

ex) Let's not invite the Franklins to our house anymore. They always wear out their welcome. 프랭클린네 식구들, 더 이상 우리 집에 초대하지 말자. 그 사람들은 오기만 하면 늘 너무 오래 머무른단 말이야.

☐ **wet behind the ears** : inexperienced and naive ⇒ 경험이 없는, 미숙한, 풋내기의

ex) I know that John isn't doing a very good job right now, but give him a chance. He's still wet behind the ears. 존이 지금 별로 일을 잘하지 못한다는 것 나도 알아. 하지만 그에게 기회를 줘봐. 아직 경험부족이잖아.

☐ **wet blanket** : a person who is not much fun to be with ⇒ 흥을 깨뜨리는 사람, 같이 있어봐야 재미없는 사람

ex) Dan! Please don't invite Tom to our picnic. He's a wet blanket.
댄! 제발 우리 피크닉에 톰을 초대하지 마. 그는 흥을 다 깨놓는다니까.

☐ **When it comes to** something ⇒ -로 말하자면

ex) When it comes to food, I like all kinds of food!
음식에 관해 말하자면 난 가리지 않고 다 좋아해!

☐ **white elephant** : a) something that useless ⇒ 보관만 까다롭고 쓸모없는 물건, 성가신 물건 b) junk; a worthless object ⇒ 자신은 필요 없지만 다른 사람에게는 가치 있을 만한 물건(벼룩시장용 물건)

ex) My sports car uses a lot of gas. It's a white elephant, but I love it.
내 스포츠카는 기름을 너무 많이 써. 좀 성가시긴 하지만 난 그 차가 좋아!

ex) On Saturday, my wife and I like to go to white elephant sales.
아내와 나는 토요일에 벼룩시장에 가는 것을 좋아한다.

☐ **white lie** : a small lie told about something unimportant ⇒ 가벼운 거짓말, 악의(죄) 없는 거짓말

ex) When Ben's wife asked if her dress made her look fat, he told her a white lie. He said, "No, not at all!" 벤의 아내가 자기 옷이 뚱뚱해 보이느냐고 벤에게 묻자 그는 악의 없이 거짓말을 했다. "아니, 전혀!"

☐ **will not hear of** something : to absolutely refuse to allow or tolerate something ⇒ -은 절대로 용납하지 않다, 참지 못하다

ex) I will not hear of you paying for dinner. Tonight is my turn to pay!
난 절대로 네가 저녁 값을 내게 하지 않을 거야. 오늘밤은 내가 낼 차례라고!

☐ **win by a nose[whisker]** : to win something (such as a contest) by a very small margin ⇒ 간발의 차이로 이기다, 간신히 이기다

ex) The two teams were very evenly matched, but our team won by a whisker. 그 두 팀은 아주 동등하게 경기를 펼쳤지만 마침내 우리 팀이 간발의 차이로 이겼다.

☐ **wine and dine** someone : v. to entertain someone well with a meal, wine, etc. ⇒ 융숭하게 대접하다

ex) Companies spend millions wining and dining their clients.
회사는 그들의 고객을 융숭하게 대접하는 데 백만 달러를 썼다.

☐ **(and) with that** : after all is said and done⇒ 그것으로써, 그럼으로써, 그래서

ex) "I have to go. I'll call you in New York,“ and with that she hung up.
“난 가야 해. 뉴욕에서 전화할게.”라고 말하고서 그녀는 전화를 끊었다.

☐ **with no string attached** : without conditions or restrictions 부대조건 없이

ex) They would have been better off just giving it to trusts with no strings attached.
그들이 부대조건 없이 그것을 신탁했더라면 더 부유해졌을 것이다.

☐ **without a hitch** : without a problem ⇒ 아무 문제없이

ex) Thank goodness, the ceremony went off without a hitch.
다행스럽게도 그 의식은 아무 문제없이 진행되었다.

☐ **word for word** : literally; in exactly the same words ⇒ 말 그대로

ex) She repeated to me what you said word for word.
그녀는 네가 말한 그대로 내게 말해주었다.

☐ **worth one's salt** : worthwhile; useful; of service ⇒ 소금 같은 존재인, 쓸모 있는, 꼭 필요한

ex) I have always tried to be worth my salt at work.
난 항상 직장에서 쓸모 있는 사람이 되려고 노력했다.

☐ **XYZ** : to examine your zipper ⇒ 지퍼를 확인하라, 남대문 열렸어요.

☐ **year in, (and) year out** : continuously year after year ⇒ 계속해서, 매년, 해마다

ex) Uncle Ted sends us a Christmas card year in, year out.
테드 삼촌은 매년 크리스마스 때마다 우리에게 카드를 보내신다.

PART Ⅱ. PATTERN COLLOCATIONS

1. V + N

▸ input more energy 더 많은 에너지를 공급하다
▸ find a substitute 대체할 사람을 찾다
▸ manufacture the products 제품을 제조하다
▸ replace a broken part 부서진 부분을 교체하다
▸ implement the system 시스템을 실행하다
▸ operate the machinery 기계를 작동하다
▸ read the label 라벨을 읽다
▸ generate electricity 전기를 발생시키다
▸ stacked in the warehouse 창고에 쌓여 있는
▸ specify a date 날짜를 명시하다
▸ launch products 상품을 출시하다
▸ order goods 상품을 주문하다
▸ convey goods 물품을 운반하다
▸ release a product 상품을 발매하다
▸ purchase a product 상품을 구입하다
▸ store goods 제품을 저장하다
▸ deliver goods overseas 해외로 제품을 배달하다
▸ load boxes on the truck 트럭에 상자를 싣다
▸ recall defective products 불량품을 회수하다
▸ complain about a defective product 불량품에 대해 항의하다
▸ warrant the quality of the goods 그 제품의 품질을 보장하다
▸ guarantee permanent usage 영구적인 사용을 보증하다
▸ handle a product with caution 조심스럽게 제품을 다루다
▸ seek temporary workers 임시직 근로자를 구하다
▸ announce a recruitment plan 채용계획을 알리다
▸ have pride in his work 그의 일에 긍지를 갖다
▸ meet the qualifications 그 자격요건을 만족시키다

- ▸issue a certificate 증명서를 발급하다
- ▸prove his career 그의 경력을 증명하다
- ▸earn wages 임금을 벌다
- ▸give a reward to him 그에게 보수[보상]를 주다
- ▸retire from the company 회사에서 퇴직하다
- ▸apply for the job 그 일자리에 지원하다
- ▸screen applicants 지원자를 선별하다
- ▸submit a recommendation 추천서를 제출하다
- ▸clear customs 세관을 통과하다
- ▸submit proof 증명서를 제출하다
- ▸extend the validity of the ticket 티켓의 유효기간을 연장하다
- ▸bound for New York 뉴욕행인
- ▸recommend accommodations 숙박시설을 추천하다
- ▸confirm accommodations 숙박시설을 확인하다
- ▸accommodate 100 guests 100명의 손님을 수용하다
- ▸book accommodations 숙박시설을 예약하다
- ▸belong to a community 공동체에 속하다
- ▸detect a clue 단서를 찾다
- ▸register for a forum 공청회에 등록하다
- ▸participate in a seminar 세미나에 참석하다
- ▸attend a workshop 워크숍에 참석하다
- ▸raise funds 기금을 조달하다
- ▸establish an organization 단체를 설립하다
- ▸celebrate the victory 승리를 축하하다
- ▸hold a reception 환영회를 열다
- ▸handle conflicts 갈등을 조정하다
- ▸have objections 반대하다
- ▸open an exhibition 전시회를 열다
- ▸defend our country 우리나라를 지키다
- ▸give a lecture 강의하다
- ▸blame him for his guilt 그의 죄에 대해 그를 비난하다
- ▸rush hour traffic 혼잡시간의 교통
- ▸broadcast the championship 결승전을 방송하다
- ▸publish a journal 잡지를 발행하다

▸expose a scandal 추문을 폭로하다
▸cause a revolution 혁명을 일으키다
▸organize an association 단체를 조직하다
▸constitute a committee 위원회를 구성하다
▸request a rescue 구조를 요청하다
▸protect rare animals 희귀동물을 보호하다
▸fall into disorder 혼란에 빠지다
▸be frightened of the dark 어둠을 무서워하다
▸be disappointed at the news 그 소식에 실망하다
▸climb a rope 밧줄을 타고 오르다
▸go biking 자전거를 타러 가다
▸get a receipt 영수증을 받다
▸reserve a room 방을 예약하다
▸recover his health 그의 건강을 회복하다
▸charge high fees 높은 요금을 부과하다
▸select a product 제품을 선택하다
▸afford to buy a house 집을 살 여유가 있다
▸pay a deposit 보증금을 지불하다
▸cover the repair expenses 수리비용을 보상하다
▸call an ambulance 구급차를 부르다
▸park in a garage 차고에 주차하다
▸cross the pavement 포장도로를 건너다
▸construct a new road 새 도로를 건설하다
▸consult wit a specialist 전문의와 상담하다
▸injure people 사람들을 다치게 하다
▸prevent infection 감염을 막다
▸lock the door 문을 잠그다
▸polish the windows 창을 광내다
▸knit a sweater 스웨터를 뜨다
▸repair a machine 기계를 고치다
▸swing a bat 배트를 휘두르다
▸be surrounded by trees 나무로 둘러싸이다
▸host a party 파티를 주최하다
▸fix a date 날짜를 정하다

- ▸attend a funeral 장례식에 참석하다
- ▸hang a frame 액자를 걸다
- ▸slip on the ground 땅에 넘어지다
- ▸stretch arms 팔을 뻗다
- ▸treat him roughly 그를 막 대하다
- ▸split the wood 나무를 쪼개다
- ▸feed a dog 개에게 먹이를 주다
- ▸tie the ropes 줄을 묶다
- ▸chat with a friend 친구와 잡담하다
- ▸perform a task 업무를 수행하다
- ▸conduct a business 업무를 처리하다
- ▸undertake a task 업무를 맡다
- ▸proceed to a task 업무를 진행하다
- ▸determine to do the task 그 업무를 하기로 결정하다
- ▸give consideration to problems 문제들을 고려하다
- ▸solve[settle] the problem 문제를 해결하다
- ▸involved in the problem 그 문제에 관련된
- ▸propose[consider, adopt, reject, implement] a new policy 새로운 정책을 제안하다[고려하다, 채택하다, 거절하다, 시행하다]
- ▸arrange a schedule 일정을 잡다
- ▸remind him of his schedule 그에게 그의 일정을 상기시키다
- ▸assume the position 그 직책을 맡다
- ▸fulfill a commitment 약속을 수행하다
- ▸obtain the higher position 더 높은 직책을 얻다
- ▸admit his fault 그의 잘못을 인정하다
- ▸increase in revenue 수입의 증가
- ▸maintenance costs 관리비용
- ▸reduce the expenditure 지출을 줄이다
- ▸cut the expenses 비용을 삭감하다
- ▸attend the convention[conference] 총회[회의]에 참석하다
- ▸make comments 비평을 하다
- ▸respond to questions 질문에 대답하다
- ▸make comparisons 비교를 하다
- ▸give illustrations 예시를 주다

▸repeat for emphasis 강조를 위해 반복하다
▸write a first draft 초안을 작성하다
▸make a chart 도표를 만들다
▸turn in an outline 개요를 제출하다
▸write a summary 요약본을 쓰다
▸write a composition 글을 쓰다
▸be permitted to take memos 메모하도록 허가받다
▸reach a compromise 타협에 도달하다
▸call a strike 파업을 선언하다
▸ally with each other 서로 연합하다
▸collaborate on the work 업무에 협력하다
▸negotiate the price 가격을 협상하다
▸sign the contract 계약서에 서명하다
▸use an outside firm 외부회사를 이용하다
▸monitor the market 시장을 감시하다
▸increase a margin 이익을 늘리다
▸quote a price 가격을 부르다
▸make a bid 입찰하다
▸organize a group of customers 고객단체를 조직하다
▸search for a solution 해결책을 찾다
▸ignore customer needs 고객들의 요구를 간과하다
▸investigate complaints 불만사항을 조사하다
▸consult with an analyst 분석가와 상담하다
▸comply wit resolutions 결정에 따르다
▸communicate with customers 고객들과 의사소통하다
▸reply to the inquiry 질문에 대답하다
▸be alert to change 변화에 주의하다
▸observe the behavior of customers 고객들의 행동을 관찰하다
▸expand trade 무역을 확대하다
▸import[export] goods 상품을 수입하다[수출하다]
▸compete in the market 시장에서 경쟁하다
▸encourage consumption[enterprise] 소비[사업]를 장려하다
▸strengthen the economy 경제를 강화하다
▸collect corporate tax 법인세를 걷다

- merge two companies 두 회사를 합병하다
- buy on credit 외상으로 사다
- sell assets 자산을 팔다
- enhance productivity 생산성을 높이다
- be dependent on imports 수입에 의존적이다
- show remarkable growth 놀라운 성장을 보이다
- bring potential buyers 잠재 구매자를 데려오다
- solve the fundamental issues 근본적인 문제를 해결하다
- estimate imports last year 작년 수입량을 추정하다
- analyze the economic situation 경제상황을 분석하다
- revise the raw date 원 자료를 수정하다
- interpret the data 그 자료를 설명하다
- highlight the data 그 자료를 강조하다
- forecast an economic trend 경제동향을 예측하다
- check approximate numbers 대략의 수치를 확인하다
- get a bank loan 은행대출을 받다
- withdraw cash 현금을 인출하다
- open a bank account 은행계좌를 열다
- check a bank balance 예금 잔액을 확인하다
- borrow a substantial sum of money 상당한 돈을 빌리다
- pay a debt to a bank 은행 빚을 갚다
- pay all liabilities 모든 채무를 갚다
- exchange currency 환전하다
- give the command 명령하다
- give a job description 업무 설명을 하다
- give instructions on the job 업무 지시를 주다
- maintain discipline 규율을 유지하다
- address the issue 문제를 거론하다
- administer first-aid 응급조치를 취하다
- answer the phone/door 전화를 받다, 문을 열어주다
- apply ointment 연고를 바르다
- attract/draw sb's attention 주의를 끌다
- give/pay sb attention 눈길을 주다
- attract tourists 관광객을 유치하다

▸bear fruit 과실을 맺다
▸bid farewell to ~에게 작별인사를 하다
▸bounce/dishonor a check 수표를 부도 처리하다
▸break one's fast 금식을 깨다, 아침을 먹다
▸break the silence 침묵을 깨다
▸bring/file a suit against ~에게 소송을 걸다
▸cast a vote 투표를 하다
▸catch a cold 감기에 걸리다
▸catch a glimpse of ~을 일별하다
▸catch a train/bus/plane 기차(버스, 비행기)를 잡아타다
▸catch one's eyes 눈길을 끌다
▸change the subject 말을 바꾸다
▸bring up the subject 말을 꺼내다
▸conclude/sign a contract 계약을 체결하다
▸contract disease/cancer/AIDS 병(암, 에이즈)에 걸리다
▸deliver/reach a verdict 배심원 등이 판결을 내리다
▸draw a conclusion 결론에 도달하다
▸draw a curtain 커튼을 치다
▸draw an inference 유추하다
▸draw a line 선을 긋다, 한계를 긋다
▸drive a nail 못을 박다
▸earn/receive a degree 학위를 취득하다
▸ease pain 고통을 덜어주다
▸eat soup 스프를 먹다
▸enjoy longevity 장수하다
▸entertain questions 질문에 응하다
▸exercise the right 권리를 행사하다
▸exercise caution 주의하다
▸exhaust all the measures 모든 조치를 다 써보다
▸file/place an order 주문하다
▸fill an order/prescription 주문받다
▸follow suit 전철을 밟다, 전례를 따르다
▸forge a relationship 관계를 구축하다
▸form/organize a committee 위원회를 구성하다

- formulate a hypothesis 가설을 수립하다
- gain/put on weight 살찌다
- lose weight 살빠지다
- give an answer/a reply 대답하다
- give an example 예를 들다
- give/lend a help to ~를 도와주다
- give a ride/lift to ~에게 차를 태워주다
- give/take a test 시험을 치르게 하다(치르다)
- give thanks/praise 감사(칭찬)하다
- handle finances 재정문제를 다루다
- hold one's breath 숨을 죽이다
- hold a meeting/conference 회의를 열다
- host the Olympic Games 올림픽을 개최하다
- identify the problem 문제를 찾아내다
- impose a ban/curfew 규제(통행금지)를 시행하다
- lift a ban 규제를 없애다
- invade privacy 사생활을 침해하다
- issue a statement 성명을 발표하다
- keep it a secret 비밀로 지키다
- keep one's word 약속을 지키다
- break one's word 약속을 어기다
- keep a diary 일기를 습관적으로 쓰다
- launch an attack 공격을 개시하다
- make a bed 침구를 정돈하다
- make a fuss 소란 피우다
- make fun of ~을 우스꽝스럽게 만들다
- make way 길을 비켜주다
- meet the demand 요구를 충족시키다
- merit/deserve one's attention 주의를 기울일 만하다, 주의할 필요가 있다.
- pass judgment 판단을 내리다
- pay the price 희생을 치르다
- play a part/role 역할을 하다
- pool money 돈을 모으다
- pull the trigger 방아쇠를 당기다

- pose a problem 문제를 제기하다
- practice law/medicine 변호사(개인병원) 개업하다
- pull/play a trick on ~에게 장난치다
- reach a conclusion 결론을 도출하다
- run/take a risk 위험을 무릅쓰다
- set a date for the wedding 결혼 날짜를 잡다
- set the alarm clock 자명종 시계를 맞추다
- sign a pact/treaty 조약을 체결하다
- stifle one's creativity 창의성을 말살시키다
- strike a balance between A and B A와 B 사이의 균형을 맞추다
- take advice 충고를 듣다
- take back one's promise 약속을 취소하다
- take medicine 약을 먹다
- throw a part 파티를 열다
- wage war 전쟁을 하다
- watch one's weight 체중을 조절하다
- watch one's step 발 조심하다
- weigh the consequence 결과를 신중히 고려하다
- win a game 경기에서 이기다
- work out a solution 해결책을 강구하다
- wring one's neck 목을 비틀어 버리다
- weather the storm 역경을 극복하다
- take chances 모험을 하다
- draw(make out, write) a check 수표를 쓰다(끊다)
- put it simply 간단히 말하다
- touch[spark] off a storm of criticism 거센 비판을 불러일으키다
- have a say 발언권을 가지다
- heave[breathe a sigh of relief 안도의 한숨을 쉬다
- attach a condition 조건을 붙이다
- sing a different note 달리 행동하다
- change one's tune 견해를 바꾸다
- pull one's weight 소임을 다하다
- fashion[form] a standard 규범을 제정하다
- belch fumes 연기를 내뿜다

▸bear out apprehension 우려를 입증하다
▸conduct a poll 여론 조사를 하다
▸issue a visa 비자를 발급하다
▸renew a visa 비자를 갱신하다
▸pitch a tent 텐트를 치다
▸raise[moot] a problem 문제를 제기하다
▸profound a new theory 새로운 이론을 제안하다
▸establish[set up] diplomatic relations 외교 관계를 수립하다
▸start[enter into] diplomatic relations 외교 관계를 개시하다
▸normalize diplomatic relations 외교 관계를 정상화하다
▸break off[sever] diplomatic relations 외교 관계를 단절하다
▸resume diplomatic relations 외교 관계를 재개하다
▸split hairs 사소한 것을 꼬치꼬치 따지다
▸face the music 어려운 일을 피하지 않고 부딪히다
▸strike a balance 균형을 유지하다
▸tip a balance 균형을 조심스럽게 깨다
▸run into a stalemate 교착 상태에 빠지다
▸go out a strike 파업을 하다
▸arise[raise] suspicion 의혹을 불러일으키다
▸fuel suspicion 의혹을 증폭시키다
▸set an agenda 의제를 정하다
▸save one's face 체면을 세워 주다
▸keep up appearances 태연한 체하다
▸go on a diet 다이어트를 하다
▸set a priority 우선순위를 정하다
▸execute a warrant 영장을 집행하다
▸play for time 시간을 벌려고 꾸물거리다
▸subscribe to a magazine 잡지를 정기 구독하다
▸take[pluck up] courage 용기를 내다
▸inflate statistics 통계를 부풀리다
▸manipulate statistics 통계를 조작하다
▸wrap up a visit 방문을 무사히 마치다
▸draw a blank 허탕치다
▸fuel speculation 추측을 더욱 불러일으키다

- ▸strike a deal 계약을 맺다
- ▸hold a referendum 국민투표를 실시하다
- ▸wage an election campaign 선거 운동을 벌이다
- ▸ring[sound] air-raid sirens 공습경보를 울리다
- ▸soften up one's stance 입장을 누그러뜨리다
- ▸bear fruit 열매를 맺다
- ▸impose tax 세금을 부과하다
- ▸levy[collect] tax 세금을 징수하다
- ▸evade[dodge] tax 탈세하다
- ▸take a short-cut 지름길을 택하다
- ▸serve as stepping stone 발판이 되다
- ▸build up[reinforce] security 안보를 강화하다
- ▸allot[allocate] quota 쿼터를 할당하다
- ▸hold a press conference 기자 회견을 개최하다
- ▸initial a treaty 조약을 가조인하다
- ▸conclude[make] a treaty 조약을 체결하다
- ▸sign a treaty 조약을 조인하다
- ▸ratify a treaty 조약을 비준하다
- ▸verify a treaty 조약의 이행 여부를 확인하다
- ▸cast a vote 투표하다
- ▸meet the deadline 기일을 맞추다
- ▸pull strings 막후에서 영향력을 행사하다
- ▸exercise power 권력을 행사하다
- ▸exert influence 영향력을 행사하다
- ▸dress[bandage] a wound 상처에 붕대를 감다
- ▸hold breathing 숨을 참다
- ▸strike yawning 하품을 하다
- ▸satisfy[appease] hunger 허기를 채우다
- ▸quench[slake] thirst 갈증을 풀다
- ▸smell a rat 낌새를 채다
- ▸bury the hatchet 화해하다
- ▸turn over a new leaf 새 삶을 살다
- ▸burn the candle at both ends 건강을 해칠 정도로 무리하다
- ▸flog a dead horse 헛수고하다

▸reverse[overrule] a decision 결정을 뒤엎다
▸keep a distance 거리를 유지하다
▸break the ice 어색한 분위기를 깨다
▸impose an embargo 금지 조치를 취하다
▸lift an embargo 금지 조치를 해제하다
▸withhold payment 지불을 유보하다
▸call the tune 좌지우지하다
▸weather the storm 난관을 극복하다
▸play politics 당리당략적 행위를 하다
▸draw up[make up] a schedule 일정표를 작성하다
▸pin a hope 희망을 걸다
▸take[strike] root 뿌리내리다
▸fix[set] an exchange rate 환율을 정하다
▸pick a fight 싸움을 걸다
▸hone a skill 기술을 연마하다
▸practice law 법률 업을 하다
▸beat about the bush 넌지시 알아보다
▸disband[dissolve] the organization 기구를 해산하다
▸sit on[straddle] the fence 형세를 관망하다
▸blow one's own trumpet 떠벌리다
▸hit the nail on the head 정곡을 찌르다
▸spill the beans 비밀을 누설하다
▸adjust the camera lens 카메라 렌즈를 조정하다
▸adjust the microscope 현미경을 미세 조정하다
▸adjust the mirror/the sound system 거울을/음향기기를 조정하다
▸admire the painting/trees 그림/숲을 감상하다
▸answer the phone 전화를 받다
▸applaud the speaker 연사에게 박수갈채를 보내다
▸arrange some items on the shelf 선반에 물건을 정돈해 놓다
▸arrange the chairs in rows 의자를 줄을 맞춰 정돈하다
▸attach the cable to --에 선을 연결하다
▸attend a dance recital 댄스리사이틀을 관람하다
▸attend to a client 고객을 상대하다
▸back out of the garage 후진으로 차고를 나오다

▶be assembled for a meeting 회의하려고 모이다
▶be gathered for a play 연극을 보러 모이다
▶be in line 줄서다
▶be late of work (직장에) 지각하다
▶be lined up against the wall 벽에 일렬로 서있다
▶be outside in the snow 눈이 쌓인 야외에 나와 있다
▶be outside photographing something 야외에서 사진촬영을 하다
▶be seated around the tables 탁자 주위에 앉아 있다
▶board the bus 버스에 오르다
▶book seats at the theater 극장표를 예매하다
▶call from a public phone 공중전화를 걸다
▶carry a stack of plates 접시 더미를 나르다
▶change one suit 옷을 갈아입다
▶change the film in one's camera 카메라 필름을 교체하다
▶check into a hotel 호텔에 투숙하다
▶check one's reflection in the mirror 거울을 보다
▶check one's watch 시계를 보다
▶check someone's weight -의 체중을 재다
▶check the equipment 기계를 점검하다
▶check to see what time it is 시간을 확인하다
▶chop up the vegetables 야채를 잘게 썰다
▶circle the airport 공항을 맴돌다
▶clap for the speaker 연사에게 박수를 보내다
▶clap to the music 음악에 맞춰 손뼉치다
▶clear a way through the woods 숲에 길을 내다
▶clear off the table 탁자를 치우다
▶climb (up) the staircase[stairs] 계단을 오르다
▶climb into a boat 보트에 타다
▶climb onto the roof 지붕에 오르다
▶climb over a fence 울타리를 넘다
▶climb up the ladder 사다리를 오르다
▶close all the blinds 블라인드를 닫다
▶close the door to the room 방문을 닫다
▶close the lid of the copier 복사기 덮개를 닫다

- ▸concentrate on -에 몰두하다
- ▸congratulate someone -에게 축하인사를 하다
- ▸consult a map 지도에서 찾아 보다
- ▸consult with each other 서로 협의하다
- ▸cook the chicken 닭을 요리하다
- ▸copy from a photograph 사진을 복사하다
- ▸count money 돈을 세다
- ▸cross the city street 거리를 가로질러 건너다
- ▸cross the finish line 결승점에 골인하다
- ▸cross the road 길을 건너다
- ▸crowd around -의 주변에 모여들다
- ▸cut up some wood/the fabric 나무를/직물을 자르다
- ▸dance to the band music 밴드에 맞춰 춤추다
- ▸defend the goal (골키퍼가) 수비하다
- ▸develop photos 사진을 인화하다
- ▸dial a number 전화 걸다
- ▸dine with friends 친구와 식사하다
- ▸dip one's toes in the water 발가락을 물에 담그다
- ▸direct traffic (경찰관이) 교통을 정리하다
- ▸dispose of litter 쓰레기를 버리다
- ▸do exercise 운동하다
- ▸do two things at once 동시에 두 가지 일을 하다
- ▸down the street 거리를 따라 쭉
- ▸draw up a plan of -의 일정표를 짜다
- ▸drink from one's glass 잔으로 물을 마시다
- ▸drive into the garage 차고로 차를 넣다
- ▸enjoy nice weather 화창한 날씨를 즐기다
- ▸enjoy oneself 여유 있게 즐기다
- ▸enjoy the film 영화를 감상하다
- ▸enjoy the view from the mountain 산 위에서 경치를 감상하다
- ▸enter data into the computer 컴퓨터에 자료를 입력하다
- ▸examine merchandise (점포 등에서) 물건을 이것저것 둘러보다
- ▸examine the tools 도구를 검사하다
- ▸exceed the speed limit 제한 속도를 위반하다

- exchange business cards 명함을 주고받다
- face each other/the window 서로/창문을 마주보다
- feed grain to the cow 소에게 곡물을 먹이다
- feed the birds 새들에게 모이를 주다
- file the mail 편지를 정돈하다
- fill one's car with fuel 차에 직접 주유하다
- finish the performance 공연을 끝내다
- fish at the water's edge 물가에서 낚시질을 하다
- fix a brick wall 벽돌담을 수리하다
- fix in an airplane 비행기를 타다
- fly the kite 연을 날리다
- fold something in half -을 반으로 접다
- fold the towels 수건을 접다
- fold up one's chair 의자를 접다
- follow the waiter 웨이터를 따라가다
- force someone indoors -가 집밖에 나가지 못하게 하다
- gather some woods 나무들을 모으다
- gather together in a circle 원을 그리며 모이다
- gesture with one's hand as one speaks 손으로 제스처를 쓰며 말하다
- get an injection 주사를 맞다
- get into a taxi 택시에 오르다
- get off the bus 버스에서 내리다
- get on[board] the plane 비행기에 탑승하다
- get out of one's car 차에서 내리다
- get up from the chair 의자에서 일어나다
- give a presentation 발표하다
- give an autograph (유명인사가) 사인해 주다
- give one's card to the cashier 신용카드를 현금 출납원에게 건네다
- give out notices 공지 사항을 발표하다
- give someone a shot -에게 주사를 놓다
- go around in a circle 원을 그리며 나아가다
- go down the steps 계단을 내려오다
- go downstairs 아래층으로 내려가다
- go for a drive 드라이브하러 가다

▸go out to get some air 바람 쐬러 가다
▸go swimming 수영하러 가다
▸go up and down the stairs 계단을 오르내리다
▸go up to the next level (에스컬레이터로) 위층으로 올라가다
▸greet each other warmly 반갑게 인사하다
▸greet each other with a handshake 악수로 인사하다
▸grip the handle 손잡이를 움켜쥐다
▸hand A B A에게 B를 건네다
▸hand a prescription to -에게 처방전을 건네다
▸hand out business card/pamphlets 명함을/팸플릿을 나눠주다
▸hang a picture on the wall 벽에 그림을 걸다
▸hang laundry 빨래를 널다
▸hang up the telephone
▸have a chest x-ray 흉부 x-ray를 찍다
▸have a light dinner 가볍게 식사하다
▸have a meal 식사하다
▸have a private talk 사적인 이야기를 나누다
▸have a problem with -에 문제가 있다
▸have dinner 점심을 먹다
▸have musical instruments 악기를 가지고 있다
▸have one's picture taken (찍히는 사람) 사진을 찍다
▸have one's pulse checked 맥박을 재다
▸have plates in one's hand (식당 등에서) 접시를 들고 있다
▸help oneself to the food 음식을 맛있게 먹다
▸hold a conversation 대화하다
▸hold a long pole 장대를 들고 있다
▸have a envelop in one's hand 손에 봉투를 들고 있다
▸hold drinks 음료를 들고 있다
▸hold onto the railing 가드레일을 붙잡다
▸hold up a dress (가게에서) 옷을 쳐들다
▸honk one's horn at -에게 경적을 울리다
▸hurry out of the rain 비를 피해서 달려가다
▸hurry to get to the airport 급히 공항으로 가다
▸improve the roadway 도로를 보수하다

▸inspect a jacket 재킷을 검사하다
▸involved in a discussion 토론중인
▸jump over the fence 울타리를 뛰어넘다
▸laugh at a joke 농담을 듣고 웃다
▸lead a group discussion 집단 토론회에서 사회를 맡다
▸lead a group 단체를 인솔하다
▸leaf through a book 책장을 넘기며 훑어 보다
▸lean against a fence 울타리에 기대다
▸lean on the table 테이블에 기대다
▸lean over the railing 난간위로 기대다
▸leave the house 집을 나서다
▸leave through the front door 정문을 나서다
▸lift a container 컨테이너로 들어올리다
▸lift weights at a gymnasium 체육관에서 역기를 들다
▸light a fire in the fireplace 화로에서 불을 붙이다
▸listen intently to a presentation 발표를 경청하다
▸listen to the speaker 연설을 경청하다
▸lock the cabinet doors 캐비닛 문을 잠그다
▸look at the display of shoes 신발 진열장을 들여다 보다
▸look at the map 지도를 보다
▸look at the restaurant's menu 식당 메뉴를 들여다 보다
▸look for a place to park 주차 자리를 찾다
▸look in(to) the mailbox 우편함 안을 살피다
▸look in the mirror 거울을 들여다 보다
▸look out the window 창밖을 내다 보다
▸look through a book 책을 훑어보다
▸look through a microscope 현미경을 관찰하다
▸look up an address 주소를 찾아보다
▸lower the window blinds 블라인드를 내리다
▸make a (tele)phone call 전화를 걸다
▸make a call from one's room 자기 방에서 전화를 걸다
▸make a call while sitting on the bed 침대에서 앉아 전화하다
▸make a copy of -을 복사하다
▸make a design for -을 설계하다

▸make a doctor's appointment 진찰 예약을 하다
▸make a lecture 강의하다
▸make a point 요점을 밝히다
▸make a presentation to the group 사람들 앞에서 발표를 하다
▸make a recording 녹음하다
▸make repairs to the street 도로 보수 작업을 하다
▸make the bed 잠자리를 준비하다
▸make a date on the calendar 달력에 날짜를 표시하다
▸measure a piece of fabric 작물의 길이를 재다
▸mop the floor 막대 걸레로 청소하다
▸move some equipment into the room 장비를 방안으로 들어오다
▸move the luggage to another place (호텔 복도 등에서) 짐을 옮기다
▸mow the lawn 잔디를 깎다
▸nail a notice to a board 게시판에 공고문을 핀으로 고정하다
▸offer someone change -에게 거스름돈을 주다
▸office equipment 사무설비
▸on a training course 강습회에서
▸open a drawer in one's desk 책상 서랍을 열다
▸open the cash register 금전 등록기를 열다
▸open the gate in the fence 울타리 문을 열다
▸open up a book 책을 펼치다
▸operate a sewing machine 재봉틀을 다루다
▸order a meal[some food] 음식을 주문하다
▸pack one's suitcase 가방을 꾸리다
▸pack something into a box -을 상자에 넣다
▸pack up one's belongings 소지품을 챙기다
▸paint a street sign 도로 표지판을 칠하다
▸park the car across the street 길을 가로질러 주차하다
▸participate in a race 경주에 참가하다
▸pass around drinks[the menus]음료를[메뉴판을] 나눠주다
▸pass people in the hallway 복도에서 사람들을 지나치다
▸pass something around the table 탁자에 --을 돌리다
▸pass under the bridge 다리 밑을 지나다
▸pay for one's purchase 물건값을 치르다

▸pay the cashier 계산대에서 값을 치르다
▸peer through the lens 렌즈를 통해 보다
▸perform a musical piece 악기를 연주하다
▸perform in a concert hall 콘서트 장에서 (교향악단 등이) 연주하다
▸perform on a stage 무대에서 연주하다
▸perform outside[outdoors] 야외에서 연주하다
▸pick some flowers 꽃을 꺾다
▸pick something up off the table -을 탁자에서 들어올리다
▸pick up one's luggage 짐을 집어 들다
▸pick up the phone 전화를 받다
▸pile the papers 신문을 쌓다
▸place a book in one's briefcase 책을 가방에 넣다
▸place a coin in a machine 자판기에 동전을 투입하다
▸place a label onto an envelop 봉투에 라벨을 붙이다
▸place an item in one's shopping bag 쇼핑백에 물건을 담다
▸place one's order 주문하다
▸place a lid on the box 박스 뚜껑을 닫다
▸plant some bushes 관목을 심다
▸play a sport 스포츠를 하다
▸play in a concert hall 콘서트 장에서 연주하다
▸play in the field 야외에서 놀다
▸play on the stage 무대에서 공연하다
▸play on the swings 그네를 타다
▸play stringed instrument 현악기를 연주하다
▸play the guitar 기타를 치다
▸plow one's crops in the field 밭을 갈다
▸plug in the cord 전원 코드를 꽂다
▸point at the screen 스크린에 대고 가리키다
▸point to the garden 정원 쪽을 가리키다
▸polish the furniture 가구를 닦기 위에 뭔가를 올려놓다
▸position something on the machine
▸post a notice on -에 공지사항을 게시하다
▸pour coffee[drink] for the others 사람들에게 커피[음료]를 따라주다
▸pour concrete into the street 도로에 콘크리트를 쏟아 붇다

▸pour some water 물을 따르다
▸pour something into one's hand 손에 -을 쏟아 놓다
▸prepare a vegetable dish 야채요리를 만들다
▸prepare some food[a meal] (요리사가)음식을 만들다
▸prescribe some medicine 약을 처방해주다
▸present an award 상을 수여하다
▸present some information 자료를 브리핑하다
▸press a label onto an envelope 봉투에 라벨을 붙이다
▸pull down the window shades 창의 햇볕가리개를 내리다
▸pull in one's nets 그물을 끌어올리다
▸pull one's luggage down the hall 아래층 홀로 짐을 끌어내리다
▸push a cart up the stairs 손수레를 밀고 계단을 오르다
▸push a swing 그네를 밀다
▸push one's way into the room 사람들을 밀어 제치며 장으로 들어오다
▸push two beds together 두 침대를 한곳으로 밀어붙이다
▸put a cake into the oven 케이크를 오븐에 넣다
▸put a letter in the mailbox 편지를 우편함에 넣다
▸put a screen in the window 창문에 차양을 치다
▸put away the chairs 의자들을 치우다
▸put chains on the wheels 바퀴에 체인을 감다
▸put clean sheets on the bed 침대 시트를 갈다
▸put down one's bags 가방을 내려놓다
▸put fuel in the car[vehicle] 차에 기름을 넣다
▸put one's bag on the ground 가방을 땅에 내려놓다
▸put out the fire 불을 끄다
▸put some papers into a printer 프린터에 종이를 넣다
▸put glasses on the shelf (식당에서)선반 위에 잔들을 올려놓다
▸put the key in the door 문에 열쇠를 꽂다
▸put the paper in the file 서류를 파일에 끼워 넣다
▸raise one's hands 손을 들다
▸raise the sails 돛을 올리다
▸reach for an item on the shelf 뭔가를 꺼내려고 선반으로 손을 뻗다
▸reach to pich up a tool 도구를 잡으려고 손을 뻗다
▸read a biography 자서전을 읽다

▸read a magazine 잡지를 보다
▸read a notice 공지사항을 읽다
▸read an article[a newspaper] 기사를[신문을] 읽다
▸read something on the wall 벽에 붙은 뭔가를 읽다
▸rearrange the furniture 가구를 재배치하다
▸refuel the car 차에 재 주유하다
▸relax by the water[the fountain] 물가[분수대]에서 휴식을 취하다
▸remove bread from the oven 오븐에서 빵을 꺼내다
▸remove from the site 현장에서 치우다
▸remove one's headphones 헤드폰을 벗다
▸repair a hole in the roof 지붕의 물새는 틈을 때우다
▸repair the tractor 트랙터를 수리하다
▸replace a bulb in a street lamp 가로등의 전구를 교체하다
▸reserve a hotel room 호텔 방을 예약하다
▸rest on a park bench 공원 벤치에서 쉬다
▸rest on a porch 베란다에서 쉬다
▸rest one's chin in one's hans 손으로 턱을 괴다
▸return the guest's coat 손님의 코트를 돌려주다
▸return to one's seat 자리로 돌아가다
▸ride across the bridge 차로 다리를 건너다
▸ride in the truck 트럭을 타고 있다
▸ride one's bicycle across the campus 자전거로 캠퍼스를 가로지르다
▸ride escalator to the next floor 에스컬레이터를 타고 위층으로 올라가다
▸ride across the park 차로 공원을 가로질러 가다
▸ring the bell 벨을 울리다
▸rinse the equipment 장비를 세척하다
▸roll up the map 지도를 둘둘 말다
▸row a boat toward 보트의 노를 저어 --쪽으로 가다
▸run after a ball 공을 잡으려고 달리다
▸run down the hill 언덕 아래로 달려 내려가다
▸run to the water's edge 물가로 달려가다
▸salute the flag 깃발에 경례하다
▸sample the merchandise 견본을 시음[시식]하다
▸scrub the steps 계단을 문질러 닦다

▸seal a box with a tape 상자를 테이프로 봉하다
▸search for a book on the shelf 선반에서 책을 찾다
▸search for a place to park 주차 공간을 찾다
▸search for a place to sit 앉을 자리를 찾다
▸search for a ball in the grass 수풀에서 공을 찾다
▸see a patient 환자를 진찰하다
▸sell baked goods 빵류를 판매하다
▸serve a customer 손님을 상대하다
▸serve food to -에게 음식을 내오다
▸set the plates on the table 탁자에 접시를 배열하다
▸set the table 식탁을 차리다
▸sew a garment 옷을 재봉질하다
▸shake hands across the table 탁자 너머로 악수하다
▸shake the thermometer 온도계를 흔들다
▸share an umbrella 우산을 같이 쓰다
▸share the office space 사무실을 함께 쓰다
▸shelve the journals 잡지들을 서가에 얹다
▸shop at an outdoor[indoor] market 야외[실내]시장에서 쇼핑하다
▸shop for shoes 신발 쇼핑을 하다
▸show someone to his/her seat -을 자리로 안내하다
▸shut the front door 창문을 닫다
▸sign a contract 계약서에 서명하다
▸sign certificates 증서에 서명하다
▸sing for a crowd 많은 사람 앞에서 노래하다
▸sing in a choir[a group] 합창하다
▸sip a cup of coffee 커피를 홀짝거리며 마시다
▸sit across the table from each other (레스토랑 등에서)테이블에 마주 앉다
▸sit around the table 테이블 주위에 둘러앉다
▸sit at a control panel 통제실에 앉아 있다
▸sit at one's desk making calls 자리에 앉아 전화를 걸다
▸sit at the keyboard 컴퓨터 앞에서 일하다
▸sit at the table 탁자에 앉아 있다
▸sit behind the fence 울타리 뒤에 앉아 있다
▸sit beside someone -곁에 앉아 있다

- ▸sit in a circle 원을 그려 앉아 있다
- ▸sit in alternate seats 한자리씩 건너 앉아 있다
- ▸sit in the shade of the tree 나무 그늘에 앉아 있다
- ▸sit next to each other 나란히 앉아 있다
- ▸sit on the grass 잔디밭에 앉아 있다
- ▸smile at the customer 고객에게 미소 짓다
- ▸sort handbooks 안내서를 분류하다
- ▸speak into the microphone 마이크에 대고 말하다
- ▸speak on the phone 통화하다
- ▸stack boxes in a row 상자를 일렬로 쌓다
- ▸stack supplies on the counter 카운터에 물품을 잔뜩 쌓다
- ▸stack the dishes in the dishwasher 식기 세척기에 접시들을 쌓다
- ▸stand along the racecourse 육상경기장에 빙 둘러서다
- ▸stand at the bottom of the stairs 층계 아래에 서 있다
- ▸stand beside -옆에 서있다
- ▸stand by one's desk나 책상 옆에 서있다
- ▸stand in (a) line 줄을 서있다
- ▸stand in the aisle 통로에 서있다
- ▸stand in two straight lines 두 줄로 서 있다
- ▸stand next to each other 횡대로 줄지어 서 있다
- ▸stand on ladders 사다리를 타다
- ▸stand under an archway 아치 아래에 서 있다
- ▸stare at the photograph 사진을 쳐다보다
- ▸stare into the mirror 거울을 쳐다보다
- ▸stare out the window 창문 밖을 쳐다보다
- ▸step down from the streetcar 전차에서 내리다
- ▸step onto a stage 무대로 올라가다
- ▸step out of the car 차에서 내리다
- ▸step up the front door 정문 계단을 오르다
- ▸stop at the traffic light 신호에 걸려 멈추다
- ▸stop in traffic 교통 혼잡에 갇히다
- ▸stretch back in the seat 자리에서 몸을 뒤로 쭉 펴다
- ▸stroll hand in hand 손을 맞잡고 산책하다
- ▸sunbathe on the water (튜브를 타고)물 위에서 일광욕하다

▸support the camera on one's shoulder 어깨로 카메라를 받치다
▸sweep up the leaves 낙엽을 쓸다
▸swim toward the shore 해변으로 헤엄쳐 들어오다
▸take a bath 목욕하다
▸take a boat trip 보트로 유람하다
▸take a break in the sun 양지에서 휴식을 취하다
▸take a nap 낮잠 자다
▸take a photograph/take a picture of --의 사진을 찍다
▸take a walk for pleasure 산책하다
▸take an examination 시험을 치르다
▸take an order for dinner 식사 주문을 하다
▸take money from a cash register 현금 출납원에게서 돈을 건네 받다
▸take notes 필기하다
▸take one's dog for a walk 개를 산책시키다
▸take one's seat 자리를 잡다
▸take the camera apart 카메라를 분해하다
▸take the drinks out of the refrigerator 냉장고에서 음료를 꺼내다
▸take the escalator downstairs 에스컬레이터를 타고 내려가다
▸take into the microphone 마이크에 대고 말하다
▸talk on the cellular phone 휴대폰으로 통화하다
▸talk to each other by intercom 인터콤으로 통화하다
▸taste the soup 수프의 맛을 보다
▸take someone to swim -에게 수영을 가르치다
▸throw away the papers 신문을 던지다
▸throw one's hat[cap] into the air 모자를 공중으로 던지다
▸throw something into 뭔가를 -에 던져 넣다
▸throw the ball to each other 공을 주고받다
▸throw the balls into the air 저글링(jugling)하다
▸tie one's shoe lace 신발끈을 묶다
▸tie the ribbon 리본을 묶다
▸tie the ropes together 밧줄들을 서로 묶다
▸touch the carved decoration 조각 장식을 만지다
▸trim one's hair (이발사가)-의 머리를 다듬다
▸trim the branches 나뭇가지를 치다

▸turn off the computer 컴퓨터를 끄다
▸turn on the lights 등을 켜다
▸turn the pages of the document 서류페이지를 넘기다
▸turn the steering wheel 자동차 핸들을 돌리다
▸turn the water off 수돗물을 잠그다
▸type the letter 편지를 타자 치다
▸unfold the chairs (접는)의자를 펴다
▸unpack one's suitcases 가방 짐을 풀다
▸use a fishing rod and line 낚시하다
▸use a hammer 망치질하다
▸use a microscope 현미경을 사용하다
▸use a sewing machine 재봉하다
▸use laboratory equipment 실험도구를 다루다
▸use the handrail 난간을 이용하다
▸vacuum the carpet 카펫을 진공 청소하다
▸view a scene from the window 창에서 경치를 감상하다
▸wait for the elevator 엘리베이터를 기다리다
▸wait in line 줄서서 기다리다
▸wait to board the train 기차에 승차하려 줄서다
▸wait to pay for groceries 계산대에서 줄서서 기다리다
▸wait to use the pay phones 공중전화에서 기다리다
▸walk across the street 거리를 건너다
▸walk ahead of -의 앞에서 걷다
▸walk alone on the path 길을 혼자 걷다
▸walk along the pier 부두를 걷다
▸walk away in different directions 각자 다른 방향으로 가다
▸walk in the park together 같이 공원을 거닐다
▸walk in the road 길을 걷다
▸walk together down the sidewalk 무리를 지어 인도를 걷다
▸walk along the edge of the water (호수, 강 등) 물가를 따라 걷다
▸wash a client's hair (미용실) 손님의 머리를 감겨주다
▸wash out some dirty glasses 더러운 컵 등을 세척하다
▸wash the dishes 설거지하다
▸wash the laundry 빨래하다

▸watch a slide presentation 슬라이드 상영을 보다
▸watch someone take his turn 골프장 등) 상대편이 치는 모습을 바라보다
▸watch someone type -가 타자치는 것을 보다
▸watch something from the bridge 다리에 기대어 -를 바라보다
▸watch television TV를 보다
▸have the chills 오한이 들다
▸watch the game 관전하다
▸water the flowers 화초에 물을 주다
▸wave from the window 창에서 손을 흔들며 인사하다
▸wave to one's friends 친구에게 손을 흔들며 인사하다
▸weigh the passenger's luggage 수화물의 무게를 달아보다
▸wheel one's chair onto 휠체어를 타고 -로 올라가다
▸do the window shopping 아이쇼핑을 하다
▸wire some money 송금하다
▸work at the keyboard 컴퓨터로 일하다
▸work on a farm 논밭에서 일하다
▸work on the electrical cables/the wires 전신주에서 일하다
▸wrap the food in foil 음식을 호일로 싸다
▸wrap up the package 물건을 포장하다
▸write a message on the board 칠판에 메시지를 적다
▸write in a notebook 노트에 필기를 하다
▸write on the (black)board 칠판에 필기를 하다
▸be carrying a backpack 베낭을 지고 있다
▸be wearing/in a helmet 헬멧을 쓰다
▸be wearing/in a lab coat 실험실 복장을 하다
▸be wearing/in a name tag 명찰을 차고 있다
▸be wearing/in an apron 앞치마를 두르고 있다
▸be wearing/in (eye)glasses/spectacles 안경을 쓰고 있다
▸be wearing/in jewelry 보석으로 치장하고 있다
▸be wearing/in short-sleeved shirts 소매가 짧은 옷을 입고 있다
▸be wearing/in suits and ties 정장을 입고 있다
▸be wearing/in the same outfit[uniform] 서로 같은 복장[제복]을 입고 있다
▸button one's coat 코트의 단추를 채우다
▸cover one's head 머리를 감싸고 있다

▸fasten a name on one's jacket 재킷에 이름표를 달다
▸have beards/moustache/whisker 턱수염/콧수염/구렛나루를 하고 있다
▸have gloves on 장갑을 끼고 있다
▸have on their helmets (상태)헬멧을 쓰다
▸have one's fingernail painted 매니큐어를 칠하다
▸have one's head covered 머리에 뭔가를 덮어쓰고 있다
▸have one's hair cut 이발하다
▸have one's hair shampooed 머리에 샴푸를 하다
▸have one's moustache cut 콧수염을 깎다
▸have short-sleeved shirts on 소매 짧은 셔츠를 입다
▸hold one's hat in one's hand 손에 모자를 들다
▸iron one's shirt 셔츠를 다림질하다
▸put on a name tag 이름표를 달다
▸remove one's helmet 헬멧을 벗다
▸straighten one's tie 넥타이를 바로잡다
▸take off one's glasses/hat/work boots 안경/모자/작업부츠를 벗다
▸(tires) be removed from the car (타이어를)차에서 분리하다
▸be all the same shape 모두 모양이 같다
▸be allowed in this area 반입[출입]이 허용되다
▸be arranged in a circle 원형으로 정돈되다
▸be cut into slices 얇게 썰어지다
▸be docked at a port -항구에 정박해 있다
▸be drifting out to sea 바다로 떠내려가다
▸be elevated for repairs (자동차가)수리를 위해 들어 올려지다
▸be heading out to sea 출항하다
▸be hidden from the view 가려서 안 보인다
▸be hung on the wall 벽에 걸려 있다
▸be in an open field 공지에 있다
▸be in use 사용 중이다
▸be lined up behind one another 일렬로 줄 서 있다
▸be not allowed on this road 다닐 수 없다. 출입금지
▸be on display 전시중이다/진열되다
▸be on opposite side of -의 맞은편에 있다
▸be on story 단층(건물)이다

▸be put into baskets (물건 등이)양동이에 담기다
▸be racing to A A로 달려가다
▸be served to the patrons (식사가)손님들에게 제공되다
▸be set up in rows 열을 맞추어 정돈하다
▸be sorted into bags 분류되어 가방에 담기다
▸be spread across the table 탁자 위에 펼쳐져 있다
▸be stopped at the gate 대문 옆에 세워져 있다
▸be stuck in traffic 교통 혼잡에 갇히다
▸built on water 물위에 세워진
▸carry the shovel 삽을 운반하다
▸circle around the airport 공항주위를 돌다
▸clear a piece of land] (중장비가) 땅을 고르다
▸cross the tracks 철길을 건너다
▸divide the room 방을 가로지르다
▸flying through the air 하늘을 나는
▸gather speed 속력을 내다
▸go in several directions 여러 방향으로 가다
▸have fallen across the path 길 위에 쓰러져 있다
▸have very few windows 창문이 거의 없다
▸land at a nearby airport 근처 공항에 착륙하다
▸land at the dock 부두에 닿다
▸lie on the beach 해변에 놓여져 있다
▸pass each other 서로 지나치다
▸pick up the passengers 승객들을 태우다
▸pull over the side of the road (차가)길가에 서다
▸reach one's final destination 종점에 닿다
▸rest on the ledge 벽면 장식에 놓여 있다
▸run in separate[several] directions 다른[여러] 방향으로 뻗다
▸sail on the open seas 공해 상을 항해하다
▸stop at a light 신호등에 멈춰서다
▸take off from the airport 공항을 이륙하다
▸unload its passengers 승객들을 하선시키다
▸be cleaned for building (대지가) 건축 공사를 위해 깨끗이 정리되다
▸be closed for repairs 보수공사를 위해 문을 닫다

▸be closed for the day 영업시간이 끝나 문을 닫다
▸be closed for the season 철이 지나서 문
▸be closed to all vehicles[the public] 차량[일반인] 출입이 금지되다
▸be detoured off the highway 고속도로를 우회하다
▸be for sale 판매 중이다
▸be in progress 진행 중이다
▸be open for business 영업 중이다
▸be open to vehicles 차량 통행이 가능하다
▸be out of order 고장 나다
▸be stacked on top of -위에 쌓여 있다
▸block the highway 고속도로를 폐쇄하다
▸blow the curtains (바람이)커튼을 날리다
▸crash on the beach (파도가)해변에 부딪치다
▸cross the tracks 선로를 가로지르다
▸extend up the slope 산등성이까지 뻗어있다
▸go around the race track 경기장 트랙을 돌다
▸lead down to the houses 집까지 이어져 내려오다
▸lead up to the roof 지붕까지 이어져 올라가다
▸lining the bank 강둑을 따라서
▸lose leaves (나무의)잎이 지다
▸move in both directions (도로에)차들이 양방향으로 달리다
▸overlook the water 호수를 굽어보다
▸pay for groceries 식료품 값을 지불하다
▸pull a barge 바지선을 예인하다
▸require jackets 재킷을 입도록 규정하다
▸run in several directions 여러 방향으로 뻗어 있다
▸run through the countryside 시골길로 뻗어 있다
▸standing room only 입석뿐이다
▸stop for the night (서비스)영업시간이 끝나다
▸take place outdoors (행사가)야외에서 치러지다
▸toss the boats on the water 배를 출렁거리게 하다
▸wind around the mountain (산길이) 굽이치다
▸air one's advertisement ~의 광고를 방영하다
▸anchor near land 육지 근처에 정박해 있다

▸apply for a job 일자리에 지원하다
▸apply for another 하나 더 신청하다
▸approve the invoice 송장(送狀)을 승인하다
▸arrange a reception 환영회를 준비하다
▸attending a staff meeting 직원 회의에 참석하다
▸avoid rush-hour traffic 출퇴근 교통 혼잡 시간대를 피하다
▸be charged on one's credit card balance 대금이 신용카드로 청구되다
▸be clear about the specifications 명세 내역을 명확히 이해하다
▸be closed to the public 일반인의 출입이 금지되다, 일반인에게 공개되지 않다
▸be half of this year's 올해의 절반이다
▸be held up in traffic 교통 혼잡에 갇혀 꼼짝 못하다
▸be in perfect condition 최상의 상태이다
▸be in stock 재고로 남다, 비축되어 있다
▸be just around the corner 모퉁이에 바로 위치해 있다
▸be listed in one's brochure 안내 책자에 들어있다
▸be looking for a job 일자리를 찾다
▸be on the shelf 선반 위에 있다
▸be on time 시간을 정확히 준수하다
▸be out of print (출판물이)절판되다
▸be out of town 다른 곳에 가다, 출장 나가다
▸be so far behind schedule 일정보다 매우 뒤쳐지다
▸be sold at a reduced price 할인 가격에 팔리다
▸be transferred to the branch office 지사로 발령나다
▸book a flight 항공권을 예약하다
▸brief the delegation on business practices 대표단에게 사업 관행에 대해 설명하다
▸bring the power line down 전신주를 쓰러뜨리다, 정전시키다
▸buy something with cash -을 현찰로 구입하다
▸call for some assistance 도움을 청하다
▸carry men's shoes in large sizes (가게)큰 사이즈의 남자용 신발을 취급하다
▸carry out market studies 시장 조사를 수행하다
▸change some money 잔돈으로 바꾸다
▸charge a late fee of (액수)a day (액수)의 연체료를 부과하다
▸check the manual 사용설명서를 참조하다
▸collect some survey data 조사 자료를 수집하다

▸cover all one's medical costs (보험이)모든 의료비용을 부담하다
▸do an excellent job with -을 훌륭하게 처리하다
▸do the calculations 계산하다
▸do the typing 타이핑하다
▸draw someone a map -에게 약도를 그려주다
▸draw up a new agreement 합의서를 새로 작성하다
▸draw up one's schedule 일정표를 작성하다
▸drop one's wallet somewhere 어딘 가에서 지갑을 분실하다
▸expect someone on (요일) (요일)에 -를 만날 예정이다
▸expect something any minute -이 금방이라도 올 걸로 생각하다
▸find something interesting[boring] -을 흥미롭게[지겹게] 여기다
▸find the right person 적합한 사람을 찾아내다
▸get a good haircut 이발을 잘 하다
▸get a lid for -의 뚜껑을 열다
▸get one's deposit back 보증금을 돌려받다
▸get reimbursed for -에 대해 보상받다
▸get something done -을 끝마치다, -을 완료하다
▸give a reason 이유를 말해주다
▸give out samples 견본을 나눠주다
▸give someone a good price 후한 가격을 매기다
▸give someone a price figure -에게 정확한 수치를 알려주다
▸give someone an advance(=promote) -를 승진시키다
▸give the presentation to all the staff 전 직원을 대상으로 설명회를 갖다
▸go into effect (법규, 규정이)효력을 띠다, 발휘하다
▸go on vacation 휴가 가다
▸go over something again -을 다시 설명하다
▸go over the sales figures 매출 수치에 대해 논의하다
▸hang a picture 사진을 걸다
▸have a black handle 손잡이가 검은 색이다
▸have a contract translated into (언어) 계약서를 -의 언어로 번역하다
▸have a dentist appointment 치과 예약이 있다
▸have a good time 즐겁게 보내다
▸have a good view/command a fine view 전망이 좋다
▸have a headache 두통이 있다

▸have a long day 힘든 하루를 보내다
▸have a moustache 콧수염을 기르고 있다
▸have a rest at home 집에서 휴식하다
▸have a problem at work 직장에서 갑자기 일이 생기다
▸have a vaccination 예방주사를 맞다
▸have a very quiet voice 음성이 아주 차분하다
▸have an argument(=argue, quarrel) 논쟁하다
▸have dinner inside 실내에서 식사하다
▸have enough money in one's account 계좌에 예금액이 충분히 있다
▸have it with me (내가)소지하고 있다
▸have leaflets printed 유인물을 인쇄하다
▸have one's number -의 전화번호(연락처)를 가지고 있다
▸have other commitments ⇒ 다른 업무들이 있다
▸have other plans 선약이 있다. 다른 일이 있다
▸have perfect weather for -하기에 최상의 날씨이다
▸have the brakes checked (자동차의) 브레이크를 점검하다
▸have the prices on something marked down ~가격을 정가에서 더 할인하다
▸haven't seen it all day 하루 종일 보지 못하다
▸head the department 부서를 인솔하다
▸hold one's calls -에게 오는 통화를 대기시키다
▸improve energy efficiency 열효율을 높이다
▸issue a building permit 건축 허가를 발급하다
▸install the gas lines 가스관을 설치하다
▸keep someone up to date -에게 최신 소식을 알려주다
▸offer current news 최신 뉴스를 전하다
▸offer someone a lot of money 많은 액수를 제시하다
▸pay with a credit card 신용카드로 결제하다
▸pick up one's paycheck 급여를 수령하다
▸play an instrument 악기를 연주하다
▸pick up one's prescriptions (환자가)처방전을 찾아가다
▸prefer a window seat 창가 좌석을 원하다
▸press the button 전화기 버튼을 누르다
▸put in the invoice 송장을 제출하다
▸put in the request for -을 신청하다

▸put something in order -을 정돈하다, 정렬하다
▸lead a seminar 세미나의 사회를 맡다
▸lead the discussion 토론을 진행하다
▸live in company housing 회사 관사에 거주하다
▸lower the interest rates 금리를 인하하다
▸register for the contest 콘테스트에 참여하다
▸raise long distance rates 장거리 전화 요금을 인상하다
▸take a call on line three 3번 전화를 받다
▸take a day off 일을 하루 쉬다
▸take a leave of absence 휴가를 신청하다
▸take a taxi 택시를 타다
▸take a vacation 휴가 가다
▸take baths 목욕하다
▸take checks (가게에서) 수표를 받다
▸take inventory 목록을 만들다, 상세히 조사하다
▸take one's lunch break early 점심 시간을 일찍 갖다
▸take out a loan 빚을 내다, 융자를 갖다
▸take some calls 전화를 대신 받다
▸take the highway (운전자가)고속도로를 이용하다
▸tear ~ in two places -을 두 조각으로 찢다
▸terminate one's lease 임대 계약을 종결하다
▸tip a waiter 웨이터에게 팁을 주다
▸tip the parking attendant 주차원에게 팁을 주다
▸took lessons as a child 어릴 적에 레슨을 받았다
▸trust one's judgment -의 판단을 믿다
▸turn left 좌로 돌다, 좌회전하다
▸wait for one's table 식사가 나오길 기다리다
▸ask for a raise 봉급 인상을 요구하다
▸ask for directions 길을 묻다
▸back out of the deal 협정을 어기다, 계약을 파기하다
▸be on board 탑승하고 있다
▸be on one's way 오고 있는 중이다
▸be on sale 염가로 판매되다
▸be on vacation 휴가 중이다

- ▸be out of print 책이 절판되다
- ▸be out of stock 재고가 없다
- ▸be out of town 출장 중이다
- ▸be pleased with one's purchase 구매에 만족하다
- ▸be under warranty for two years 2년간 품질 보증을 받다
- ▸be up for sale 팔려고 내놓다
- ▸book way in advance 훨씬 전에 예약하다
- ▸call in an urgent meeting 비상 회의를 소집하다
- ▸cancel one's flight -의 비행 편을 취소시키다
- ▸check a book out 책을 대출하다
- ▸come out of an operating budget 운영 예산에서 지출되다
- ▸come to a standstill 멈추다
- ▸come up with a different approach 다른 방법을 제안하다
- ▸confirm an appointment with -와의 예약(약속)을 확인하다
- ▸cover the cost 비용을 부담하다
- ▸cut back on cost 비용을 줄이다
- ▸cut benefits 수당을 인하하다
- ▸delay two hours 2시간 연착하다
- ▸fall behind in our output 매출이 감소하다
- ▸feature business matters 기업 문제를 주로 다루다
- ▸fill out the form 양식에 기입하다
- ▸form an opinion 의견을 생각해내다
- ▸get a loan 융자를 얻다
- ▸get along with people 사람들과 잘 지내다
- ▸get everything set up 만반의 준비를 갖추다
- ▸get something fixed -을 고치다
- ▸get the stain out 얼룩을 빼다
- ▸give a sales presentation 제품 설명을 하다
- ▸give one's remarks 연설하다
- ▸go ahead of someone in line 줄에서 -앞으로 가다
- ▸grab something to eat 간단히 먹을 것을 사다
- ▸have a day off 하루 쉬다
- ▸have a suit cleaned 옷을 세탁하다
- ▸have one's hands full 분주하다, 바쁘다

▸have priority for -을 우선하다
▸have seniority (-보다) 더 오래 근무했다. 연공 서열상 더 높다
▸have the best rates 수수료가 가장 저렴하다
▸have tremendous potential 엄청난 잠재력을 가지고 있다
▸hire some temporary part-time workers 파트타임 직원을 고용하다
▸hold an opening ceremony 개회식을 열다
▸hold one's calls 통화를 대기시키다
▸keep the assembly lines rolling 조립라인을 계속 가동하다
▸keep tack of one's records 계속 정보를 기록하다
▸keep receipts 영수증을 보관하다
▸leave a security deposit 보증금을 내다
▸look everywhere for -을 찾아 온 사방을 뒤지다
▸make a photocopy of -을 복사하다
▸make an announcement 발표하다
▸make some adjustments 수정하다
▸mark the opening of -의 개시 일이다
▸miss the deadline 마감시간을 넘기다
▸need monitoring 관찰이 필요하다
▸pick up one's dress at the cleaners 세탁소에 옷을 찾아오다
▸pick up some of the expenses 비용을 부담하다
▸prescribe a medication 처방하다
▸put on a dust mask 먼지 마스크를 쓰다
▸reduce costs 비용을 줄이다
▸set up an appointment with someone -와 약속을 잡다
▸set up a date 날짜를 잡다
▸take a break 쉬다
▸take a cab 택시를 타다
▸take a detour 돌아서 가다
▸take a tour of Europe 유럽으로 여행을 하다
▸take effect 효력이 발생하다
▸take Highway 25 25번 간선도로를 이용하다
▸take messages 메시지를 받다
▸take one's advice -의 충고를 따르다
▸take out a loan 융자받다

▸take over someone's job -의 일을 인계 받다
▸take pictures 사진 찍다
▸take place 발생하다, 실시되다
▸take snapshots of someone -의 스냅사진을 찍다
▸wash away mud 진흙을 씻어내다
▸work extra hours 초과 근무하다
▸work overtime 초과 근무를 하다, 잔업 하다
▸write a check 수표를 발행하다
▸accept daily sales quotas 일일 판매 할당량을 채우다
▸adjust living in a new area 새로운 곳의 생활에 적응하다
▸arrange a personal appointment 개인 약속을 잡다
▸arrive at the platform 플랫폼에 도착하다
▸be a welcome addition to ~에 환영받는 품목이다
▸be all for free 모두 무료이다
▸be all in bloom 만개한, 활짝 핀
▸be applied by hand 손으로 입혀지다
▸be available at a good price 저렴한 가격에 구입할 수 있다
▸be check for leaks 새는 곳이 없는지 검사 받다
▸be checked for quality 품질 검사를 받다
▸be dictated by common sense 일반 상식 수준에서 이행되다
▸be low in price 가격이 저렴하다
▸be of great concern 상당히 우려된다, 심각한 문제가 있다
▸be open for cash purchases (계산대에서)현금 지불 고객의 이용이 가능하다
▸be over budget 예산을 초과해 지출하다, 과도하게 지출하다
▸be the company's second smallest 회사 내에서 두 번째로 작다
▸be wired for a computer network 컴퓨터 네트웍으로 연결되다
▸board a flight 탑승하다
▸briefly review one's agenda 일정을 간략히 정리해 보다
▸call for an appointment 전화로 예약하다
▸capture both the interest and the heart of -의 관심과 마음을 동시에 사로잡다
▸choose ~ from right in the freezer case -을 냉장고에서 바로 꺼내다
▸close up shop 가게 문을 닫다
▸complete a form 서류 작성을 마치다
▸complete every section 모든 항목을 기입하다

- completely overhaul 철저히 조사하다
- conduct business 사업을 운영하다
- cross our region 우리 지역을 지난다
- cut something into uniform cubes ~을 동일 크기의 네모로 자르다
- draw an entry 참가자를[입장권을] 추첨하다
- draw (양) of blood (양)만큼의 피를 뽑다
- enjoy oneself 즐거운 시간을 보내다(=have a good time)
- enjoy sculpture 조각품 감상을 즐기다
- enter a slogan contest 슬로건 대회에 응모하다
- examine one's own life 자신의 삶을 고찰하다
- file documents with -로 서류를 정식으로 제출하다
- find a solution to -에 대한 해결책을 찾아내다
- find alternatives to -에 대한 대안을 찾다
- find employment for -의 일자리를 찾다
- fry potatoes 감자를 튀기다
- get involved in community activities 지역사회 활동에 참여하다
- get off the bus 버스에서 하차하다
- get one week's advanced notice 1주일의 여유를 두고 통보 받다
- get one'e family settled in 가족들이 -에 정착하도록 하다
- get plenty of light (집이) 햇볕이 아주 잘 들다
- keeping on top of -의 선두를 유지하다
- make a move 조치를 취하다(=take measures)
- make arrangements(for) (-의) 일정을 준비하다, (-을) 예약하다
- make one's practices~ -인 관행을 만들다
- make room for -의 공간을[여유를] 확보하다
- make~ among the best in the world -을 세계 최고 수준으로 만들다
- donate blood 헌혈하다
- obtain a work permit 근로 허가증[영주권]을 획득하다
- offer discount prices on -을 할인 판매하다
- pay someone the average salary -에게 평균 임금을 지불하다
- preheat the oven 오븐을 예열하다
- proceed to the finishing area 마감 공정으로 넘어가다
- request an extension for (기간) 정도의 기한 연장을 요청하다
- run a job placement service 직업소개소를 운영하다, 취업 알선 사업을 하다

▸run between A and B every 10 minutes 10분 간격으로 A와 B 사이를 운행하다
▸runs a disassembly plant 해체 공장을 운영하다
▸see the dentist 치과의사에게 진찰 받다
▸see A to your left 좌측에 A가 보이다
▸send one's best wishes for -하기를 간절히 바란다
▸serve someone better -에게 보다 나은 서비스를 제공하다
▸stay at home 집에 머무르다, 집에서 나오지 않다
▸stop at the reception de나 프런트에 들리다
▸take a few minutes to do 잠시 틈을 내서 -하다
▸take a seat 자리에 앉다
▸take an opportunity to do -할 기회를 갖다
▸take photo[pictures] 사진을 찍다
▸take place (행사가)거행되다
▸take steps[measures] -하는 조치를 취하다
▸address the audience 청중에게 연설하다
▸locate the files on -에 대한 파일이 어디 엤는지 찾아내다
▸look nice in that green dress 녹색 옷을 입으니 멋져 보이다
▸made a reservation (-을)예약하다
▸make a copy 복사하다(=copy)
▸make a mistake on our bill 청구서에서 착오를 일으키다
▸make a profit 수익을 내다
▸make a recording 녹음하다
▸make an error 오류를 저지르다
▸make one's presentation 설명회(발표)하다
▸make someone a beverage -에게 음료를 타주다
▸match the room (장식물, 가구 등이) 방 분위기와 조화를 이루다
▸not gave change 이유를 밝히지 않다, 잔돈이 없다
▸not have the time 시간이 없다
▸notice a change in -에서 변화를 알아채다
▸reorganize the staff assignment 업무를 다시 배정하다
▸return from vacation 휴가에서 복귀하다
▸review a translation 번역본을 검토하다
▸see a specialist about -에 대해 전문가와 상의하다
▸send out a memo to -에게 메모를 보내다

▸send~ overnight -을 속달로 보내다
▸serve for refreshments 다과를 내오다
▸shake hands with each other 서로 악수하다
▸sign the contract 계약서에 서명하다
▸take a break 휴식을 취하다
▸stay ahead of the competition 경쟁에서 앞서다
▸apply for a visa extension 비자 연장을 신청하다
▸appointment as the new Chairman of the Board 신임 대표이사로 임명
▸sit on the patio 테라스에 앉다
▸solve a quarrel 다툼을 해결하다
▸speak to large groups 많은 사람들 앞에서 연설하다
▸speak up a little 조금 더 크게 말하다
▸compile the monthly billing statement 월간 청구서를 작성하다
▸contract negotiations fall through 계약 협상이 수포로 돌아가다
▸drop off one's rent 차를 (다른 곳에) 반납하다
▸drop something off -을 내려놓다
▸exchange money 환전하다
▸expedite the processing 과정을 촉진시키다
▸get thirty copies of the report bound 보고서 30부를 철하다
▸go into effect 시행되다
▸infringe on one's trademark 상표권을 침해하다
▸make a complaint 불평하다
▸make a nice profit 상당한 수입을 올리다
▸replace someone -의 후임이 되자
▸return phone calls (걸려온 전화에) 전화로 화답을 하다
▸return the car (빌린) 차를 반납하다
▸seat up to eight people 8명까지 수용하다
▸stay in business 그럭저럭 사업이 되다
▸stretch one's legs 다리를 쭉 뻗다 가벼운 운동을 하다
▸sign a contract 계약서에 서명하다
▸treating people for free 무료로 치료하다
▸turn on the power 전원을 켜다
▸want a month off 한 달을 쉬려고 한다
▸follow company safety regulations 회사 안전 규정을 준수하다

▸generate electricity 발전하다
▸give another talk 또다시 강연하다
▸give readings 낭독 회를 열다
▸go out of business 파산하다, 문을 닫다
▸had one's biggest order 역대 최대 규모로 주문을 하다
▸have a Bachelor's degree 학사 학위를 지니다
▸have a job offer 취업을 제의 받다
▸have a pen at hand 펜을 지니다, 펜을 곁에 두다
▸have an announcement 발표하다
▸have coats of wax applied to it 왁스칠이 되어 있다
▸have unreliable help 도움을 얻지 못하다
▸hire an outside company to do 외부 회상에 외주를 주다
▸hold a blood drive 헌혈 운동을 벌이다
▸identify the six clues 6개의 단서를 찾아내다
▸last until dusk 해질 무렵까지 진행되다
▸lead a free discussion session 토론회를 주재하다
▸lead economic analyst 최고의 경제 분석가
▸leave from gate number 10 10번 출구에서 출발한다
▸meet many human needs 인간의 여러 필요를 충족시키다
▸reduce a budget 예산을 줄이다
▸reduce a budget -의 가능성을 줄이다
▸reduce traffic speeds 차량(통행) 속도를 낮추다
▸stand behind the yellow line 황색선 뒤에 서다
▸start one's creative engines (자동차 시동에 비유해) 창의력을 발휘하다
▸stay on the line (전화)끊지 않고 기다리다(=hang on)
▸Stay tuned for an update (방송 곧 속보가 나가니 계속 들어주세요)
▸conduct/wage an election campaign 선거운동을 하다
▸predict the result 결과를 예측하다
▸support the ruling party 집권당을 지지하다
▸cast a vote = vote 투표하다
▸need a hand 일손이 필요하다
▸need a favor 도움[호의]을 필요로 하다
▸have one's fill 마음껏 먹다
▸drive a nail 못을 박다

- drive A home A를 충분히 납득시키다
- leave for the day 퇴근하다
- flip through the channels 채널을 넘기다
- flip[toss] a coin 동전 던지기를 결정하다
- follow to the letter 써 있는 대로 하다, 철저히 준수하다
- have the shirts pressed[ironed] 셔츠를 다리다
- deliver a presentation 발표하다
- conduct a survey 조사를 실시하다
- fulfil orders 주문 처리를 완료하다
- accept an application 원서를 접수하다
- win one's award 상을 받다
- display a parking permit 주차 허가증을 제시하다
- do business with -와 거래하다
- assume the role 역할을 하다
- assume the responsibility 책임지다
- assume the risk 위험을 무릅쓰다
- end[wind] up in jail 결국 감옥에 가다
- end[wind] up dead[crying] 결국 죽게[울게] 되다
- end[wind] up with a heart attack 결국 심장마비에 걸리다
- act the part of -의 역할을 하다
- hold office 근무하다, 재직하다
- hold one's breath 숨을 죽이다, 마음을 졸이다
- hold water 정당하다, 사리에 맞다
- have a lot on the ball 유능하다
- leave nothing to chance (불안한 일이 일어날)기회를 두지 않다
- take the chance of 모험을 하다
- conform to the rules(=comply with the rules = abide by the rules = keep the rules = obey the rules = observe the rules) 규칙을 지키다
- fill an order 주문대로 처리하다
- fill the prescription 처방전대로 약을 짓다
- fill a position 공석을 채우다
- fill a tooth 썩은 이를 때우다
- break[go back on] one's word/promise 약속을 어기다
- keep[abide by] one's word/promise 약속을 지키다

▸sleep like a baby[log, rock] 잘 자다
▸not sleep a wink 거의 잠을 못자다
▸toss and turn 잠을 못 자서 뒤척거리다
▸talk in one's sleep 잠꼬대하다
▸walk in one's sleep 몽유병이다
▸get the ax (=get fired[sacked] = get let go = get laid off) 해고당하다
▸hit the mark 적중하다
▸miss the mark 적중하지 않다
▸make one's mark 저명해지다
▸toe the mark 발가락을 출발점에 대다
▸keep track of -을 놓치지 않고 따라가다
▸lose track of -을 놓치다
▸plead guilty 유죄임을 인정하다
▸plead not guilty 무죄를 주장하다
▸pick a fight 싸움을 걸다
▸fight back tears 눈물을 참다
▸have a snowball fight 눈싸움을 하다
▸fight tooth and nail 모든 수단을 동원하다
▸arrange flowers 꽃꽂이 하다
▸arrange a meeting 회의를 준비하다
▸arrange a blind date 소개팅을 주선하다
▸arrange an appointment 약속을 정하다
▸keep a record 기록하다
▸keep a diary 일기를 꾸준히 쓰다
▸keep an eye on -을 봐주다
▸keep A in check A를 막다, 억제하다
▸keep[have, bear] A in mind A를 명심하다
▸shed[throw] light on -을 밝히다
▸shed weight 살을 빼다
▸shed tears 눈물을 흘리다
▸shed hais 털이 많이 빠지다
▸shed blood 피를 흘리다
▸skate on thin ice 살얼음 위를 걷다
▸play it by ear(=wing it) 즉석에서 하다

▸throw a party 파티를 열다
▸throw a glance at -을 쳐다보다
▸throw up one's hand 손을 들어 올리다
▸throw a light on -을 조명하다
▸buy favor with flatter 아첨으로 총애를 얻다
▸buy time 시간을 벌다
▸pay a visit 방문하다
▸pay A respect A에게 경의를 표하다
▸go to the conference 회의에 가다
▸make it[attend] the conference 회의에 참석하다
▸scratch out A A를 지우다[긁다]
▸scratch the surface 수박 겉핥기 하다
▸start from the scratch 처음부터 시작하다
▸let A down A를 실망시키다
▸hold down A A를 억누르다
▸put down A A를 내려놓다, 적다, 선수금을 내다
▸cut corners 경비를 줄이다
▸drive into corner 궁지에 몰아넣다
▸corner the market 시장을 독시가다
▸pass the buck to -에게 책임을 전가하다
▸pass judgement on -에 판결을 내리다
▸break the news 소식을 전하다
▸break the ice 분위기를 쇄신하다
▸meet[make] the deadline 마감기한을 맞추다
▸extend the deadline 마감기한을 연장하다
▸lose one's temper 화를 내다
▸keep one's temper 화를 내지 않다
▸have a hot temper 다혈질이다
▸have a quick temper 성질이 급하다
▸have a sweet temper 성격이 좋다
▸preside over[run, chair] the meeting 회의를 이끌어가다
▸miss the point 핵심[중점]을 놓치다
▸have[gain] access to A = access A A에 접근하다, 이용하다
▸strike a deal 거래를 성사시키다

- ▸go on strike 파업하다
- ▸strike a balance 균형을 유지하다
- ▸run a risk 위험을 무릅쓰다
- ▸take a chance 위험을 무릅쓰고 해보다
- ▸pose a threat 위협하다
- ▸take office 취임하다
- ▸hold office 재직하다
- ▸seek[look for] volunteers 지원자를 구하다
- ▸come into effect 효력을 나타내다, 실시되다
- ▸have an effect 효과가 있다
- ▸pay attention to -에 관심을 갖다
- ▸draw[attract] attention to -에 관심을 끌다
- ▸bring attention to -을 알리다
- ▸pull strings 영향력을 행사하다
- ▸tie the knot 결혼하다
- ▸learn the ropes 기본기를 배우다
- ▸know the ropes 기본기를 알다
- ▸get to the bottom of -의 진상을 규명하다
- ▸be fraught with A A로 가득차다
- ▸be abundant in A A가 많다
- ▸be rife with A A로 가득차다
- ▸ring[sound] air-raid sirens 공습경보를 울리다
- ▸rock the boat 평지풍파를 일으키다
- ▸run into a stalemate 교착상태에 빠지다
- ▸run[take] a risk 위험을 무릅쓰다
- ▸be in police custody 경찰에 잡혀있다
- ▸bring A to court A를 고소하다
- ▸enact the law 법을 만들다
- ▸enforce the law 법을 집행하다
- ▸go out of office 정권에서 물러나다, 하야하다
- ▸be in office 재직하고 있다
- ▸withhold one's payment 지불을 유보하다
- ▸work out a solution 해결책을 강구하다
- ▸wreak[have, make] havoc 엉망으로 만들다, 큰 피해를 주다

▸wear cosmetics[makeup] 화장을 하고 있는 상태이다
▸put on cosmetics[makeup] 화장을 하다
▸concoct one's cosmetics 자신만의 화장품을 만들다
▸vanish into thin air 감쪽같이 사라지다
▸fly off the handle(= have a fit = get hot under the collar = blow off the steam = make one's blood boil = fit to be tied = be livid) 화나다
▸end a war 전쟁을 끝내다
▸wage a war 전쟁을 하다
▸wage an election campaign 선거운동을 벌이다
▸weather the storm 난관을 극복하다
▸watch one's step 조심하다
▸watch one's weight 체중을 조절하다
▸take an action[a measure, a step] 조처를 취하다
▸tender[proffer/hand in/give in] the resignation 사표를 제출하다
▸meet[accept] one's face with resignation 체념하고 운명에 몸을 맡기다
▸serve as a stepping stone 벌판에 서다
▸straddle[sit on] the fence 형세를 관망하다
▸skirt the issue 문제를 회피하다
▸smell a rat 낌새를 채다
▸take a pick 고르다
▸take a toll on -에 손해를 끼치다
▸take back one's promise 약속을 취소하다
▸take[pluck] up courage 용기를 내다
▸take[strike] root 뿌리내리다
▸raise one's voice 소리를 높이다, 고함치다, 말하다, 발설하다
▸talk behind one's back -의 뒤에서 욕하다
▸write a check 수표를 발행하다
▸write a bad hand 악필이다
▸write a book review 서평을 쓰다
▸write a computer virus 바이러스를 만들다
▸get a ticket 딱지를 끊기다
▸issue a ticket 딱지를 발행하다
▸get refined 벌금에 처해지다
▸have a flat tire 타이어가 펑크나다

▸drink like a fish 술을 벌컥벌컥 마시다, 폭음하다
▸stand on end 곤두서다
▸take a stand -한 태도를 취하다
▸point the way 길을 가리키다
▸make a bed 침구를 정돈하다
▸make a fuss 소란 피우다
▸make way 길을 비켜주다
▸bear fruit 과실을 맺다
▸plant a spy 간첩을 몰래 심어두다
▸draw the line 한계를 명확히 하다
▸cross the line 도가 지나치다
▸be out of line 도가 매우 지나치다
▸drop A a few lines A에게 몇 줄 써서 보내다
▸be under discipline 규율이 엄하다, 훈련이 잘 되어 있다
▸keep A under discipline A를 억제하다
▸work in three shifts 3교대로 일하다
▸submit to authority 권위에 복종하다
▸submit oneself to one's direction -의 지시에 따르다
▸take a temperature 열을 재다
▸take out the trash 쓰레기를 버리다
▸take five 5분 쉬다
▸take one's time 쉬엄쉬엄하다
▸gain access to -에 접근하다
▸give access to -에 출입[접근]을 허가하다
▸have access to -에 접근[출입, 면회]할 수 있다
▸cater for a feast 연회용 요리를 장만하다
▸cater for one's enjoyments -에게 오락을 제공하다
▸cater to their needs 그들의 필요에 응하다
▸make a house call 왕진 가다
▸make a round 회진 돌다
cf. be hospitalized[admitted] 입원하다 be discharged 퇴원하다
▸make the grade 목적을 이루다, 성공하다
▸break the wind 방귀를 뀌다
▸exercise discretion 신중하다

- ease pain 고통을 덜다
- enjoy longevity 장수하다
- entertain question 질문에 응하다
- exhaust all the measures 모든 조처를 취하다
- take exception 이의를 제기[신청]하다
- commit to the flames 태워버리다, 불사르다
- fan the flames 정열을 불태우다
- go down in flames 완전히 실패하다, 폭삭 망하다
- fly for the doctor 의사를 모시러 뛰어 다니다
- fly from the heat of the town 도시의 더위를 피하다
- fly the country 국외로 도망가다
- turn an hourglass 모래시계를 거꾸로 하다
- turn a hand 손바닥을 뒤집다
- turn the lights low 불빛을 낮추다
- turn five[sixty] 5시가[60살이] 되다
- make an appointment with -와 약속을 정하다
- have a prior[previous] engagement = have other plans 선약이 있다
- walk the dog 개를 산책시키다
- walk the talk 말한 대로 실천하다
- walk on air 좋아서 어쩔 줄을 모르다
- walk over A A를 적당히 다루다, 깔고 뭉게다
- sit on[straddle] the fence 형세를 관망하다
- pin a hope 희망을 걸다
- blow one's own trumpet 떠벌리다
- hit the nail on the head 정곡을 찌르다
- spill the beans 비밀을 누설하다
- meet one's maker 죽다, 조물주를 만나다
- meet A halfway A를 중간에서 만나다, 타협하다
- set the alarm clock 알람시계를 맞추다
- take coffee with 커피에 -을 넣어서 마시다
- have too much on one's plate 바쁘다
- lie through one's teeth 새빨간 거짓말을 하다
- sweep the floor 바닥을 쓸다
- scrub the floor 바닥을 솔질하다

▸mob the floor 바닥을 대걸레질하다
▸dust the furniture 가구의 먼지를 털다
▸hold (on) the line = stany on the line 잠깐 기다리다
▸get the ball rolling 일을 계속해서 잘 진행하다
▸call it a day 그만하다
▸ring the bell 기억나다
▸cost A an arm and al leg = cost A fortune[bundle] A에게 비용이 많이 들다
▸set an example 본보기를 보이다
▸set a date 날짜를 정하다
▸set A straight A를 분명히 밝히다
▸pass judgement 성급한 결론을 내리다
▸reserve judgement 결론을 유보하다
▸pay the price 희생을 치르다
▸play a part[role] 역할을 하다
▸pool money 돈을 모으다
▸pull the trigger 방아쇠를 당기다
▸pose a problem 문제를 제기하다
▸practice law[medical] 변호사[개인병원] 개업하다
▸realize a profit 이윤을 남기다
▸pick one's brain -의 아이디어를 빌리다
▸get a kick out of -로부터 재미를 얻다
▸come a long way 장족의 발전을 하다
▸chip in money 돈을 조금씩 내다
▸be a big fan of -을 좋아하다
▸put finishing[final] touches -을 끝내다, 마무리하다
▸get[see] the hang of it 감을 잡다, -의 요령을 터득하다
▸pick up the tab 값을 지불하다
▸pin a hope 희망을 걸다
▸get around to A A할 기회를[시간을] 찾아내다, -에 손이 미치다, -에 착수하다
▸make[take] a detour 우회하다
▸have no alternative to+V -에 대안이 없다, -하지 않을 수 없다
▸get suspended 정학당하다
▸get kicked out of school 퇴학당하다
▸drop out of school 자퇴하다

▸lay on a lovely spread 멋진 음식을 차리다
▸come to grief 재난[불행]을 당하다
▸craft the bill 법안을 만들다
▸drag one's feet 발을 질질 끌며 걷다, 일부러 늑장부리다[꾸물거리다]
▸make the honor roll 우등을 하다
▸contain one's excitement 흥분을 가라앉히다
▸contain a riot 폭동을 제지하다
▸bridge[narrow] the gap 차이를 줄이다
▸burn one's bridge 배수진을 치다
▸put A on the back burner A를 뒤로 미루다, 연기하다
▸be on the front burner 최우선이다, 중대한 관심사이다
▸get straight A's 전부 A학점을 받다
▸take the plunge (수영장 등에) 뛰어들다, 과감히 하다, 결혼하다
▸observe the manners 예의를 지키다
▸observe Christmas 크리스마스를 기념하다
▸observe the New Year's day 설을 쇠다
▸observe a look of anxiety 초조해하는 것을 눈치 채다
▸hamper it 그것을 방해하다
▸preserve nature 자연을 보존하다
▸conserve energy 에너지를 절약하다
▸have some reservation 심적으로 유보가 되다, 좀 꺼려지다
▸put into practice 실행에 옮기다
▸put one's foot down 단호히 결심하다
▸put into effect 수행하다
▸have a draft 외풍이 있다
▸draft the contract 계약서를 기초하다
▸reduce one's weight 살을 빼다
▸reduce the risk of disease 병의 위험을 줄이다
▸address the luggage 짐을 부치다
▸scratch the surface of -을 겉 핥기하다
▸begin to surface 표출되기 시작하다
▸run the gamut of 갖은 -을 다하다
▸rob A blind A에게서 큰 돈을 사취하다
▸impose[lift] a ban on -에 대한 금지령을 내리다[해제하다]

- be sentenced to death 사형선고를 받다
- play hooky 학교를 빼먹다
- bring out the best in -의 좋은 점을 끄집어내다
- forge closer economic ties 경제적 유대관계를 돈독히 하다
- forge effective global alliances 효율적인 지구촌 동맹을 결성하다

2. A + N

- an unexpected incident 예상치 못한 사고
- the complicated procedure 복잡한 절차
- strict supervision 엄격한 감독
- new computer equipment 새 컴퓨터 장비
- a large quantity 많은 양
- complicated instructions 복잡한 설명서
- a modern facility 현대적인 시설
- an efficient process 효율적인 과정
- concrete problems 구체적인 문제점
- a necessary component 구체적인 문제점
- an accurate reproduction 정밀한 복제품
- a clear distinction 명확한 구분
- sophisticated new equipment 정교한 새 장비
- a productive team 생산성 있는 팀
- superior goods 뛰어난 제품
- a competitive product 경쟁력 있는 제품
- free delivery 무료배송
- shipping costs 운송비용
- vulnerable products 약한 제품들
- foreign transactions 해외 거래
- the famous architect 유명한 건축가
- an ambitious plan 의욕적인 계획
- a suitable evaluation 충분한 평가
- an optimistic attitude 낙천적인 자세
- an enthusiastic applicant 열정적인 지원자
- an incentive system 장려금 제도

▸possible options 가능한 선택사항
▸a regular pension 정기연금
▸annual earnings 연간소득
▸a qualified candidate 적합한 후보자
▸human resources 인적 자원
▸Personnel Department 인사부
▸a valid visa 유효한 비자
▸personal belongings 개인 소유물
▸a domestic flight 국내선 비행기
▸cultural heritage 문화유산
▸a good landscape 좋은 경치
▸beautiful architecture 아름다운 건축물
▸a relaxing resort 편안한 휴양지
▸a convenient resort 편리한 휴양지
▸an elegant resort 고상한 휴양지
▸a fantastic resort 굉장한 휴양지
▸a fascinating resort 흥미진진한 휴양지
▸an extraordianary resort 뛰어난 휴양지
▸a precious resort 값비싼 휴양지
▸a favorite resort 가장 좋아하는 휴양지
▸a magnificent resort 웅장한 휴양지
▸a coastal resort 해안의 휴양지
▸a reliable neighborhood 신뢰할만한 이웃
▸a severe penalty 무거운 처벌
▸a private detective 사립 탐정
▸a religious organization 종교단체
▸a warm debate 열띤 토론
▸a political opponent 정치적 반대자
▸racial equality 인종적 평등
▸a voluntary donation 자발적인 기부
▸a secure shelter 안전한 피난처
▸bad publicity 안 좋은 평판
▸a conventional manner 전통적인 방식
▸innocent citizens 무고한 시민들

- illegal funds 불법자금
- a mild climate 온화한 기후
- a large publisher 대형 출판사
- diplomatic negotiations 외교협상
- a national institution 정부기관
- southern province 남부지방
- a new mayor 새로운 시장
- a sense of morality 도덕관념
- a revolution memorial 혁명 기념비
- wildlife conservation 야생 동식물 보호
- an emergency session 긴급회의
- an adequate measure 적절한 조치
- extensive damage 막대한 피해
- a good counsel 훌륭한 조언
- a pleasant trip 즐거운 여행
- a grateful letter 감사 편지
- the horror of war 전쟁의 공포
- a preference for movies 영화의 선호
- with affection 애정을 가지고
- factory service 만족스러운 서비스
- a favorable reply 호의적인 답장
- a painful result 고통스러운 결과
- a shy person 수줍음이 많은 사람
- a calm manner 차분한 태도
- great excitement 대단한 흥분
- classical music 고전음악
- a routine exercise 일상적인 운동
- a luxury ship 호화 여객선
- quiet rural areas 조용한 시골지역
- noisy urban areas 시끄러운 도시지역
- organic foods 유기농 식품
- a big merchant 큰 상인
- casual wear 편한 옷차림
- artificial flowers 조화

▸full coverage insurance 종합보장보험
▸a real estate agent 부동산 중개인
▸a sharp curve 급격한 커브길
▸a flat tire 바람 빠진 타이어
▸a traffic signal 교통신호등
▸a popular remedy 민간치료법
▸a serious injury 심각한 부상
▸a dental clinic 치과 진료소
▸vital signs (맥박, 혈압 등)생명징후
▸a useful tool 유용한 도구
▸a neat room 깔끔한 방
▸a medical kit 의약품 상자
▸heating equipment 난방기기
▸a low ceiling 낮은 천장
▸a good interior 멋진 실내
▸residential purposes 주거용 목적
▸a helpful device 유용한 장치
▸metropolitan area 대도시 지역
▸a new instrument 새로운 기구
▸instant foods 즉석요리
▸a small patch of land 작은 구역의 땅
▸the severe problem 어려운 문제
▸an urgent[lose, flexible] schedule 급한[느슨한, 유동적인] 일정
▸new assignment 새로운 과제
▸new proposals 새로운 제안
▸a definite concept 명확한 개념
▸an important objective 중요한 목표
▸comprehensive knowledge 폭넓은 지식
▸outstanding achievement 뛰어난 성과
▸intensive training 집중교육
▸a determined manner 결단력 있는 태도
▸the financial strategy 재무전략
▸an annual audit 연례감사
▸the tight budget 빠듯한 예산

▸the financial statement 재무제표
▸brief explanation 간단한 설명
▸a small subsidiary 작은 부속회사
▸the initial deal 최초의 거래
▸applicable[practical] ideas 적용 가능한[실용적인] 아이디어
▸additional documentation 추가 문서자료
▸restricted files 제한된 자료
▸a vice president 부사장
▸a regular employee 정규직원
▸full-time staff 정규직원
▸a managerial position 관리직
▸a senior manager 선임관리자
▸the administrative staff 관리직원
▸internal assessment 내부평가
▸strict regulation 엄격한 규정
▸the official training program 공식 훈련 프로그램
▸international commerce 국제무역
▸international cooperation 국제 협력
▸the economic recession 경기침체
▸the economic crisis 경제위기
▸the economic impact 경제적 영향
▸a free competitive market 자유경쟁시장
▸an incorporate company 유한책임회사
▸a private corporation 민간기업
▸the economic consequence 경제적 결과
▸stable economic conditions 안정된 경제 상황
▸excessively high taxes 극도로 높은 세금
▸a consistent improvement 계속적인 향상
▸the economic cycle 경기주기
▸the economic figures 경제 수치
▸economic growth statistics 경제 성장 통계
▸the economic indicator 경제 지표
▸maximum[mininum] interest rate 최고[최저]이자율
▸economic measures 경기대책

▸an international perspective 국제적 관점
▸during the fiscal years 회계연도 동안에
▸a tendency toward globalization 세계화를 향한 추세
▸randomly chosen numbers 무작위로 선정된 번호
▸ in big trouble 큰 문제에 빠진
▸ a big day 중요한 날, 주로 결혼식 날
▸a blank check 백지 수표
▸ a close call 위기일발, 일촉즉발
▸5. downright lie 새빨간 거짓말
▸an exhaustive list 총망라한 목록
▸a final touch 마지막 손길
▸firm reality 엄연한 현실
▸a fixed price 정찰제
▸a foregone conclusion 뻔한 결론
▸a golden rule 황금률
▸a good reason 그럴만한 이유
▸historical account of ~의 역사절 고찰
▸a hung jury 판결을 내리지 못하는 배심원
▸implicit faith 맹목적 신앙
▸the inner circle 내원, 핵심 세력
▸a long face 시무룩한 얼굴, 짜증난 얼굴
▸majestic view 웅장한 모습
▸morning sickness 입덧
▸naked eyes 육안
▸a natural disaster 천재지변
▸a nuclear family 핵가족
▸an open question 미결의 문제
▸outer space 외계
▸plain English 평이한 영어
▸a popular vote 대중의 투표
▸the sheer immensity of 정말 엄청난 양의
▸a small world 좁은 세상
▸one's sincere gratitude 심심한 사의
▸side effects 부작용

- ▸solid evidence 확실한 증거
- ▸split second 눈 깜짝할 사이
- ▸a thorny issue 매우 까다로운 문제
- ▸unwanted weight 원치 않는 체중
- ▸an upset stomach 체한 위, 체기
- ▸wishful thinking 희망사항
- ▸an extreme competition 극심한 경쟁
- ▸a quick question 간단한 질문
- ▸hot/ burning issue 열띤 쟁점
- ▸overwhelming majority 압도적 다수
- ▸quasi-judicial institution 준 사법 기관
- ▸para-military forces 준군사 병력
- ▸first-hand report 직접 보고
- ▸double-edged remark 복선이 깔린 발언
- ▸all-out war 전면전
- ▸unanimous vote 만장일치 투표
- ▸redeeming feature 단점을 보충하는 장점
- ▸titular/symbolic position 상징적 지위
- ▸discordant sounds 불협화음
- ▸incipient symptom 초기 증상
- ▸initial report 최초보고
- ▸interim report 중간보고
- ▸final report 최종보고
- ▸extemporaneous/improvised speech 즉석연설
- ▸fragile economy 취약한 경제
- ▸spinechilling horror movie 등골이 오싹하는 공포 영화
- ▸London-based company 런던에 본사를 둔 회사
- ▸70-odd/plus students 70여 명의 학생들
- ▸sweeping/full-scaled reform 전면적인 개혁
- ▸state-run enterprise 국영 기업
- ▸burgeoning democracy 싹트는 민주주의
- ▸full-fledged member 어엿한 회원
- ▸severe/fierce competition 치열한 경쟁
- ▸centripetal force 구상력

▸ centrifugal force 원심력
▸ short-sighted decision 근시안적 결정
▸ far-sighted decision 장기적인 안목에 의한 결정
▸ carcinogenic substances 발암성 물질
▸ serene sky 청명한 하늘
▸ impregnable fortress 난공불락의 요새
▸ an unidentified person 신원 불명의 사람
▸ precarious balance 불안정한 균형
▸ eventful life 파란 만장한 인생
▸ bipartisan/suprapartisan diplomacy 초당적 외교
▸ multilateral multi-partie negotiation 다자간 협상
▸ ready-made/off-the peg clothes 기성복
▸ overall crisis 총체적 난국
▸ civil war 내전
▸ conventional weapon 재래식 무기
▸ makeshift/stopgap measure 미봉책
▸ nuclear inspection 핵사찰
▸ electoral college 선거인단
▸ parallel entry into the UN 유엔 동시 가입
▸ silken skin 비단결 같은 피부
▸ moving/touching movie 감동적인 영화
▸ revised edition 개정판
▸ genetic engineering 유전 공학
▸ hereditary disease 유전병
▸ parliamentary government system 내각 책임제
▸ local autonomy 지방 자치
▸ diplomatic immunity 외교 면책 특권
▸ as clear as a bell 대단히 명료한
▸ as good as gold 매우 얌전한
▸ as bold as brass 철면피인
▸ as white as a sheet 백짓장같이 된
▸ as old as the hills 매우 오래된
▸ as fit as a fiddle/flea 매우 건강한
▸ as pale as a ghost 얼굴이 새파래진

▸as deaf as a post 아주 귀가 먼
▸as quick as lighting 번개처럼 빠른
▸as warm as toast 훈훈한
▸indelible memory 지울 수 없는 기억
▸tall story 허풍
▸blind date 소개에 의한 서로 모르는 남녀 간의 데이트
▸golden opportunity 황금 같은 기회
▸wild/random guess 억측
▸pet animal 애완동물
▸petty crime 경범죄
▸small world 좁은 세상
▸sixth sense 직감
▸foregone conclusion 뻔한 결론
▸sore point 아픈 점
▸vicious circle 악순환
▸going concern 순조로운 기업
▸rear seat 뒷좌석
▸blind corner 궁지
▸white lie 선의의 거짓말
▸red tape 관료적 형식주의
▸black sheep 천덕꾸러기
▸wishful thinking 희망 사항
▸quarter-final match 준준결승전
▸last straw 인내의 한계를 넘게 하는 점
▸sour grapes 오기
▸close shave 위기일발
▸long shot 가망 없는 대담한 시도
▸incumbent president 현직 대통령
▸deep-rooted/deep-seated mistrust 뿌리 깊은 불신
▸inordinate/exorbitant demand 과도한 요구
▸persistent rumor 계속 떠도는 소문
▸sanguinary fight 혈전
▸dead end 막다른 끝
▸prime time 전성기

▸chance meeting 우연한 만남
▸cold feet 겁먹음
▸seventh heaven 최고의 행복
▸heavy/hard drinker 술이 센 사람
▸second thoughts 재고
▸Dutch courage 술김에 내는 용기
▸a walking stick 지팡이
▸medical equipment 의료장비
▸potted plants 화분에 담긴 화초
▸private planes 개인 전용기
▸various kinds of pots 여러 종류의 항아리들
▸a lot of merchandise 다양한 상품들
▸a lot of traffic 많은 차량들
▸a non-commercial area 상가가 없는 지역
▸a single lane of traffic 일방 통로의 차량들
▸a variety of flowers 다양한 꽃들
▸advertising campaign 광고 공세, 홍보 전
▸as a general rule 대체로, 보편적으로
▸boarding pass 탑승권
▸good choice (사람, 사물) 훌륭한 선택
▸green stripes 녹색 줄무늬
▸global travel 세계 여행
▸high value item 고가 품목
▸individual sports 개인 종목 스포츠
▸late lats week 지난주 후반에
▸legal assistance 법률 조언
▸legal division (기업의)법률 부서
▸major department store 대형 백화점
▸loading dock 하역(선적) 부두
▸mechanical problem 기계상의 문제
▸official title 공식 직함
▸one's favorite dish 가장 즐기는 음식
▸physical therapy 물리 치료
▸packing slips for~ ~에 대한 운송 수표

▸plenty of food 많은 음식
▸public telephone 공중전화(=pay phone)
▸quite a while ago 아주 오래 전에
▸regular checkup 정기 검진
▸reliable form of~ 믿을 만한 형태의
▸rental company 차량 임대 회사
▸rather complicated procedure 다소 복잡한 절차
▸senior executive 중견 간부
▸shipping and handing charges 배송과 처리(취급) 비용
▸shipping depot 선적항
▸simple solution 간단한 해결책
▸slight decrease 약간의 하락(인하)
▸smoked salmon 훈제 연어
▸spicy noodle dish 매운 면 요리
▸the fastest way possible 이용 가능한 가장 빠른 방법
▸total revenues 총소득
▸two-year lease 2년간의 (임대차) 계약
▸urgent question 긴급한 질문
▸vending machine 자동판매기
▸Additional charges 추가 요금
▸advertising agency 광고 대행사
▸advertising copy 광고 문구
▸altered garments 손질을 한 의류
▸annual report 연례 보고서
▸artificial flowers 조화
▸as unbelievable as this sounds 내 말을 믿지 못하겠지만
▸automatic transmission 자동 변속기
▸best deal 가장 싼 가격
▸candid opinion 솔직한 의견
▸contemporary firms 시사 영화
▸continental breakfast 커피와 롤빵의 간단한 아침 식사
▸current status 현재 상태
▸direct flight 직항 비행 편
▸environmental regulations 환경 규제

▸final approval 최종 승인
▸final check 최종 점검
▸financial applications 대출 신청
▸fine print (계약서 등의) 글씨가 깨알 같은
▸full refund 전액 환불
▸following Tuesday 다음 화요일
▸foreign licence 외국 운전 면허증
▸great fuel efficiency 연비가 매우 우수하다
▸instant soup 인스턴트 수프
▸international driver's licence 국제 운전 면허증
▸inventory control system 재고 조절 시스템
▸legal department 법률 부서
▸limited edition 한정판
▸major engine repair 대대적인 엔진 수리
▸opening ceremony 개막식, 개회식
▸operating budget 운영 예산
▸outlying areas 외곽 지역
▸physical examination 신체 검사
▸plenary speaker 공식 연사
▸preliminary work on the case 그 건에 대한 준비 작업
▸prestigious award 유명한 상
▸problem-solving skills 문제 해결 기술
▸proofreading office 교정 실
▸prospective members 회원이 될 가능성이 있는 사람
▸public holiday 공휴일
▸public transportation 대중교통
▸real estate agent 부동산 중개 소(중개인)
▸recorded message 녹음된 메시지
▸recreational footwear 등산화 등 야외 활동용 신발
▸regular airmail 일반 항공 우편
▸retrieval system 검색 시스템
▸strong contender 강력한 경쟁자
▸supplementary funds 예산, 보조금
▸surgical instrument 수술 도구

- syndicated columnist 협약을 맺은 기고가
- small additional fee 약간의 부대비용
- towing service 견인 서비스
- traffic mess downtown 도심 지역의 교통 체증
- valid license 법적으로 유효한 면허증
- waiting room 대기실
- working women 직장 여성들
- a few minor problems 약간의 사소한 문제들
- a good sense of humor 풍부한 유머 감각
- additional parking areas 주차 공간의 증대
- aging property 노후한 건물
- all home appliances 가정용 기구 일체
- annual charity benefit 연례 자선 모임
- annual summer picnic 회사 연례 야유회
- complimentary lunch 무료 점심 식사
- complimentary voucher 교환권, 무료 교환 증서
- assistant vice president of public relations 대외 홍보 부문 부사장 보좌의
- automotive industry 자동차 업계
- general election 총선거
- electoral district = constituency 선거구
- electoral college 선거인단
- polling day = election day 선거일
- polling place/station 투표소
- polling voting booth 기표소
- unanimous vote 만장일치 표
- floating vote 유동표
- automotive plant 자동차 공장
- best known pieces 아주 유명한 작품들
- changing world 변화하는 세계, 세계의 변화
- cleaning specialist 전문 청소원
- cold spot 온도가 낮은 곳
- consistent shape 고른 모양, 일정한 모양
- contemporary piece 현재 사용 중인 물건
- continued health 건강 유지

- ▸cultural performance 문화 행사 공연
- ▸daily service 일일 서비스
- ▸damaged goods 손상된 제품
- ▸departing passengers 하차하는 승객들
- ▸dietary department (호텔의)식사 부
- ▸doctoral student 박사 과정의 학생
- ▸dressing room 탈의실
- ▸economic condition 경제 상황
- ▸elevated platform 바닥을 높인 무대
- ▸entire inventory 전체 목록
- ▸everyday problems 일상의 문제들
- ▸exemplary diet 균형 잡힌 식사, 모범적인 식사
- ▸discontinued model (생산이) 단종된 모델
- ▸financial institution 금융 기관
- ▸fine dining 훌륭한 식사
- ▸flexible work schedules 융통성 있는 근무 일정
- ▸free delivery 무료 배달
- ▸free of charge 무료로
- ▸fun holiday weekend 즐거운 주말, 유쾌한 주말
- ▸gathering space 집회장, 공연장
- ▸general population 일반 대중
- ▸glossy paper (반질거리는) 광택 지
- ▸great bargain 상당한 염가 구매
- ▸hard hats 안전모, 헬멧
- ▸heating bill 난방 비
- ▸heavy rains 폭우
- ▸high-tech age 첨단 기술 시대에
- ▸horticultural specialist 원예 전문가
- ▸immediate area 인근, 인접 지역
- ▸industrial product 산업 용품
- ▸interactive telephone system 자동 전화 응답 시스템
- ▸latest work 최신 작품
- ▸light and spacious atmosphere 밝고 널찍한 환경
- ▸live performances 실황, 라이브 공연

▸luxury property 안락한 장소[건물], 호화 주택
▸main causes of failure 주요 실패 원인들
▸major traffic delay 심각한 교통 혼잡
▸mechanical engineering 기계 공학
▸metropolitan area 대도시 지역
▸modern art collection 현대미술 소장품
▸personnel department 인사 부
▸personnel director 인사 부장
▸plain white paper 일반 백지
▸political climate 정치적 상황
▸primary contractor 주거래 업체
▸recent work 최근 작품, 최신작
▸reception de나 접수 대, 프론트
▸recycled parts 재활용 부품들
▸recycled plastics 재생 플라스틱
▸recycling procedure 재활용 절차
▸used merchandise 중고품
▸used piece 중고품
▸reduced-fat dinner 지방을 줄인 식사
▸regional manager 지사장
▸registered participant 참가 신청자
▸remote control device 원격 조정 기, 리모콘
▸scholarly expert 학계 전문가
▸selling space 매장 공간
▸slicing process 얇게 써는 공정
▸soft drink containers 음료수 용기
▸solemn occasion 엄숙한 행사
▸special gel-coat application 겔 타입의 특수 도료
▸ultra-sheen paint 초 광택 페인트
▸renewable energy source 재활용이 가능한 에너지원
▸traditional sources of electricity 기존의 전력 원
▸general checkup 종합 검진
▸far-reaching perspective 장기적인 시야
▸social jet lag 사회적 시차증

- ▸follow-up measure 후속 대책
- ▸disposal paper cups 일회용 컵들
- ▸technical description 기술 설명서
- ▸surrounding cities 주변 도시들
- ▸economic forecast 경제 예측, 경제 전망
- ▸prospective employee 직원 지망자
- ▸combined experience 연합된 경력, 여러 경력
- ▸a solid evidence 확실한 증거
- ▸split second 눈 깜짝할 사이
- ▸a thorny issue 매우 까다로운 문제
- ▸unwanted weight 원치 않는 체중
- ▸an upset stomach 체기
- ▸wishful thinking 희망사항
- ▸an extreme competition 극심한 경쟁
- ▸a quick question 간단한 질문
- ▸an abject poverty 심한 가난
- ▸a hot/burning issue 열띤 쟁점
- ▸acute disease 급성 질환
- ▸private parts 성기, 음부
- ▸dotted line 점선
- ▸slim chance 희미한 가능성
- ▸overwhelming majority 압도적 다수
- ▸quasi-judicial institution 준 사법 기관
- ▸paramilitary forces 준 군사 병력
- ▸circumstantial evidence 정황적인 증거
- ▸first-hand report 직접 보고
- ▸double-edged remark 복선이 깔린 발언
- ▸all-out war 전면전
- ▸unanimous vote 만장일치 투표
- ▸redeeming feature 단점을 보충하는 장점
- ▸titular position 상징적 지위
- ▸paper thin 종이처럼 얇은, 아슬아슬한
- ▸out of thin air 불쑥, 근거 없이
- ▸thin hair 숱이 없는 머리

▸thick hair 숱이 많은 머리
▸through thick and thin 온갖 어려움을 극복하고
▸fairy tale 동화
▸slush fund 비자금
▸scattered showers 간헐적인 소나기
▸inclement weather 좋지 않은 날씨
▸shattered dreams 산산 조각난 꿈
▸false alarm 거짓 경보
▸lame excuse 말도 안 되는 변명
▸null and void 무효인
▸on your marks 제자리에
▸the sharpest person 가장 머리가 좋은 사람
▸sharp contrast 뚜렷한 대조
▸sharp improvement 급격한 증가
▸sharp rise 급격한 증가
▸nie o'clock sharp 9시 정각에
▸legal advice 법적인 조언
▸legal fee (법적인 조언에 대한)사례금
▸legitimate child 적자
▸illegitimate child 사생아
▸discordant sounds 불협화음
▸incipient symptom 초기증상
▸initial report 최초보고
▸interim[final] report 중간[최종]보고
▸extemporaneous[improvised] speech 즉석연설
▸fragile economy 취약한 경제
▸spine-chilling horror movie 등골이 오싹하는 공포영화
▸London-based company 런던에 본사를 둔 회사
▸50-odd[plus] student 70여 명의 학생들
▸martial arts 무술
▸culinary arts 요리법
▸commercial arts 상업미술
▸liberal arts 교양학과
▸sore throat 아픈 목

▸runny nose 콧물나는 코
▸head cold 코감기
▸a male chauvinist 남성 우월론자
▸the prestigious college 유명한 대학, 명문대
▸preparatory school 예비학교
▸side effect 부작용
▸special effect 특수효과, 특수촬영
▸domestic violence 가정폭력
▸industrial dispute 노동쟁의
▸interested party 이해 당사자
▸third party 제삼자
▸ruling party 여당
▸forwarding address 이사 가고 남기는 주소
▸spitting image(=carbon copy) 판박이
▸punitive damages 징벌적인 손해배상
▸precarious balances 불안정한 균형
▸a floating voter 부동표 투표자
▸foregone conclusion 뻔한 결론
▸full-fledged member 어엿한 회원
▸golden opportunity 황금같은 기회
▸instinctive[gut] response 본능적 반응
▸long face 시무룩한 얼굴
▸straight face (웃음을 참은)무표정한 얼굴, 정색
▸cosmetic[plastic] surgery 성형수술
▸sore point 아픈 점
▸vicious circle 악순환
▸rear seat 뒷 자석
▸blind corner 궁지
▸red tape 관료적 형식주의
▸black sheep 천덕꾸러기
▸turning point 전환점
▸in a big trouble 큰 문제에 빠진
▸a big day 중요한 날, 주로 결혼식 날
▸a blank check 백지수표

▸downright lie 새빨간 거짓말
▸an exhaustive list 총망라한 목록
▸firm reality 엄연한 현실
▸a fixed price 정찰제
▸ulterior motive 숨은 의도
▸withing easy access of -에서 쉽게 갈 수 있는 곳에
▸sleeping pill 수면제
▸medical attention[procedure] 치료
▸military discipline 군기
▸grass roots 일반 대중
▸vertical line 수직선
▸general practitioner 일반 개업의(사)
▸learning style 학습방법
▸decimal system 십진법
▸wanted list 수배자 명단
▸saturated fat 포화지방
▸unsaturated fat 불포화 지방
▸moldy cheese 곰팡이가 난 치즈
▸sanguine face 혈색이 좋은 얼굴
▸electoral college 선거인단
▸silken skin 비단 같은 피부
▸moving[touching] movie 감동적인 영화
▸revised edition 개정판
▸local autonomy 지방자치
▸hereditary disease 유전병
▸short[far]-sighted decision 근시안적[장기적] 결정
▸carcinogenic substances 발암성 물질
▸serene sky 청명한 하늘
▸impregnable fortress 난공불락의 요새
▸eventful life 파란만장한 인생
▸controversial figure 논쟁의 대상이 되는 인물
▸argumentative figure 논쟁을 벌이기를 좋아하는 인물
▸connecting flight 갈아탈 비행기
▸the upcoming presentation 이번 발표

▸collective behavior 집단행동
▸cold snap 갑자기 엄습하는 한파
▸finishing touch 마지막 손질, 끝마무리
▸a complimentary address 축사, 찬사
▸a complimentary copy 기증본
▸complimentary beverage 무료음료
▸a complimentary ticket 우대권, 초대권
▸visually impaired[handicapped] people 시각장애인
▸hearing impaired people = people with hearing disabilities 청각장애인
▸a final[finishing] touch 마지막 손길
▸absolute pitch 절대 음감
▸an honorable craft 훌륭한 기술
▸metal craft 금속 공예
▸on the waiting list 대기자 명단에 오른
▸restraining order 접근 금지 명령
▸unabridged edition 무삭제판
▸quick fix 미봉책
▸wildest dream 무모한 상상
▸eleventh hour 마지막 기회
▸wild goose chase (구름을 잡는 듯한)막연한 목적의 추구
▸public access (어떤 장소, 정보로의)일반 대중의 출입[열람]권
▸laundry hamper[basket] 빨래 바구니
▸picnic hamper 피크닉 바구니
▸no-show 결석자, 불참석자
▸slim[fat] chance 희미한 가능성, 실낱같은 가능성
▸current account deficit 경상수지적자
▸first draft 초안
▸free rider 무임승객, 불로소득자
▸drug-free environment 마약 없는 환경
▸grand jury 대배심원
▸hung jury 불일치 배심
▸free will 자유의지
▸foul play 부정행위, 비겁한 짓
▸plagiarized paper 표절된 논문

3. N + N

- graffiti art (보도, 벽, 공중화장실 등에 하는)낙서 예술
- surface contract 제품 표면에 붙어 있는 보증서
- the energy efficiency 에너지 효율
- overnight shipping 밤사이의 운송
- the inspector's authority 감독관의 권한
- assembly line workers 일관라인 근로자들
- the rate of production 생산율
- the chemical plant 화학 공장
- the production capacity 생산능력
- a rise in output 생산의 증가
- the complexity of the system 시스템의 복잡성
- closure of the production line 생산라인의 폐쇄
- a 6-hour shift 6시간 교대근무
- shortage of materials 재료의 부족
- a merit of mass production 대량생산의 장점
- distribution of goods 제품의 유통
- demonstration of a new brand 신제품의 시연
- a product sample 제품 샘플
- a feature of a product 상품의 특징
- customer loyalty 고객 충성도
- retail price 소매가격
- water resistance 물 방수
- a trial of a product 제품의 시험사용
- a bunch of boxes 상자 더미
- storage room 저장실
- products supplies 제품 공급업자들
- adjustments to the settings 성절의 조정
- product replacement 제품교환
- manufacturer's specifications 제조업체의 설명서
- a product manual 제품 설명서
- an expert engineer 전문 기술자

▸a car dealer 자동차 판매인
▸a marketing consultant 마케팅 컨설턴트
▸employers and employees 고용주와 직원들
▸requirements for the job 그 직업의 자격요건
▸benefits package 복리후생제도
▸an overtime allowance 초과근무수당
▸compensation for the project 프로젝트에 대한 보상
▸a portfolio of the work 그 직업의 포트폴리오
▸a profile of anew employee 새 직원의 프로필
▸a visa extension 비자연장
▸an airport terminal 공항 터미널
▸an interval of a flight 비행편 간격
▸a delay of a flight 비행기의 지연
▸a connection flight 연결편 비행기
▸a departure time 출발시간
▸by way of[via] Honkong 홍콩을 경유해
▸tourist attractions 관광명소
▸theft and fraud 절도와 사기
▸the governor of the state 주의 주지사
▸a citizen of N.Y. 뉴욕시민
▸a resident of the town 도시 거주자
▸a charity organization 자선단체
▸a foundation for the disabled 장애인을 위한 제단
▸an attendance rate 출석률
▸a joint entry 공동입장
▸city folk 도시사람들
▸gender discrimination 성차별
▸the weather forecast 일기예보
▸a flood alert 홍수 경보
▸a car crash 자동차 충돌사고
▸satellite broadcasting 위성방송
▸TV advertisements TV 광고
▸a news reporter 뉴스 기자
▸a column on the environment 환경에 대한 칼럼

▸the power of legislation 입법권
▸the declaration of the President 대통령의 발표
▸an election for congress 의회 선거
▸delight of walking 산책의 기쁨
▸a fitness center 헬스클럽
▸the admission fee 입장료
▸a jewelry store 보석 가게
▸auction items 경매물품
▸the telephone bill 전화요금 청구서
▸exchange rate 환율
▸the date of payment 지급일
▸insurance premiums 보험료
▸an insurance policy 보험증서
▸a landlord and a tenant 집주인과 세입자
▸the 1-year lease 1년간의 임대계약
▸a driver's license 운전면허증
▸a cure for a cancer 암치료법
▸a consultation with a doctor 의사와의 상담
▸a painting brush 그림용 붓
▸an underground passage 지하도
▸necessities of living 생활필수품
▸convenience[food] store 편의점
▸a grain harvest 곡물 추수
▸a phone directory 전화번호부
▸disposal of liquid waste 폐수의 처리
▸a string of cars 일련의 자동차들
▸a joint venture 합작 벤처(회사)
▸a chain store 체인점
▸acquisition of companies 회사의 인수
▸the classification of products 상품의 분류
▸flexibility in the market 시장의 유연성
▸customer satisfaction[suggestions, expectation, consent] 고객만족[제안, 기대, 동의]
▸a top priority 최고 우선순위
▸a packet of brochures 소책자의 한 묶음

▸price reduction 가격할인
▸volume discounts 대량구매 할인
▸a board member 이사회 임원
▸a government officer 정부관리
▸a department head 부서 책임자
▸the administration department 관리부서
▸the headquarters office 본사 사무실
▸the branch office 지사 사무실
▸a meeting agenda 회의 의제
▸an absence from the meeting 회의의 불참
▸work motivation 업무동기부여
▸approval to the project 프로젝트에 대한 승인
▸a decrease in exports 수출의 감소
▸a monopoly in trading 무역의 독점
▸the service industry 서비스 산업
▸a slide in stock prices 주식가격의 하락
▸ownership of a company 회사의 소유권
▸development in agriculture 농업의 발전
▸the property market 부동산 시장
▸the significance of an oil crisis 석유파동의 의의
▸a gross profit 총수익
▸sandwich course 이론과 실습을 병행한 강좌
▸skeleton staff 최소의 인원
▸rat race 치열한 경쟁 사회
▸family tree 족보
▸generation gap 세대 차이
▸lip service 입에 발린 말
▸status symbol 사회적 신분의 상징
▸blessing in disguise 전화위복
▸slip of the tongue 실언
▸man in the street 평범한 사람
▸man of the world 경륜이 풍부한 사람
▸tip of the iceberg 빙상의 일각
▸drop in the ocean 구우일모(九牛一毛)

- ▸flash in the pan 용두사미
- ▸bolt from the blue 청천벽력
- ▸wolf in sheep's clothing 양가죽을 쓴 이리
- ▸shot in the arm 활력소
- ▸fly in the ointment 옥의 티
- ▸storm in a teacup 공연한 소동
- ▸shock therapy 충격 요법
- ▸shanty town 판자촌
- ▸faction infighting 당의 내분
- ▸nonaggression pact 불가침 협정
- ▸cabinet reshuffle 개각
- ▸the pros and cons of local autonomy 지방 자치에 대한 찬반
- ▸bull market 강세를 보이는 증권 시장
- ▸bear market 약세를 보이는 증권 시장
- ▸hunger strike 단식 투쟁
- ▸charity fund 자선기금
- ▸defamation of character 명예 훼손
- ▸textbook example 교과서적인 예
- ▸pep talk 격려의 말
- ▸surprise attack 기습 공격
- ▸apartment complex 아파트 단지
- ▸superiority complex 우월감
- ▸inferiority complex 열등감
- ▸labor/union and management 노사
- ▸speed merchant 속도광
- ▸scape goat 희생양
- ▸infirmity of purpose 우유부단
- ▸gut/instinctive response 본능적 반응
- ▸with the wisdom of hindsight 결론적으로
- ▸tit-for-tat response 피장파장
- ▸party organ 당 기관지
- ▸current-account balance 경상 수지
- ▸test-tube baby 시험관 아기
- ▸bookworm 책벌레

▸jet lag 비행기 여행으로 인한 시차
▸tug of war 줄다리기, 세력 다툼
▸maternity leave 출산 휴가
▸war of nerves 신경전
▸technology transfer 기술 이전
▸fluctuation price 가격 변동
▸hand grenade 수류탄
▸smoke screen 연막
▸brainwash 세뇌
▸play on words 말장난
▸wear and tear 소모
▸stag party 남자들만의 파티
▸hen party 여자들만의 파티
▸cat burglar 밤도둑
▸a bed of roses 안락한 환경
▸a fish out of water 주위 환경에 익숙지 않은 사람
▸glimmer of the memory 어렴풋한 기억
▸lion's share 가장 큰 몫
▸gift of the gab 말주변
▸a leap in the dark 무모한 짓
▸a port in any storm 궁여지책
▸the talk of the town 장안의 화제
▸a pillar of society 사회의 기둥
▸a castle in the air 사상누각
▸twilight of life 말년
▸apple of discord 분쟁의 씨
▸a skeleton in the cupboard 집안의 비밀
▸a smack in the eye 거절
▸a tower of strength 커다란 의지가 되는 사람
▸a snake in the glass 가까운 척하는 음흉한 사람
▸slapstick humor 어울리지 않는 유머
▸credit sale 신용 판매
▸installment sale 할부 판매
▸farewell party 송별회

- ▸population density 인구밀도
- ▸summit talk 정상 회담
- ▸sigh of relief 안도의 한숨
- ▸pang of conscience 양심의 가책
- ▸life expectancy 예상 수명
- ▸spitting image 판박이
- ▸pen name 필명
- ▸professional/stag name 예명
- ▸apprentice electrician 견습 전기공
- ▸a borderline case 애매한 경우
- ▸plastic surgery 성형 수술
- ▸ballot box 투표함
- ▸illiteracy rate 문맹률
- ▸fairy tale 동화
- ▸nursery rhyme 동요
- ▸transition period 과도기
- ▸survival of the fittest 적자생존
- ▸velocity of light 빛의 속도
- ▸initiation ceremony 신고식
- ▸a bulletin board 게시판
- ▸a large pile of documents 수북이 쌓인 서류 뭉치
- ▸a sheet of information 정보가 적혀 있는 종이
- ▸display cases 진열장
- ▸light bulb 백열전구
- ▸phone booth 공중전화 박스
- ▸piles of plates 수북이 쌓인 접시들
- ▸railway tracks 기차선로
- ▸shelves in the library 도서관, 서가
- ▸telephone directions 전화번호부
- ▸test tubes 시험관
- ▸accounting office 경리실, 회계사 사무소
- ▸applicant's resume 신청자 이력서
- ▸awards ceremony 시상식
- ▸benefits package 일괄 수당

▸black with one sugar (커피) 크림은 넣지 않고 설탕만 한 스푼 넣어서
▸brand name 상표명
▸bus terminal 버스터미널
▸business trip 출장
▸computer terminal 네트워크의 단말 컴퓨터
▸conference registration 회의 참가 등록
▸conference room 회의실
▸construction costs 건축비용
▸consumer goods 소비재
▸company health plan 직장 의료보험
▸automatic transmission (자동차) 자동 변속 장치
▸chicken dish 닭고기 요리
▸coffee machine 커피 자판기
▸color scheme 색채, 배색
▸custom area 세관 구역
▸employment agency 직업소개소
▸facilities department 시설 관리부
▸facilities manager 시설 관리인
▸fire exit 화재 비상구
▸fitting room (옷가게의)탈의실
▸full-time job 정규직
▸economy-sized vehicle (연료소모가 적은)경제형 자동차
▸every other time 한번 걸러 한번씩
▸every other Tuesday 격주로 화요일마다
▸for technical help only (서비스가)기술 지원 전용
▸former marketing director 전 마케팅 국장
▸fried in butter 버터로 튀겨진
▸ground breaking ceremony 기공식, 착공식
▸hair salon 미장원, 미용실
▸hotel ballroom 호텔 무도회장
▸interest rates 이자율, 금리
▸job interview 취업 면접
▸job openings 빈자리, 결원, 공석
▸labor costs (임금으로 지불되는)노동 비용

▸oil filter 오일 필터
▸perfume samples 향수 견본
▸parking attendant 주차장 직원
▸procedure for filing the report 보고서 제출 절차
▸quality control standards 품질 관리 기준
▸retail chain 소매점 체인
▸salary and benefits 급여와 수당
▸sales manager 영업부장
▸sales staff (집합적으로)영업 사원들
▸section head 부서장, 과장
▸supply cabinet 비품 캐비닛
▸supply depot 물품창고
▸supply requisitions 물품 청구서
▸takeout menu 사서 가지고 가는 음식
▸The comparison chart 비교 도표
▸the one in charge 책임자, 담당자
▸three-story building 3층 건물
▸today's special 오늘의 특별 메뉴
▸trade negotiations 무역 협상
▸travel expenses 여행 경비 계산서
▸traveler's check 여행자 수표
▸wing of the school 학교 별관
▸a loaf of bread 빵 한 덩어리
▸a chance of rain showers 소나기가 내릴 가능성
▸a day ahead of time 예정보다 하루 일찍
▸a room with views of the ocean 바다 경치가 보이는 방
▸a washer and dryer 탈수기가 딸린 세탁기
▸a wealth of experience 풍부한 경험
▸account manager 경리 부장
▸accounting office 경리부
▸accounting summary 회계 적요서
▸actor's costumes 배우들의 의상
▸air conditioning 에어콘
▸amusement park 놀이 공원

▸an addition to an office 확장된 사무 공간
▸assembly line 조립 라인
▸ballot box 투표함
▸majority vote 과반수 표
▸two-third majority vote 2/3 다수결 표
▸opinion poll = opinion survey 여론조사
▸board of directors 이사회
▸box office 매표소
▸bicycle courier service 자전거를 통한 배달 서비스
▸blood pressure 혈압
▸break room 휴게실
▸bride and groom 신랑 신부
▸building expansion 건물 확장 공사
▸copy machine 복사기
▸corporate account 기업 회계
▸cosmetics counter 화장품 판매대
▸customer relations 고객 관리
▸completion date 완성일, 완공일
▸credit card 신용카드
▸customer satisfaction survey 고객 만족도 조사
▸data management software 자료 관리 프로그램
▸demand for a product 제품 수요
▸demonstration of a new machine 신제품에 대한 시연, 설명
▸draft proposal 제안서 초안
▸executive level position 이사 급 직책
▸executive lounge 중역 전용 휴게실
▸facilities coordinator 시설 책임자
▸factory site 공장부지
▸factory visit 공장 견학, 공장 시찰
▸film critic 영화 평론가
▸fitness room 체력 단련 실
▸food budget 식비 연료 효율예산
▸fuel efficiency
▸full-length documentary 무삭제 판 다큐멘터리

▸ full-year warranty 일년간 품질 보증
▸ head office 본사
▸ heating cost 난방 비
▸ index card 색인 카드
▸ installation charges 설치비
▸ instruction manual 지시 설명서
▸ insurance providers 보험 회사
▸ landscaping firm 조경 회사
▸ laundry service 세탁 서비스
▸ line worker 조립라인 근로자
▸ lounge area 휴식 공간
▸ marketing strategy 판매 전략
▸ maternity leave 출산 휴가
▸ nonstop flight 직항로 비행
▸ notice board 게시판
▸ office complex 사무 단지
▸ power company 전력회사
▸ press sheet 인쇄지
▸ product development 제품 개발부
▸ progress report 경과보고
▸ quality control division 품질 관리부
▸ repair shop nearby 근처의 수리 점
▸ replacement part 대체 부품
▸ replacement wheel 대체 바퀴
▸ request form for time off 휴가 신청서
▸ resort listings 휴양지 목록
▸ retirement gift 퇴직 선물
▸ room rate 객실 이용료
▸ rush hour 출퇴근 시의 교통 혼잡 시간
▸ sales tax 판매 세
▸ season ticket (경기, 연극 등을 구경하는) 정기 입장권
▸ section head 과장
▸ seven working days (휴일을 제외한) 근무 일수로 7일
▸ showroom display 진열장 전시

▸space allocations 공간 배정
▸specifications for concrete 콘크리트 시방서(명세서)
▸stage props 무대 소품
▸supply room 기자재실
▸taxes on consumer goods 소비재에 대한 세금
▸the bottom drawer of my desk 책상 맨 아래 서랍
▸the employee of the year award 올해의 직원 상
▸the items on display 전시 품목
▸today's special 오늘의 특별요리
▸trade journal 상거래 잡지
▸trade show 무역 박람회
▸training session 훈련기간
▸travel agent 여행사 직원
▸video exhibit 비디오 전시회
▸water purification system 정수기
▸waterproof cameras 방수 카메라
▸a year from now 1년 후에
▸access roads 진입로
▸art institute 미술 학회
▸auto company 자동차 제조회사
▸autograph session 저자 사인회
▸award for outstanding employee 우수 사원 상
▸blizzard conditions 눈보라가 몰아치는 기상 상황
▸blood donor 헌혈자
▸blood supplies 혈액 공급
▸blood type O positive O형 양성 혈액 소지자
▸boat manufacturing plant 선박 제조 공장
▸business hours 근무 시간, 영업시간
▸communications center 통신 센터
▸compliance with the regulations 규정의 준수
▸computer convention 컴퓨터 총회
▸conference table 회의용 탁자
▸construction area 건축 현장, 건설 공사장
▸consulting firm 자문 회사

- consumer shopping habits 소비자들의 쇼핑 습관
- emergency area (병원의) 응급실 구역
- energy efficient building 에너지 효율이 높은 건물
- energy waster 에너지 낭비의 주범
- engine oil 엔진 오일
- architecture exhibition 건축 박람회
- equipment operation 설비 운행
- entry form 참가 신청서
- evaluation card 평가 카드
- exercise habits 운동 습관
- factory manager 공장 운영자
- feature speaker 주요 연사, 특별 초청 연사
- fiction and nonfiction 소설과 소설류
- film reviewer 영화 평론가
- first-class convention facilities 일급 회의 시설
- flotation lab (선박 등의)부양 연구소
- folk music 민속 음악
- food delivery 식사 배달
- food quality 식사의 품질
- fourth-quarter projection 4분기의 예상 목표
- gift shop 선물 가게
- information booth 안내소
- job description 직무 내용 설명서, 직무 규정
- keynote speaker 기조 연설자
- license plate number 차량 번호 판
- lottery ticket 복권, 추첨권
- managers meeting 부장 회의
- miniature keyboard 소형 키보드
- mobile blood donor center 이동 헌혈 센터
- movie vet 영화광
- night manager 야간 책임자
- overpass walkway 육교
- park pool 공원 수영장
- parking lot[garage] 주차장

▸participant the membership program 회원 가입자
▸patient information from 환자 신상 카드
▸people on foot 보행자들(=pedestrians)
▸postage stamp 우표
▸potato chips 감자 칩
▸potato creations 감자를 이용한 제품
▸the chef at the pub 주점 주방장
▸plastic recycling program 플라스틱 재생 프로그램
▸quality service 양질의 서비스
▸rain front 기상(강우전선)
▸Renaissance paintings 르네상스 시대의 회화
▸retail store 소매점, 가게
▸road closures 도로 폐쇄
▸safety in the workplace 직장 안전, 근로 안전
▸safety regulations 안전 규정
▸sales representative 영업 책임자, 영업사원
▸science exhibits 과학 박람회
▸sister museum 자매결연을 맺은 박물관
▸surface matter 표면에 묻은 이물질
▸ticket stub (표 · 입장권의)반쪽
▸ticket window 매표창구
▸square feet 평방피트
▸square meters 평방미터
▸touch-tone phone 버튼 식 전화
▸town center 마을 회관
▸waterfront tour 해안 여행
▸wind-chill factor 체감온도
▸anti-corruption drive 부패 추방운동
▸shift lag 야간 근무로 인한 피로
▸jet lag 시차에 의한 피로
▸money laundry 돈세탁
▸signs of wear 낡은 흔적
▸account payable department 미불금 부서(지불하지 않는 대금을 관리하는 부서)
▸office efficiency 사무 효율

▸media coverage 언론 보도
▸attendance records 출근 기록, 출석 기록
▸mastermind behind (계획 등의) 배후 주도자, 입안자
▸safety precaution 안전 예방조치
▸performance appraisals 업무 수행평가
▸a form of identification 신분 증명 양식
▸time constraints 시간 제약
▸staff productivity 직원 생산성
▸baggage allowance 수하물 허용치
▸conference participants 회의 참가자
▸visa waiver accords 비자 면제 협정
▸courtesy bus 은행/호텔/클럽 등에서 무료로 제공하는 버스
▸courtesy call 의례적인 방문/예방
▸give-and-take 양보
▸polka dot 물방울(무늬)
▸maternity benefit 출산 수당(국민보험의)
▸unemployment benefit 실업수당
▸the benefit of the doubt 충분한 증거가 없을 때 일단 긍정적으로 판단하는 일
▸tax benefit[break] 세제 혜택
▸part and parcel of -의 본질적인(중요) 부분
▸grace period 유예기간
▸labor costs 인건비
▸heart attack[failure] = cardiac arrest[paralysis] 심장마비
▸off hand 즉석에서
▸off the top of one's head 지금으로선
▸a heart of stone 냉혹한 사람
▸a heart of gold 아주 좋은 사람
▸a pain in the neck 성가신 존재
▸a diamond in the rough 다듬어지지 않는 인물
▸man of mark 명사수
▸train track 기차선로
▸inside track (경기장 등의)안쪽 주로, 유리한 입장/처지
▸prison break 탈옥
▸a peace imposition 평화협정

▸the summit meeting 정상회담
▸placebo effect 위약효과
▸porker face 무표정한 얼굴
▸gift of the gab 말주변
▸glimmer of the memory 어렴풋한 기억
▸gut response 본능적 반응
▸flash in the pan 용두사미
▸fluctuation price 가격변동
▸fly in the ointment 옥에 티
▸storm in a teacup 공연한 소동
▸state-run enterprise 국영기업
▸carbon copy(=chip off the old block) 판박이
▸speed merchant 속도광
▸the life imprisonment 무기징역
▸pedestrian crossing(=crosswalk) 교차로
▸sneak preview 예고편(=trailer) cf. scalper 앞표상
▸chick flick 여자들이 좋아하는 영화
▸movie buff 영화광
▸bar exam 사법고시
▸term paper 학기말 레포트[논문]
▸plant and equipment investment 설비 투자
▸anti-trust law 독과점 반대법
▸bear market 주가가 불황인 시장
▸bull market 주가가 호황인 시장
▸snap fastener 똑똑 단추
▸touch-and-go 아슬아슬한(상태)
▸field trip (학생의)실지 견학, (연구, 조사를 위한)야외 연구 여행
▸on pins and needles 바늘방석인, 안절부절 못하는
▸joint account (부부)공동 계좌
▸The spread of AIDS 에이즈의 만연
▸a wide spread of opinion 의견의 확산
▸bread and various spreads 식빵과 다양하게 (식빵에)발라 먹는 것들
▸mail fraud 우편을 이용한 사기
▸fever pitch 열광, 흥분

▸sales pitch 판매를 위해 늘어놓는 설명
▸craft union 직업별 조합
▸paper crafts 제지 공예
▸drag queen (여장차림을 좋아하는)남자 동성애자, 여장 남자
▸something the cat dragged in 엉망이고 지저분한 것
▸hit list 암살 대상자 명단
▸dean's list (학기, 학년말의) 우등생 명단
▸water under the bridge 지나간 일
▸back burner 잠정적 연기
▸talent show 장기자랑
▸hand ax 손도끼
▸hand grenade 수류탄
▸hand baggage (여행자의)수하물
▸hand mirror 손거울
▸hand puppet 손가락 인형
▸draft beer 생맥주
▸draft dodger 병역 기피자
▸draft notice 징집영장
▸surface-to-air missile 지대공 미사일
▸trial run 시운전, 시승
▸hit-and-run 뺑소니
▸child's play 쉬운 일, 간단히 할 수 있는 일
▸detention center 구치소
▸a youth detention center 소년원
▸over-the-counter drugs 일반 판매약

4. V + ADV.

▸whisper softly 부드럽게 속삭이다
▸smile proudly 거만하게 웃다
▸increase steadily 꾸준히 증가하다
▸come along (일이)순조롭게 진행되다
▸come out well (결과가)잘 나오다
▸cooperate very well 협조가 잘 이루어지다

▸get together 모임을 갖다
▸go ahead and - 어서 하세요, 마음 놓고 하세요
▸not pay very well 효과가 거의 없다
▸qualify enough 충분한 자격이 있다
▸sell overseas 해외로 판매하다
▸conveniently located 교통이 편리한 곳에 자리 잡은
▸obviously qualified 명백히 자격이 있는
▸newly arrived 막 도착한, 새로 부임한
▸badly need ~이 절실히 필요하다
▸strictly limited 엄격히 제한된
▸heavily discounted 많이 할인된
▸buy back 되사다
▸pay off 성과를 거두다
▸feel down 우울하다
▸pass away 돌아가시다
▸pass away 돌아다니다
▸hang in there 힘들어도 잘 견디다

PART Ⅲ. Collocation Review Test

A. Write the best answer for the blank.

[V+N]

1. a________ the issue 문제를 거론하다
2. a__________ first-aid 응급조치를 취하다
3. a________ the phone[door] 전화를 받다[문을 열어주다]
4. a________ ointment 연고를 바르다
5. a_______[draw] one's attention 주의를 끌다
6. a______ tourists 관광객을 유치하다
7. b______ fruit 과실을 맺다
8. b___ farewell to ~에게 작별인사를 하다
9. b_______[dishonor] a check 수표를 부도처리하다
10. b_______ one's fast 금식을 깨다, 아침을 먹다
11. b_______ the silence 침묵을 깨다
12. b______[file] a suit against -에게 소송을 걸다
13. c_____ a vote 투표를 하다
14. c_____ a cold 감기에 걸리다
15. c______ a glimpse of ~을 일별하다
16. c______ a train/bus/plane 기차(버스, 비행기)를 잡아타다
17. c______ one's eyes 눈길을 끌다
18. change the s______ 말을 바꾸다
19. c______[sign] a contract 계약을 체결하다
20. c______ disease/cancer/AIDS 병(암, 에이즈)에 걸리다
21. d_____[reach] a verdict 배심원 등이 판결을 내리다
22. d____ a conclusion 결론에 도달하다
23. d_____ a curtain 커튼을 치다

24. draw an i_____ 유추하다
25. d_____ a line 선을 긋다, 한계를 긋다
26. d_____ a nail 못을 박다
27. e_____[receive] a degree 학위를 취득하다
28. e____ pain 고통을 덜어주다
29. e___ soup 스프를 먹다
30. e_____ longevity 장수하다
31. p___ it simply 간단히 말하다
32. t_____[spark off] a storm of criticism 거센 비판을 불러일으키다
33. h_____ a say 발언권을 가지다
34. r_______ the risk of disease 병의 위험을 줄이다
35. a_______ the luggage 짐을 부치다
36. s________ the surface of -을 겉핥기 하다
37. b______ to surface 표출되기 시작하다
38. r_____ the gamut of 갖은 -을 다하다
39. r_____ A blind A에게서 큰 돈을 사취하다
40. e______ questions 질문에 응하다
41. e_______ the right 권리를 행사하다
42. exercise c______ 주의하다
43. e_______ all the measures 모든 조치를 다 써보다
44. f___[place] an order 주문하다
45. f___ an order/prescription 주문받다
46. f____ suit 전철을 밟다, 전례를 따르다
47. f_____ a relationship 관계를 구축하다
48. f_____[organize] a committee 위원회를 구성하다
49. f______ a hypothesis 가설을 수립하다
50. g_____[put on] weight 살찌다
51. g_____ an answer[a reply] 대답하다
52. g_____ an example 예를 들다
53. l____[give] a help to ~를 도와주다
54. give a r_____[lift] to ~에게 차를 태워주다
55. g____[take] a test 시험을 치르게 하다[치르다]
56. g____ thanks/praise 감사(칭찬)하다
57. h_____ finances 재정문제를 다루다

58. h_____ one's breath 숨을 죽이다
59. h_____ a meeting[conference] 회의를 열다
60. h_____ the Olympic Games 올림픽을 개최하다
61. i______ the problem 문제를 찾아내다
62. i______ a ban[curfew] 규제[통행금지]를 시행하다
63. i_____ privacy 사생활을 침해하다
64. i_____ a statement 성명을 발표하다
65. k_____ it a secret 비밀로 지키다
66. ______ one's word 약속을 어기다
67. k_____ a diary 일기를 습관적으로 쓰다
68. l_____ an attack 공격을 개시하다
69. m_____ a bed 침구를 정돈하다
70. make a f____ 소란 피우다
71. make f____ of ~을 우스꽝스럽게 만들다
72. m_____ way 길을 비켜주다
73. m_____ the demand 요구를 충족시키다
74. m_____[deserve] one's attention 주의할 필요가 있다.
75. p____ judgment 판단을 내리다
76. p____ the price 희생을 치르다
77. p_____ a part[role] 역할을 하다
78. p_____ money 돈을 모의다
79. p_____ the trigger 방아쇠를 당기다
80. p_____ a problem 문제를 제기하다
81. p______ law[medicine] 변호사[개인병원] 개업하다
82. p_____[play] a trick on ~에게 장난치다
83. r_____ a conclusion 결론을 도출하다
84. r___[take] a risk 위험을 무릅쓰다
85. s___ a date for the wedding 결혼 날짜를 잡다
86. s___ the alarm clock 자명종 시계를 맞추다
87. s____ a pact/treaty 조약을 체결하다
88. s____ one's creativity 창의성을 말살시키다
89. s_____ a balance between A and B A와 B 사이의 균형을 맞추다
90. t____ advice 충고를 듣다
91. t____ back one's promise 약속을 취소하다

92. t____ medicine 약을 먹다
93. t_____ a part 파티를 열다
94. w____ war 전쟁을 하다
95. w_____ one's weight 체중을 조절하다
96. w_____ one's step 발 조심하다
97. w_____ the consequence 결과를 신중히 고려하다
98. w____ a game 경기에서 이기다
99. w____ out a solution 해결책을 강구하다
100. w____ one's neck 목을 비틀어 버리다
101. w______ the storm 역경을 극복하다
102. t_____ chances 모험을 하다
103. d____[make out, write] a check 수표를 쓰다[끊다]
104. heave/b______ a sigh of relief 안도의 한숨을 쉬다
105. a______ a condition 조건을 붙이다
106. s______ a different note 달리 행동하다
107. c_______ one's tune 견해를 바꾸다
108. p_____ one's weight 소임을 다하다
109. f_____[form] a standard 규범을 제정하다
110. b____ fumes 연기를 내뿜다
111. b______ out apprehension 우려를 입증하다
112. c______ a poll 여론 조사를 하다
113. i_______ a visa 비자를 발급하다
114. r_______ a visa 비자를 갱신하다
115. p_______ a tent 텐트를 치다
116. r______[moot] a problem 문제를 제기하다
117. p___________ a new theory 새로운 이론을 제안하다
118. e_________[set up] diplomatic relations 외교 관계를 수립하다
119. s_____[enter into] diplomatic relations 외교 관계를 개시하다
120. n________ diplomatic relations 외교 관계를 정상화하다
121. s______[break off]diplomatic relations 외교 관계를 단절하다
122. r_______ diplomatic relations 외교 관계를 재개하다
123. s______ hairs 사소한 것을 꼬치꼬치 따지다
124. f_______ the music 어려운 일을 피하지 않고 부딪히다
125. s______ a balance 균형을 유지하다

126. t____ a balance 균형을 조심스럽게 깨다
127. r____ into a stalemate 교착 상태에 빠지다
128. g__ out a strike 파업을 하다
129. a______[raise] suspicion 의혹을 불러일으키다
130. f_____ suspicion 의혹을 증폭시키다
131. s____ an agenda 의제를 정하다
132. s____ one's face 체면을 세워 주다
133. k_____ up appearances 태연한 체하다
134. g__ on a diet 다이어트를 하다
135. s___ a priority 우선순위를 정하다
136. e______ a warrant 영장을 집행하다
137. p____ for time 시간을 벌려고 꾸물거리다
138. s_______ to a magazine 잡지를 정기 구독하다
139. t____[pluck up] courage 용기를 내다
140. i_______ statistics 통계를 부풀리다
141. m___________ statistics 통계를 조작하다
142. w______ up a visit 방문을 무사히 마치다
143. d_______ a blank 허탕치다
144. f_____ speculation 추측을 더욱 불러일으키다
145. s_______ a deal 계약을 맺다
146. h_____ a referendum 국민투표를 실시하다
147. w______ an election campaign 선거 운동을 벌이다
148. r_____[sound] air-raid sirens 공습경보를 울리다
149. s_____ up one's stance 입장을 누그러뜨리다
150. b______ fruit 열매를 맺다
151. i_____ tax 세금을 부과하다
152. l____[collect] tax 세금을 징수하다
153. e_____/dodge tax 탈세하다
154. t______ a short-cut 지름길을 택하다
155. s______ as stepping stone 발판이 되다
156. b____ up/reinforce security 안보를 강화하다
157. a_____[allocate] quota 쿼터를 할당하다
158. h______ a press conference 기자 회견을 개최하다
159. i_____ a treaty 조약을 가조인하다

160. c______[make] a treaty　조약을 체결하다
161. s______ a treaty　조약을 조인하다
162. r______ a treaty　조약을 비준하다
163. v______ a treaty　조약의 이행 여부를 확인하다
164. c______ a vote　투표하다
165. m______ the deadline　기일을 맞추다
166. p______ strings　막후에서 영향력을 행사하다
167. e______ power　권력을 행사하다
168. e______ influence　영향력을 행사하다
169. d______[bandage] a wound　상처에 붕대를 감다
170. h______ breathing　숨을 참다
171. s______ yawning　하품을 하다
172. s______[appease] hunger　허기를 채우다
173. q______[slake] thirst　갈증을 풀다
174. s______ a rat　낌새를 채다
175. b______ the hatchet　화해하다
176. t______ over a new leaf　새 삶을 살다
177. b______ the candle at both ends　건강을 해칠 정도로 무리하다
178. f______ a dead horse　헛수고하다
179. r______[overrule] a decision　결정을 뒤엎다
180. k______ a distance　거리를 유지하다
181. b______ the ice　어색한 분위기를 깨다
182. i______ an embargo　금지 조치를 취하다
183. l______ an embargo　금지 조치를 해제하다
184. w______ payment　지불을 유보하다
185. c______ the tune　좌지우지하다
186. w______ the storm　난관을 극복하다
187. p______ politics　당리당략적 행위를 하다
188. d______ up[make up] a schedule　일정표를 작성하다
189. p______ a hope　희망을 걸다
190. t______[strike] root　뿌리내리다
191. f______[set] an exchange rate　환율을 정하다
192. p______ up a fight　싸움을 걸다
193. h______ a skill　기술을 연마하다

194. p______ law 법률업을 하다
195. b______ about the bush 넌지시 알아보다
196. d__________[dissolve] the organization 기구를 해산하다
197. s___ on[straddle] the fence 형세를 관망하다
198. b_____ one's own trumpet 떠벌리다
199. h___ the nail on the head 정곡을 찌르다
200. s_____ the beans 비밀을 누설하다
201. l____ weight 살빠지다
202. l____ a ban 규제를 없애다

[A + N]

1. in big _______ 큰 문제에 빠진
2. a b__ day 중요한 날, 주로 결혼식 날
3. a b___ check 백지 수표
4. a c____ call 위기일발, 일촉즉발
5. d_________ lie 새빨간 거짓말
6. an e______ list 총망라한 목록
7. a final t____ 마지막 손길
8. fi___ reality 엄연한 현실
9. a fi___ price 정찰제
10. a f_____ conclusion 뻔한 결론
11. a g____ rule 황금률
12. a g____ reason 그럴만한 이유
13. historical a______ of ~의 역사적 고찰
14. a h____ jury 판결을 내리지 못하는 배심원
15. im______ faith 맹목적 신앙
16. the i____ circle 내원, 핵심 세력
17. a l___ face 시무룩한 얼굴, 짜증난 얼굴
18. majestic v___ 웅장한 모습
19. m_____ sickness 입덧
20. n____ eyes 육안
21. a n______ disaster 천재지변
22. a n_____ family 핵가족

23. an o_____ question 미결의 문제
24. o______ space 외계
25. p_____ English 평이한 영어
26. a p______ vote 대중의 투표
27. the s______ immensity of 정말 엄청난 양의
28. a s______ world 좁은 세상
29. one's s______ gratitude 심심한 사의
30. s_____ effects 부작용
31. s______ evidence 확실한 증거
32. s______ second 눈 깜짝할 사이
33. a t______ issue 매우 까다로운 문제
34. un_______ weight 원치 않는 체중
35. an u______ stomach 체한 위, 체기
36. w_______ thinking 희망사항
37. an e______ competition 극심한 경쟁
38. a q______ question 간단한 질문
39. h___[burning] issue 열띤 쟁점
40. over__________ majority 압도적 다수
41. quasi-_______ institution 준 사법 기관
42. para-_________ forces 준군사 병력
43. first-_______ report 직접 보고
44. double-_______ remark 복선이 깔린 발언
45. all-_____ war 전면전
45. un_________ vote 만장일치 투표
46. re________ feature 단점을 보충하는 장점
47. t______[symbolic] position 상징적 지위
48. dis_______ sounds 불협화음
49. i________ symptom 초기 증상
50. i_______ report 최초보고
51. i________ report 중간보고
52. f_______ report 최종보고
53. e_____________[improvised] speech 즉석연설
54. f_________ economy 취약한 경제
55. spine________ horror movie 등골이 오싹하는 공포 영화

56. London-______ company 런던에 본사를 둔 회사
57. 70-___[plus] students 70여 명의 학생들
58. s________[full-scaled] reform 전면적인 개혁
59. state-_____ enterprise 국영 기업
60. b_________ democracy 싹트는 민주주의
61. full-_______ member 어엿한 회원
62. s_______[fierce] competition 치열한 경쟁
63. c________ force 구심력
64. c________ force 원심력
65. short-_______ decision 근시안적 결정
66. far-________ decision 장기적인 안목에 의한 결정
67. c__________ substances 발암성 물질
68. s_________ sky 청명한 하늘
69. im_________ fortress 난공불락의 요새
70. an un_________ person 신원 불명의 사람
71. p__________ balance 불안정한 균형
72. e_________ life 파란 만장한 인생
73. b__________[supra-partisan] diplomacy 초당적 외교
74. m____________ negotiation 다자간 협상
75. ready-_________[off-the peg] clothes 기성복
76. o________ crisis 총체적 난국
77. c_______ war 내전
78. c_________ weapon 재래식 무기
79. make________[stopgap] measure 미봉책
80. nuclear i________ 핵사찰
81. electoral c_______ 선거인단
82. p_________ entry into the UN 유엔 동시 가입
83. s_________ skin 비단결 같은 피부
84. m________[touching] movie 감동적인 영화
85. r_______ edition 개정판
86. g________ engineering 유전 공학
87. h________ disease 유전병
88. p____________ government system 내각 책임제
89. l______ autonomy 지방 자치

90. d________ immunity 외교 면책 특권
91. as clear as a _______ 대단히 명료한
92. as good as g______ 매우 얌전한
93. as bold as b_____ 철면피인
94. as w______ as a sheet 백짓장같이 된
95. as old as the h____s 매우 오래된
96. as f____ as a fiddle[flea] 매우 건강한
97. as p_____ as a ghost 얼굴이 새파래진
98. as d_____ as a post 아주 귀가 먼
99. as q_______ as lighting 번개처럼 빠른
100. as warm as t______ 훈훈한
101. i________ memory 지울 수 없는 기억
102. t______ story 허풍
103. b_______ date 소개에 의한 서로 모르는 남녀 간의 데이트
104. g________ opportunity 황금 같은 기회
105. w______[random] guess 억측
106. p____ animal 애완동물
107. p_____ crime 경범죄
108. s_____ world 좁은 세상
109. s______ sense 직감
110. f_______ conclusion 뻔한 결론
111. s_____ point 아픈 점
112. v_______ circle 악순환
113. g________ concern 순조로운 기업
114. r_____ seat 뒷좌석
115. b______ corner 궁지
116. w______ lie 선의의 거짓말
117. r____ tape 관료적 형식주의
118. b_____ sheep 천덕꾸러기
119. w________ thinking 희망 사항
120. quarter-_______ match 준준결승전
121. l_____ straw 인내의 한계를 넘게 하는 점
122. s____ grapes 오기
123. c_____ shave 위기일발

124. l______ shot 가망 없는 대담한 시도
125. I_________ president 현직 대통령
126. deep-______[deep-seated] mistrust 뿌리 깊은 불신
127. i_________[exorbitant] demand 과도한 요구
128. p________ rumor 계속 떠도는 소문
129. s_________ fight 혈전
130. d_______ end 막다른 끝
131. p________ time 전성기
132. c________ meeting 우연한 만남
133. c______ feet 겁먹음
134. s_______ heaven 최고의 행복
135. h_______[hard] drinker 술이 센 사람
136. s_______ thoughts 재고
137. D_______ courage 술김에 내는 용기

[N + N]

1. s________ course 이론과 실습을 병행한 강좌
2. s________ staff 최소의 인원
3. r_____ race 치열한 경쟁 사회
4. f_______ tree 족보
5. g________ gap 세대 차이
6. l____ service 입에 발린 말
7. s_______ symbol 사회적 신분의 상징
8. b_______ in disguise 전화위복
9. s______ of the tongue 실언
10. man in the s_______ 평범한 사람
11. man of the w_______ 경륜이 풍부한 사람
12. t___ of the iceberg 빙상의 일각
13. d_____ in the ocean 구우일모(九牛一毛)
14. f_______ in the pan 용두사미
15. b_______ from the blue 청천벽력
16. wolf in sheep's c________ 양가죽을 쓴 이리
17. s_______ in the arm 활력소

18. f______ in the ointment 옥의 티
19. storm in a t_______ 공연한 소동
20. s_______ therapy 충격 요법
21. s_______ town 판자촌
22. f_______ infighting 당의 내분
23. nonaggression p_____ 불가침 협정
24. cabinet r________ 개각
25. the p_____ and c_____ of local autonomy 지방 자치에 대한 찬반
26. b_____ market 강세를 보이는 증권 시장
27. b_____ market 약세를 보이는 증권 시장
28. h______ strike 단식 투쟁
29. c_______ fund 자선기금
30. de________ of character 명예 훼손
31. t_______ example 교과서적인 예
32. p______ talk 격려의 말
33. s________ attack 기습 공격
34. apartment c________ 아파트 단지
35. superiority c________ 우월감
36. i_________ complex 열등감
37. l_____[union] and management 노사
38. speed m_______ 속도광
39. scape g_____ 희생양
40. i________ of purpose 우유부단
41. g_____[instinctive] response 본능적 반응
42. with the w_______ of hindsight 결론적으로
43. tit-for-tat r________ 피장파장
44. party o______ 당 기관지
45. current-account b_____ 경상 수지
46. test-_______ baby 시험관 아기
47. book______ 책벌레
48. jet l____ 비행기 여행으로 인한 시차
49. t_____ of war 줄다리기, 세력 다툼
50. maternity l_______ 출산 휴가
51. war of n_______ 신경전

52. technology t________ 기술 이전
53. f_________ price 가격 변동
54. hand g________ 수류탄
55. smoke s________ 연막
56. brain_______ 세뇌
57. p______ on words 말장난
58. wear and t____ 소모
59. s________ party 남자들만의 파티
60. h_______ party 여자들만의 파티
61. c________ burglar 밤도둑
62. a bed of r_______ 안락한 환경
63. a f________ out of water 주위 환경에 익숙지 않은 사람
64. g_________ of the memory 어렴풋한 기억
65. l_______ share 가장 큰 몫
66. gift of the g____ 말주변
67. a l______ in the dark 무모한 짓
68. a p______ in any storm 궁여지책
69. the t______ of the town 장안의 화제
70. a p_______ of society 사회의 기둥
71. a castle in the a_____ 사상누각
72. t_________ of life 말년
73. a________ of discord 분쟁의 씨
74. a skeleton in the c_________ 집안의 비밀
75. a s________ in the eye 거절
76. a tower of s_________ 커다란 의지가 되는 사람
77. a s_________ in the glass 가까운 척하는 음흉한 사람
78. s_________ humor 어울리지 않는 유머
79. c_______ sale 신용 판매
80. i____________ sale 할부 판매
81. f________ party 송별회
82. population d_______ 인구밀도
83. summit t______ 정상 회담
84. sigh of r_______ 안도의 한숨
85. p_______ of conscience 양심의 가책

86. life e________ 예상 수명
87. s________ image 판박이
88. pen n______ 필명
89. p_________[stag] name 예명
90. a____________ electrician 견습 전기공
91. a b_________ case 애매한 경우
92. p__________ surgery 성형 수술
93. b__________ box 투표함
94. il___________ rate 문맹률
95. f_______ tale 동화
96. n________ rhyme 동요
97. t________ period 과도기
98. survival of the f_________ 적자생존
99. v_________ of light 빛의 속도
100. i__________ ceremony 신고식

[V+ADV.]

1. whisper s_______ 부드럽게 속삭이다
2. smile p_______ 거만하게 웃다
3. increase s_______ 꾸준히 증가하다
4. be doing w_____ (사업이)호조를 보이다
5. call b______ 회신 전화를 하다
6. come a______ (일이)순조롭게 진행되다
7. come o____ well (결과가)잘 나오다
8. c_______ very well 협조가 잘 이루어지다
9. get t________ 모임을 갖다
10. go a______ -어서 하세요, 마음 놓고 하세요
11. go s________ down to -로 쭉 가다
12. not p_____ very well 효과가 거의 없다
13. q_______ enough 충분한 자격이 있다
14. rain so h_____ 비가 심하게 내리다
15. sell o_________ 해외로 판매하다
16. c__________ located 교통이 편리한 곳에 자리 잡은

17. o_________ qualified 명백히 자격이 있는
18. n________ arrived 막 도착한, 새로 부임한
19. b_______ need ~이 절실히 필요하다
20. s________ limited 엄격히 제한된
21. h_________ discounted 많이 할인된
22. buy b_______ 되사다
23. pay o___ 성과를 거두다
24. feel d_____ 우울하다
25. pass a______ 돌아가시다
26. h______ in there 힘들어도 잘 견디다

B. Choose the best answer for the blank.

1. A: Mathematics is way over my __________.
   B: I think we are in the same boat. I'm about to flunk it.

   (a) heart (b) mind (c) brain (d) head

2. A: Why are you going to major in the electric engineering?
   B: I'm following in my dad's _______.

   (a) suits (b) history (c) footsteps (d) shadow

3. A: Is this china set _______ down?
   B: Yes, it's 20% off the original price.

   (a) marked (b) beaten (c) hammered (d) nailed

4. Any chance of you ______ from your studies and going to the beach with us this weekend.

   (a) putting down (b) taking up (c) getting away (d) plugging in

5. A: Can you ______ a loaf of bread from the store on your way back?
B: Sure, no problem.

(a) drop off (b) pick up (c) settle for (d) work out

6. A: When I got home, I was ______ a temperature?
B: Really? Are you feeling better now?

(a) running (b) taking (c) dropping (d) enduring

7. A: Sorry for being late. I had a ______.
B: I guess it couldn't have been avoided.

(a) flat (b) plain (c) straight (d) downright

8. A: Has he reviewed your dissertation?
B: He's really ______ his feet.
(a) pulling (b) tugging (c) dragging (d) drawing

9. A: Did she get a scholarship to graduate school like she planned to?
B: No, it didn't quite ______ .

(a) pulling (b) tugging (c) dragging (d) drawing

10. A: Was Paul pleased about making the honor roll?
B: Why, he couldn't ______ himself.

(a) contain (b) hold (c) include (d) restrain

11. A: Can I use your phone? B: By all ______ .

(a) methods (b) works (c) something (d) means

12. A: I think you should start your own business.
B: I'll put that on the ______ for a while.

(a) eleventh hour (b) wildest dream (c) back burner (d) honor roll

13. A: There's a bug in my food. I just ______ my appetite.
B: I'm so sorry. Can I bring you some dessert, then?

(a) dropped (b) had (c) lost (d) defeated

14. A: A bunch of us are going out for pizza.
B: ______ me out, but have a good time.

(a) Take (b) Count (c) Get (d) Put

15. A: What's with Peter today? He ______ at me for no reason.
B: Don't worry. It's just the end of semester pressure.

(a) yanked (b) snapped (c) nipped (d) jerked

16. A: Do you want to try some of this pizza?
B: To be frank with you, I'm not a ____ fan of pizza.

(a) huge (b) big (c) tall (d) large

17. A: How about a movie tonight? That new action flick is opening in town.
B: Well, I have to put ______ touches on my term paper. Sorry.

(a) closing (b) accomplishing (c) practicing (d) final

18. A: It seems that she isn't happy with her roommate.
B: I tried to find out why, but I couldn't _____ him down.

(a) set (b) pin (c) run (d) put

19. A: You don't look good. What's wrong?
B: My back ______ while I was moving furniture yesterday.

(a) took off (b) gave away (c) went out (d) passed away

20. A: Did you ever ________ to cashing the refund check from the store?
B: Oh, my God! I must have misplaced it on my desk somewhere.

(a) eleventh hour (b) wildest dream (c) back burner (d) honor roll

21. We had to make a(n) ________ around the town center, so it took us longer than usual.

(a) overpass (b) substitute (c) detour (d) deviation

22. The disparity in their ages made no _____________ at all.

(a) discrepancy (b) distinction (c) differentiation (d) difference

23. It's better to express your anger than let it ______ inside you.

(a) fester (b) blister (c) gurgle (d) deviate

24. A: I don't know it's expensive. I've seen similar coats that we were a lot more.
B: I know. It's a real ______.

(a) bargain (b) value (c) purchase (d) discount

25. A: I'm sorry to say that I have injured my back again.
B: If you had _______ my advice, it would never have happened.

(a) observed (b) followed (c) heard (d) attended

26. A: I finally bought a house!
B: Oh, I'm so happy for you. I guess hard work really does ____ in the end.

(a) show off (b) come forward (c) get at (d) pay off

27. A: Do I ______ here for American Flight 120 to Paris?
B: Yes. Do you have your ticket?

(a) check in (b) get on (c) drop in (d) come up

28. A: Hello, Peter. Where are you now? Everybody's waiting for you.
B: Hello, Mary. I'm in the _______ ward. My wife's going to have a baby.

(a) trauma (b) emergency (c) maternity (d) operating

29. A: How did Tina get a boyfriend so quickly?
B: Well, she just _______ the first handsome man that came along.

(a) came at (b) fell for (c) got around (d) took on

30. The church members truly sang from the _____ in their praise of the Lord.

(a) brain (b) heart (c) memory (d) emotion

31. The insects have a series of ______ stages before they reach maturity.

(a) absentee (b) unsettled (c) ephemeral (d) intermediate

32. After two years of talks, the Russians and Americans finally reached a(n) ___________ .

(a) agreement (b) decision (c) contract (d) negotiation

33. Peter does not have much patience; he often loses his ______ .

(a) spirit (b) mood (c) passion (d) temper

34. The meeting was originally ______ to be held this Friday at 3 p.m.

(a) taken (b) picked (c) alerted (d) scheduled

35. The message of this book is to ______ your priorities in order - just do it!

(a) assume (b) get (c) target (d) correct

36. While money is not necessarily the root of all evil, it certainly can ______ our judgment.

(a) cloud (b) reserve (c) jump (d) pass

37. Moving with your parents may be _____ with financial pitfalls.

(a) gotten into (b) equal to (c) fraught with (d) assured of

38. A: You _____ coffee with milk, right? B: In fact, I drink mine black.

(a) get (b) take (c) make (d) meet

39. A: The way I ____ it, Peter is lying through his teeth.
B: What makes you say that?

(a) see (b) look (c) notice (d) observe

40. A: How is the weather in Seoul?
B: Well, it's ______ down with rain.

(a) drawing (b) limping (c) pelting (d) taking

41. A: I drive up to the mountain every July and ______ a tent.
B: Really? I never pictured you as the outdoors type.

(a) hurl (b) throw (c) cast (d) pitch

42. A: I just flew in last night, so I'm very tired.
    B: Okay, I will let you sleep off the jet ____.

(a) lag (b) propulsion (c) travel (d) tour

43. I heard that you and Chris have been close ________ for many years.

(a) relationships (b) strangers (c) intimacies (d) acquaintances

44. A: Shall I have this ________ mail insured?
    B: You don't have to bother with that.

(a) surface (b) facial (c) exterior (d) top

45. A: Peter, where can I get some good nails and hammers?
    B: Why don't you try that _____ store down the road?

(a) hardware (b) software (c) pet (d) superior

46. Detect _____ papers by comparing with submitted papers and papers from online term paper mills.

(a) fortified (b) plagiarized (c) discipline (d) criticized

47. _______ drugs are medicines that may be sold without a prescription, in contrast to prescription drugs.

(a) generic (b) over-the-counter (c) state-of-the-art (d) expensive

48, Germs are not visible to the ______ eye.

(a) raw (b) naked (c) open (d) fresh

49. There are attractive career opportunities wit multinational companies due to an increasing ______ for trained construction professionals.

(a) motive (b) drive (c) shortage (d) demand

50. A youth _____ center, also known as juvenile hall, is a prison for people from the age of responsibility to the age of majority.

(a) contention (b) detention (c) retention (d) convict

51. Grass roots organizations are attempting to ______ the environmental problems.

(a) accrue (b) parallel (c) address (d) elate

52. During the holiday season, it is hard find a(n) ________ at hotels in famous resorts.

(a) reservation (b) vacancy (c) brochure (d) attendant

53. It was hard to keep a ______ face when she made that remark.

(a) undistorted (b) honorable (c) consecutive (d) straight

54. Korean lawmakers approved a new _____ on Monday to regulate genetically modified crops.

(a) suggestion (b) topic (c) idea (d) law

55. A: Can I pay with Credit Card?
B: I'm sorry, sir. We don't ________ Credit Card.

(a) accept (b) receive (c) issue (d) carry

56. A: My final exam has been ______ on hold for a while.
B: Why? What happened?

(a) taken (b) put (c) worked (d) made

57. A: Do you know what happened to Jane? She was crying her eyes _____.
B: I heard Peter broke up with her last night.

(a) out (b) forward (c) hung (d) closed

58. A: Could you speak up? I can hardly hear you.
B: Sorry. I've _______ my voice, so I can't talk loudly.

(a) lost (b) raised (c) taken (d) injured

59. Special _______ are usually marked with traditions and customs stemming back to religious or ethnic rites.

(a) occasions (b) happenings (c) episodes (d) adventures

60. Right after the new CEO was appointed, the chairwoman of the board of directors stood _____, citing ethical and ideological differences.

(a) backward (b) through (c) out (d) down

61. To lose consciousness is to _________.

(a) black out (b) come to life (c) blast off (d) blow up

62. On our trip to Chicago our tires blew ____.

(a) up (b) away (c)out (d) off

63. She knew the records of the major league teams _______.

(a) by turn (b) by far (c) by choice (d) by heart

64. Language proficiency _______ for much in the entrance examination.

(a) makes (b) compounds (c) commutes (d) counts

65. To assist someone with something is to help him _____.

(a) for (b) on (c) over (d) out

C. Choose the best appropriate meaning of the underlined phrases in the following sentences.

1. His reputation is at stake.

(a) firmly established (b) in a risky position
(c) about to burned (d) about to beaten

2. War, which seemed certain, was prevented at the eleventh hour.

(a) as scheduled (b) unexpected (c) at the last moment (d) at present

3. He tried to hide her lack of knowledge by beating around the bush.

(a) talking around the point2 (b) coming directly to the subject
(c) using unkind words (d) supporting his own idea

4. When the subway train was slowing down, people were bracing themselves automatically for the stop.

(a) being ready (b) becoming tense

(c) gathering themselves (d) standing up

5. She will abide by her promise if she gives it.

(a) allow for (b) renew (c) not keep (d) stick to

6. The old theory cannot account for this phenomenon.

(a) explain (b) support (c) bring forth (d) answer for

7. Financial specialists are at odds over the proposals.

(a) in agreement with (b) in disagreement with
(c) in favor of (d) at war with

8. This report bears out my theory.

(a) supports (b) breaks (c) suppresses (d) reserves

9. He caught the train by the skin of my teeth.

(a) by some accident (b) by breaking the skin
(c) by virtue of money (d) by dint of drudgery

10. After that failure people called him names.

(a) verbally abused him (b) spoke well of him
(c) finished with him (d) called the roll

11. The plan which attempted to assassinate the president finally came off.

(a) canceled (b) succeeded (c) abandoned (d) frustrated

12. I wish some of those guys would come up with a bright idea.

(a) suggest (b) realize (c) overtake (d) perceive

13. It crossed my mind yesterday that you might want to accompany us.

(a) occurred to me (b) made me angry
(c) escaped my attention (d) memorized

14. This sort of thing will cut no ice on the international market.
(a) offend no one (b) have no influence
(c) make a good price (d) give no warmth

15. To avoid him you dodge into the nearest cafe.

(a) leave quickly (b) enter quickly (c) enter slowly (d) leave slowly

16. If you neglect what you are to do, you will be dressed down.

(a) sent to the dress section (b) asked to sell dresses
(c) reproached (d) deprived of your dress

17. Years ago her father had a falling out with them ove the estate of the old lady.

(a) quarreled (b) encountered (c) negotiated (d) conferred

18. I cannot do without this car for the life of me.

(a) for the time being (b) in all my life
(c) for the world (d) for my sake

19. I was able to get a head start on my reading during the holidays.

(a) get by (b) start early (c) get around (d) set started

20. I'll get even with Peter for cheating me.

(a) desert (b) ignore (c) forgive (d) repay

21. He easily got the better of her in that argument.

(a) controlled (b) satisfied (c) argued with (d) won over

22. She rushed out of the room to give vent to her feelings.

(a) soothe (b) control (c) express (d) exaggerate

23. That was a form of amusement that was never gone in for by the working class.

(a) taken part in (b) catch up with (c) put up with (d) look forward to

24. When Peter came home late at night, his father hit the ceiling.

(a) enlightened (b) slept (c) scolded (d) despised

25. He moved heaven and earth to please her, but she just did not want to stay there with him.

(a) showed evidence of action (b) changed his clothes every day
(c) did everything possible (d) moved actively

PART Ⅳ. FIXED EXPRESSIONS

▸The pleasure was all mine.(=My pleasure.) 천만에요. 별 말씀 다 하십니다.
▸With pleasure. 기꺼이(하겠습니다).
▸Are you here for business or pleasure?
일 때문에 오셨어요, 아니면 놀러 오셨어요?
▸I like my coffee strong. 나는 진한 커피를 좋아한다.
▸I feel strong with you by my side. 당신이 곁에 있어서 든든해요.
▸There was a strong wind. 바람이 세게 불었다.
▸My hands are full.(=I have a full plate.) 바쁘다.
▸I can't skip even a meal. 난 한 끼도 못 걸러.
▸I skipped lunch. 점심을 먹지 않았다.
▸No kidding! = No way! = You can't be serious. = You've got to be kidding.
농담마라, 설마!
▸Let me put it this way. 이렇게 표현해 볼 게.
▸How do you like heavy metal? 헤비메탈 음악 좋아해?
▸How do you like your tea? 차를 어떻게 해드릴까요?
▸This cup has a chip. 컵에 이가 빠졌어요.
▸You were tied[held] up in traffic, right? = You were stuck in the traffic, right? = The traffic is heavy, right? 교통이 혼잡해서 그랬던 거지?
▸I'm exhausted. = I'm tired out. = I'm worn out. = I'm run down. 지쳤다.
▸It's over[above] my head. = It elude me. = It's beyond me.
= It's beyond my grasp. 그것은 나에게 너무 어려워.
▸Same here. = Likewise. = Ditta. = That makes two of us. 저도 그래요.
▸It's bland. 그거 밋밋해.
▸It's gone bad. 상했어.
▸It's gone stale. 빵에 곰팡이 피었어.
▸It's bittersweet. 달콤 씁쓸해.
▸I took the rest of the day off. 저는 조퇴를 했어요.
▸I think I'm coming down with something. 몸 상태가 안 좋은 것 같아.
▸Give it a rest! = Give me a break! 한 번만 봐주세요!

▸What's the catch? 꿍꿍이가 뭐야?
▸He is a good catch. 그는 일등 신랑감이야.
▸I think we have a lot of thing to catch up on.
우린 만나서 회포를 풀 것이 있다.
▸I don't follow you. 잘 이해가 되지 않는데요.
▸Follow your nose. 곧장 가세요.
▸I report for work by 8 o'clock. = I get to work by 8 o'clock. = I punch in by 8 o'clock. = I start my work at 8 o'clock. 8시까지 직장에 출근한다.
▸I have a hangover. 숙취가 있습니다.
▸Let's get something to relieve our hangover. 해장하러 갑시다.
▸I drank bitter black coffee to get rid of my hangover.
숙취를 없애기 위해 쓰디 쓴 블랙커피를 마셨다.
▸Our team is unbeatable. 우리 팀은 천하무적이다.
▸It's really stuffy in here. 이곳은 정말 답답해.
▸I'm trying to reach Jason. 제이슨과 통화하려 하는데요.
▸Let's have a ball! 마음껏 즐깁시다!
▸Give me a ball-park figure. 대충 어림잡아 말씀해주십시오.
▸That's the way the ball bounce. 세상 다 그런 거지 뭐.
▸Don't be forward. 버릇없이 굴지마.
▸He was immune to criticism[opposition]. 그는 비판[반대]에도 끄떡하지 않는다.
▸You must cut your coat according to your cloth.
뱁새가 황새를 따라가면 가랑이가 찢어진다.
▸Fortune favors the brave. 행운은 용감한 사람의 편이다.
▸Hold it. 잠깐 기다려, 움직이지 마.
▸I part my hair in the middle. 나는 중간 가르마를 탔다.
▸I have a rash all over the body. 몸 전체에 두드러기가 생겼어요.
▸I feel itchy all over my body. 몸 전체가 가려워요.
▸I feel as if it is hard to breathe. 숨쉬기가 힘든 것 같아요.
▸She apologized with bad grace. 그녀는 마지못해 사과했다.
▸Don't assume too much. 억지로 끼워 맞추지 말아요.
▸May I speak[talk] to[with] Mary? = Is Mary there? = Is Mary in?
메리 좀 바꿔 주실래요?
▸I don't understand. = I don't follow you. = I don't get it. = I can't make heads or tails of it. = I can't make sense out of it. 이해가 안 돼요.

▸Let's draw. 제비뽑기로 정하자.
▸I drew a blank. 꽝을 뽑았다, 헛수고 했다.
▸They drew nil to nil. 그들은 0:0으로 비겼다.
▸Let's flip[toss] a coin. = Let's flip[toss] for it. 동전 던지기로 정하자.
▸Could you turn it down? 소리 좀 줄여 줄래?
▸She turned me down. 그녀가 나를 거절했다.
▸My eyes are bloodshot. 눈이 충혈 되었다.
▸My eyes are smarting. 눈이 따끔거린다.
▸My eyes are irritated. 눈에 염증이 났다.
▸I see. 아 그렇구나.
▸I know. 이미 알고 있어.
▸I didn't realize that. 그것은 몰랐어요.
▸I hardly recognized you. 거의 너를 못 알아볼 뻔했어.
▸I'm tired[bushed/beat/burned out/worn out/exhausted/wiped out'. 피곤해
▸It's illegible. = I can't tell what it says. = I can't make it out.
= It's hard to decipher. 읽을 수가[알아볼 수가]없다.
▸Watch what you say. = Watch your mouth. = Watch your language. 말조심해.
▸I'd love[like] to. = I'd be happy[delighted] to.
= It wouldn't miss it for the world. 기꺼이 하고 싶어요.
▸See you. = See you later. = Later. = So long. = Farewell. = Good-bye.
= Take care. = Catch you later. = Talk to you later. 작별인사
▸It's my fault[bad/mistake]. = I'm to blame. 내 잘못이다.
▸Please grind the coffee beans. 원두커피를 갈아주세요.
▸It makes me grind my teeth. 치가 떨려요.
▸After putting a make-up base, I applied lipstick. 기본화장을 하고 립스틱을 발랐다.
▸Nice to meet you. = Glad to get acquainted with you. = Good to make an acquaintance with you. 만나서 반갑습니다.
▸He is a prolific writer. = He writes extensively. 그는 글을 많이 쓴다.
▸I am a extensive reader. 나는 독서 범위가 넓다.
▸I've got to take off now. 지금 가야 해.
▸I want to take a week off. 일주일을 쉬고 싶어.
▸He is heading[bound, leaving]for the place. = He is going to the place.
= He is off to the place. 그는 그 곳을 향하고 있다.
▸You have a point. 네 말에 일리가 있다.

- Get to the point. 본론만 말해.
- Don't take ti to heart. = Don't take it personally[seriously, too hard].
  심각하게 받아들이지 마.
- I owe you. = I owe you big time. = I owe you one[big]. 신세지다.
- I will get[put] A on the phone. A를 연결시켜 드리겠습니다.
- I'll put you through. = I'll connect[transfer] your call.
  전화를 연결해 드리겠습니다.
- So far so good. 지금까지는 잘 되고 있어.
- You scratch my back and I will scratch yours.
  오는 정이 있어야 가는 정이 있다.
- Everything is falling apart. = It fell apart at the seams. 모든 게 엉망이에요.
- Ge a grip on yourself. = Pull yourself together. 힘내, 정신 차려.
- Don't let her throw you. 그녀에게 현혹되지 마라.
- I don't buy it. 그건 못 믿겠어.
- It's a good buy. 아주 잘 산 물건이야.
- I'm tone deaf. = I can't sing. = I can't carry a tune.
  = I don't have a very good ear for music. 음치이다.
- Don't tell me you love her. 설마 그녀를 사랑한다는 건 아니겠지.
- You don't say. 설마.
- Speaking of which. 그러니까 생각나는데.
- We're not on speaking terms these days. 요새 말도 안하는 사이인 걸.
- It's been our pleasure. (와 주셔서)즐거웠습니다.
- Thanks for dropping in. 방문해 주셔서 감사합니다.
- I'm so glad you stopped by. 들러줘서 기뻐.
- My insurance will cover everything. 보험에서 다 처리됩니다.
- I can't get my car started. = My car won't start. 시동이 안 걸려요.
- Step on the gas. = Pick up the speed. 속도를 내 주세요.
- The car jus changed lanes without using blinkers.
  그 차가 깜빡이도 안 켜고 막 차선을 바꿨어.
- How will you ge getting around in New York?
  뉴욕에서는 어떻게 돌아다닐 거야?
- I need to get some shout-eyes. 잠을 좀 자야겠어.
- I need a day off. 하루 쉬어야겠어.
- Is there anything else I can get for you? 또 도와드릴 게 있을까요?

- Can I give you a hand? 도와줄까?
- I've got it. 내가 알아서 할게.
- Where have[Where've] you been keeping yourself?
  너 어디서 틀어박혀 있었어?
- Have you been keeping busy? 그동안 바빴니?(한동안 못 봤을 때)
- How's life treating you? 요즘 어떻게 지내?
- Well, I've had better days. 음 별로야.
- Getting by. = Fair to middling. = Muddling through.
  = Plugging along. 그럭저럭 지내.
- What day would you like? 언제가 좋은데?
- Would you please give me a rain check? 다음에 하죠?
- Maybe some other times. 다음 기회에 하죠.
- I have to run an errand. 심부름을 해야 해.
- You look green around the gulls. 혈색이 좋지 않다.
- You look a little peaked. 수척해 보여.
- You look flushed. 얼굴이 좀 빨개 보여.
- You're white as a ghost. 유령처럼 창백해 보여.
- Would you like a taste? 맛볼래요?
- Here. Try some. 여기요. 좀 드셔 보세요.
- Would you like a sip? 한 모금만 마셔볼래?
- You just ran a red right. 너 방금 정지 신호를 무시하고 달렸어.
- When does he lease for your apartment expire?
  너희 아파트 임대차 계약이 언제 끝나니?
- Your rent is past due. 집세 낼 때가 지났어요.
- If you don't pay by this Friday, you're out. 이번 금요일까지 내지 않으면 나가셔야 합니다.
- Nothing happens. 아무것도 안돼.
- The screen is blank. 스크린에 아무것도 안 나와.
- It's an eyesore. 그건 흉물이야.
- All is good time. 때가 되면 모두 다 잘 될 거야.
- There's a time for everything. 모든 일에는 다 때가 있으니 참고 기다려.
- It will work out in the end. 결국에는 다 해결될 테니 참고 기다려.
- I don't think your plan will pan out. 네 계획이 잘 될 것 같지 않아.
- That noise is deafening. = That noise assaults the ear. 시끄러워서 귀가 먹겠다.

- ▸My ears are ringing. 귀가 웅웅 울릴 지경이라고.
- ▸Find a channel and stick with it. 채널 하나 정해서 그걸 봐.
- ▸Stick to one channel. 한 채널만 봐.
- ▸Stop flipping channels. 채널 좀 그만 돌려.
- ▸I'm plead the fifth. 묵비권을 행사하겠어요.
- ▸I'm not th one to kiss and tell. 난 비밀을 지킵니다.
- ▸My lips are sealed. 비밀을 지킬게요.
- ▸I'm seeing Jack. 나는 Jack과 사귀고 있다.
- ▸What's the exchange rate of euros to the dollar? 달러당 유로 환율은 어떻게 되죠?
- ▸The exchange rate is going up. 환율이 올라가고 있어요.
- ▸My lights keep flickering. 불이 계속 깜빡거려요.
- ▸I smell gas. 가스 냄새가 나요.
- ▸My electricity was cut off. 전기가 끊겼어요.
- ▸We have a power outrage almost every week. 거의 매주 단전이 되요.
- ▸I didn't mean it. 일부러 그런 건 아니야.
- ▸She is very mean. 그녀는 정말 못됐다.
- ▸She lives beyond her means. 그녀는 분수에 넘치는 지출을 한다.
- ▸By all means. 물론이죠.
- ▸I'm sorry, there's no vacancy. 죄송하지만 빈 방이 없습니다.
- ▸Press your PIN number. 여기에 비밀번호를 누르세요.
- ▸Is your name on the account? 이 계좌가 본인의 이름으로 되어 있나요?
- ▸I'm in trouble. = I'm behind the eight ball. = My neck is on the line. 곤경에 처했어.
- ▸I'm in over my head. = I'm in way over my head. 심각한 곤경에 처했어.
- ▸The phone is off the hook. 전화 수화기를 잘못 두다.
- ▸The phone went dead. 전화기가 먹통이 되었다.
- ▸He's out of work. 그는 실직했다.
- ▸It's out of the question. 그건 불가능하다.
- ▸She's out of sorts. 그녀는 몸이 좋지 않다.
- ▸I'm out of cash. 현금이 없다.
- ▸The toilet is running. 변기 물이 계속 흘러요.
- ▸The toilet won't flush. 변기 물이 안 내려가요.
- ▸The toilet is leaking. 변기가 세요
- ▸My toilet overflowed! 변기가 넘쳐요!
- ▸Hold the line. 잠깐 기다리세요.

▸I feel sick. 나 아파.

▸I'm sick as a dog. 나 엄청 아파.

▸I feel terrible[lousy/rotten]. 아주 좋지 않아.

▸I found out he was seeing someone behind my back. 그가 저 몰래 다른 사람을 사귀고 있다는 걸 알아냈어요.

▸She's got someone on the side. 그녀가 다른 사람을 사귀고 있어요.

▸He's been fooling[messing] around. 그가 바람을 피고 있어요.

▸What's eating (at) you? = What's bothering you? 무슨 일 있니?

▸Calm down. = Simmer down. = Control yourself. 진정해.

▸Don't be such a worrywart. = Don't lose sleep over it.
 = You'll send yourself to an early grave. 너무 걱정하지 마.(신경쓰지 마)

▸What charge are you taking me in on? = What am I charged with?
 무슨 죄로 절ㄹ 체포하시는 겁니까?

▸What's the charge? 무슨 죄죠?

▸I demand to see my lawyer. 제 변호사를 만날 것을 요구합니다.

▸Your fly is open. 남대문이 열렸어요.

▸What grad are you in? 몇 학년 이니?

▸The doctor gave me his diagnosis. 의사가 진단을 했다.

▸He represents our city. 그는 우리 시 출신 의원이다.

▸Dinner's almost ready. 저녁이 거의 다 되었어.

▸It's almost done. 거의 다 되었어.

▸It will be on the table in a minute. 잠시 후에 식사가 올라갈 거야.

▸Soup's on! 저녁 준비됐어.

▸I misjudged the time. 시간을 잘못 계산했어.

▸I got sidetracked. 잠깐 딴 데 들렸었어.

▸I'd like some decaf. 무카페인 커피 주세요.

▸It's all for the best. 어떻게 보면 오히려 잘 된 거예요.

▸When God closed a door, he opens a window. 죽으라는 법은 없으니까 걱정 마세요.

▸Don't let it get you down. 그 일로 기운 빠지지 마세요.

▸Keep your chin up(=Chin up!)! 힘내요.

▸Charmed. 만나서 기쁩니다.

▸I'm swamped. = I'm snowed under. = I don't have time to breathe.
 = Not a moment to spare. 너무 바빠.

▸We finally nailed down a deal. 계약을 따내다.

- I have a deadline to meet. 마감시간을 맞춰야 합니다.
- This deadline is looming large on the horizon. 마감이 코앞에 닥쳤어요.
- I'm under the gun. 마감 스트레스에 시달리고 있어요.
- It's getting down to the wire. 마감이 가까워지고 있어요.
- That's a lot of balony. 헛소리야.
- That's a big, fat lie. 그건 새빨간 거짓말이야.
- You haven't got the facts right. 잘못 알고 있군요.
- Next time get the facts first. 다음번에는 사실부터 확인하세요.
- Don't jump to conclusion. 성급하게 결론 내리지 마세요.
- Nice weather we're having. 날씨가 좋죠.
- Lousy weather, isn't it? 날씨가 안 좋죠.
- Horrible weather we're having. 날씨기 끔찍하네요.
- Hot[Cold] enough for you? 너무 덥죠[춥죠]?
- You've got me. 나도 몰라요.
- Don't let it get to you. 그것 때문에 신경 쓰지 마.
- Don't get me wrong. 오해하지 마.
- This needs to be hemmed. 치마단[바지단]을 다시 해야 해요.
- The pants legs need to be let down. 바지 단을 늘려주세요.
- The waist needs a few tucks. 허리를 좀 줄여 주세요.
- The waist needs to be let out. 허리를 늘려주세요.
- I'd like to open a savings account? 예금 계좌를 개설하고 싶어요.
- I'd like to close my checking accounts. 당좌예금 계좌를 닫고 싶어요.
- I'd like to get a safety deposit box. 안전보관함을 빌리고 싶어요.
- We'll talk sometimes. 나중에 통화해.
- That turns my stomach. 역겨워요.
- That's unfit for human consumption. 사람이 먹을 만한 것이 아니네요.
- Don't spend it all in one place. 돈을 바보처럼 쓰지 마.
- Don't let it burn a hole in your pocket. 돈을 절약해.
- You have no business throwing money around like that.
  그런 식으로 돈을 마구 쓰면 안 되지.
- I've lost my train of thought. 중간에 어디까지 생각했는지 잊었어.
- It's on the tip of my tongue. 알긴 아는데 입에서 맴도는 걸.
- It slipped my mind. = The thought escaped me. = It's left my head. 깜빡했어.
- I'll dip into my savings. 저축에 손을 대야 할 것 같아.

▸ I'll scrounge up the money somehow. 힘들지만 어쨌든 돈을 구할 게.
▸ I've been saving for a rainy day. 만일을 위해 돈을 모아왔지.
▸ It's good enough. 만족스러워요.
▸ It'll do. 그거면 될 겁니다.
▸ It'll serve the purpose. 그거면 될 겁니다.
▸ I think it's great. 멋진 것 같아요.
▸ Well, said. 맞는 소리예요.
▸ I'll drink to that! 동의해요.
▸ We see eye to eye on this. 이 문제에 대해서 동의해요.
▸ I couldn't have said it better. = You took the words right not of my mouth. 정말 말 한번 잘했어요.
▸ It's highway robbery. = It si a rip off. = It's outrageous[thievery/pricey]. = It is unheard of. 너무 비싸.
▸ You're a little green. 아직 풋내기군요.
▸ You're still wet behind the ears. 아직 어리군요.
▸ You have a wonderful taste. 취향이 고상하시군요.
▸ Tastes differ. 취향이 달라.
▸ There's no accounting for taste. 각인각색이야.
▸ If only I could turn back the hands of time. 시간을 거꾸로 돌릴 수만 있다면.
▸ One good turn deserves another. 친절은 베풀면 돌아온다.
▸ They turned a deaf ear to our plea. 그들은 우리의 간청을 들은 척도 안 해요.
▸ Whose turn is it to do the dishes? 누가 설거지할 차례니?
▸ It's a snap. 그건 정말 쉬워.
▸ Snap out of it. 정신 차려.
▸ I'm touched. 나는 감동을 받았다.
▸ He's very touchy. 그는 아주 화를 잘 낸다.
▸ Don't pin that on me. 그 일을 제 탓이라고 하지 마세요.
▸ It's a drag. 그거 지루해.
▸ I'm sick and tired of it. 그게 지긋지긋해.
▸ Don't lecture me. 훈계하지 마세요.
▸ She gave birth to a baby[girl]. = She had a baby boy[girl]. 그녀는 아들[딸]을 낳았다.
▸ She is in labor. 그녀는 아이를 낳고 있다.
▸ She is expecting. 그녀는 임신 중이다.
▸ Not on my account. 저 때문에 굳이 할 필요는 없어요.

▸It occurred[hit, struck] me. = It dawned on me. = It came across my mind.
= It burst upon me. 나에게 그 생각이 떠올랐다.

▸My coke is flat. 콜라의 김이 빠졌어요.

▸I'm a flat broke. 난 완전해 파산한 상태예요.

▸I doubt[suspect] that he is lying. 그가 거짓말할 리가 없다[거짓말하는 것 같다].

▸How time drags! 시간이 참 안가네.

▸Come stag or drag. 혼자든, 동반이든 오십시오.

▸She just touched on it. 그냥 간단히 언급만 하셨어.

▸Do not cross the bridge until you come to it. 지레 걱정하지 마라.

▸Can you keep a straight face? 진지하게 받아들일 수 있어요?

▸Give me a chance! 한 번만 봐 주세요!

▸It really hit close to home. 남의 일 같지가 않네요.

▸How do I address you? 제가 당신을 어떻게 불러야 되나요?

▸I'll catch[talk to] you later. 또 만나요.

▸I'll talk to you soon. = See you real soon. = See you again soon. 곧 다시 뵙겠습니다.

▸Good luck. = Take care. 잘 다녀오세요.

▸I guess I'd better go. = I've got to go now. = I guess I should be going now.
이제 가봐야 해요.

▸I'm afraid I've stayed too long. = I've been here way too long. 너무 오래 있었나 봐요.

▸Long time, no see. = I haven't seen you in ages. = It's been a long time since I saw you last. 참 오랜만이군요.

▸How are things coming along? 일이 순조롭게 진행되고 있나요?

▸Can I give your lift[ride]? 제가 태워다 드릴까요?

▸Please don't be in such a hurry. = Please don't rush off. 그렇게 서두르지 않으셔도 되요.

▸I've been waiting to meet you for some time. 전부터 당신을 뵈었으면 했어요.

▸So, we finally get to meet each other! 드디어 이렇게 만나게 되었군요.

▸How can I ever repay you? = What can I do to pay you back?
= I don't know how to thank you. 이 은혜를 어떻게 보답해야 할지 모르겠군요.

▸The way I see[look at] it. 내가 보기로는

▸It's been eating her heart since she lost her husband. 그녀는 남편을 잃은 후로 비탄에 잠겨 있어요.

▸How is holding up? = How is he managing? 그가 어떻게 견디고 있나요?

▸Don't give in to grief. 슬픔을 참고 이겨내야 해요.

▸ Please accept my deepest sympathy. = I offer my deepest condolences.
심심한 조의를 표합니다.
▸ We will always remember her in our prayers. 삼가 그녀의 명복을 빕니다.
▸ You did a good job. = Great job! 참 잘했어요.
▸ That's cool[awesome]! 끝내주는 군요.
▸ He's out of this world. = He's one of a kind. 세상에 그분 같은 사람은 없을 거예요.
▸ He's well-built. = He has a nice physique. = He has a great body.
그는 체격이 참 좋습니다.
▸ You're all dressed up. 쫙 빼입었군요.
▸ You're a cut[step] above me. 당신이 한 수 위로군요.
▸ I'm really pissed off. 정말 열받는군요.
▸ Don't boss me around. 이래라 저래라 하지 마세요.
▸ Why are you so unreasonable? 뭐가 그렇게 못마땅하세요?
▸ What a drag! = What a bummer! 정말 맥이 빠지는군!
▸ She's always bugging[nagging] me. 그녀는 늘 내게 바가지만 긁는답니다.
▸ I'm sorry, I couldn't help[avoid] it. 어쩔 수 없었어요.
▸ I have the wrong person. 제가 사람을 잘못 봤군요.
▸ It slipped my mind. 제가 깜빡 잊었군요.
▸ Let me catch my breath. 숨 좀 돌리구요.
▸ Let's bury the hatched. = Let's let bygones be bygones. 과거사는 거론하지 맙시다.
▸ Can you come up with some money? 돈 좀 마련할 수 있으세요?
▸ She blew it all in less than a week.
그녀는 일주일도 안 돼서 돈을 다 써버렸습니다.
▸ We have an hour to kill. 한 시간을 때워야 합니다.
▸ Let's get the ball rolling. = Let's get to work. = Let's get moving. 어서 일을 시작합시다.
▸ What is this regards[reference] to? 무슨 일로 그러시죠?
▸ Please go over that part again. 그 부분 다시 설명해 주세요.
▸ I think I'm going to faint. 쓰러질 것 같아요.
▸ I've been constipated. 변비에 걸렸습니다.
▸ I feel like throwing up. 속이 메스꺼워요.
▸ I really stuck. 완전히 사면초가예요.
▸ Why are you so uptight[nervous]? 왜 그렇게 안절부절 못하죠?
▸ I'm in a hot spot now. = I'm a hot potato. 나 지금 큰일 났어요.

▸The beaten road is the safest. 걷던 길이 제일 안전하다.
▸You beat me to it. 선수 쳤네.
▸Let's beat the rain. 비 맞기 전에 빨리 갑시다.
▸I'm beat. (나 피곤해.)
▸It's about time! 드디어 왔구나!
▸It's[It sounds] all[quite a] Greek to me. 도무지 무슨 말인지 모르겠다.
▸Search me! 난 모른다! 내가 어떻게 알아?
▸She's stuck up[conceited, snotty]. 그녀는 잘난 척해.
▸Stick to the topic. 삼천포로 빠지지 마.
▸What a shame[pity]! = It's a shame[pity]. 정말 유감이야.
▸(What a) Shame on you! 너 부끄러운 줄 알아!
▸A little bird[birdie] told me. (이름을 밝힐 수 없는) 어떤 사람한테서 알게 되다.
▸A simple no will suffice. 싫으면 그냥 싫다고 말하면 충분해요.
▸I ask you. (Am.) (지긋지긋해서) 어건 뭐냐, 기가 막히는 군, 설마, 어떨까.
▸Don't ask me. (sp.) 모르겠어.
▸Beat it!(=Go away!) 꺼져
▸(It) Beats me.(=I have no idea.) 전혀 모르겠다, 금시초문이다.
▸Beggars can't be choosers. 궁한 처지에 이것저것 가릴 수 없다.
▸Blood will tell. 핏줄은 못 속인다.
▸Blood is thicker than water. 피는 물보다 진하다.
▸Birds of a feather flock together. 유유상종(類類相從)
▸Cut it out! (=Stop it!) 그만둬! 집어치워!
▸Do as one sees fit! 좋을 대로 해!
▸Does it ring a bell? 감 잡았어?
▸Don't be such a stranger.(=Please visit more often.) 좀 더 자주 들르세요.
▸Don't get me wrong.(=Don't understand me.) 오해하지 마세요.
▸Don't hold your breath. 한참 더 기다려라.
▸Don't I know you from somewhere? 우리 어디서 만났던가요?
▸Don't you see?(=Can't you understand?) 정말 모르겠어?
▸Days are numbered. 시간이 얼마 남지 않았어.
▸Hang in there![= Don't give up!] 견디어 내라, 버티어 봐라!
▸He's a real odd ball. 괴짜 같은 사람이다.
▸He's rich with a capital R. 그는 엄청난 부자다.
▸I bombed my exam. 시험을 망쳤어.

▸I can live with that.(=I can accept that.) 수용할 수 있다
▸I couldn't ask for more. 더할 나위 없이 만족스럽다
▸I'd like my coffee plain. 커피 그냥 주세요.
▸I'll tell you what. : This is what I'll say. 잘 들어봐, 이건 어때, 자 이렇게 해봐.
▸I'm all for that. : I support that idea. 전적으로 지지한다, 대찬성이다
▸I'm loaded today. 오늘 주머니가 두둑해.
▸I'm from Missouri. 미주리 출신입니다, 난 의심이 많아요.
▸If I do say so myself : If I may boast a little about it ⇒ 자화자찬일지.
▸It beats me. 모르겠어. 금시초문인 걸, 졌다
▸I wasn't born yesterday. 내가 호락호락한 줄 아니?
▸I can see his wheels turning. 바퀴가 도는 게 보여. 잔머리 굴리는 게 보여.
▸It[That] figures![=I expected that!/I knew it!] 그럴 줄 알았어!, 당연하지!
▸It really hit close to home. ⇒ 남의 일 같지가 않네요.
▸It remains to be seen. 앞으로 두고 볼 일이다, 두고 보면 안다
▸It's a breeze. 그것은 식은 죽 먹기다[아주 쉽다]
▸It's for the birds. 그것은 전혀 소용이 없는 것이다.
▸It takes two to tango. 손뼉도 부딪혀야 소리가 난다
▸It's a good thing. 다행이다
▸It's not my thing. 난 소질이 없어. 난 거기에 약해.
▸Let bygones be bygones.(=Forget the past.) 지난 일은 잊자.
▸Let sleeping dogs lie. 쓸데없이 문제를 일으키지 마라
▸Listen up! : Be quiet and listen very carefully. 잘 들어!
▸Nice try! (결과는 실패지만)잘했어!
▸No can do.(=It's impossible.) 불가능하다
▸No laughing matter.(=It's a very serious thing.) 웃을 일이 아니다
▸Not on your life!(=Absolutely not!) 절대 안돼, 결코 안 할 거야!
▸Not on my account! 저 때문에 굳이 할 필요는 없어요!
▸Nothing doing!(=I absolutely won't do it!) 정말 안 할 거야!
▸Now you're talking.(=Now you're doing it right.) 진작 그렇게 나와야지
▸Over my dead body! 절대로 안 돼!
▸Sit back and enjoy the ride. 굿이나 보고 떡이나 먹어라.
▸He's sitting pretty. 그는 잘 나간다.
▸I sat up all night last night. 어젯밤 밤을 지새웠다.
▸Sit tight! : Stay where you are! 그 자리에 꼼짝 마!

▸ Skip it!(slang) 잊어! 신경 쓰지 마!
▸ My heart skipped a beat. 가슴이 철렁했어요.
▸ I did not sleep a wink. = I did not get a wink of sleep.
= I tossed and turned last night. 한 잠도 자지 않다.
▸ Take it easy.(=Calm down.) 진정해!
▸ That does it! 이제 그만!
▸ That's how[the way] it goes! 그게 인생이야. 다 그런 거야.
▸ That'll be the day. 그런 일은 결코 없을 거야
▸ That'll do. 됐어, 그만해, 그것으로 족해
▸ That's easier said than done. (실천이) 말처럼 쉽지 않다.
▸ That's life.(=Nothing really can be done about it.) 별 수 없다
▸ That's that. 이제 끝났어
▸ That's news to me. 금시초문(今時初聞)
▸ That's the spirit. 바로 그거야.
▸ What are friends for.? 친구 좋다는 게 뭐야!
▸ That was a rip-off. 완전 바가지잖아.
▸ The early bird catches the worm. 부지런한 사람이 이익을 얻는다.
▸ The party was radical. 파티가 죽여줬다.
▸ The rest is history. 그 다음 이야기는 다 아시죠?
▸ The shit hit the fan. 난장판이 되다. 난리 나다.
▸ The sky is the limit. 끝이 없다, 무한정이다.
▸ The time is ripe. 시기가 무르익다, 때가 되다
▸ There ain't no such thing as a free lunch. 세상에 공짜는 없다. 이니
▸ There's nothing to it. : It's really easy. 아무것도 아니다, 매우 쉽다.
▸ There is no accounting for tastes. 입맛은 설명할 수 없다, 각양각색.
▸ Things are looking up.(=The situation is improving.) 상황이 나아지고 있다.
▸ Think nothing of it. 신경 쓰지 마, 괜찮아.
▸ This is the big day. 오늘은 정말 중요한 날이에요.
▸ Wall have ears. 낮말은 새가 듣고, 밤 말은 쥐가 듣는다.
▸ Waste not, want not. ⇒ 낭비가 없으면 부족한 것도 없다.
▸ Watch your language[mouth]! 말조심하다, 욕설을 삼가다
▸ What makes you tick? (=What motivates you?) 대체 왜 그렇게 하지?
▸ What's eating you?(=What's bothering you?) 무슨 문제 있니?
▸ What are you driving at?(=What ar you getting at?) 요점이 뭐야?

▸What difference does it make? 뭐가 문제야? 무슨 상관이야?
▸What gives? 이유가 뭐야?
▸What's going on?(=What's up?) 무슨 일이야? 요새 어떻게 지내?
▸What's the big deal? 그래서? 뭐가 문젠데?
▸What's the good of something? 그걸 해서 뭐하려고?
▸When it comes (right) down to it. ⇒ 모든 점을 고려해볼 때
▸You said it!(= You bet!) 바로 그거야! 확실해! 물론!
▸You can say that again. 맞아, 정말 그래, 나도 100퍼센트 동의해1
▸You mean everything to me. 넌 나한테 아주 소중해!
▸I mean it.(=I mean business.) 진심이야.
▸I don't mean it. 일부러 그런 게 아니다.
▸She is mean. ⇒ 그녀는 성질이 나쁘다.
▸You're the man!(= You da man!) 너무 멋지다! 근사하다!
▸You've got to be kidding! 농담이겠지!
▸Your eyes are bigger than your belly. 못 먹을 만큼 많이 담다.
▸Keep up the good work. 계속 잘 해봐, 수고하세요.
▸Search me!(=I don't know.) 난 몰라!
▸Shake a leg! 서둘러!
▸You did a good job! 참 잘했어요!
▸You're well-built. 몸매가 좋네요.
▸I'm sorry to hear that. = That's too bad. 그건 정말 안됐어요.
▸I'm walking on air. 하늘 위를 걷는 기분이네요.
▸I'm very happy for you. 당신이 잘 되어 매우 기뻐요.
▸What's up? = What's the matter[problem]? = What's wrong?
= Is there anything wrong? 무슨 일 있니?
▸Cheer up! 힘 내!
▸Oh! They are really cool! 오, 그들은 정말 멋져!
▸Good for you! 잘 됐구나! 좋겠다!
▸You know what! 있잖아!
▸I agree with you.(=I think so, too.) 나도 네 말에 동의해.
▸You can say that again. 네 말이 맞다.
▸I couldn't agree more. 전적으로 동의한다.
▸What time is good[convenient] for you? 몇 시가 좋겠니?
▸That's perfect. 좋습니다.

- I'm calling to make an appointment with A. A와 약속을 잡으려고 전화했습니다.
- Will[Can] you do me a favor? 부탁하나 해도 될까요?
- Can you give me a hand? 좀 도와 줄 수 있나요?
- No problem.(=Sure, Of course). 그럼요. 문제없지.
- The line is busy. 통화중입니다.
- Can I take your message?(=Can you leave a message?) 전하실 말씀이 있습니까?
- Who's calling, please?(=Who's this?) 누구세요?
- Hold on, please. 끊지말고 기다리세요.
- You have the wrong number. 전화 잘못 거셨습니다.
- He is on the other line.(=He's on another line.) 그 분은 지금 다른 전화를 받고 있습니다.
- Can you hold on for a moment? 잠시 기다리세요.
- Could you help me lace up my shoes? 신발 신는 데 좀 도와주실래요?
- There's no free lunch in this world. 세상에 공짜는 없다.
- Fools rush in where angels fear to tread. 하룻강아지 범 무서운 줄 모른다.
- cloudy with rainshowers 전국이 구름 끼고 소나기 오는 곳 많겠음
- cloudy with sporadic rain 전국이 흐리고 가끔 비
- gradually cloudy, sporadic rain 차차 흐려져서 한 두 차례 비
- morning lows 아침 최저 기온 * daytime highs낮 최고 기온
- Those two are inseparable. 바늘 가는 데 실 간다.
- My husband is walking on eggs shells around me. 나의 남편은 내 눈치를 보고 있다.
- My face is a little puffy. 얼굴이 부었어요(swollen은 병이 나서 부은 경우)
- It maybe a blessing in disguise. 이것은 전화위복의 계기일지도 모른다.
- Don't let your guard down. 방심하지 말아요.
- This picture is very flattering. 이건 정말 사진빨이에요.
- I don't have a gift of gab./I'm not good with words. 나는 말주변이 없어요.
- I can't live giving in to others. 나는 지고는 못 살아요.
- He/She couldn't be persuaded. 그는 요지부동이었습니다.
- It's a living. 목구멍이 포도청이다.
- I'm just getting by. 그런 대로 지내고 있다.
- Walk a mile in my shoes./ Put yourself in my position. 입장을 바꿔 생각해보세요.
- I'm in debt up to my ears./ I'm over my head in debt. 내 코가 석자다.
- I've been to hell and back. 산전수전 다 겪었다.
- It's the cream of the crop. 그건 최고중의 최고다.

▸He has receding hairline. 머리가 점점 벗겨지고 있다.
▸He always cracks me up! 그는 날 항상 웃게 해. 재미있어.
▸I went on a wild goose chase. 괜한 시도를 한 셈이 되었다.
▸They are like two little lovebirds. 금슬이 좋네요
▸I think we have a lot of things to catch up on. 우린 만나서 회포를 풀 것이 있다.
▸Figure the odds. 그렇게 해서 일이 되겠어요? (될 확률이 거의 없다)
▸Something is within striking distance. 손만 뻗으면 닿을 수 있는 위치에 있어요.
▸He has tunnel vision. 그는 시야가 좁아요.
▸ I can relate to that. 제게는 남 얘기 같지 않아요.
▸Just go and leave the rest up to me. 뒷일은 내게 맡기고 가세요.
▸Don't make trouble for yourself. 사서 고생하지 말아요.
▸Those two work together so well. 저 두 사람은 손발이 척척 맞아요.
▸You haven't heard[seen] anything yet. (이건) 약과다.
▸They visit the orphanage once in a blue moon. 가뭄에 콩 나듯 하다.
▸Don't take it too hard. 심각하게 생각하지 마.
▸I like it just the way it is [you are]. 그대로가 좋다.
▸I asked him point-blank. 단도직입적으로 묻다
▸Bring yourself. 몸만 오세요.
▸What a nerve! 배짱 한번 두둑하군.(or 뻔뻔하군!)
▸He turns me off./ He turns me on. (그 사람) 밥맛이다./ 너무 좋다
▸Stick to the topic. 삼천포로 빠지지 마.
▸Take one day at a time. 쉬엄쉬엄 살아라.
▸With all due respect. 외람된 말씀인데요.
▸It comes in handy. 요긴하다.
▸My parents are like newlyweds. 우리 부모님은 항상 신혼이세요.
▸He has a price on his head. 그는 현상수배자이다.
▸That's doable! 실천에 옮길 수 있어요!
▸He always cracks me up. 그는 늘 나를 웃게(배꼽 잡게) 만든다.
▸I'm tongue-tied./ My tongue has a problem. 혀가 짧아서 그래요!
▸He/She is a kill-joy. 김이 샜다.
▸I threw some waters on my face./ I quickly washed my face. 고양이 세수하다.
▸I scalded my mouth in drinking hot coffee. 커피를 마시다 입이 헐었다.
▸Fancy some wine? 와인 들겠어요?
▸It tastes funny. 맛이 좀 이상해.

▸Talk me into it. (=Convince me) 날 설득시켜 보세요.
▸I like homey atmosphere. 전 가족적인 분위기를 좋아해요.
▸There's a way to do things. 일에는 순서가 있어요.
▸I like having my pictures taken, but I'm not very photogenic.
전 사진 찍는 건 좋아하는데, 사진발이 안 받아요.
▸That's old news. 뒷북치지 마세요.
▸It was all talk. 소문만 요란했어요.
▸Consider yourself lucky, it could have been worse. 액땜했다고 생각하세요.
▸He's working his head off. 그는 뼈 빠지게 일해.
▸You have bad breath. 입에서 악취가 풍겨
▸He's walking all over me. 그는 날 무시해.
▸Sit back and enjoy the ride. 굿이나 보고 떡이나 먹어라.
▸Even if I had a silver tongue, I would have nothing to say. 입이 열 개라도 할 말이 없다.
▸I'll transfer you./ I'll connect you. 전화 돌려드리겠습니다.
▸I've still got it! 내 실력은 아직 살아있다!
▸I'm in debt up to my ears. 내 코가 석자다.
▸Five ailing banks have been shut down[closed, liquidated]
5개의 부실은행이 퇴출당했다.
▸A voice like that is few and far between. 그런 목소리는 백 년에 한 번 나올까말까 해요.
▸It would have been nice. 좋다 말았어요.
▸You'll end up embarrassing yourself. 그러다가 큰 코 다쳐요.
▸Don't make trouble for yourself. 사서 고생하지 말아요.
▸It just looks flashy. 겉만 번지르르해요.
▸Join the club / Welcome to the club 같은 처지군요.
▸Everything feels different somehow. 감회가 새롭습니다.
▸He's taking it out on you. 그는 당신에게 화풀이를 하고 있는 겁니다.
▸No wonder he's been sucking up to Mike. 그래서 그가 마이크에게 아부를 해 왔던 거군요.
▸Can I put it on layaway? 상품 예약 구입으로 해도 되나요?
▸It's a twist of fate. 기구한 운명이에요.
▸I've made things worse. 혹 떼러 갔다가 혹 붙였어요.
▸Everyone is free to have their own illusions. 착각은 자유다.
▸Now that I think about, it makes me mad. 생각해보니 열 받네.
▸You look for me only when you need something. 아쉬울 때만 날 찾는군.
▸Maybe I'm the only one with this thought. 나만의 생각인지 모르겠다.

▸It's possible to think that way. 그런 생각을 가질 만도 하다.

▸I get sentimental in the spring. 나는 봄을 타요.

▸It is not even close. 가까이 오지도 않았다. 닿지도 않았다.

▸His bark is worse than his bite. 겉으로는 사나워 보여도 알고 보면 따뜻한 사람이에요.

▸What's eating you? 무슨 힘든 일 있니?

▸ Don't assume too much. 억지로 끼워 맞추지 말아요.

▸ It will probably be a bit awkward. 아마 좀 서먹서먹할 거예요.

▸! No means no. 안 되는 것은 절대 안 돼요

▸ I was so intimidated I couldn't say a word in English.
주눅이 들어서 영어를 한마디도 못했다

▸She is easygoing. 성격이 둥글둥글하다.

▸How many servings? 몇 인분 드릴까요?

▸I had high hopes but it was let down. 너무 큰 기대를 하고 갔다가 실망했어요.

▸My children are really a handful. 우리 아이들은 얼마나 엄마를 바쁘게 하는지 몰라요

▸We have to cut corners. 경비를 줄여야 합니다.

▸Let's have a ball! 마음껏 즐깁시다.

▸ His plan is beyond challenge. 그의 계획은 흠잡을 데가 없습니다.

▸What's your price range? 얼마 정도로 예상하세요?

▸My legs got wobbly. 다리가 풀렸어요.

▸He'll blow his top. 그는 엄청 화를 낼 겁니다.

▸You really have a one-track mind. 당신은 정말 하나밖에 모르는군요.

▸I'm forcing you to compliment me. 이건 엎드려 절 받는 거네.

▸ Don't hold out on me! 내게 감추지 마라!

▸ I'm not going to sugarcoat this. (사탕발림하지 않고) 있는 그대로 말하겠다.

▸내배 째 에라 모르겠다. Get my vote.

▸I hope we come up with something. 뭔가 좋은 방도가 있으면 해요.

▸Boy, You thought of everything. 야, 준비성 하나 끝내주는데.

▸On the marks! Get set! Go! 제자리에! 준비! 땅!

▸Kate, could you take the minutes, please? 케이트, 의사록을 작성해 주시겠습니까?

▸It would have been nice. 좋다가 말았어요.

▸I'm up to my ears in work. 일 때문에 꼼짝 못하겠어요.

▸That's me.(=That's the just the way I am.) 난 원래 이래요.

▸ He's really slippery(/elusive). He's like a ghost. 그는 신출귀몰한 사람이다.

▸You're everything they say you are. 너는 사람들이 말하는 그대로구나. 듣던 대로구나.

▸A and B fall on the same day. A와 B가 날짜가 겹치다.
(My birthday falls on Independence day)
▸I will pick up the tab.(= I'll foot the bill./It's on me./It's my treat./I am buying.) 내가 계산할게.
▸Do not rub it in. = 불난 집에 부채질하지 말라.
▸I was in the wrong place at the wrong time. 까마귀 날자 배 떨어진다.
▸PIN number: Personal Identification Number(비밀번호)
▸How should I address you, sir? 당신의 호칭을 어떻게 부를까요?
▸It will work out somehow. 뭐 어떻게든 되겠죠?
▸I had the dream that foretells the birth of baby. 나는 태몽을 꾸었다.
▸She had morning sickness. 그녀는 입덧을 했다.
▸I hear he is making it big on T.V. nowadays. 그 사람 요즘 TV에서 뜬다면서요.
▸He's kind of high-strung. 그는 정서불안이다.
▸ You shouldn't jaywalk. 무단횡단을 하지 말라.
▸Nada.= Nothing.= You got nothing. 하늘에 맹세코, 정말로, 거짓이 아니야.
▸Lovers' spats never last. 부부싸움은 칼로 물 베기
▸He is on a roll. - He is on a lucky streak. 그는 (요즘) 매우 잘나간다.
▸I'm all tapped out. 내 통장에 잔고가 없다(바닥났다).
▸You drive a hard bargain. 거절할 수 없게 끔 하시는군요.
▸Don't let it get to you. 그런 일로 너무 신경 쓰지 마세요(괘념치 마세요).
▸You didn't hold a grudge./You are not having a grudge. 뒷 끝이 없다.
▸You butcher the English language. 너 영어를 완전히 망치고 있구나.
▸He has been around. 그는 세상 물정에 밝아요.
▸He never mixes business with (personal) pleasure [private matters].
그는 공과 사가 분명한 사람이다.
▸I missed my cue./ I forgot my line. 방송 중에 NG 났어요.
▸I was so happy (that) I was speechless. 기분이 좋아서 가슴이 벅차올랐어요.
▸I was born and raised in Dajeon. 저는 대전 토박이에요.
▸It's the thought that counts. 마음만으로도 고맙습니다.
▸She burns the midnight oil. 그녀는 밤을 새워서 공부한다.
▸Is there service charge? 수수료가 있습니까?
▸I'm on the teacher's bad side. 나는 선생님에게 찍혔어요.
▸I'm on the teacher's good side. 나는 선생님에게 잘 보였어요.
▸The noodles are saggy and mushy. 라면이 불었어요.

▸Are you earning your keep? 넌 요새 밥값은 하고 지내니?
▸Don't even bring that up. 그 얘기는 꺼내지도 마세요.
▸He is a late bloomer. 그는 대기만성 타입 인가 봐.
▸Her mind comes off and on. 그녀 정신이 오락가락 하다.
▸He has a big head.(= He is gone to his head.) 그는 거만해졌다.
▸More than 300 people pulled up my message.
제가 인터넷에 올린 글이 조회 수가 300을 넘어요.
▸I don't want to be the only oddball! 나 혼자 외톨이가 되기 싫어!
▸I wanted to dig a hole in the ground and disappear. 쥐구멍에라도 숨고 싶다.
▸When the hell freezes over. 결코 일어날 수 없는 일이다.
▸I'm prepared mentally but my body isn't cooperating. 마음은 굴뚝같은데 몸이 안 따른다.
▸He has a lead(or heavy) foot. 그는 평소에 과속하는 습관이 있다.
▸I feel hopeless./ I'm worried sick. 눈앞이 캄캄하다.
▸He looks so down(depressed) that I felt bad for him.
그 녀석 풀이 죽어 있는 모습이 안 되어 보였다.
▸My baby is trying to talk. 아이가 옹아리를 해요.
▸I have him wrapped around my finger. 내 말이면 꼼짝 못해요.
▸You have nothing to lose. 밑져야 본전이죠.
▸They showered me with freebies! 공짜로 상품을 무더기로 주더라니까.
▸I'm not cut out for this. 내 체질에 안 맞는 일이야.
▸She freaked out. 걔 완전히 맛이 갔지.
▸He always talks posh. 지가 무슨 상류층이라고 말투가 그래?
▸She splurged on clothes. 걘 낭비벽이 너무 심해.
▸A turf war is shaping up among them. 그들이 밥그릇 싸움을 시작했구먼.
▸I'll come after I finish what I'm doing. 하던 것 마저 하고 갈게요.
▸It stands up to complain. 어디에 내놓아도 손색이 없습니다.
▸What's the occasion? 무슨 특별한 일이라도 있니?
▸Here's a little something for you. 약소하지만 받아줄래?
▸Wake up and smell the coffee./ Get with it! 꿈 깨라, 꿈 깨!
▸Give me a break!/ Give it a rest! 한 번만 봐주세요!
▸Anything looks good on you. 옷걸이가 좋군요.
▸Love won't pay the bills. 사랑이 밥 먹여주나?
▸Isn't that making mountains out of mole hills? 그거 지나친 생각 아니니?
▸You shouldn't hoard[hog]. 사재기를 하지마세요.

▸I've been let go./ I've been laid off. 나 회사에서 잘렸어.
▸She's stuck up[conceited, snotty, uppity]. 그 애는 공주병이야.
▸Nothing can excuse this. 변명의 여지가 없습니다.
▸My brother and I are only a year apart. 우리 형제는 한 살 차이 밖에 안나.
▸She often asks off-the-wall questions. 갠 뚱딴지같은 질문을 잘해.
▸Take it or leave it. 싫으면 관둬.
▸I don't want to make a laughingstock of myself. 난 웃음거리 되긴 싫어.
▸I took out insurance policies. 나 보험 들었어.
▸They are trying to corner the market. 그들은 시장을 독식하려 한다.
▸They don't do it for nothing. 그들은 할일 없어 그런 게 아니다.
▸One of my wisdom teeth is coming in. 내 사랑니가 자라난다.
▸You have two cavities. 당신은 충치가 두 개 있습니다.
▸It's not always good to be born with a silver spoon in your mouth.
부유한 집안에서 태어나는 것이 꼭 좋은 것만은 아니예요.
▸He is really pouty. 그 사람 정말 잘 삐져요.
▸I told you in advance. 거봐, 그럴 줄 알았다니까.
▸It'll go down to the wire. 최후까지(끝까지) 갈 것이다.
▸Today's discomfort index is very high. 오늘은 불쾌지수가 높은 날이다.
▸That figures./ It figures. 거봐, 내가 그럴 줄 알았다니까. (비꼬는 투)
▸I just tagged along. 무작정 따라 나섰어요.
▸He is absolutely incorrigible. 그는 정말 골치 덩어리야.
▸Is this in addition? 추가로 하시는 겁니까?
▸Watch what you say. /Watch your tongue[mouth]. 함부로 말하지 말아요.
▸It's like asking for the moon. 하늘의 별 따기 같아요.
▸Don't write your graff 그는 물이 올랐어요.iti here. 여기에 낙서하지 마세요.
▸He is riding high.
▸Season it with garlic. 마늘을 넣어 맛을 내면 돼요.
▸It's never around when you need it. 뭐도 약에 쓰려면 없다니까요.
▸That was then, this is now. 그때는 그때고, 지금은 지금이에요.
▸I threw some water on my face. 고양이 세수했어요.
▸He's a top-notch player. 그는 최고의 선수이다.
▸John tipped me off! 존이 귀띔 해줬어.
▸Here's your cut. 이게 네 몫이야.
▸Our child doesn't take to strangers. 우리 아이는 낯을 좀 가려요.

▸He is digressing again. 또 옆길로 새고 있군.
▸You need to give a little to get a little. 오는 정이 있어야 가는 정이 있죠.
▸That's apples and oranges. 그건 비교가 될 수 없어.
▸Don't waste your breath. 말해봤자 소용없어요
▸We won a losing game./ It was a came-from-behind win.
우리 팀이 역전승을 거뒀습니다.
▸What comes out fast? 뭐가 빨리 되나요?
▸I'd like my eggs sunny-side up. 계란을 한쪽만 익혀주세요.
▸Over easy please. 계란을 앞뒤로 익혀 주세요.
▸The ending was weak. 흐지부지 끝났어요.
▸You act like it doesn't concern you. 당신은 강 건너 불구경하듯 하네요.
▸What are you into these days? 요즘 너의 관심사가 뭐니?
▸Hindsight is twenty-twenty. 늘 일이 터지고 나서야 뭐가 옳았는지 알지.
▸Stop trying to act cool. 괜히 폼 잡지 마.
▸I got athlete's foot. 나 무좀 걸렸어.
▸She keeps nagging me at every opportunity. 그녀는 틈만 나면 바가지를 긁는다.
▸He does his work catch-as-catch-can. 그는 일을 주먹구구식으로 한다.
▸The box will do for a seat. 그 상자는 의자로 써도 좋다.
▸I don't have a say in that matter. 나는 말발이 서지 않아.
▸He doubles as my works. 그는 내일까지 1인 2역을 해.
▸It's like drinking flat beer. 김빠진 맥주 마시는 기분이네.
▸That's too much of a hassle. 괜히 번거롭잖아요.
▸May I have a refill[nother cup of coffee]? 커피 좀 더 주실래요.
▸We have a bad connection. 전화상태가 안 좋습니다.
▸I guess the lines are crossed. 혼선된 것 같아요.
▸I can't hear you well! would you speak up. 잘 안 들려요! 크게 말해주세요.
▸I'll hang up call again. 끊었다가 다시 할께요.
▸When are you due ?(=When is your baby expecting?) 언제 아기 낳을 것 같아요?
▸Stop the thief! 도둑 잡아라!
▸I'll teach you(a lesson). 본때를 보여주마.
▸Are you seeing anyone? 데이트하는 사람 있어요?
▸Do you want some giggles? 웃기는 얘기 해줄까 ?
▸I don't get a dial tone. 전화가 안된다.
▸Lucky it wasn't worse. 그만하기 다행이다.

▶My legs are stiff(=sore). 다리가 뻣뻣하다.
▶Do you smell something strange? 이상한 냄새 안나요?
▶Since we are talking about it ~ 말이 나왔으니 말인데요./ 내친 김에 말인데요?
▶Please, spit you gum out! 껌을 뱉어 주십시오.
▶There is no class today. = The class is out today. 오늘 휴강입니다.
▶I've got the cram for the test. 벼락치기로 시험공부 했어요
▶Please, don't mind me. 나한테 신경 쓰지 마세요.
▶Let's cast(=down)[draw] lots! 제비뽑기로 하자!
▶Let's flip the coin(=for it)! 동전 던지기로 하자!
▶Heads or tails ? 앞면? 뒷면?
▶You read my mind!=You said exactly what I was thinking. 내 마음하고 똑같네!
▶I see eye to eye with you. 눈빛만 봐도 안다.
▶Do you want to bet? 내기 할래?
▶What are we going to play for ?(=What should we bet for?) 무슨 내기할까?
▶Let's bet on who's going to win this time. 누가이기나 내기하자.
▶My mouth is watering. 군침이 돈다.
▶It's smells good looks. 맛있게 보이네요.
▶Please, go ahead before gets cold. 식기 전에 드세요.
▶Would you like(=want to) some more? 조금 더 드실래요?
▶Don't put on airs. = Don't flatter yourself.= Don't show off. 잘난 척 하지마.
▶You got the hang up it.=You've got to use it. 이제 요령이 조금 생겼군요.
▶It serves you/him right!(=It pays you right!/You deserve it!)
꼴좋다!, 고소하다!, 자업자득이야!
▶You have a run in your stocking. 당신 스타킹 올이 나갔는데요.
▶These shoes haven't been broken in. 이 신발은 아직 길이 안 들었어요.
▶A train comes every three minutes. 기차는 3분 간격으로 옵니다.
▶It remains to be seen. = Let's just wait and see. 기다려 봅시다. 두고 봅시다.
▶You will pay for this! = You can get away with this! 너 어디 두고 보자!
▶Maybe I'm coming down with a cold. 감기 기운이 있어요.
▶I have a runny nose. 콧물이 자꾸 나요.
▶I have a stuffed-up nose. 코가 막혔어요.
▶When is this due ? = When is the due date? 마감일이 언제죠?
▶The picture is now clear. 이제 선명해 졌어요.
▶I don't get a good reception of KBS FM. KBS FM 수신이 잘 안됩니다.

▸I had an I.V(=Intra Venous). 링겔을 맞았어요.
▸I've got my leg cast. 나는 다리에 기브스를 했어요.
▸He had his shoes on the wrong feet. 신발을 바꿔(좌,우) 신었다.
▸Your T-shirt inside out. 너 옷 뒤집어 입었다.
▸Is this live? No, it's a rerun. 그거 실황이야? 아니 재방송이야.
▸What floor am I on? 여기가 몇 층이죠?
▸Where am I on this map? 지도상으로 어디쯤 됩니까?
▸How would you like your coffee? 커피 어떻게 타드릴까요?
▸It's not going anywhere today. = It's not my day. 오늘 되는 일이 없어.
▸Would you back up(≠move up) a little, please! 차를 뒤로(≠앞으로) 빼주세요.
▸My leg has gone to sleep. = My leg goes numb. 다리가 저려요.
▸I have a cramp in my leg. 다리에 쥐가 났어요.
▸Can I hold your bag ? = Can I hold them for you? 가방 들어드릴까요?
▸We welcome plastic! 신용카드 취급합니다(푯말)!
▸Don't talk back to me! = Don't give me any lip! 말대꾸 하지 마라!
▸Don't use that tone with me! 그런 식으로 말하지 마라!
▸The clothes are moth eaten. 옷에 좀이 슬었어요.
▸I've heard a lot about you. 얘기 많이 들었습니다(만날 때).
▸I hope to see you again. 다시 만나 뵙고 싶군요.
▸This is my hang-out. = This is my second home. 여기가 단골집입니다.
▸I've got the runs. 배탈이 났어요.
▸I was struck by food-poisoning. = I was poisoned by eating. 식중독 걸렸어요.
▸My eyes are gummed up. 눈에 눈곱이 끼어요.
▸My eyes are watery. 눈물이 자꾸 흘러요.(슬플 때 아님)
▸Your eyes are blood shot. = You've got red eyes. 당신 눈이 충혈 됐어요.
▸Keep the traffic signs please. 신호 좀 지키세요.
▸I'm very fussy(=picky) about food. 제가 식성이 까다로워요.
▸I have a good appetite. 전 뭐든지 잘 먹어요.
▸Your joke is going to far! = That's going to far! 농담이 지나칩니다!
▸Watch your mouth! = Hold your tongue! 말조심 하세요!
▸Could you page my son? (방송)아들을 찾아 주세요.
▸This movie is going to make splash. 그 영화 히트칠 꺼야.
▸Let's play sides! 편 가르자!
▸I'll take your side. 나는 네 편이 되겠다.

▸That can wait! = You can do it later! 나중에 해도 돼요!
▸They have great chemistry. 그들은 궁합이 잘 맞는데요.
▸How old would you guess I'm ? 제가 몇 살이나 되 보이세요?
▸How's your eye-sight ? 당신 시력이 어때요?
▸Do you have a good eye-sight? 시력 좋습니까?
▸You can do many things! = You are very talented! 재주가 많군요!
▸He has a real talent for that field. 그 방면에 소질이 있어요.
▸You are a Jack of all trades. 너는 팔방미인이다.
▸I have a hang over.(=I'm a hung over.) 숙취가 있네요.
▸Prices were doubled. 물가가 두 배로 올랐어요.
▸Prices are on the rise (≠going down). 물가가 오르고 있다.(≠내리고 있다)
▸He has a crush on you. 그 사람은 당신에게 반했나 봅니다.
▸A little bird told me = I heard it through the grapevine. 소문으로 들었어요.
▸We are all set. 모두 해결됐어요.
▸That doesn't help. 그거 해봤자 소용없어요.
▸You look good with glasses. 안경을 쓰니까 더 보기 좋은데요.
▸Do you mean you're going now? 벌써 가요!
▸I don't feel like playing with you. 나는 당신과 장난칠 기분이 아니에요.
▸You are just the man I want to see. 그렇지 않아도 한번 만나보고 싶었습니다.
▸Speaking is one thing and doing is another. 말과 행동은 별개의 것입니다.
▸They are spitting images of each other 그들은 정말 닮았다.
▸That has not quickly come up with me. = It's on the tip of my tongue.
그게 금방 생각이 나질 않네요.
▸I wash my hands of this matter. = I'll keep out of this. = Keep me out of this.
이 일에서 손을 떼고 싶습니다.
▸Set your watch 1 hour back (≠ahead). 시계를 한 시간 뒤로 맞추세요.
▸I'd like to cash this check. 이 수표를 현금으로 바꾸고 싶은데요.
▸You look young for your age. 나이보다 젊어 보이시네요.
▸He is a carbon copy of his father. 그 사람 아버지 복사판입니다.
▸Here or to go? 가져가실 거예요? 여기서 드실 거예요?
▸The holiday fell on(=landed on) Sunday. 공휴일이 일요일과 겹쳐 버렸어요.
▸That will do. 그만하면 됐습니다.
▸I'm glad everything's working out. 모든 일이 잘되어가니 다행이군요.
▸Would you enlarge this? 이것 좀 확대해 주세요.

▸I need double prints. 두 장씩 빼주세요.
▸Can you have these developed in an hour? 한 시간 안에 현상할 수 있습니까?
▸I need a 5 by 7 from this film. 이 필름을 5×7 사이즈로 확대해 주세요.
▸She's stealing the show. 그녀는 맹활약 중이다.
▸The battery is dead. 건전지가 다 됐어요.
▸She always seems to be in trouble. 그녀는 항상 말썽을 피워요.
▸How was his reaction? 그의 반응은 어땠어요?
▸I'm allergic to peach. 저는 복숭아 알레르기예요.
▸I got itch around dogs. 개만 보면 간지러워요. 그 사람 입에서 악취가 나와요.
▸He has bad breath. (몸)He has body odor.
▸Those were the days! 그때가 좋았지, 한 가닥 했었는데!
▸You keep it up that way. 계속 그렇게 하세요.
▸When nothing is going right, close your eyes and think of me.
모든 일이 뜻대로 안될 때는 눈을 감고 내 생각을 하세요.
▸Where was I? = What did I just say? = what was I talking about?
내가 어디까지 얘기했지요?
▸Please, I'm not done yet. = Please, let me finish. 제발, 아직 안 끝났습니다.
▸Let's break out of the mold. 고정관념을 깨라.
▸Why don't you see things differently? 다른 각도에서 생각해보세요.
▸Pull over(=drop me off,) in front of the red building.
저기 빨간 건물 앞에서 세워 주세요.
▸That won't be enough. 그것으로는 안 되겠는데요.
▸We lost track of the time. 우린 시간 가는 줄 몰랐습니다.
▸We have a room with a good vision? 전망이 좋은 방이 있습니까?
▸How about a quick bite? 간단하게 뭐 좀 먹을까요?
▸Still plugging away! 여전하지 뭐!
▸I'll sleep on it. 생각해 보죠.
▸I was packed in like a sardine on a train. 기차가 콩나물 시루였어요.
▸That's only a side line(=part time job). 그건 부업일 뿐입니다.
▸It's life for that. 생사가 달린 문제입니다.
▸Don't play lip service. 말로만 하지마라.
▸Come on, dinner is ready. = Dinner is on! 저녁식사 하세요!
▸I'll do the dishes. 설겆이는 제가 하죠.
▸Why was he so cross? 그가 왜 그렇게 화났어요?

▸Would you stay for dinner? 조금 있다 저녁식사 함께 하시죠?

▸How do you relieve fatigue (=stress)? = How do you get rid of tension?
당신은 스트레스를 어떻게 푸십니까?

▸I get rid of a day's fatigue by drinking a glass of bear.
나는 맥주한잔으로 하루의 피로를 풉니다.

▸I usually sleep of my fatigue. 잠을 자면서 풉니다.

▸I'm stick to my word. 내가 한말은 지킨다.

▸Are you from Mars? 너 왜 그래?(상황이 끝난 뒤에 뒷북치는 사람에게)

▸I'm not in the mood to joke around. 난 지금 농담할 기분이 아니에요.
= I don't feel like cracking a joke. = This isn't the time to joke.

▸It's you all over. 네가 항상 그러지 뭐!

▸You're like me in many ways. 많은 점이 넌 나와 닮았다.

▸I just came out to enjoy the breeze. 바람 쐬러 잠깐 나왔어요.
= I just came out for a change of atmosphere.

▸Do you hold anything against me? 너 나한테 무슨 감정있냐?

▸No picnic!만만치 않은데!

▸The copy is not clear=This doesn't have clear print. 복사가 흐리게 나왔군요.

▸The copy is smudged. 복사가 번졌다.

▸I need a pick-me-up. 나는 뭔가 활력소가 필요해.

▸Repeat after me. = Please say what I say. 날따라 말해보세요.

▸She has a nice figure. 그녀는 몸매가 좋다.

▸How could you keep such a nice figure? 어떻게 그런 몸매를 유지해요?

▸Do I have to? 꼭 해야 됩니까?

▸우리 은행에 통장이 있으세요? ⇒ Do you have an account with us?

▸I'd like to open an account. 통장을 개설하고 싶습니다.

▸I'd like to withdraw some money from my account.
제 통장에서 돈을 찾고 싶습니다.

▸I'd like to deposit some money into my account 입금하러 왔는데요.

▸I'm not working tomorrow. 내일은 근무 안해요.
= I have got day-off tomorrow. = I'm off tomorrow.

▸He is an temporary leave from school. 그 사람 지금 휴학 중 입니다.

▸You look better in real life. = You don't look good in this picture. = This photo doesn't do you justice. 사진보다 실물이 더 나은 것 같은데요.

▸You are very photogenic. 당신은 사진이 잘 받네요.

▸I don't think I photograph very well. 나는 사진이 잘 안 받는 것 같아요.
▸Did the picture turn out alright? 사진 잘 나왔어요?
▸I almost got hit by the truck this morning. = Some truck almost nailed this morning. = Some truck almost flatten me this morning. 오늘 아침에 트럭에 거의 칠 뻔 했어요.
▸I have talent for this kind of work. 전 이 일에 소질이 있어요.
▸He ix very good with his hand. 그는 손재주가 있어요.
▸Some must talking about me, my ears are burning. (물리적) = My ears are itch. = My ears are glow. 귀가 간지러워요. (남의 말)
▸It's not your business anyway. 어찌되었건 당신일이 아니예요.
▸Don't argue anymore. 더 이상 문제 삼지 말아요.
▸What's this for ? = What will use this for ? = What's the purpose of this? 이거 뭐하는데 쓰시게요?
▸I'd like to fax some documents to you. Please adjust your machine accordingly. = I'm faxing some documents over to you. Please adjust your machine. 팩스를 보내려고 하는데 팩스 좀 연결해 주세요.
▸Are you here?전화 받을래? 오늘 오후에 보강이 있어요.
▸We have a make up class this afternoon.
▸Today is the last day of our classes. 오늘 종강합니다.
▸You have to dress up to enter this place.= You need a formal attire to enter. 이곳에 들어가려면 정장을 해야 합니다.
▸He has a photographic memory. = He has a good memory like a computer. 그 사람 기억력이 대단해요.
▸Don't make any excuses to me. = No excuses is good excuses. 내게 그런 핑계 대지 마세요.
▸Put your self in my place(=shoes). 입장을 바꿔봐라.
▸Please swallow your pride. = Please let go your pride. 자존심은 접어두세요.
▸I know it but I just can't think of it right now = I know it but It's on the tip of my tongue. 알긴 아는데 잘 생각이 나질 않는군요.
▸I can't think of anything. 아무것도 생각 안나요.
▸What does it matter? 그게 무슨 상관이야.
▸Put your hands on your head 머리에 손 올려
▸The professor is really tough grader. = That professor marks really tough. 그 교수님은 학점이 너무 짜요.
▸I appreciate your concern. 걱정해 줘서 고맙습니다.

- He is forgettable. 그는 건망증이 심하다
- Don't leave your belongings behind. 물건 잘 챙겨라!
- He has a wide number of acquaintances. 그 사람은 발이 넓어요.
- Forget it! = Never mind! 없었던 걸로 합시다.
- Let's get down to the point. 본론으로 갑시다.
- Don't beat around the bush 똑바로 말해봐라.
- We click so well. = We have good chemistry. ≠ We have bad blood.
  우리는 손발이 척척 맞아요.
- I'm feeling someone watching me. 누군가 나를 보고 있는 듯한 느낌이 들어요.
- It tastes flat. 싱거운데요.
- I have braces on my teeth. = I'm getting some dental or done.
  저는 지금 치아교정을 하고 있습니다.
- Clean your teeth at least twice a day. 적어도 하루에 두번씩은 양치질 하세요.
- I have a buck teeth. 나는 뻐드렁니가 있어요.
- He is suffering from jet lag. 그는 시차 때문에 고생하고 있어요.
- When is the expiration date ? = When does this expire?
  이거 유통기간이 언제까지 입니까? 우유가 맛이 간 것 같다.
- This milk tastes stale.
- I have a beer belly(=pot belly, spare tire, love handle). 저는 배가 나왔어요.
- I didn't sign up with you. 당신과 계약한적 없어요.
- She has a fewer constitution. 그녀는 체질적으로 약하다.
- That doesn't suit my constitution. 그건 내 체질에 안 맞는다.
- The food doesn't suit my taste. 그 음식은 나한테 안 맞아요.
- Act your age. Grow up. 나이 값 좀 하세요. 철 좀 들어요.
- Are you pulling my leg? 농담이지?
- Are you with me? Do you follow me? 이해되나요?
- Business is business. 공은 공이고 사는 사죠.
- Can I ask you a favor? Do me a favor. 도와주세요.
- Can I get you anything? 뭐 좀 드릴까요?
- Can I have a talk with you about? ~에 대해 이야기 좀 하죠.
- Can I pick your brain? 아이디어 좀 빌려주세요.
- Can I take a day off tomorrow? 내일 쉬어도 되나요?
- Can you be more specific? 좀 더 자세히 말해주세요.
- Can you break this ten? 10불을 잔돈으로 깨주세요.

▸Can you give me a hand? 도와주세요.
▸Check this out. 자 봐라. 잘 들어봐라.
▸Cool! Terrific! Awesome! 멋지다.
▸Could you fix me some sandwiches? 샌드위치 좀 만들어주세요.
▸could you get the door? 문 좀 열어줄래요?
▸Could you give me a ride? 좀 태워줄래요?
▸Could you step aside? 비켜 주실 수 있겠습니까?
▸Do you work out? 운동하세요?
▸Does it make sense? 말이 되니?
▸Don't beat around the bush. 말을 돌리지 마라.
▸Don't cut in line. 새치기 하지마.
▸Don't even think about it. 꿈도 꾸지 마.
▸Don't get me wrong. 내 말을 오해하지 마라.
▸Don't hang around with them. 그들과 어울려 다니지 마라.
▸Don't hang up on me. 전화 끊지 마.
▸Don't make a fool of me. 날 바보로 만들지 마.
▸Don't pass the buck to me. 내게로 책임을 돌리지 마.
▸Don't push it. Don't rush me. 재촉하지 마.
▸Don't stand me up. 나 바람 맞추지 마라.
▸Don't take it out one me. 나한테 화풀이 하지 마.
▸Drop by my room. 내방에 들러라.
▸Drop me a line once in a while. 가끔 소식을 전해주게.
▸Feel free to call me. 마음대로 전화하세요.
▸Fill this form out. 이 서류를 작성하시오.
▸Give me a break. 좀 봐줘.
▸Good job. Well done. 수고했다. 잘했다.
▸Good thing I dropped in. 들리길 잘했군.
▸Guess what? 맞춰봐.
▸Hang in there. 힘들어도 잘 버텨.
▸Hang over. 숙취.
▸He is on leave. 그는 휴가 중이다.
▸He is one the way(up). 그는 오는 중이다.
▸He is very picky. 그는 너무 깐깐해.
▸Here's a little something for you. 여기 선물 있습니다.

▸Hold on. I will put you through. 잠깐만 기다리세요. 연결해 드릴게요.
▸How should I address you? 어떻게 불러 드릴까요?
▸I almost forgot. It almost slipped my mind. 잊을 뻔했다.
▸I am flattered. 과찬이십니다.
▸I am turning in early. 저 오늘 일찍 잡니다.
▸I can't put my fingers on it. 꼬집어서 말할 수 없습니다.
▸I couldn't get through. 통화하지 못했다.
▸I feel the same way. That makes two of us. 저도 똑같이 느껴요.
▸I feel under the weather. 몸이 안 좋아요.
▸I had a long day. 힘든 하루였어.
▸I have too much time to kill. 시간이 너무 많아요.
▸I haven't got a clue. 잘 모르겠는 걸.
▸I heard a lot about you. 말씀 많이 들었습니다.
▸I hope I didn't offend you. 기분 나쁘라고 한 소리는 아닙니다.
▸I just called to double check tomorrow's plan. 내일 계획에 대해 재확인하고 싶어서 걸었어.
▸I mean it. 진심이야.
▸I owe you an apology. 죄송합니다.
▸I pulled some strings. 내가 힘 좀 썼지.
▸I was locked out of the room. 열쇠 두고 나왔어.
▸I wasn't born yesterday. 저도 세상 물정 알아요.
▸I will take care of it. 제가 알아서 하겠습니다.
▸I'll keep my ear open. 어떻게 돌아가는지 잘 들어 볼게요.
▸I'll keep my fingers crossed for you. 행운을 빌어.
▸I'm easy to please. 저 별로 까다롭지 않아요.
▸I'm under a lot of pressure. 스트레스 많이 받고 있어요.
▸I'm working on it. 열심히 하고 있습니다.
▸I saw it coming. 내 그럴 줄 알았네.
▸. I will bend over backwards. 제가 별의별 짓이라도 하겠습니다.
▸I've got to get going. 저 가야 되요.
▸Your guess is as good as mine. Beats me. 저도 잘 몰라요.
▸My schedule doesn't permit it. 일정 상 그건 불가능하다
▸I've got to hand it to you. 정말 대단하세요.
▸It leaves nothing to be desired. 더 할 나위 없이 좋아요.

▸It's a breeze. It's a piece of cake. 아주 쉬워요.
▸ It's a long story. 말하자면 길어.
▸It's my treat. It's on me. I'll pick up the tab. 내가 살게.
▸ It's one the house. 그건 서비스입니다.
▸It's on the tip of my tongue. 생각이 날 듯 말 듯 해요.
▸It's over my head. 저도 잘 모르겠어요.
▸It's still up in the air. 아직 결정되지 않았다.
▸t's up to you. Suit yourself. 맘대로 하세요.
▸Is Jack there? 잭 있어요?
▸Is this marked down? 이거 세일된 건가요?
▸Leave me alone. 날 좀 내버려 둬.
▸Let me break it down to you. 자세히 너에게 설명해 줄게.
▸Let me get this straight. 이건 확실히 해두자.
▸Let's give him a big hand. Give him a round of applause. 박수 쳐주다.
▸Let's go Dutch. 각자 계산해요.
▸Let's hit the books. 공부합시다.
▸Let's talk over coffee. 커피 한 잔 마시면서 이야기하죠.
▸May I be excused? 저 먼저 일어나도 되나요?
▸Maybe you should go for it. Give it a try. Give it a go. 한번 해봐.
▸Messed up. Screwed up. 망쳤다.
▸Mind your own business. None of your business. 본인 일이나 잘해.
▸My pleasure. It's pleasure. The pleasure is mine. 오히려 제가 도움이 되어 기쁘죠.
▸My mouth is watering. 입에 군침이 도는 걸요.
▸No wonder she's smiling. 어쩐지 웃고 있더라.
▸Not even close. 어림도 없다.
▸Off the top of my head. 지금 당장 생각나기로는.
▸Out of curiosity. 호기심에서 그러는데...
▸Serves you right. You deserve it. 인과응보다.
under the table
▸Sorry isn't good enough. 미안하다고 하면 다야?
▸Speak of the devil. 호랑이도 제 말하면..
▸Step on the gas. 속도 좀 내라.
▸Stick around. 기다려라.
▸Stop picking on me. 나를 놀리지 마라.

- Take a wild guess. 한번 추측해 봐.
- Take you time. 서두르지 마.
- That's it. 바로 그거야!. 이게 다야.
- That's not the case. 그게 아니라..
- The phone is off the hook. 전화 수화기를 잘 못 놓았다.
- There is a call for you. 전화 왔어요.
- There you go. 잘 한다. 바로 그거야.
- This is a deal. 이렇게 하자.
- This is too much. 이거 해도 해도 너무 하잖아.
- Trying wouldn't hurt. 해봐서 손해 볼 건 없잖아.
- Watch you mouth. 입조심해.
- Watch your weight. 살 안 찌도록 조심해.
- What a rip-off. 완전 바가지 잖아.
- What a coincidence! 정말 우연이군요.
- What a small world. 세상 참 좁죠.
- What are neighbors for? 이웃 좋다는 게 뭐야?
- What does SARS stands for? SARS가 무슨 약자죠?
- What is this regarding? 무슨 일로 전화를 걸었니?
- What's eating you? What's bothing you? What's the matter? 무슨 일이야?
- What's the big deal? 뭐가 그리 대단해?
- What's the rush? 왜 그리 서둘러?
- What's up? 어때? - Not much. 별 일 없어.
- Where are you headed? 어디 가시는 길이세요?
- Where were we? 어디까지 얘기했지?
- Who is in charge? 누가 책임자죠?
- Why not make it at seven, then? 그럼 7시로 하자.
- Why the long face? 왜 울상이야?
- You won't be sorry. 후회하지 않을 겁니다.
- You ae the man! 굉장하네! 끝내 주는 구만.
- You asked for it. You had it coming. 네가 자초한 일이야.
- You can count on me. 절 믿어도 돼요.
- You can't miss it. 쉽게 찾으실 겁니다.
- You know better than that. 그렇게 생각할 만큼 어리석지는 않죠.
- You look lost. 길을 잃으신 것 같네요.

▸You took the words right out of my mouth. 맞아요.
▸You'll get a kick out of it. 그거 하면 재미있을 겁니다.
▸You'll get the hang of it. 감 잡을 겁니다.
▸You'll pay for this. You will be sorry. 두고 보자. 후회 할 거야.
▸You're new here, right? 여기 처음이죠, 그렇죠?
▸ i'd like that very much 그거 참 좋겠군요.
▸I don't have change 잔돈이 없다.
▸How about a break 좀 쉬는 게 어때요?
▸Either will be fine 아무거나 좋습니다.
▸have we met before? (낯이 익은 사람에게)혹시 전에 뵌 적이 있던가요?
▸I have no idea 모르겠다(=I haven't tge slightest idea)
▸i've had enough 많이 먹었습니다.
▸is this seat taken? 이 자리에 사람이 있나요?
▸if I'm not mistaken 내 기억이 옳다면
▸if it's okay with you 당신만 괜찮다면
▸it could have worse 그럭저럭, 이만하니 다행이다
▸it shouldn't take much longer (확신)시간이 더 걸리진 않는다.
▸I could use a break 좀 쉬었으면 좋겠다.
▸One flight up 한 층 더 올라가세요.
▸opening is filled 공석이 매워지다, 직원 모집이 끝나다.
▸please enclose either a check or money order 수표 또는 전신환 동봉 요망
▸it doesn't make a difference 별 차이가 없다, 마찬가지이다.
▸That makes it a real bargain 그렇게 하면 정말 좋은 거래가 될 겁니다.
▸That should be enough time 그 시간이면 충분하다.
▸That would be helpful 그래 주시면 보탬이 될 겁니다.
▸That's a compliment 과찬의 말씀이십니다.
▸The phone lines are down 전화가 불통이다
▸The service is poor 서비스 뒤편으로 쭉 (가세요)질이 엉망이다/
▸there is no charge 비용이 청구되지 않는다.
▸there is no emergency 두를 필요가 없다.
▸There is no resemblance 유사성이 없다.
▸There is none left 남은 것이 없다.
▸This is your last warning 마지막 경고이다.
▸How long before we land? 착륙까지 얼마나 시간이 남았나요?

- How may I help you? 어떻게 도와드릴까요?
- I am here by myself 저는 여기 혼자 왔습니다.
- I can do it toward the end of the day 오늘 밤늦게 끝낼 수 있다
- I can't afford to take much time 시간 여유가 많지 않아요.
- I can't get any work done! 일을 끝낼 수가 없어.
- I don't have anything available 이용할 만한 게 전혀 없어요.
- It won't be ready until Tuesday 화요일이나 되야 준비가 됩니다.
- It'll take you an extra hour 한 시간이 더 필요할 것이다.
- It's better to have them all in one place. 모두 한 자리에 모으는 것이 좋다.
- Have you got all your things packed? 짐은 다 챙겼니?
- Isn't it a shame? 유감스러운 일이 아닌가?
- It comes already assembled. 완제품으로 팔린다.
- It topped the best-seller list. 베스트셀러 정상에 오르다.
- It was voted on. 그것에 대한 표결이 있었다.
- It went over quite well 잘 끝났다
- I'll show you 가르쳐 줄게요
- I'm having trouble keeping up with you 당신을 따라가기 힘들군요.
- I've still got another hour 한 시간 더 남았다
- Can I get a hand unloading the supplies? 물품을 내리는 걸 좀 도와주시겠어요?
- All the window seats are taken 창가 자리는 매진이다
- Any calls while I was out? 내가 없는 동안에 전화 온 것 없었나요?
- It's just as well. 잘됐다, 다행이다
- It's quite a change 상당한 변화이다
- It's such a pity 참 안타까운 일이야
- It's supposed to get cloudy 날씨가 흐려질 것이다
- One of the assembly machines was down 조립 시설 하나가 멈추었다
- That style isn't right for you 저건 네 스타일이 아니다
- That's only four months away 앞으로 넉 달밖에 안 남았다
- That's the last place I want to go 거긴 절대 안 갈 거야
- The client has bought space in two magazines. 그 고객은 두 개의 잡지에 광고를 냈다.
- The conference ran through a whole week 회의는 일주일 내내 진행되었다.
- The deadline has been extended to the end of the month 마감이 이 달 말로 연장되었다
- The delicate cycle might be too harsh. 세탁기를 살살 돌려도 (옷이) 상할 수 있다.
- The local newspaper is closing down. 지역 신문이 폐간하다.

▸ The replacement parts have cleared customs. 교체 부품이 통관했다.
▸ The store doesn't carry the items 그 품목들을 취급하지 않는다.
▸ They were finished a day ahead of time 하루 앞당겨 끝냈다
▸ they'd prefer to go on their own 그들은 자기들 방식대로 하는 것을 선호한다.
▸ They're bringing over the new computer printer 새 프린터를 들여놓을 것이다.
▸ Things slow down 경기가 부진하다.
▸ This is row 25. (극장 등에서) 여긴 25열인데요.
▸ This seafood dish has shrimp in it. 이 해물 요리에는 새우가 들어 있다.
▸ We're already late. 진도가 늦었다.
▸ we're falling behind. 일정이 늦어지다.
▸ We're on summer hours. 서머타임이 적용된다.
▸ We've doubled our weekly sales. 주간 판매량이 두 배로 늘었다.
▸ What caused the negotiations to break down? 무엇 때문에 협상이 결렬되었는가?
▸ What time will that be? 그게 언제쯤 되나요?
▸ What's going on? 무슨 일인데요?
▸ What's the occasion? 무슨 특별한 일이 있나요?
▸ Your can take our courtesy bus 우리 전용 버스를 타시면 됩니다.
▸ You look worried 근심스러워 보인다.
▸ You're in good shape. 아주 건강하군요.
▸ Your skills are valuable to us. 당신의 기술은 우리에게 아주 소중합니다.

PART Ⅴ. Semi-Fixed Expressions

▸Is it OK[all right] if I ~? 제가 ~해도 되나요?
▸Why don't we(=Shall we) ~?[=What[How] about -ing?](=Let's -, shall we?) ~하는 게 어때? ~하자!
▸I can't believe ~. ~라니 믿기지 않는다. 어떻게 ~할 수 있지?
▸There's no need to~ ~할 필요는 없다.
▸I'll bet that ~ 틀림없이 ~하다.
▸I guess ~ ~인 것 같다.
▸It looks like ~ ~인 듯하다.
▸It's kind[nice, sweet] of you to do~ (~하시다니) 친절하군요.
▸I could[can] use ~ ~하고 싶다, ~이 있으면 좋겠다.
▸May[Can] I leave a message for -에게 메시지를 남길 수 있을까요?
▸I need to +V 나 -해야 해요
▸How do you like -을 어떻게 해드릴까요? -을 어떻게 드세요?
▸I'd like[love] -하고 싶어요.
▸Can you tell me how to get to A? =How do I get to A?
= Can you show me the way to A? = Where is A?
A로 가는 길 좀 가르쳐 주시겠습니까?
▸Take + 도로 -도로로 들어가다, -도로를 이용하다
▸Do you want + N ? -좀 드실래요[마실래요]?
▸What would you like for A? A로 뭐 드실래요?
▸Would you like A? A드릴까요?
▸Help yourself to A A많이 먹어
▸Would you like me to +V -해줄까?
▸(I wish you)Good luck on -하는 데 행운을 빕니다.
ex) Good luck on your test!
▸I wouldn't doubt that(=I'm sure that) -을 확신하다
▸How did A go? A는 어떻게 되가니?
▸You should've +p.p. 너 했어야 했는데.
▸(Just)Give A to me straight. 저에게 솔직히 말씀해 주세요.

▸I feel like -ing -하고 싶어요.
▸I love ~ ~이 마음에 드네요.
▸I'm pleased -해서 기뻐요
▸What makes you so~ = Why are you so~ 너 왜 그렇게 ~하니?
▸What do you of? -에 대해 어떻게 생각하니?
▸(I think) I should[must, have to] +V 나 -해야 해요
= I'm supposed to + V
▸We'd better[=We may as well] +V -하는 게 더 낫다.
▸I don't think you should + V -하지 않는 게 좋겠어.
▸I'd like to invite you to - -너를 -에 초대하고 싶어.
▸Can you come to -? 에 오시겠어요?
▸I'd like[love] to(=I want to) +V -하고 싶어요.
▸Would you like (to)? -하실래요?
▸Can you help me + V? 하는 것을 도와줄 수 있나요?
▸Which do you like better, A or B? A, B중 어느 것이 더 마음에 드니?
▸How come +[S+V]?(=Why +v+s?) 왜 -하나요?
▸May[Can] I speak[talk] to? -와 통화할 수 있나요? -좀 바꿔주세요.
▸~would be fine ~이면 족할 것이다(=~will do it)
▸be all out of ~가 완전히 떨어지다, ~을 다 써버리다
▸be assigned to~ ~로 배정되다
▸be available to do ~할 여유가 나다, ~하는 것이 가능하다
▸be being processed ~(제안*요청이) 처리중이다
▸ be a bit late to do ~하기에는 다소 늦은 감이 있다
▸be clear about~ ~을 명확히 이해하다
▸be connected 연결되다
▸be convenient for~ ~에게 편리하다
▸be declining 줄어들고 있다, 하락하고 있다
▸be deposited 입금되다
▸be determined to do ~할 생각을 굳히다, 단호히 ~할 것이다
▸be distracted 주의가 산만해지다, 신경이 분산되다
▸ be impossible to find (사물이) 찾기가 힘들다, 거의 볼 수 없다
▸be inspected 점검 받다
▸be insured 보험에 들어 있다
▸be leaving for ~를 향해 출발하다

▸be likely to do ~할 가능성이 있다
▸be made public 발표되다(=come out)
▸be manufactured 제조되다
▸be much more comfortable 한결 편안하다
▸be new to(사람) ~에게 생소하다
▸be no good at~ ~에는 재주가 없다
▸be not too keen on~ ~에 문외한이다, ~에 감이 없다
▸be on one's own 혼자 처리하다
▸be on strike 파업 중이다
▸be on the other side of~ ~의 맞은편에 있다
▸be on the outskirts of~ ~의 교외에 위치하다
▸be a quick cab ride from~ ~에서 택시로 잠깐의 거리이다
▸be overcharged for ~에 대해 과다 요금이 청구되다
▸be pleased with ~에 만족하다
▸be promoted 승진하다
▸be qualified for ~에 자격이 있다
▸be reduced 감소되다, 줄어들다
▸be responsible 책임감 있다
▸be right for~ ~에게 꼭 맞다
▸be specified 구체적으로 밝혀지다, 명시되다
▸be supposed to do ~할 것이다, ~하기로 하다
▸be the last person to do 절대 ~하지 않을 사람이다
▸be tired of ~에 질리다, ~라면 질색이다
▸be too costly 비용이 너무 든다
▸be well organized 아주 조직적이다, 잘 짜이다
▸be with~ ~와 함께 근무하다
▸be working on~ ~에 대해 작업 중이다
▸can afford -을 구입할 여유가 있다
▸cause something to do -이 -하도록 유발하다
▸come by at -에 들르다
▸come in (소포 등이)배달되다
▸could use some help 도움이 있었으면 좋겠다
▸deduct A from one's salary --의 급여에서 A 만큼 공제하다
▸deliver A to B A를 B에게 배달하다

- ▸do with -을 처분하다
- ▸get paid 보수[급여]를 받다
- ▸have (일시) off (일시)에 휴무이다
- ▸have ~on one's mailing list ~을 메일링 리스트에 등재해 놓다
- ▸haven't quite decided 결론을 전혀 못 내리다
- ▸hold on to~ ~을 내놓지 않다, ~을 고수하다
- ▸How do you like~? (평가의 질문) ~을 어떤가요?
- ▸How long does it take to get to~? ~에 가는데 시간이 얼마나 걸리나요?
- ▸I'll eat my hat[hands, boots] if +s+v -
  ⇒ (구어) 만약 -이라면 내 목을 주겠다[내가 성을 갈겠다]. (결코 아닐 것이다)
- ▸How long has it been since(과거 절)? ~한지 시간이 얼마나 흘렀나요?
- ▸How long is ~good for? ~이 얼마 동안 유효한가요?
- ▸How long will it take to do~? ~하는 데 시간이 얼마나 거릴까요?
- ▸I wouldn't mind -ing ~ 해도 상관없다, 어서 ~하세요
- ▸I'd rather ~차라리~하겠다
- ▸It all depends on ~에 따라 아주 다르다
- ▸It looks like~ 인 듯 하다
- ▸It might have been ~일 수도 있었다
- ▸It takes (시간) ~의 시간이 걸리다
- ▸It turns out~ ~인 것으로 드러나다
- ▸It's due (일시) (일시)로 마감이다
- ▸It's my turn to do 이젠 내가 ~할 차례이다
- ▸leave something up to~ 어떤 결정을 ~에게 맡기다
- ▸just opposite~ ~의 바로 맞은편에
- ▸just outside (지명) ~의 교외에, ~의 외곽에
- ▸just to make sure 확실히 해두기 위해, 만전을 기하기 위해
- ▸let me see if ~인지 아닌지 보자
- ▸let someone know ~에게 통보해 주다
- ▸like someone to dress formally ~의 정장차림을 좋아하다
- ▸manage to find~ ~을 찾는데 성공하다
- ▸mention A to B에게 A를 말해주다
- ▸move ahead with~ ~을 계속 진행하다
- ▸nomination for (직책) ~에 대한 지명(추천)
- ▸not far from~ ~에서 그리 멀지 않는

▸not quite understand ~이 전혀 이해되지 않는다
▸remind employees of~ ~직원들에게 ~을 상기시켜주다
▸replace A with B A를 B로 교체하다
▸seat more than (수치) (수치) 이상의 인원을 수용하다
▸Shouldn't you~? (권고) ~해야 하지 않을까?
▸spare A for B (사람, 목적(B))을 위해 (물건, 시간(A))의 여분을 마련하다
▸spill A on B A를 B에 쏟다, A를 B에 엎지르다
▸stop to eat on the way 도중에 들러서 뭘 먹다
▸submit A to B A를 B에게 제출하다
▸subscribe to (신문, 잡지 등)을 정기 구독하다
▸taxes on~ ~에 대한 세금
▸there is a problem with~ ~와 관련해 문제가 있다
▸There's no relationship between~ ~사이에는 아무런 연관성이 없다
▸want A included in B A가 B에 포함되기를 바라다
▸What happened to~? ~은 어떻게 된 겁니까?
▸What's wrong with~? ~에 무슨 문제가 있는 겁니까?
▸What's your impression of~? ~에 대해 어떻게 생각합니까?
▸When's the deadline for~? ~의 마감이 언제입니까?
▸Why did you stop -ing? 왜 ~을 그만 뒀나요?
▸would appreciate~ ~을 감사히 여기다
▸across from the post office 우체국 맞은편에
▸add A to B B에 A를 추가하다, 덧붙이다
▸I have a package for ~에게 소포가 왔습니다
▸I'll be away until (일시) 까지는 자리에 없을 것이다
▸Could I interest you in -ing? ~해도 될까요? ~해보시겠습니까?
▸It's depressing to hear about ~에 대해 들으니 안타깝다
▸let people go 해고하다
▸Let's set it up for ~ 일정을 ~로 정하자
▸lock oneself out of one's car(one's house)
열쇠가 없어서 차안(집안)에 들어가지 못하다
▸be unhappy with ~에 불만족스럽다
▸reimburse A for B A에게 B를 변상해주다
▸see if ~인지 여부를 확인하다
▸stop A from -ing A가 ~하는 것을 막다

- A is needed as is B B와 마찬가지로, A가 필요하다
- against the backdrop of ~을 배경으로
- allow A a substantial increase in B
  A가 B의 부문에서 괄목할 만한 증가를 이루도록 한다
- be available for ~하는데 이용할 수 있다
- be bundled in ~안에 뭉쳐졌다
- be called 호명되다, 지명되다
- be chosen from ~가운데 선발되다
- be dangerously low 위험 수위로 떨어졌다, 심각하게 부족하다
- be discounted 60% 60%할인되다
- be easy to reach 찾기 쉬운 곳에 위치해 있다
- be expected to do ~할 예정이다, ~할 것으로 보인다
- be followed by A 그 이후에 A가 이뤄지다, A가 수반되다
- be honored for ~을 기리다
- be particular to~ ~에게만 국한되다, ~에게 고유하다
- be planned for~ ~의 계획을 세우다
- be pleased to do 기꺼이~하다, 즐거이~하다
- be promoted to~ ~로 승진하다
- be proud to do 즐거이~하다, ~함을 자랑스럽게 여기다
- be recharged 재충전되다
- be recycled into~ ~로 재생되다
- be remodeled 개조되다
- be similar to~ ~와 유사하다
- be strongly encouraged to do ~하도록 간곡히 당부하는 바이다
- be titled~ 제목이~이다
- be towed 견인되다
- be twice as large as~ ~보다 두 배나 크다
- be woven into~ (내용 · 생각이)~에 배어 있다
- beginning with~ ~부터 시작해서
- benefit from~ ~의 덕을 보다, ~의 도움을 받다
- block access to~ ~로 가는 입구를 가로막다, ~를 봉쇄하다
- can`t be beaten 최고이다, 꺾을 수 없다
- choose A for B A에게서 B의 여부를 점검하다
- choose A as B A를 B로 선정하다

▸Come in for~ (광고) 어서 오셔서~을 구입하세요
▸Come take a loof at~ (광고에서) 어서 오셔서 ~을 보세요
▸Come visit~ (광고에서) ~를 찾아 주세요
▸common factor in~ ~부문의 공통 요소
▸compared with ~에 비해서, ~과 비교하면
▸Congratulations on~! ~을 축하합니다!
▸contribute the most to~ ~에 가장 크게 기여하다
▸convince someone to do ~가…하도록 납득시키다
▸dedication to~ ~에 대한 열정, ~에 대한 헌신
▸delay with ~의 연착
▸deliver A to B A를 B로 배달하다
▸demand for~ ~에 대한 수요
▸direct A to B A를 B로 인도하다, A에게 B로 가는 길을 알려주다
▸do one`s grovery shopping at ~에서 식료품을 구매하다
▸ensure that~ ~을 보증하다, ~을 확고히 하다
▸based on ~을 기준으로
▸be all booked up 모두 예약되어 있다
▸be allergic to medicine 약에 알레르기 반응이 있다
▸be anxious to do ~하고 싶어하다
▸be concerned about ~에 대해 근심하다
▸be doubled 두 배가 되다
▸be due to do ~할 예정이다
▸be entitled to ~를 받을 자격이 있다
▸be filled out incorrectly 잘못 기입되다, 틀리게 작성되다
▸be good for ~동안 유효하다
▸be merged with ~와 합치다
▸be nervous about ~에 대해 불안해하다, ~을 신경 쓰다
▸be not feeling well 몸이 좋지 않다
▸be overqualified 자격 요건 이상을 갖추고 있다
▸be right on schedule 일정 그대로
▸be running late 늦어지다
▸be scheduled to do ~할 예정이다
▸be taking forever 한없이 시간을 끌다
▸be thankful to do ~해서 다행스럽다

▸be unhappy with ~에 불만족스럽다
▸feel free to do 서슴지 않고~하다, 부담 없이~하다
▸fluctuation in~ ~의 불안정, ~의 변동
▸for more information, contact~ 더 자세한 정보를 원하시면
▸have control over~ ~을 관리하다, ~을 제어하다
▸have fifteen years experience in~ ~부문에서 15년의 경력을 지니고 있다
▸have one`s credit card ready
(사용을 위해) 신용카드를 준비해 두다, 신용카드를 꺼내 두다
▸have potential for ~의 가능성을 지니다
▸have something ready for someone ~에게 즉시…을 줄 수 있도록 준비하다
▸have a note about~ ~에 대한 주의 사항을 전하다
▸get established ~에 정착하다, ~에 자리를 잡다
▸get ready for~ ~할 준비를 갖추다
▸guide A through B A에게 B를 설명해 주다
▸hours of preparation for~ 여러 시간에 걸친~의 준비
▸I`m pleased to introduce~ ~를 소개하게 되어 기쁩니다
▸immediately following~ ~에 바로 이어서
▸insight on~ ~에 대한 통찰력
▸it looks as though~ 마치~인 듯하다
▸it takes (시간)to do ~하는 데 (시간)이 걸리다
▸join A for B B를 위해 A에 참가하다[동참하다]
▸Let me tell you about~ ~에 대해 말씀드리겠습니다
▸make it advantageous to do (가 목적어 구문) ~하는 것이 유리하도록 하다
▸notify A of B A에게 B를 통지하다
▸now let`s move on A 이제는 A로 넘어가겠다,
▸on concourse A
▸on highway~ ~번 고속도로상의
▸on the reverse side of~ ~의 뒷면에
▸on your way to~ ~로 가는 도중에
▸overnight lodging at ～에서의 일박
▸take as long as (기간)까지의 시간이 소요되다
▸take some time to do 시간을 갖고 ～을 검토하다
▸the award goes to 상이～에게 돌아가다
▸the best part is～ 무엇보다 좋은 점은～이다

▸The fun begins at(시각) 즐거운 행사는(시각)부터 시작 된다
▸the next stage is~ 다음 단계[과정]은~이다
▸the possibility of - ing ~할 가능성
▸This is A with an announcement for B A에서 B에게 알려 드립니다
▸this is ~ calling (전화 거는 사람이)저는~입니다
▸We'd appreciate it if ~해주시면 감사하겠습니다
▸We'd like to welcome you to ~ ~에 오신 것을 환영합니다
▸welcome A to B A가 B에 온 것을 환영하다
▸welcome suggestions for ~에 대한 질문들을 환영하다
▸welcome to ~에 오신 걸 환영합니다
▸Why not try~? ~을 선택(이용)하세요
▸will be closing 문을 닫게 될 것이다
▸will be holding~ ~을 개최할 것이다
▸will be with you shortly (서비스 직원 · 전화 상담원이)금방 연결될 것이다
▸win a free holiday in ~ (복권)~에서의 일박 숙박권을 따내다
▸won't cost someone a thing ~에게는 비용이 한푼 들지 않는다
▸write a brief description of ~ ~에 대한 설명을 간략히 적다
▸petition for ~을(주도록)간청하다
▸proceed immediately to~ ~곧바로~로 가다
▸product worth over~ (가치 · 액수)에 상당하는 제품
▸put~back on the road ~을 복귀시키다
▸resume normal operation hours ~에서 비롯되다, 정상 업무를 재개하다
▸return A to B A를 B에게 돌려주다, A를 B에게 반납하다
▸seem a bit complicated 다소 복잡하게 느껴지다
▸seminars on such topics as~ ~와 같은 주제들에 대한 세미나들
▸show A a spectacular view of ~ ~A를~의 절경으로 안내하다
▸so that A may~ (목적 구문) 따라서 A가~할 수 있도록
▸Together with ~와 함께
▸Topping today's local business news is~ 오늘의 지역 경제에 대한 첫 소식을 알려 드리면~
▸touch on~ ~을 언급하다, ~에 관해 다루다
▸transportation to and from ~ ~사이를 오가는 교통편

PART Ⅵ. ABBREVIATED WORDS IN CURRENT ENGLISH

A

- AA: Al-Anon: Alcoholics Anonymous: 알콜 중독자협회
- AAMA: The American Automobile Manufacturer's Association
- AAT: Academic Aptitude Test: 수학능력 평가, 수능시험
- ABC weapon: Atomic Biological & Chemical: 화학, 생물, 방사능 무기
- ABN: Asian Business News: 아시아 비즈니스 뉴스(방송국)
- ABS: Anti-lock Brake System: ABS브레이크
- ACDPU: Advisory Council on Democratic and Peaceful Unification
- ACDPU: 평통 자문회의
- ADB: Asia Development Bank: 아시아개발은행
- ADD: Agency for Defense Development: 국방과학기술연구소
- AFDC: Aid to Families with Dependent Children: 아동부양세대 보조
- AFKN: American Forces Korea Network: 주한미군방송
- AFL-CIO: 미 노동총연맹 산업별회의
- AFMC: Agricultural Fisheries Marketing Corporation: 농수산물 판매 공사
- AFP: Agency France-Presse: 프랑스통신사
- AIDS: Acquired Immune Deficiency Syndrome: 후천성 면역 결핍증
- APEC: Asia-Pacific Economic Cooperation: 아태 경제협력기구
- APII: Asia Pacific Information Infrastructure: 아시아 태평양 정보망
- ARS: Audio Response System: 자동응답기
- ASEM: Asia-Europe Meeting: 아시아 - 유럽 정상회담
- ATM: automated teller machines: 무인 은행 지점
- ATO: Agricultural Trade Office: 농산물교역담당관
- AWACS: Airborne Warning And Control System: 항공경보관제(시스템)
- AWOL: Absent With Out Leave: 무단이탈(군인), 무단결근
- Administration for Military Personnel Management: 병무청
- AirForce Academy: 공군사관학교

▸Al-Anon: Alcoholics Anonymous: 미국 알코올 중독자 자주치료 협회
▸Alpine slopes: 알프스 기슭, 높은 산기슭
▸Alzheimer's disease: 알츠하이머병, 노인 치매병
▸AmCham: American Chamber of Commerce in Korea: 주한미상공회의소
▸Amerasian: 아시아계 미국인, 아시아계 혼혈인
▸American Affairs Bureau: 미주국
▸American Automobile Manufacturer's Association: 미 자동차 제조협회
▸Anglican Church: 성공회
▸Anti-Prostitution Law: 윤락방지법
▸Armistice Agreement: 정전협정
▸Asuncion: 아순시온(파라과이의 수도)

B

▸BAI: Board of Audit and Inspection: 감사원
▸BOK: Bank of Korea: 한국은행
▸BOQ: Bachelor Officers' Quarters: 독신 장교 숙소
▸BSI: Business Survey Index: 경제조사지수
▸BTC: business travel card: 기업여행카드
▸Banwol Industrial Complex: 반월공단
▸Beaujolais Nouveau: 불란서 적포도주
▸Belize: 벨리즈, 카리브해의 독립국(British Honduras)
▸Biblical: 성경의, 성서의
▸Blair House: 백악관영빈관
▸Braun tube: 브라운관
▸Buddha's Birthday festivities: 석가탄일
▸Byzantine: 비잔틴, 동로마제국; 미로같이 복잡한, 권모술수의

C

▸CAK:ConstructionAssociationofKorea: 한국건설협회
▸CB: convertible bond: 전환 사채
▸CBK: The Commercial Bank of Korea: 상업은행
▸CBR : chemical, biological and radiological : 화생방
▸CDC: Centers for Disease Control: (미)질병통제소
▸CDMA: Code Division Multiple Access: 코드분할 다중접속(이동통신방식)

- CEMC: Central Election Management Committee: 중앙 선거관리위원회
- CEO: Chief Executive Officer: 최고 경영권자, 재벌회장
- CFC: Combined Forces Command: (한미)연합군사령부
- CGC: Capital Garrison Command: 수도 경비사령부, 수경사
- CI: corporate identity: 기업이미지 통합
- CIA: Central Intelligence Agency: 미 중앙정보국
- CID: Criminal Investigation Department: 범죄수사단
- CIS: Common wealth of Independent States: 독립국가연합
- CMIC: Citizen's Movement Information Center: 시민운동정보센터
- CNG: Compressed Natural Gas: 압축천연가스
- CPA: Certified Public Accountant: 공인회계사
- CPU: Central Processing Unit: 중앙 처리 장치
- CT-2: Cordless Telephone-2: 발신전용휴대전화
- CVR: Cockpit Voice Record: 조종실 음성 녹음기
- Cabinet ministerial level: 장관급
- Capitol: 미국회의사당
- Central Labor Dispute Arbitration Committee: 중앙노동분쟁중재위원회
- Central Military Commission: 중앙군사위원회
- Chairman of Joint Chiefs of Staff: 합참의장
- Chemical Weapons Convention: 화학무기회의
- Chief Cabinet Secretary: (일본)관방장관
- Chief Executive: 대통령, 국가수반
- Chief of Presidential Secretary: 비서실장
- Chief of ROK Naval Operations: 해군참모총장
- China's People's Liberation Army: 중국인민해방군
- Chinese characters: 한자
- Chinese-registered: 중국국적의
- Chogye order: 조계종
- Christian Federation: 기독교 연맹
- Civil Act: 민법
- Civil Act: 민법조항
- Criminal Act: 형법조항
- Commander-in-Chief: 총사령관
- Committeeforthepromotionofsavings: 저축추진위원회

- Commonwealths: 영국 연방
- Confucian: 공자의, 유교의; 유생
- Confucian nationalism: 유교주의 사상
- Confucian-oriented tradition: 유교식 전통
- Confucianism: 유교
- Confucianists: 유림
- Constitutional Day: 제헌절
- Construction and Transportation Ministry: 건설교통부
- Court Protection For Debt Repayment Rescheduling: 화의(和議)
- Criminal Investigation Department: CID,범죄수사단
- Cultural figure for July: 7월의 문화인물
- Culture-Sports Ministry: 문화체육부

D

- DIA: Defense Intelligence Agency: (미)국방정보본부
- DLP: Democratic Liberal Party: 민주자유당, 민자당
- DMZ: Demilitarized Zone: 비무장지대
- DOI: Declaration of Intent: 의향서
- DPRK: Democratic People's Republic of Korea: 조선민주주의인민공화국
- DRAM: Dynamic Random Access Memory: 동적 자유접근기억장치
- DSC: Defense Security Command: 국군보안사령부, 보안사
- DWI: Driving While Intoxicate: 음주운전
- Dear John(letter): 절교장, 파혼선언
- Defense Min.: Defense Minister: 국방부장관
- Defense Ministry: 국방부
- Department of Motor Vehicles: 면허시험소
- DoD: Department of Defense: 미 국방성
- Down syndrome: 다운 증후군
- Draconian: very harsh: 매우 가혹한
- Duke of Cornwall: 콘월 공작
- Dutch: 네덜란드의

E

- EDCF: External Development and Cooperation Fund: 해외개발협력기금
- EEZ: Exclusive Economic Zone: 배타적 경제수역
- ERA: Earned Run Average: 방어율
- ESCAP: Economic and Social Commission for Asia and the Pacific
- ESCAP: 아시아태평양 경제사회협력위원회
- ESPN: Entertainment and Sports Programming Network; 유료방송
- ET: The Extra-Terrestrial: 외계인, 우주인
- ETS: the Educational Testing Service: 미 교육평가원
- EUSA: Eighth United States Army; 미8군사령부
- Ebola: 에볼라바이러스(고열과 내출혈을 일으킴)
- Economic Planning Board: 경제기획원
- Education Ministry: 교육부
- ElNino Current: 엘리뇨 현상
- Election Committee: 선관위
- Emergency Economic Planning Committee: 경제비상대책위원회
- Equinox: 주야 평분시, 춘분, 추분
- Exodus: 출애굽

F

- FAO:Food Agriculture Organization: 식량농업기구
- FBI: The Federal Bureau of Investigation: 미 연방수사국
- FDA: Food and Drug Administration: 미 식품 의약국
- FDR: Flight Data Record: 비행 정보기록
- FKI: Federation of Korean Industries: 전국경제인 연합회;전경련
- FKTU: The Federation of Korean Trade Union: 한국노총
- FTC: Fair Trade Commission: 공정거래위원회
- FX dealer: Foreign Exchange dealer; 외환 딜러
- Fair Trade Commission: 공정거래위원회
- Family Registration Law: 호적법
- Fed: Federal: 미 연방정부의 약어
- Federal: 미 연방정부
- Filipino: Philippine: 필리핀의
- Financial Supervisory Board: 금융감독원

- Financial Supervisory Committee: 금융 감독위원회
- Food and Agriculture Organization: 식량농업기구
- Foreign Exchange Control Law: 외환관리법
- Foreign Ministry: 외무부
- Foundation Day: 개천절
- Founding Fathers: 미국 헌법 제정자들, (제도, 운동)의 창시자

G

- GDP: Gross Domestic Product: 국내총생산
- GI: Government Issue: 미군
- GMT: Greenwich Mean Time: 그린위치 표준시간
- GNP: Gross National Product: 국민총생산
- GOP: Grand Old Party: 미 공화당
- GPT: General Preference Tariff: 일반특혜관세
- GTC: General Trading Company: 종합무역상사
- Girl Friday: 일 잘하여 여러 가지 일을 처리하는)여비서, 여사무원
- Golden Rule: 황금률: "Do to others as you would be done"
- Good Samaritan: (신약성경에 나오는)선량한 사마리아인, 착한 이웃
- Gospel: toryofChrist'slifeandteachings: 복음서, 복음, 기쁜 소식
- Great Spirit: 북아메리카 인디언의 부족 주신(主神)
- Ground Self Defense Forces: 일본육상자위대

H

- HDTV: High Definition TV: 고선명(고화질) TV
- HIV: Human Immune deficiency Virus: 후천성면역결핍증, 에이즈
- HIV positive: 에이즈 양성반응
- Health Promotion Law: 건강 증진 법
- Health-Welfare Ministry: 보건복지부
- Heavenly Father: 하늘에 계신 아버지
- History of Three States: 삼국지
- Holocaust: 대학살, 나치의 유태인 대학살
- Huntington's disease: 헌팅톤 무도병(희귀한 유전병)

I

- IAA: International Advertising Association: 국제광고협회
- IAEA: International Atomic Energy Agency: 국제원자력기구
- IATA: International Air Transport Association: 국제 항공 운송 협회
- IBRD: International Bank for Reconstruction and Development
- IBRD: 국제 개발은행
- IC: Integrated Circuit: 집적회로
- ICAO: International Civil Aviation Organization: 국제 민간 항공 기구
- ICCA: International Council for Commercial Arbitration: 국제상업중재위원회
- IDcard: Identification card: 신분증
- IFANS: Institute of Foreign Affairs and National Security
- IFANS: 외교안보연구원
- IIE: Internet in Education: 인터넷을 이용한 학습
- IISS: International Institute of Strategic Studies: 국제 전략연구소
- ILO: International Labor Organization: 국제노동기구
- IMF: International Monetary Fund: 국제 통화기금
- IMF cold wave: IMF한파
- IMF cold wave: IMF한파
- IOU: I Owe You: 약식차용증서
- IPR: Intellectual Property rights: 지적재산권
- IPR-Piracy: Intellectual Property Right-Piracy: 지적재산권-해적판
- IRA: Irish Republican Army: 아일랜드 공화군
- ISDN: Integrated Services Digital Network: 통합 디지털 망
- ITA: international technology agreement: 국제 정보기술 협정
- IUPAC: International Union of Pure and Applied Chemistry
- Immigration Office: 출입국관리소, 이민국
- Immigration and Naturalization Service: 미국 이민국
- Imperial Japanese Army: 일본 제국 육군
- Indian summer: (늦가을의)봄날 같은 화창한 날씨
- Industrial Advancement Administration: 공업진흥청
- Industrial Revolution: 산업혁명
- Information and Communication Ministry: 정보통신부
- Insolvency Postponement Agreement: 부도유예협약
- International Parliamentary Union: IPU: 국제의원연맹

▸Interpol: International Police: 인터폴국제경찰

J

▸JAK: Journalists Association of Korea: 한국 언론인협회
▸JCS: Joint Chief of Staffs: 합동참모회의, 합참
▸JSA: Joint Security Area: 공동경비구역
▸Jack Frost: 엄동, 동장군
▸Jaguar: 영국제 고급 승용차
▸Japanese Maritime Safety Agency: 일본 해상보안청
▸Japanese term: 일본용어
▸Jetro: Japan External Trade Organization: 일본 대외무역기구
▸Journalistic Photo Exhibition: 언론보도 사진전시회
▸Justice Ministry: 법무부

K

▸K-Operation: K-공작
▸KAIST: Korean Advanced Institute of Science and Technology: 과기원
▸KAPS: Korea Animal Protection Society: 한국 동물보호협회
▸KATUSA: Korean Augmentation to the U.S. Army: 카투사
▸KBO: Korea Baseball Organization: 대한야구협회
▸KCNA: (North)Korean Central News Agency: 북한중앙통신
▸KDB: Korea Development Bank: 한국산업은행
▸KDI: Korea Development Institute: 한국 산업개발연구원
▸KEDO: K. Peninsula Energy Development Organization: 한반도에너지기구
▸KEF: Korea Employers Federation: 경영자총연맹, 경총
▸KEPCO: Korea Electric Power Corporation: 한국 전력공사, 한전
▸KFDA: Korean Food and Drug Administration: 식품의약품안전관리본부
▸KFSB: Korean Federation of Small Business: 중소기업 협동조합
▸KFTA: The Korea Foreign Trade Association: 무역협회
▸KHIC: Korea Heavy Industry and Construction: 한국중공업
▸KHRC: K. High-speed Rail Construction Authorities: 고속철도건설공단
▸KIET: Korea Institute for Industrial Economics and Trade: 산업연구원
▸KIMM: Korean Institute for Machinery and Metals: 한국기계금속연구
▸KIST: Korea Institute of Science and Technology: 한국과학기술원

- ▸KMA: Korea Management Association: 한국 경영 협회
- ▸KMA: Korea Military Academy: 한국육군사관학교
- ▸KMA: Korean Meteorological Administration: 기상청
- ▸KNPA: Korea National Park Authority: 국립공원관리당국
- ▸KNR: Korean National Railroad: 철도청
- ▸KNRC: Korean National Red Cross: 대한 적십자사
- ▸KNTO: Korea National Tourist Organization: 한국관광공사
- ▸KOCHAM: The Korea Chamber of Commerce and Industry: 상공회의소
- ▸KODC: Korea Oil Development Corp.: 석유개발공사
- ▸KOEX: Korea Exhibition Center: 한국 종합 전시관
- ▸KOICA: Korea International Cooperation Agency: 국제협력협회
- ▸KOSPI: Korean Composite Stock Price Index: 한국종합주가지수
- ▸KOTRA: K. Trade-Investment Promotion Agency: 한국무역투자진흥공사
- ▸KOWACO: The Korea Water Resources Corporation: 수자원공사
- ▸KPAPA: Korean Pet Animal Protection Association: 한국 애완동물보호협회
- ▸KPC: Korea Productivity Center: 한국 생산성 본부
- ▸KPPEC: Korea Public Performance Ethics Committee: 공연윤리위원회
- ▸KST: Korean Standard Time: 한국표준시간
- ▸Korea Air Force Academy: 한국공군사관학교
- ▸Korea Assets Management Corporation: 성업공사
- ▸Korea Defense Industries Association: 방위 산업협의회, 방산협회
- ▸Korea Development Bank: 한국산업은행
- ▸Korea Education Development Institute: 한국교육개발원
- ▸Korea Federation of Livestock Cooperatives: 축산 협동조합, 축협
- ▸Korea Federation of Teachers' Associations: 전국교원노동조합, 전교조
- ▸Korea Football Federation: 대한축구협회
- ▸Korea Industrial Technology Promotion Association: 한국 산업기술진흥회
- ▸Korea International Broadcasting Foundation: 한국 국제 방송교류재단
- ▸Korea Iron & Steel Association: 한국철강협회
- ▸Korea Military Academy: 한국육군사관학교
- ▸Korea Mint Corp.: 한국조폐공사
- ▸Korea Naval Academy: 한국해군사관학교
- ▸Korea Research Institute of Comparative Linguistics: 비교언어연구원
- ▸Korea Tobacco & Ginseng Corp: 한국담배인삼공사

- Korean Advanced Institute of Science and Technology: 한국과학기술원
- Korean Confederation of Trade Unions: 민주노총
- Korean Maritime Police: 한국 해양경찰
- Korean Meteorological Administration: 기상청
- Korean National Railroad: 철도청
- Korean Proficiency Test: 한국어능력시험
- Korean disease: 한국병

L

- L/C: Letter of credit: 신용장
- LCD: Liquid Crystal Display: 액정표시기
- LDP: Liberal Democratic Party: 일본자민당
- LNG: Liquefied Natural Gas: 액화 천연 가스
- LPG: Liquefied petroleum gas: 액화석유가스
- LWR: Light Water Reactor: 경수원자로
- Law on Punishment of Violent Acts: 폭력행위처벌법
- Legislation-Judiciary Committee: 법사위원회
- Local Autonomy Law: 지방자치법
- LouGehrig's disease: 루게릭병, 근 위축성 측색 경화증

M

- M&A: Merger and Acquisition: 기업합병
- MAC: Military Armistice Commission: 군사정전위원회
- MASH: Mobile Army Surgical Hospital: 육군 이동 외과 병원
- MBA: Master Business Administration: 경영 관리학 석사
- MCM: Military Committee Meeting: 한미군사위원회회의
- MFN: The Most Favored Nation: (무역)최혜국
- MIA: Missing In Action: 전쟁실종자
- MIT: Massachusetts Institute of Technology: MIT공대
- MOFA: Ministry of Foreign Affairs: 외무부
- MOFE: The Ministry of Finance-Economy: 재정경제원
- MOTIE: The Ministry of Trade Industry and Energy: 통상 산업부
- MOU: Memorandum Of Agreement: 양해각서
- Machiavellian: marked by craftiness and duplicity: 권모술수 적

▸Maritime-Fisheries Affairs Ministry: 해양수산부
▸Master of Science: 이학석사
▸McCarthyist: 극단적인 반공주의자
▸McLuhanian stance: 맥루언의 매스커뮤니케이션 이론
▸Medicaid: a federal health plan for the poor: 의료보조 제도
▸Medicare: a state medical aid program for the aged: 의료보장
▸Mediterranean: 지중해
▸Mediterranean trade zone: 지중해 무역지대
▸Memorial Day: 현충일
▸Mercosur: 남미공동시장
▸Meteorology and Geophysics Agency: 기상 및 지구 물리학 청
▸Methodist: 감리교도
▸Middle East and African Affairs Bureau: 중동아주국
▸Military Secrets Protection Law: 군사기밀보호법
▸Minor Offensive Law: 경범죄
▸Minor Protection Law: 미성년자 보호법
▸Miranda Principle: 미란다 규정(피의자 구속 시 피의자의 권리의 통고)
▸Mr. Right: 나에게 맞는 남자
▸Myongdong Cathedral: 명동성당

N

▸N-waste site: 핵 폐기장
▸NACF: National Agricultural Cooperative Federation: 농업협동조합, 농협
▸NASA: National Aeronautical and Space Administration: 미 항공우주국
▸NATO: North Atlantic Treaty Organization: 나토, 북대서양조약기구
▸NBC: Nuclear, biological, and chemical: 화생방
▸NFA: National Forestry Administration: 산림청
▸NFFC: National Federation of Fisheries Cooperatives: 수산협동조합, 수협
▸NFSB: National Federation of Small Businesses: 전국 중소기업 연합
▸NGO: Non-Government Organization: 비정부조직, 민간단체
▸NIE: News paper in Education: 신문을 이용한 학습
▸NIMBY: Not in my backyard: 환경관련, 부정적 지역이기주의
▸NKP: New Korea Party: 신한국당
▸NLL: North Limit Line: 북방 한계선

- NOD: News On Demand: 사용자 주문 뉴스
- NPA: National Police Agency: 국립경찰청
- NSO: The National Statistical Office: 통계청
- NSP: National Security Planning: 국가안전기획부, 안기부
- NTE: National Trade Estimate: 국가별 무역평가서
- NTSB: National Transportation Safety Board: 미 국립 교통안전국
- National Anthem: 애국가
- National Assembly Building: 국회의사당 건물
- National Assembly Defense Committee: 국회국방위원회
- National Assembly's Intelligence Committee: 국회정보위원회
- National Assembly's public hearing: 국회청문회
- National Committee Meeting: 전국위원회
- NationalCongressforNewPolitics: 새정치국민회의
- National Defense Committee: 국방위원회
- National Health Promotion Law: 국민건강증진법
- NationalInstituteforScientificInvestigation: 국립과학수사연구소
- National Liberation Day: 광복절
- National Plant Quarantine Service: 국립식물검역소
- National Security Council: 국가안보회의
- National Security Law: 국가보안법
- National Sports Meet: 전국체전
- National Unification Ministry: 통일원
- Native American: 아메리카 인디언.
- New Year's greetings: 신년하례
- Nobel Peace Prize: 노벨평화상
- Non-Aligned Movement: 비동맹운동
- Non-Permanent UNSCS: 유엔 비상임이사국
- UNSC: United Nations Security Council 국제 연합 안전 보장 이사회
- Nonsan Training Center: 논산훈련소
- North Korea's People's Army: 북한 인민군 육군
- North Korean Workers' Party: 북한 노동당

O

- OECD: Organization for Economic Cooperation and Development

- OECD: 경제 협력 개발 기구, 경제선진국
- ONTA: Office of National Tax Administration: 국세청
- OS: operating system: 운영체계
- OTC: Over The Counter: 창구판매 : 의사의 처방전 없이 판매되는 약
- Occupation Stabilization Law: 직업 안정법
- Office of Bank Supervision and Examination: 은행감독원

P

- PCS: Personal Communication Service: 개인휴대통신
- PDA: Personal Digital Assistant: 개인휴대정보단말기
- PECC: Pacific Economy Cooperation Council: 태평양경제협력위원회
- PEDCO: Korea Petroleum Development Corp.: 한국 석유개발공사
- PKO: Peace Keeping Operation: 평화유지군
- PM: Prime Minister: 수상, 국무총리
- PNG: Papua New Guinea: 파푸아 뉴기니아
- POW: Prisoners of War: 전쟁포로
- PPFK: The Planned Parenthood Federation of Korea: 대한가족계획협회
- PPP: Purchasing Power Parity: 구매력평가
- PTA: Parent Teacher Association: 사친회
- PX: Post Exchange: 군대매점
- Pacific Ocean: 태평양
- Pacific Rim leaders: 태평양 연안국 정상들
- Parkinson's disease: 파킨슨병.
- Passover: 유월절(유태인의 종교절기)
- Pax Americana: 미국의 지배에 의한 평화
- Pegasus: 천마, 날개달린 말
- People's Daily: (중국)인민일보
- Peruvian: 페루인
- Pfc.:Private First Class: 일등병
- Ph. D.: 박사 학위
- Presbyterian: 장로교
- Presidential Press Secretary: 대통령공보비서관
- Presidential Secretary for Administration: 청와대 행정수석비서관
- Presidential Secretary for Agriculture: 청와대 농업수석비서관

- Presidential Secretary for Economy: 청와대 경제수석비서관
- Presidential Secretary for Foreign Affairs: 청와대 외교수석비서관
- Presidential Secretary for Petition: 청와대 민정수석비서관
- Presidential Secretary for Policy Planning: 청와대 정책기획수석비서관
- Presidential Secretary for Social-Welfare: 청와대 사회복지수석비서관
- Presidential Security Service: 대통령경호실
- Presidential decree: 대통령령
- Prince Charming: 백마탄 왕자
- Protestant: 개신교
- Proverbs: 잠언(구약 성경)
- Public Hygiene Law: 공중위생법

R

- R&D: Research and Development: 연구개발
- R.N.: Registered Nurse: 공인간호사
- RADAR: Radio Detecting And Ranging: 레이더, 전파탐지기
- RCGC: Research Center on Gender Culture: 성문화연구센터
- ROK-US Combined Forces Command: 한미연합군사령부
- RSAA: Refugee Status Appeal Authority: 난민지위 소청본부
- RSVP: : Please response: 응답요망
- RV: Recreation Vehicle: 야외 캠핑을 할 수 있는 차량
- Real-Name Financial Transaction System: 금융실명제
- Red Crescent Societies: 적신월사(赤新月社: 회교국의 적십자사...)
- Renminbi: 인민폐(人民幣), 중국내 통용화폐
- Richterscale: a scale of measuring the quakes: 리히터지진계
- Royal Standard: 왕기(王旗)
- Russian roulette: 러시안 룰렛(목숨을 건 6연발의 총의 도박)

S

- S&P(Standard and Poor's): 미 신용평가기관
- SAM: Surface to Air Missile: 지대공 미사일
- SAT: Scholastic Aptitude Test: 대학진학적성검사
- SBA: Small Business Administration: 중소기업 청
- SBS: Seoul Broadcasting System: 서울 방송

▸SCM: Security Consultative Meeting: 한미국방안보협의회의
▸SDC: Seoul District Court: 서울 지방법원
▸SDCC: Seoul District Criminal Court: 서울 지방 형사법원
▸SDP: Social Democratic Party: (일본)사회민주당
▸SDPO: Seoul District Prosecutor's Office: 서울지방검찰청
▸SFC: Special Warfare Command: 특수 전 사령부, 특전사
▸SMC: Small and Medium-sized Company: 중소기업
▸SNU: Seoul National University: 서울대학
▸SOC: social overhead capital: 사회간접자본(도로, 항만, 통신 등), 사회기반시설
▸SOFA: Status Of Forces Agreement: 미군주둔군 지위협정
▸SPPO: Supreme Public Prosecutor's Office: 대검찰청 중앙수사부, 대검중수부
▸SSB: Securities Supervisory Board: 증권감독원
▸START-2: Strategic Arms Reduction Talks-2: 전략무기 감축회담 -2
▸SWAT: Special Weapons Attack Team: 특별기동대
▸Salvation Army: 구세군
▸Samaritan: a person who voluntarily offers help in times of trouble: 선행자
▸Samsung Aerospace Industries: 삼성항공
▸Scriptures: 성경
▸Scrooge: 소설 A Christmas Carol의 주인공, 수전노
▸Seabee: naval engineer: 해군공병대
▸Secretariat: 공산당서기국, (국제조직의)사무국
▸Securities Supervisory Board: 증권감독원
▸Senate Appropriations Committee: 미 상원 세출위원회
▸Seoul Education Committee: 서울시 교육위원회
▸Seoul Education Office: 서울교육청
▸Seoul Subway Corporation: 서울 지하철 공사
▸Shipbuilding and Marine engineering: 선박해양공학
▸Sisyphusian endeavor: 끝없는 헛고생
▸Social Security: 미 국민에게 절대적인 영향력을 미치는 세금&복지제도
▸Social Security Office: 미국세무신고사무소
▸Special Culture Zone: 특별문화지구
▸St. Valentine Day: 발렌타인데이 - 연인에게 초콜릿 선물하는 절기
▸Stock-Index Options Market: 주가지수 옵션 시장
▸Supervisory Commission: 중립국 감시위원단

- Supplemental Security Income: 사회보장연금
- Supplementary classes: 보충수업
- Supreme Court: 대법원

T

- TFT-LCD: Thin Film transistor-liquid crystal display: 초박막액정표시
- TIFDL: Time Phased Force Deployment List: 시차별 병력배치명단
- TOEFL: Test of English as a Foreign Language: 토플
- TRS: Trunked Radio System:주파수공용통신
- Ten Commandment: 10계명
- The Electronics Industries Association of Korea: 한국전자공업진흥회
- The Joint Chiefs of Staff Headquarters: 합동참모본부
- The Korea Institute of Finance: 한국금융연구원
- The Korea Land Development Corporation: 한국토지개발공사
- The Korea Rural Economic Institute: 농업경제연구원
- The Ministry of Agriculture-Forestry: 농림부
- The Ministry of Construction-Transportation: 건설교통부
- The Ministry of Defense: 국방부
- The Ministry of Environment: 환경부
- The Ministry of Finance-Economy: 재정경제원
- The Ministry of Foreign Affairs: 외무부
- The Ministry of Government Administration: 총무처
- The Ministry of Health-Welfare: 보건복지부
- The Ministry of Home Affairs: 내무부
- The Ministry of Information: 공보처
- The Ministry of Information-Communication: 정보통신부
- The Ministry of Justice: 법무부
- The Ministry of Labor Affairs: 노동부
- The Ministry of Office of Legislation: 법제처
- The Ministry of Patriots-Veterans: 보훈처
- The Ministry of Political Affairs: 정무
- The Ministry of Science-Technology: 과학기술처
- The Ministry of Trade-Industry-Energy: 통상 산업 부

U

- ▸UFO: Unidentified Flying Objective: 미확인 비행물체
- ▸UHF: Ultra High Frequency: 극초단파
- ▸UL: Underwriters Laboratories Inc.): 보험업자 연구소
- ▸ULD: United Liberal Democrats: 자민련
- ▸UN High Commissioner for Refugees: 유엔 난민 고등 판무관
- ▸UNCMAC: UNC Military Armistice Commission; 유엔군사정전위원회
- ▸UNCTAD: UN Conference on Trade and Development: 유엔무역개발회의
- ▸UNCTAD: United Nations Conference on Trade and Development
- ▸UNDHA: UN Department of Humanitarian Affairs: 유엔인도주의사무국
- ▸UNEP: UN Environment Program: 유엔환경프로그램
- ▸UNESCO: United Nations Education, Scientific, and Cultural Org.: 유네스코
- ▸UNIDO: UN Industrial Development Organization: 유엔 산업개발기구
- ▸UNSC: UN Security Council: 유엔 안보리
- ▸US Trade Representative: 미 무역 대표부
- ▸USFK: United States Forces in Korea; 주한미군
- ▸USIS: UnitedStatesInformationService:미 공보원
- ▸Unicef: United Nations Children Funds: 유엔 아동 기금
- ▸Unification Advisory council: 통일자문회의
- ▸Unification Observatory: 통일전망대

V

- ▸VAT: Value Added Tax: 부가가치세
- ▸VDT: Video Display Terminal: 비디오 화면 단말기, 영상 단말기
- ▸VHF: Very High Frequency: 초단파
- ▸VIP: Very Important Person: 귀빈

W

- ▸WCO: World Customs Organization: 세계 관세 기구
- ▸WEF: World Economic Forum: 세계경제포럼
- ▸WFP: World Food Program: 세계식량계획기구
- ▸WHO: World Health Organization: 세계보건기구
- ▸WTF: World Taekwondo Federation: 세계 태권도 연맹
- ▸WTO: World Trade Organization: 세계무역기구

- WWF: World Wide Fund for Nature: 세계자연보호기금
- World Junior Soccer Championships: 세계 청소년 축구대회

Y

- YTN: Yonhap Television News: 연합통신
- YWCA: Young Women's Christian Association: 여성기독인 연합회

[Answer and Approach]

PART Ⅲ. Collocation Review Test

A. Write the best answer for the blank.

[V + N]

1. address 2. administer 3. answer 4. apply 5. attract 6. attract 7. bear 8. bid 9. bounce 10. break 11. break 12. bring 13. cast 14. catch 15. catch 16. catch 17. catch 18. subject 19. conclude 20. contract 21. deliver 22. draw 23. draw 24. inference 25. draw 26. drive 27. ease 28. ease 29. eat 30. enjoy 31. put 32. touch 33. have 34. reduce 35. address 36. scratch 37. begin 38. run 39. rob 40. questions 41. exercise 42. caution 43. exhaust 44. file 45. fill 46. follow 47. forge 48. form 49. formulate 50. gain 51. give 52. give 53. lend 54. ride 55. give 56. give 57. handle 58. hold 59. hold 60. host 61. identify 62. impose 63. invade 64. issue 65. keep 66. break 67. keep 68. launch 69. make 70. fuss 71. fun 72. make 73. meet 74. merit 75. pass 76. pay 77. play 78. pool 79. pull 80. pose 81. practice 82. pull 83. reach 84. run 85. set 86. set 87. sign 88. stifle 89. strike 90. take 91. take 92. take 93. throw 94. wage 95. watch 96. watch 97. weigh 98. win 99. work out 100. wring 101. weather 102. take 103. draw 104. breathe 105. attach 106. sing 107. change 108. pull 109. fashion 110. belch 111. bear 112. conduct 113. issue 114. renew 115. pitch 116. raise 117. propound 118. establish 119. start 120. normalize 121. sever 122. resume 123. split 124. face 125. strike 126. tip 127. run 128. go 129. arouse 130. fuel 131. set 132. save 133. keep 134. go 135. set 136. execute 137. play 138. subscribe 139. take 140. inflate 141. manipulate 142. wrap 143. draw 144. fuel 145. strike 146. hold 147. wage 148. ring 149. soften 150. bear 151. impose 152. levy 153. evade 154. take 155. serve 156. build 157. allot 158. hold 159. initial 160. conclude 161. sign 162. ratify 163. verify 164. cast 165. meet 166. pull 167. exercise 168. exert 169. dress 170. hold 171. stifle 172. satisfy 173. quench 174. smell 175. bury 176. turn 177. burn 178. flog 179. reverse 180. keep 181. break 182. impose 183. lift 184. withhold 185. call 186. weather 187. play 188. draw 189. pin 190. take 191. fix 192. pick 193. hone 194. practice 195. beat 196. disband 187. sit 198. blow 199. hit 200. spill 201. lose 202.

lift

[A +N]

1. trouble 2. big 3. blank 4. close 5. downright 6. exhaustive 7. touch 8. firm 9. fixed 10. foregone 11. golden 12. good 13. account 14. hung 15. implicit 16. inner 17. long 18. view 19. morning 20. naked 21. natural 22. nuclear 23. open 24. outer 25. plain 26. popular 27. sheer 28. small 29. sincere 30. side 31. solid 32. split 33. thorny 34. unwanted 35. upset 36. wishful 37. extreme 38. quick 39. hot 40. overwhelming 41. quasi-judicial 42. para-military 43. first-hand 44. double-edged 45. unanimous 46. redeeming 47. titular 48. discordant 49. incipient 50. initial 51. interim 52. final 53. extemporaneous 54. fragile 55. spine-chilling 56. London-based 57. 70-odd 58. sweeping 59. state-run 60. burgeoning 61. full-fledged 62. severe 63. centripetal 64. centrifugal 65. short-sighted 66. far-sighted 67. carcinogenic 68. serene 69. impregnable 70. unidentified 71. precarious 72. eventful 73. bipartisan 74. multilateral 75. ready-made 76. overall 77. civil 78. conventional 79. makeshift 80. inspection 81. college 82. parallel 83. silken 84. moving 85. revised 86. genetics 87. hereditary 88. parliamentary 89. local 90. diplomatic 91. bell 92. gold 93. brass 94. white 95. hills 96. fit 97. pale 98. deaf 99. quick 100. toast 101. indelible 102. tall 103. blind 104. golden 105. wild 106. pet 107. petty 108. small 109. sixth 110. foregone 111. sore 112. vicious 113. going 114. rear 115. blind 116. white 117. red 118. black 119. wishful 120. quarter-final 121. last 122. sour 123. close 124. long 125. incumbent 126. deep-rooted 127. inordinate 128. persistent 129. sanguinary 130. dead 131. prime 132. chance 133. cold 134. seventh 135. heavy 136. second 137. Dutch

[N + N]

1. sandwich 2. skeleton 3. rat 4. family 5. generation 6. lip 7. status 8. blessing 9. slip 10. street 11. world 12. tip 13. drop 14. flash 15. bold 16. clothing 17. shot 18. fly 19. teacup 20. shock 21. shanty 22. faction 23. nonaggression 24. reshuffle 25. pros and cons 26. bull 27. bear 28. hunger 29. charity 30. defamation 31. textbook 32. pep 33. surprise 34. complex 35. complex 36. inferiority 37. labor 38. merchant 39. goat 40. infirmity 41. gut 42. wisdom 43. response 44. organ 45. balance 46. test-tube 47. bookworm 48. lag 49. tug 50. leave 51. nerves 52. transfer 53. fluctuation 54. grenade 55. screen 56. brainwash 57. play 58. tear 59. stag 60. hen 61. cat 62. roses 63. fish 64. glimmer 65. lion's 66. gab 67. leap 68. port 69. talk 70. pillar 71. air 72. twilight 73. apple 74. cupboard 75. smack 76. strength 77. snake 78. slapstick 79. credit 80. installment 81. farewell 82. density 83. talk 84. relief 85.

pang 86. expectancy 87. spitting 88. name 89. professional 90. apprentice 91. borderline 92. plastic 93. ballot 94. illiteracy 95. fairy 96. nursery 97. transition 98. fittest 99. velocity 100. initiation

[V + ADV.]

1. softly 2. proudly 3. steadily 4. well 5. back 6. along 7. out 8. cooperate 9. together 10. ahead 11. straight 12. pay 13. qualify 14. hard 15. overseas 16. conveniently 17. obviously 18. newly 19. badly 20. strictly 21. heavily 22. back 23. off 24. down 25. awaty 26. hang

B. Choose the best answer for the blank.

1. [해석] A: 수학은 정말 어려워. B: 우리는 같은 처지야. 나 낙제할 것 같아.
   [정답] over one's head 이해하기 어려운 (d)
2. [해석] A: 왜 전기공학을 전공하려고 하나요? B: 아버지의 뒤를 이으려고요.
   [정답] follow in one's step -의 뒤를 이어가다 (c)
3. [해석] A: 이 도자기 세트 할인됐나요? B: 네, 원래 가격에서 20% 할인입니다.
   [정답] mark down 할인하다 (a)
4. [해석] 이번 주말에 공부를 접어두고 우리와 해변에 갈 수 있어?
   [정답] get away from -을 접어두다 (c)
5. [해석] A: 집에 오는 길에 가게에서 빵 한 덩어리만 사다 줄래?
   B: 물론이지, 문제없어.
   [정답] pick up 따다, 줍다 (b)
6. [해석] A: 집에 왔을 때 열이 나고 있었어. B: 정말이야? 지금은 괜찮아?
   [정답] run a temperature 열이 나다 (a)
7. [해석] A: 늦어서 미안해. 타이어가 펑크 났어. B: 어쩔 수 없었던 것 같네.
   [정답] have a flat (tire) 타이어가 펑크나다 (a)
8. [해석] A: 그분이 네 논문을 검토했니? B: 그가 너무 질질 끌고 계셔.
   [정답] drag one's feet 질질 끌다 (c)
9. [해석] A: 그녀가 계획했던 대로 대학원 장학금 받았어? B: 아니, 잘 안 됐어.
   [정답] not dragging 잘 안되다 (c)
10. [해석] A: 폴이 우등을 해서 좋아했어? B: 물론이지, 기뻐서 어쩔 줄 모르더라.
    [정답] contain oneself 감정을 억누르다, 자제하다 (a)
11. [해석] A: 전화기를 좀 사용해도 될까요? B: 좋고말고요.
    [정답] by all means 물론이죠 (d)

12. [해석] A: 너는 네 사업을 시작해야 한다고 생각해.
B: 그건 당분가 뒤로 미룰 거야.
[정답] put A on the back burner A를 뒤로 미루다 (c)
13. [해석] A: 음식에 벌레가 있어요. 입맛이 떨어졌어요.
B: 죄송합니다. 그러면 후식을 가져다 드릴까요?
[정답] lose one's appetite 식욕을 잃다 (c)
14. [해석] A: 우리는 피자 먹으로 갈 거야.
B: 나는 빼줘, 그렇지만 너희는 재미있게 보내.
[정답] count out -을 제외하다, 빼다 (b)
15. [해석] A: 피터 오늘 무슨 일 있어? 이유도 없이 나한테 신경질적으로 말하더라.
B: 걱정 마. 학기말 스트레스 때문이야.
[정답] snap at -에 신경질을 내다 (b)
16. [해석] A: 이 피자 좀 드셔 보실래요?
B: 솔직히 말씀드리면, 저는 피자를 별로 좋아하지 않습니다.
[정답] be a big fan of -을 무척 좋아하다 (b)
17. [해석] A: 저녁에 영화 보는 거 어때? 새 액션 영화가 시내에서 개봉하는데.
B: 나는 학기말 보고서를 끝내야만 해. 미안해.
[정답] put final touches on -을 끝내다 (d)
18. [해석] A: 그녀는 룸메이트를 좋아하지 않는 것 같은데.
B: 이유를 알아보려고 했는데, 그녀에게 자세히 물어보지는 못했어.
[정답] pin down 자세히 묻다 (b)
19. [해석] A: 안색이 안 좋아 보이는데. 무슨 일 있어?
B: 어제 가구를 옮기다가 허리를 삐었어.
[정답] go out 다치다, 삐다 (c)
20. [해석] A: 가게에서 받은 환불수표를 현금으로 B: 그건 당분가 뒤로 미룰 거야.
[정답] back burner 뒤로 미루다 (c)
21. [해석] 도심지를 우회해서 와야 했기 때문에 평소보다 시간이 더 걸렸다.
[정답] make a detour 우회하다 (c)
22. [해석] 그들의 나이 차이는 전혀 중요하지 않았다.
[정답] make no difference 차이가 없다, 중요하지 않다 (d)
23. [해석] 분노를 마음속에 품고 있는 것보다 표현을 하는 것이 좋습니다.
[정답] fester inside -에 품다 (a)
24. [해석] A: 그거 비싼 것 같지 않은데. 비슷한 코트 중에 그보다도 훨씬 비싼 것들을 봤거든.
B: 알고 있어. 정말 싸게 잘 산거야.
[정답] a real bargain 싸게 산 물건 (a)
25. [해석] A: 죄송하지만 또 등을 다쳤어요.

B: 내 조언을 따랐으면 그런 일은 절대 일어나지 않았을 텐데.

[정답] follow one's advice 충고를 따르다 (b)

26. [해석] A: 드디어 내 집을 장만했어.

B: 정말 잘됐다. 열심히 일하면 결국에는 보답이 있게 마련이다.

[정답] pay off 보답하다 (d)

27. [해석] A: 파리 행 아메리칸 항공 120편 탑승 수속을 여기서 하나요?

B: 네. 티켓 가지고 계시나요?

[정답] check in 수속을 밟다 (a)

28. [해석] A: 안녕, 피터. 지금 어디 있는 거야? 모두들 널 기다리고 있어.

B: 아, 메리. 산부인과 병동에 있어. 아내가 분만하려고 하거든.

[정답] the maternity ward 산부인과 병동 (c)

29. [해석] A: 티나는 어떻게 그렇게 빨리 남자친구를 사귄 거니?

B: 그 애한테 제일 먼저 다가 온 잘생긴 남자한테 반한 것뿐이야.

[정답] fell for -에 반하다, 좋아하다 (b)

30. [해석] 교회 신도들은 진심으로 하나님을 찬양하며 노래를 불렀다.

[정답] from the heart 진심으로 (b)

31. [해석] 곤충들은 성충이 되기 전에 일련의 중간 단계를 거친다.

[정답] intermediate stage 중간 단계 (d)

32. [해석] 2년간의 협상 끝에 러시아와 미국은 마침내 합의점에 이르렀다.

[정답] reach an agreement 합의점에 이르다 (a)

33. [해석] 피터는 인내심이 별로 없어서 종종 화를 낸다.

[정답] lose one's temper 화를 내다 (d)

34. [해설] 그 회의는 원래 이번 금요일 오후 3시에 열릴 예정이다.

[정답] be scheduled to -할 예정이다 (d)

35. [해석] 이 책의 메시지는 우선순의를 제대로 정해서 하라는 것이다.

[정답] get one's priorities in order 우선순위를 정하다 (b)

36. [해석] 돈은 반드시 악의 근원은 아니지만, 분명히 우리의 판단을 흐리게 할 수 있다.

[정답] cloud one's judgment 판단을 흐리게 하다 (a)

37. [해석] 부모님 집으로 들어가는 것은 경제적 위험이 따를 수도 있다.

[정답] be fraught with -이 따르다 (c)

38. [해석] A: 커피에 우유 넣지? B: 사실은 블랙으로 마셔.

[정답] take coffee with 커피에 -을 타다 (b)

39. [해석] A: 내가 보기에는 피터가 새빨간 거짓말을 하고 있어.

B: 왜 그런 말을 하니?

[정답] the way I see it 내가 보기에는 (a)

40. [해석] A: 서울 날씨는 어때? B: 비가 억수로 오고 있어.

[정답] pelt down with rain 비가 억수로 내리다 (c)

41. [해석] A: 매년 7월이면 차를 몰고 산으로 가서 텐트를 치곤 해.
B: 정말이야? 내가 야회활동을 좋아하는 줄 상상도 못했어.
[정답] pitch a tent 텐트를 치다 (d)

42. [해석] A: 지난밤에 비행기를 타고 와서 너무 피곤해.
B: 그래, 시차를 풀기 위해 잠을 푹 자라.
[정답] jet lag 시차 (a)

43. [해석] 당신과 크리스는 여러 해 동안 가깝게 지내온 사이라고 들었습니다.
[정답] close acquaintances 친한 사이 (d)

44. [해석]A: 이 보통우편물을 보험에 들까요? B: 그렇게 하실 필요 없습니다.
[정답] surface mail 보통우편 (a)

45. [해석] A: 피터, 어디서 좋은 못과 망치를 구할 수 있죠?
B: 요 밑에 있는 철물점에 가보는 게 어때?
[정답] hardware store 철물점 (a)

46. [해석] 제출된 논문을 인터넷상의 학기말 논문들과 비교하여 표절된 논문을 찾아내라.
[정답] plagiarized paper 표절된 논문 (b)

47. [해석] 일반 판매 약은 의사의 처방전이 필요한 약과는 다르게 처방전 없이도 살 수 있는 약이다.
[정답] generic drugs 일반 판매 약 (a)

48. [해석] 세균은 육안으로 보이지 않는다.
[정답] the naked eye 육안 (b)

49. [해석] 숙련된 건설 노동자의 수요가 증가하면서 다국적 회사에서 일을 할 수 있는 매력적인 기회가 생기고 있다.
[정답] demand for -에 대한 수요 (d)

50. [해석] 소년원이라고 알려져 있는 청소년 구치소는 책임을 질 수 있는 나이부터 성년에 이르기까지의 사람들을 위한 감옥이다.
[정답] a youth detention 소년원 (b)

51. [해석] 일반 대중단체들은 환경문제들을 다루려는 시도를 하고 있다.
[정답] address 다루다 (c)

52. [해석] 휴가철에는 유명 휴양지의 호텔에서 빈 방을 찾기가 어렵다.
[정답] a vacancy 빈 방 (b)

53. [해석] 그녀가 그 말을 하는 것을 들었을 때 진지한 표정을 유지하기 어려웠다.
[정답] a consecutive face 진지한 표정 (c)

54. [해석] 한국 입법자들은 월요일에 유전자 조작 농산물을 규제하는 새로운 법안을 승인했다.
[정답] approve a law 법안을 승인하다 (d)

55. [해석] A: 신용카드로 지불할 수 있나요?

B: 죄송합니다, 손님. 여긴 신용카드는 받지 않습니다.
[정답] accept Credit Card 신용카드를 받다 (a)

56. [해석] A: 기말 시험이 당분간 연기됐어. B: 왜? 무슨 일 있어?
[정답] put on hold 연기되다 (b)

57. [해석] A: 제인에게 무슨 일이 있는지 알아? 제인이 눈이 붓도록 울고 있었어.
B: 어젯밤 피터가 제인과 헤어졌다고 들었어.
[정답] cry one's eyes out 눈이 붓도록 울다 (a)

58. [해석] A: 큰 소리로 얘기해 줄래? 들리지가 않아.
B: 미안해. 목이 아파서 크게 얘기할 수가 없어.
[정답] lose one's voice 목이 아프다 (a)

59. [해석] 특별한 행사들은 대개 종교나 민족 고유의 의식에서 비롯된 전통과 관습들에 기원을 두고 있는 것이 특징이다.
[정답] special occasions 특별한 행사들 (a)

60. [해석] 신임 CEO가 임명된 지후 이사회의 여성 회장은 윤리적, 이념적 차이를 언급하면서 이 사직을 사임했다.
[정답] stand out 사임하다 (d)

61. [해석] "To lose consciousness"는 의식을 잃는 것이다.
[정답] black out 의식을 잃다 (a)

62. [해석] 시카고로 가는 여행길에 차 타이어가 펑크났다.
[정답] blow out 펑크나다 (c)

63. [해석] 그녀는 메이저 팀들의 기록을 외워서 알고 있다.
[정답] know[learn] A by heart A를 외우다 (d)

64. [해석] 나는 그들 중 누군가가 명쾌한 아이디어를 제안했으면 한다.
[정답] count for much 아주 중요하다, 가치가 있다 (d)

65. [해석] 누군가에게 조력을 주는 것은 그를 돕는 것이다.
[정답] help out 구출하다 (d)

C. Choose the best appropriate meaning of the underlined phrases in the following sentences.

1.[해석] 그의 명성이 위태롭다.
[정답] at stake 위태로운 (b)

2. [해석] 불가피하게 여겨졌던 전쟁을 막판에 피할 수 있었다.
[정답] at the eleventh hour 마지막 기회에, 막판에 (c)

3. [해석] 그는 이럭저럭 둘러대면서 부족한 지식을 감추려 했다.

[정답] beat around the bush 완곡하게 말하다, 둘러말하다 (a)

4. [해석] 지하철이 속도를 줄이자 사람들은 정거장에 내릴 준비를 하고 있었다.
[정답] brace oneself 재빨리 준비하다, 분발하다 (a)

5. [해석] 그는 약속을 하면 지킨다.
[정답] abide by[keep] one's promise 약속을 지키다 (d)

6. [해석] 그 낡은 이론으로는 이 현상을 설명할 수 없다.
[정답] account for : 설명하다 (a)

7. [해석] 재정 전문가들은 그 제안에 대해 의견을 달리한다.
[정답] at odds (over) 다투어, 사이가 나빠 (b)

8. [해석] 이 보고서가 나의 이론을 입증해 준다.
[정답] bear out 증명하다, 입증하다 (a)

9. [해석] 그는 가까스로 기차를 잡았다.
[정답] by the skin of my teeth 가까스로, 간신히 (a)

10. [해석] 그 실패 이후 사람들은 그를 매도했다.
[정답] call A name A를 험담하다, 욕하다 (a)

11. [해석] 대통령 암살계획은 결국 성공했다.
[정답] come off -이 되다[성공하다], (사람이)가버리다 (b)

12. [해석] 나는 그들 중 누군가가 명쾌한 아이디어를 제안했으면 한다.
[정답] come up with 제안하다, 공급하다, 따라잡다 (a)

13. [해석] 네가 우리와 동행하기를 원할지 모른다는 생각이 어제 갑자기 들었다.
[정답] crossed my mind 머리에 스쳐가다 (a)

14. [해석] 네가 우리와 동행하기를 원할지 모른다는 생각이 어제 갑자기 들었다.
[정답] cut no ice on 아무런 효과도 없다 (b)

15. [해석] 그를 피하려면 가까운 카페로 빨리 들어가라.
[정답] dodge into 빨리 들어가다 (b)

16. [해석] 할 일을 게을리 한다면 너는 꾸지람을 들을 것이다.
[정답] dress down 호되게 꾸짖다, 때리다 (c)

17. [해석] 수년전 그녀의 아버지는 그 노파의 재산을 둘러싸고 그들과 싸웠었다.
[정답] fall out with -와 사이가 나쁘다, 싸우다 (a)

18. [해석] 나는 이 차 없이는 도저히 지낼 수가 없다.
[정답] for the life of me 도저히 (c)

19. [해석] 휴일동안 나는 일찍이 독서를 시작할 수 있었다.
[정답] get a head start 보다 일찍 시작하다 (b)

20. [해석] 나를 속인 것에 대해 피터에게 보복할 것이다.
[정답] get even with -에 보복하다, 앙갚음하다 (d)

21. [해석] 그는 그 논쟁에서 그녀를 쉽게 이겼다.

[정답] get the better of -을 이기다 (d)

22. [해석] 그녀는 감정을 토로하면서 방에서 뛰쳐나갔다.

[정답] give vent to -을 발산하다 (c)

23. [해석] 그것은 노동자 계층이 즐기지 않았던 오락이었다.

[정답] go in for -을 즐기다, -에 참가하다 (a)

24. [해석] 피터가 밤늦게 귀가하자 아버지가 꾸짖으셨다.

[정답] hit the ceiling 분통을 터뜨리다, 발끈하다 (a)

25. [해석] 그는 그녀를 기쁘게 하려고 전력을 다 했지만, 그녀는 그와 함께 있기를 원치 않았다.

[정답] moved heaven and earth to -을 하기 위해 전력을 다하다 (a)

[저자 소개]

• **이효근(李孝根)**
문학박사(文學博士)
著書 : 신경향(新傾向) PASS 영어
언어학 개론(言語學 概論)
비법(秘法) TOEIC
E-mail: hklee@db.ac.kr

• **박정래(朴貞來)**
문학박사(文學博士)
著書 : 신경향(新傾向) PASS 영어
언어학 개론(言語學 概論)
비법(秘法) TOEIC
E-mail: titanic4848@hanmail.net

신경향어휘학습

2010년 3월 20일 초판인쇄
2010년 3월 25일 초판발행

저 자 이효근 · 박정래
발행인 유 성 렬
발행처 **청목출판사**
서울특별시 영등포구 신길동 233-96
전화 (02) 849-6157(代) · 2820
FAX (02) 849-0817
등록 제318-1994-000090호

파본은 바꾸어 드립니다. 값 20,000원

http : //www.chongmok.co.kr

ISBN 978-89-5565-352-6